언제나 말없이 도와주는 아내 김연미,

그리고 우리 아이들 혜원과 형원에게

나의 감사와 사랑의 마음을 이 작은 책에 담아 드립니다.

말씀의 샘물 11

지 은 이 | 이정수 목사
펴 낸 이 | 김재련
펴 낸 곳 | 학마을 B&M

· 기획/편집 | 이덕화 · 관 리 | 정진철
· 디 자 인 | 정명훈 · 마 케 팅 | 전대창
· 제 작 | 송대규

초판펴낸날 | 2014년 10월 31일

출 판 등 록 | 1996년 11월 14일 제1-2106호
주 소 | 서울시 마포구 동교동 200-19 오비브빌딩 4층
전 화 | 02)324-2993~4/ 070-8700-0996
팩 스 | 02)324-2904
이 메 일 | kookjeon@hanmail.net

ISBN 978-89-87576-99-2 (03200)

지은이 연락처

말씀의 샘물 교회
주 소 : 476-812 경기도 양평군 서종면 정배리 171-1
전 화 : 010-7791-1270

값 10,000원

말씀의 샘물 11

■ 말씀의 샘물교회 | 이정수 목사 지음 ■

학마을 B&M
HAKMAUL Books & Media

일러두기

♣ 이 책은 필자가 1997년 3월부터 매주일 우리 교회 성도들과 친구들에게 보낸 《말씀의 샘물》誌 제656호부터 제720호까지를 묶은 것입니다.

♣ 《말씀의 샘물》誌는 모두 4면인데, 1면은 〈사랑하는 친구들에게〉라는 제목으로 한 주 동안 필자가 보고 듣고 느낀 점을 편지 형식으로 쓴 것이고, 2면과 3면은 〈본문설교〉이며, 4면은 필자 나름대로 참신하고 신선하다 싶은 예화를 모아놓은 〈고전예화〉입니다.

♣ 〈사랑하는 친구들에게-차례〉는 각호 제1면의 제목입니다.
〈본문설교-차례〉는 각호 제2~3면의 제목입니다.
〈고전예화-차례〉는 각호 제4면의 제목입니다.

《말씀의 샘물》 제11권을 펴내면서

*** 내가 헐벗은 산에 강을 내며 골짜기 가운데 샘이 나게 하며**
광야가 못이 되게 하며 마른 땅이 샘 근원이 되게 할 것이라(사41:18)
*** 여호와가 항상 너를 인도하여 메마른 곳에서도 네 영혼을 만족하게 하며**
네 뼈를 견고하게 하리니 너는 물 댄 동산 같겠고 물이 끊어지지 않는 샘 같을 것이라(사58:11)

〈말씀의 샘물〉 제11권을 펴냅니다.
〈말씀의 샘물〉 제1권은 1-70호, 제2권 71-140호, 제3권 141-200호, 제4권 201-265호, 제5권 266-330호, 제6권 266-395호, 제7권 396-460호, 제8권 461-525호, 제9권 526-590호, 제10권 591-655호, 그리고 이 번 제11권은 656-720호를 묶은 것입니다.

말씀의 샘물을 기꺼이 받아주시는 내 좋은 친구들 덕분에 〈말씀의 샘물〉 제11권을 펴내게 되어 기쁘고 감사합니다.

특히, 내 아버지 영락교회 고 이기장 장로님 장례에, 내가 한국의 국립공원 21곳 답사 畢(필-마칠 필) 하는 일에, 원고 교정-수정-퇴고하는 일에, 그리고 이 책을 立稻先賣(입도선매) 하여 출판하는 데 큰 도움을 주신 내 좋은 친구들…

우리 허심당 사람들, 방성모 목사님, 강선구 집사님, 최요숙 집사님, 김정숙(비비안나), 김은식 권사님, 아주 옛날부터 내 좋은 친구 박현규 사장-권경환 사장-정문호 원장-문형권 원장-박병윤 목사-이광오 목사-정덕훈 사장 그리고 이 책을 아름답게 만들어주신 학마을B&M 출판사 김재련 사장님 등등 모든 분들에게 진심으로 고마운 마음을 전합니다.

天下事有難易乎 爲之 則難者亦易矣 不爲 則易者亦難矣, 身勞而心安 爲之, 利少而義多 爲之(천하사유난이호 위지 즉난자역이의 불위 즉이자역난의, 신로이심안 위지, 이소이의다 위지)-세상일에 쉽고 어려운 일이 있겠는가? 하기로 작정하고 달려들면 어려운 일도 쉬워지고, 못한다고 생각하면 쉬운 일도 어렵기 그지없다. 그러므로 몸이 괴롭더라도 마음이 편안할 일이라면 爲之-당연히 할 것! 이익이 별로 없더라도 보람 있는 일이라면 爲之-당연히 할 것!

2014년 10월

정배리 허심당에서 爲之(위지) 하는 이정수 목사

차 례

사랑하는 친구들에게

차례

사랑하는 친구들에게

차 례

본문설교

차 례

본문설교

차 례

고전예화

차 례

고전예화

· 神의 정원 ·

신성한 땅-神의 庭園(Himalaya)에 솟아 있는 8,000m 이상 높이의 봉우리 14좌!

시샤팡마(8,027m)-가셔부름 제2봉(8,035m)-브로드피크(8,047m)-가셔브룸 제1봉(8,068m)-안나푸르나(8,091m)-낭가파르팟(8,125m)-마나슬루(8,163m)-다울라기리(8,167m)-초오유(8,201m)-마칼루(8,463m)-로체(8,516m)-캉첸중가(8,586m)-K2(8,611m)-에베레스트(8,848m) 등을 티베트 사람들은 초모랑마(Chomolungma-세상의 어머니)-네팔 사람들은 사가르마타(Sagarmatha-하늘의 이마)라고 부릅니다.

나는 오래 전(2001년 3월 19일 말씀의 샘물 제200호)에 앞으로 말씀의 샘물 제885호까지는 무조건 만들어야겠다고 다짐한 바 있습니다. 왜 하필 885호인가? 히말라야 14좌 最高峰(최고봉) 에베레스트 높이 8,848m(최근 GPS 측정으로는 8,850m라고 한다. 나는 당연히 8,850m가 맘에 든다)를 1/10(885.0m)로 축약한 것으로, 실제 에베레스트는 못 오르더라도 나 나름의 실존적-상징적 의미에서 에베레스트 높이까지 오르리라-오르고야말겠다 하는 뜻이지요.

지금 읽고 계시는 〈말씀의 샘물〉 제11권 지령이 제656-720호입니다. 에베레스트의 높이 제885호까지 오르려면 165호 남았습니다. 말씀의 샘물 제1호를 낸 것이 1997년 3월 27일이니 여기까지 오르는데 17년 걸렸습니다. 일 년에 42호씩 쓴 셈입니다. 이 추세로 4-5년쯤 精進(정진)하면 제885호에 도달하리라 생각합니다.

옛 사람이 이런 말을 하였습니다. 人誰不欲歸山修道 而爲不進愛慾所繞 然而不歸山藪修心 隨自身力不捨善行 自樂能捨信敬如聖(인수불욕귀산수도 이위부진애욕소요 연이불귀산수수심 수자신력불사선행 자락능사신경여성: 사람마다 욕심을 버리고 산으로-자연으로 돌아가 수도하고 싶어 하나, 그리하지 못 하는 것은 애욕의 세상사에 얽매인 까닭이다. 그러나 산 속에 들어가지는 못할지라도, 각 사람이 힘닿는 대로 자기 삶의 현장에서 사욕을 버리고 선한 일을 한다면 스스로 즐거울 것이요 성현의 삶이 부럽지 않으리라).

이 세상에 얽매어 사느라고 히말라야에 우뚝 솟은 14좌가 있는 신성한 땅-신의 정원에서 노닐지 못하는 것은 매우 아쉬운 일이나, 이 곳 정배리 낮게 솟은 산 아래에서 말씀의 샘물 만들면서 수련에 정진하기로 마음먹는 이정수 목사

오라, 우리가 여호와의 산에 오르자(1)

본문 / 시121;1-8, 사2:3

1. 들어가는 이야기

지난 9월 〈말씀의 샘물〉 제10권을 받아 든 내 좋은 후배 목사님이 책을 이리저리 들춰보고 책 표지를 물끄러미 바라보면서, "형, 이 책 언제부터 썼지?" 합니다. "한 15년쯤 됐나 보네" 라고 답하니, 저 혼자 소리로 "〈말씀의 샘물〉 제10권이라, 참 대단하네!" 라고 합니다. 그 소리를 듣고 문득 생각해보니 나 스스로도 "그래, 정말 대단하네!" 하였습니다. 그리고 돌이켜보니, 지금까지 말씀의 샘물을 꾸준히 쓸 수 있었던 것은 내가 크고 작은 산 頂上(정상)에 올랐을 때마다 北向(북향)하고 하늘에 계신 우리 아버지께 드린 기도의 힘이 아니었나 생각합니다.

이제, 〈말씀의 샘물〉 제11권을 시작하면서 '여호와의 산에 오른 사람들이 받은 축복을 묵상하는 것이 매우 큰 의미가 있겠다' 고 생각하였습니다.

2. 여호와의 산은 고유명사가 아니라 보통명사입니다

* 아브라함이 그 땅 이름을 여호와 이레라 하였으므로 오늘날까지 사람들이 이르기를 여호와의 산(모리아 산)에서 준비되리라 하더라(창22:14).
* 모세가 그의 장인 미디안 제사장 이드로의 양 떼를 치더니 그 떼를 광야 서쪽으로 인도하여 하나님의 산 호렙에 이르매 여호와의 사자가 떨기나무 가운데로부터 나오는 불꽃 안에서 그에게 나타나시니라(출3:1-2).
* 여호와께서 시내 산 곧 여호와의 산꼭대기에 강림하시고 모세를 그리로 부르시니 모세가 올라가매(출19:20)… 여호와께서 모세에게 이르시되 너는 산에 올라 내게로 와서 거기 있으라 네가 그들을 가르치도록 내가 율법과 계명을 친히 기록한 돌판을 네게 주리라(출24:12).
* 여호와의 산에 오를 자가 누구며 그의 거룩한 곳에 설 자가 누구인가(시24:3).
* 오라 우리가 여호와의 산에 오르며 야곱의 하나님의 전에 이르자 그가 그의 길을 우리에게 가르치실 것이라 우리가 그 길로 행하리라(사2:3).
* 너희가 거룩한 절기를 지키는 밤에 하듯이 노래할 것이며 피리를 불며 여호와의 산으로 가서 이스라엘의 반석에게로 나아가는 자 같이 마음에 즐거워할 것이라(사30:29).
* 곧 많은 이방 사람들이 가며 이르기를 오라 우리가 여호와의 산에 올라가서 야곱의 하나님의 전에 이르자 그가 그의 도를 가지고 우리에게 가르치실 것이니라 우리가 그의 길로 행하리라 하리니 이는 율법이 시온에서부터 나올 것이요 여호와의 말씀이 예루살렘에서부터 나올 것임이라(미:4:2).
* 여호와가 이같이 말하노라 내가 시온에 돌아와 예루살렘 가운데에 거하리니 예루살렘은 진리의 성읍이라 일컫겠고 만군의 여호와의 산은 성산이라 일컫게 되리라(슥8:3).

여호와의 산은 '모리아, 호렙, 시내, 갈멜…' 등 고유명사로써 특정한 산이 아니라 하나님이 사람을 만나주시는 산이 곧 여호와의 산임을 알 수 있습니다. 예수님은 구약에서 고유명사로써 여호와의 산이라 언급된 그 어느 산에도 올라가신 적이 없습니다.

3. 여호와의 산에 오른 사람들이 받은 축복이 무엇인가?

첫째. 여호와의 산(모리아)에 오른 아브라함이 받은 축복: 아브라함에게 '이삭' 은 인생의 의미-희망-생명 그 자체였습니다. 그런데 "네 아들 이삭을 번제로 바치라"는 하나님의 명령은 삶의 절대허무-절대절망-절대의심-절대무의미이었음에도 불구하고 아브라함은 그 건너편에 계신 하나님을 믿는 믿음으로 여호와의 산에 올라가 '이삭' 을 바쳤습니다. 그리고 하나님은 이삭을 번제로 받으셨습니다. 그러므로 성경은 "사자가 이르시되 그 아이에게 네 손을 대지 말라 그에게 아무 일도 하지 말라 네가 네 아들 네 독자까지도 내게 아끼지 아니하였으니 내가 이제야 네가 하나님을 경외하는 줄을 아노라(창22:12)"라고 하신 것입니다.

여호와의 산에서 아브라함은 절대허무-절대의심-절대절망-절대무의미 건너편에 계신 살아계신 참 하나님을 뵙고 "아, 삶은 아름답구나-의미로 충만하구나-죽음을 초월하는 새로운 또 다른 세계가 있구나!" 하는 진리를 확실히 맛보아 아는 축복을 받았습니다(참고: 말씀의 샘물 115, 481, 482호 본문 설교).

둘째. 여호와의 산(시내산)에 오른 모세가 받은 축복: 모세는 출애굽한 이스라엘 백성을 인도하는 일이 자신의 능력 밖이라는 것을 잘 알고 있었습니다. 모세는 너무 힘들고 너무 버거워 "여호와께 여짜오되 어찌하여 주께서 종을 괴롭게 하시나이까 어찌하여 이 모든 백성을 내게 맡기사 내가 그 짐을 지게 하시나이까 이 모든 백성을 내가 배었나이까 내가 그들을 낳았나이까 어찌 주께서 내게 양육하는 아비지가 젖 먹는 이이를 품듯 그들을 품에 품고 주께서 그들이 열조에게 맹세하신 땅으로 가라 하시나이까(민11:11-12)"라고 탄식하고 통곡하였습니다. 그러자 하나님께서 너는 여호와의 산에 오르라 하셨습니다. 모세가 여호와의 산에 올라 40주야를 금식하고 기도하였을 때, 하나님께서 모세에게 십계명 돌판과 성막 설계도를 주시고 이스라엘 백성을 다스릴 권능을 주셨습니다.

모세가 여호와의 산에서 받은 축복은 이스라엘 공동체를 인도할 수 있는 권능이었습니다. 그러므로 모세는 "내가 나의 하나님 여호와께서 명령하신 대로 규례와 법도를 너희에게 가르쳤나니 이는 너희가 들어가서 기업으로 차지할 땅에서 그대로 행하게 하려 함인즉 너희는 지켜 행하라 이것이 여러 민족 앞에서 너희의 지혜요 너희의 지식이라 그들이 이 모든 규례를 듣고 이르기를 이 큰 나라 사람은 과연 지혜와 지식이 있는 백성이로다 하리라(신4:5-6)" 라고 할 수 있었던 것입니다.

셋째, 여호와의 산에 오르는 사람들이 받는 축복: 선지자 이사야와 미가는 "오라, 우리가 여호와의 산에 오르며 야곱의 하나님의 전에 이르자(사2:3, 미4:2)"라고 합니다. 여호와의 산-야곱의 하나님의 전에 오르는 사람들에게 하나님의 길-삶의 바른 길-복 받는 길-옳은 길-진리의 길을 가르치실 것이라고 하였습니다. 옛글에 不寢夜長 愚生道長(불침야장 우생도장 : 잠 못 드는 사람에게 밤은 길어라, 인생의 바른 길 모르는 사람에게 길은 멀어라)이라고 하였습니다. 인생의 바른 길을 아는 것이 축복입니다.

굽이 돌아가는 길

지난 9월 내 좋은 사람들에게 〈말씀의 샘물〉 제10권을 보내드리고 난지 두 달이 지났습니다. 그 동안 써 온 말씀의 샘물을 돌아보고, 앞으로 써 나갈 방향성을 궁리하며 강가를 거닐고-들판을 소요하고-산길을 걸었습니다. 이렇게 산길을 걸으며 생각하여 보니 산길은 인생길과 닮아도 너무나 닮았다는 생각이 들었습니다.

그러던 어느 날 읽은 박노해 시인의 〈굽이 돌아가는 길〉은 이런 나의 생각을 詩(시)로 명징하게 확인 시켜주었기에 무척 共感(공감)이 갔습니다. 여기 함께 나누고자 합니다.

굽이 돌아가는 길

올곧게 뻗은 나무들보다는
휘어 자란 소나무가 더 멋있습니다
똑바로 흘러가는 물줄기보다는
휘청 굽어진 강줄기가 더 정답습니다.
일직선으로 뚫린 빠른 길보다는
산 따라 물 따라 가는 길이 더 아름답습니다.
곧은 길 끊어져 길이 없다고
주저앉지 마십시오 돌아서지 마십시오
삶은 가는 것입니다 그래도 가는 것입니다
우리가 살아 있다는 건
아직도 가야할 길이 있다는 것

곧은 길만이 길이 아닙니다
빛나는 길만이 길이 아닙니다
굽이 돌아가는 길이 멀고 쓰라릴지라도
그래서 더 깊어지고 환해져 오는 길입니다

서둘지 말고 가는 것입니다
서로가 길이 되어 가는 것입니다
생을 두고 끝까지 가는 것입니다

- 박노해, 〈굽이 돌아가는 길〉 全文

이 詩는 Himalaya Everest 8,850m-말씀의 샘물 제885호까지 오르려고 하는 나에게 존재의 용기를 주는 신선한 祝詩(축시)였습니다.

· 첫줄 ·

* 베레쉬트 바라 엘로힘 에트 하샤마임 베에트 하아레츠-태초에 하나님이 천지를 창조하시니라(창1:1)
* 하나님의 아들 예수 그리스도 복음의 시작이라(막1:1)
* 如是我聞(여시아문: 나는 스승님의 말씀을 이렇게 들었도다. 〈금강경〉)
* 道可道非常道(도를 가히 도라고 말할 수 있다면 그 도는 참 도가 아니니라. 〈도덕경〉)
* 學而時習之不亦悅乎(배운 바를 때에 맞게 익히면 이 또한 즐거운 일이 아니겠는가. 〈논어〉)

위의 글들은 5000년을 이어온 인류의 위대한 경전들의 첫줄입니다. 동서고금을 막론하고 글 쓰는 사람들이 간절히 소망하는 것은 불멸의 첫줄을 쓰는 것입니다. 언감생심 경전의 첫줄은 예외로 하고, 글을 전문으로 쓰는 작가들은 물론 일상에서 편지-자기 소개서-이메일-보고서-여행기-설교문-연애 편지 등을 써야만 하는 경우, 우리들 보통 사람들도 가장 고민하고 고뇌하는 것이 첫줄입니다. 작가의 글이든 우리 보통 사람들의 글이든 이 세상 모든 글의 첫줄은 그렇게 至高(지고)하고 至難(지난)한 일입니다. 첫줄이 써지면 정말 첫눈처럼 기쁩니다.

첫줄

첫줄을 기다리고 있다
그것이 써진다면
첫눈처럼 기쁠 것이다
미래의 열광을 상상 임신한
둥근 침묵으로부터
첫줄은 태어나리라
戀書(연서)의 첫줄과
宣言文(선언문)의 첫줄
그것이 써진다면
죽음의 반만 고심하리라
나머지 반으로는
어떤 얼음으로도 식힐 수 없는
불의 화환을 엮으리라. -심보선, 〈첫줄〉 全文

말씀의 샘물을 써야만 할 때마다 간절히 첫줄을 기다리고 있는 이정수 목사

오라, 우리가 여호와의 산에 오르자(2)

본문 / 사2:3, 시121:1-8

1. 들어가는 이야기

"오라, 우리가 여호와의 산에 오르자" 라는 말씀 속에는 이스라엘의 조상 아브라함-이삭-야곱의 믿음의 역사와 예배의 전통이 면면히 흐르고 있습니다. 여호와의 산 호렙에서 모세가 "하나님의 이름이 무엇입니까?" 물었을 때, "에이예 아쉐르 에이예-나는 스스로 있는 자-야훼니라(출3:13-15)"라고 하나님이 자기 이름을 직접 일러주시기 전까지 이스라엘의 믿음의 조상들은 하나님을 "전능하신 하나님-God Almighty"이라 일컬었습니다.

* 아브람이 구십구 세 때에 여호와께서… 이르시되 나는 전능한 하나님이라(창17:1) * 나는 전능한 하나님이라 생육하며 번성하라(창35:11) * 전능하신 하나님께서 그 사람 앞에서 너희에게 은혜를 베푸시기를 원하노라(창43:14) * 요셉에게 이르되 전능하신 하나님이 내게 나타나사 복을 주시며(창48:3) 등에서 우리말로 "전능하신 하나님(영어 번역으로는 God Almighty)"이라고 번역된 이 단어는 히브리 원문으로는 '엘샤다이(El Shaddai)' 입니다.

'엘샤다이' 라는 단어는 '山의 神, 우주의 중심에 우뚝 선 산에 거하시며 찬양 받으시는 하나님(this divine name means 'The high most mountain One' -that is, the exalted deity who dwells on the cosmic mountain)' 이라는 뜻입니다. 즉, 이스라엘의 조상들이 일컬은 하나님도 산의 신이요, 모세가 하나님의 이름을 직접 들은 것도 하나님의 산 호렙에서 였습니다. 이처럼 역사적으로 하나님은 산과 연관이 매우 깊습니다(B.W.Anderson, 〈Understand The Old Testament〉, 43쪽).

2. 예수님의 산기도 역시 이스라엘 조상들의 믿음의 전통 위에 서있습니다

* 광야(desert) 40일 금식 기도와 마귀의 시험(마4:1-11, 막1:12-13, 눅4:1-13).
* 예수께서 기도하시러 산으로 가사 밤이 맞도록 하나님께 기도하시니라(눅6:12).
* 예수께서 홀로 계시니라(막4:10).
* 이에 배를 타고 따로 한적한 곳에 빈들에 가시니라(막6:32, 마14:13).
* 무리를 작별하신 후에 따로 기도하시러 산으로 가시니라(막6:46-47).
* 엿새 후에 예수께서 베드로와 야고보와 요한을 데리시고 따로 높은 산에 올라가시니라(막9:2, 마17:1, 눅9:28).
* 예수는 물러가사 한적한 곳(lonely place)에서 기도하시니라(눅5:16).
* 겟세마네 동산에서 피눈물로 기도하시니라(막14:32-42).
* 예수께서 그들이 와서 자기를 억지로 붙들어 임금으로 삼으려는 줄 아시고 다시 혼자 산으로 떠나가시니라(요6:1-15).
* 예수는 감람산으로 가시니라(요7:53-8:1) 등등

3. 예수님은 엘샤다이 여호와의 변화산에서 무엇이 어떻게 변형되셨는가?

첫째. 예수님은 모세의 율법을 새롭게 창조적으로 변형시키셨습니다. 모세 시대는 예수님보다 1500년 정도 앞선 시대였습니다. 예수님의 시대에 모세의 율법은 종교지도자(제사장 · 바리새인 · 장로 · 사두개인 등)의 타락으로 율법의 처음 법정신을 상실하고, 하나님이 직접 주신 계명보다 장로들의 전통(막7:3-5)을 더 높이 떠받드는 시대가 되었던 것입니다. 그러므로 예수님은 이것을 "너희가 하나님의 계명은 버리고 사람의 전통을 지키느니라 또 이르시되 너희가 너희 전통을 지키려고 하나님의 계명을 잘 저버리는도다(막7:8-9)"라고 하셨던 것입니다.

예수님은 이처럼 왜곡된 율법의 법정신을 회복하시고자 하셨습니다. 예수님은 율법이나 선지자를 폐하러 온 것이 아니라 완전케 하기 위하여 오셨다고 하셨습니다(마5:17). 그러므로 예수님은 "옛사람이 말한 바 무엇무엇 하지 말라 하여다는 것을 너희가 들었으나 오늘 나는 너희에게 이러이러하게 말하노라(참고: 산상수훈 마5:1-7:29)" 하심으로써 모세가 전한 율법을 새롭게 창조적으로 변화시키신 것입니다.

둘째. 예수님은 선지자의 대표자 엘리야를 새롭게 창조적으로 극복하셨습니다. 예수님보다 앞서 살았던 이스라엘의 모든 선지자들의 중심 메시지는 "이스라엘아, 우상숭배에서 돌이켜 여호와께 돌아오라!"는 것입니다. 그 대표적 선지자가 엘리야였습니다. 엘리야 선지자는 갈멜산에서 우상숭배자 바알(450명)과 아세라(400명) 선지자를 물리치고 그들 거짓 선지자 모두를 기손 시내에서 도륙함으로써 이스라엘에서 우상숭배를 제거하고, 예루살렘 중심의 성전 예배를 회복하였습니다.

당시 종교지도자들이 이와 같은 선지자들의 전통을 앞세워 "예루살렘 성전에서 드리는 예배만이 참 예배이다!"라고 극단적-폐쇄적인 주장을 하는 종교지도자들의 주장을 폐하신 것이 아니라 온전케 하셨습니다. 즉, "우리 조상들은 이 산에서 예배하였는데 당신들의 말은 예배할 곳이 예루살렘에 있다 하더이다 예수께서 이르시되 여자여 내 말을 믿으라 이 산에서도 말고 예루살렘에서도 말고 너희가 아버지께 예배할 때가 이르리라 너희는 알지 못하는 것을 예배하고 우리는 아는 것을 예배하노니 이는 구원이 유대인에게서 남이라 아버지께 참되게 예배하는 자들은 영과 진리로 예배할 때가 오나니 곧 이 때라 아버지께서는 자기에게 이렇게 예배하는 자들을 찾으시느니라 하나님은 영이시니 예배하는 자가 영과 진리로 예배할지니라(요4:20-24)"라고 하심으로써 선지자들의 전통을 새롭게 창조적으로 변형시키셨습니다.

셋째. 하나님은 엘샤다이 여호와의 산-변화산에서 예수님의 이와 같은 의식의 변화, 즉 하나님은 벌 내리시는 무서운 하나님이 아니라, 사랑하고 용서 하시는 아버지 하나님으로 받아 모시는 예수님의 깨달음을 친히 "옳다!" 하심으로써 "이는 내 사랑하는 아들이니 너희는 그의 말을 들으라(막9:7)"하신 것입니다(참고: 〈말씀의 샘물〉 제2권, 제102호 변화산 사건의 의미).

고전예화 657

촛불을 켜십시오

중국 진나라 평공은 지혜롭고 사려 깊은 사광을 매우 아꼈습니다.

어느 날 평공은 “내 이제 나이를 들고 보니 젊었을 때 열심히 공부하지 않은 것이 몹시 후회가 되는구나, 이제 내 나이 70을 헤아리니 공부하기엔 인생이 너무 저물었어…” 라고 깊이 탄식하였습니다.

그러자 사광이 “임금님, 인생이 그렇게 저물었다고 생각되신다면 촛불을 켜십시오” 라고 하였습니다.

평공 : 촛불을 켜라니? 네가 지금 나에게 농담하는 것이냐?

사광 : 임금님, 君臣(군신) 간에 농담이란 없습니다.

평공 : 그럼, 그게 무슨 소리냐?

사광 : 젊어서 공부하기 좋아하는 사람은 아침 태양이 떠오르는 것과 같아서 그 빛이 자못 찬란합니다. 장년이 되어 공부하기를 좋아하는 사람은 대낮의 태양과 같아서 반나절은 실로 좋은 빛을 기대할 수 있습니다.

평공 : 오, 그래 그러하다 할 수 있지. 그럼, 촛불이란 건 무엇이냐?

사광 : 임금님, 나이든 사람이 공부하기를 좋아한다면 그 빛이 촛불과 같다 하겠습니다. 비록 태양처럼 밝지는 않으나 칠흑 같은 어둠에 비하면 작은 촛불의 빛은 얼마나 밝습니까? 작은 촛불도 어둠을 몰아내기에 충분합니다.

평공 : 오, 그래 참 좋은 말을 해 주었네. 내 비록 인생이 저무는 70에 이르렀으나 그대의 충언대로 오늘 당장부터 촛불을 켜야겠네!

우리 모두는 갑자기 정전이 되어, 온 세상이 캄캄할 때 작은 촛불의 빛이 얼마나 밝고 고마운지 경험한 적이 있습니다. 지극히 작은 촛불도 거대한 어둠을 몰아냅니다.

젊었을 때 성경을 읽는 것은 잘 정돈된 방안에서 보는 것과 같고, 나이든 때 성경을 읽는 것은 정갈한 뜨락에서 보는 것과 같고, 늙었을 때 성경을 읽는 것은 환한 달빛 비추는 들판에서 보는 것과 같습니다.

· 꽁꽁 얼어붙은 제6회 겨울여행 ·

지난 한 주간(12/3-12/9) 내내 초겨울의 폭설-강추위(양평 영하 21도)로 대단하였습니다.

매년 12월 첫 주에 떠나는 내 좋은 친구들과의 겨울여행은 올해로 제6회째가 되는데, 전국적으로 불어 닥친 酷寒(혹한)으로 올해는 태백 윤창현 목사와 정배리에서 강추위와 폭설을 감내하는 것으로 대신하기로 하였습니다.

12월 3일(월), 허심당 모임

12월 4일(화), 태백 윤창현 목사의 소개로 길동 위-대장-항문 전문 양병원(이 분야 전국 1급 병원, 양형규 원장은 연세 세브란스 출신-윤창현 목사와 고등학교 동기)에 가서 위-대장 내시경 검사 접수. 박은일 목사도 동행.

12월 5일(수), 폭설을 뚫고 양병원에 가서 위-대장 내시경 검사하니, 용종을 몇 개 떼어냈으나 대장은 무난하고-위에 수상한 부분이 있어 정밀 조직검사를 하였는데 일주일 후 결과가 나온다고 합니다. 이틀 병원비는 총 288,330원.

12월 6일(목), 오전에 일산 예닮약국(윤삼열 목사 사모) 심방-오후 박은일 목사가 양병원 위-대장 내시경 동반 검사 기념이라면서, 빙판길이 된 정배리까지 찾아와 현관과 거실에 비닐하우스를 쳐주었는데, 그야말로 人生到處有高手(인생도처유고수)를 실감하였습니다. 큰 감사!

12월 7일(금), 양평역에서 오후 2시 40분 태백행 기차로 윤창현 목사 송별함으로 제6회 겨울여행 끝.

12월 8-9일(토-일), 나 홀로 남은 지금부터 문제의 시작이었습니다. 정상 세포라면 다행이나, 암세포라면 어이하는가? 12월 13일(수) 오후 3시 30분 조직검사 발표에 대한 고민-고뇌-근심-걱정-염려-두려움이 소용돌이치며 총체적으로 나를 사로잡고 있습니다. 나의 잠정적 결론은 이러합니다.

(1) 정상 세포이기를 기도하고 감사한다. (2) 암 세포라면 한 석 달 지켜본 후 만물이 소생하는 꽃피는 봄 사월에 수술을 하든-버티든 최후 결정한다.

"이제 이 일이 네게 이르매 네가 힘들어 하고 이 일이 네게 닥치매 네가 놀라는구나(욥4:1-5)"라고 한 욥의 친구 엘리바스의 말이 실존적으로 들리는 이정수 목사

오라, 우리가 여호와의 산에 오르자(3)

본문 / 사2:3, 시121:1-8

1. 들어가는 이야기

"오라, 우리가 여호와의 산에 오르며 야곱의 하나님의 전에 이르자 그가 그의 길을 우리에게 가르치실 것이라 우리가 그 길로 행하리라(사2:3)"

우리 사람은 물론 이 세상 모든 생명 있는 것들–蠢動含靈(준동함령: 생명력을 가지고 꿈틀거리며 움직이는 것들)은 하나님께서 부어주신 生存本能(생존본능)으로 어떠한 형편에서든지 살기를 원합니다. 살아남기를 원합니다. 겨우 살아남는 정도가 아니라, 살아남기 위하여–살기 위하여–잘 살기 위하여–더욱 잘 살기 위하여(to live–to live well–to live better!) 몸부림칩니다. 모든 생명체들의 이 살기(to live)–삶에는 두 가지 차원이 있습니다. 水平的(수평적) 삶과 垂直的(수직적) 삶이 그것입니다. 그런데 하나님께서 이 세상 모든 생명체에게 수평적 삶을 주셨고, 우리 사람에게는 수평적 삶 외에 특별히 수직적 삶 하나를 더 주셨습니다.

2. 수평적 삶과 수직적 삶이란 무엇인가?

수평적 삶은 먹고–입고–머리 둘 곳(의식주)–자신의 安全(안전)–자손의 번식을 추구하는 생물학적이며 생존본능적 삶입니다. 수직적 삶은 하나님의 말씀을 意識(의식)하고–삶의 意味(의미)–내적 平和(평화)를 추구하는 존재적 삶입니다.

이병률은 詩 〈여전히 남아 있는 야생의 습관〉에서 이 점을 잘 짚어내고 있습니다.

서너 달에 한 번쯤 잠시 거처를 옮겼다가 되돌아오는 습관을 버거워하면 안 된다. 서너 달에 한 번쯤, 한 세 시간쯤 시간을 내어 버스를 타고 시흥이나 의정부 같은 곳으로 짬뽕 한 그릇 먹으러 가는 시간을 미루면 안 된다. 죽을 것 같은 세 시간쯤을 잘라낸 시간의 뭉치에다 자신의 끝을 찢어 묶어두려면 한 대접의 붉은 물을 흘려야 하는 운명을 모르는 체하면 안 된다. 자신이 먹은 것이 짬뽕이 아니라 몰입이라는 사실도, 짬뽕 한 그릇으로 배를 부르게 하려는 게 아니라 자신을 타이르는 중이라는 사실까지도.

시인 이병률은 '버스를 타고 세 시간쯤 시흥이나 의정부 같은 곳에서 내려 먹어야 하는 한 그릇 짬뽕은 배부르기 위한 수평적–생존본능적 삶이 아니라, 자기 삶의 몰입이며–자신의 내면을 들여다보고 자신을 타이르는 수직적–존재적 삶' 이라고 한 것입니다.

3. 우리는 왜 여호와의 산에 올라야 하는가?

첫째. 수평적 삶에 陷沒(함몰)된 나의 삶에서 벗어나 수직적 삶을 회복하기 위한 것입니다.

수평적-생존본능적 삶은 출생-유년기-청년기-원숙기-노년기-그리고 죽음, 이 과정에서 행복-불행-성공-실패를 겪는 직선적인 시간 안에서 일어나는 浮沈(부침)입니다. 이 와중에 혹 풍부한 지식-성공-지위-부-명성-권력 등을 얻을 수 있습니다. 그러나 그럼에도 불구하고 그의 내면은 무의미-허무-외로움-분노-편견-탐욕 등으로 어지럽고 불안할 수 있습니다. 실로 대부분의 삶이 그러합니다.

수직적-존재적 삶은 瞬間(순간)에서 永遠(영원)을 보며-모래알 하나에서 宇宙(우주)를 보며-한 송이 들꽃, 산새의 지저귐, 별빛 하나에서 時空(시공)을 超越(초월)하는 神秘(신비)를 감지하는 삶입니다. 수직적-존재적 삶은 오직 위로부터 내리 꽂히는 것이지, 수평적-생존본능적 삶에서 어느 날 갑지기 평지 돌출하는 것이 결코 아니므로 수직으로 높이 솟은 여호와의 산에 올라야 합니다.

둘째. 나의 삶을 돕는 권능-에너지-지혜-평화-사랑-영력 등 각종 은사는 오직 여호와의 산에서 내려오기 때문입니다. 그러므로 시편 기자는 다음과 같이 노래하였습니다.

* 내 영혼아 네가 어찌하여 낙망하며 어찌하여 내 속에서 불안하여 하는고 너는 하나님을 바라 나는 내 얼굴을 도우시는 내 하나님을 오히려 찬송하리로다(시42:5).

* 내가 산을 향하여 눈을 들리라 나의 도움이 어디서 올꼬 나의 도움은 천지를 지으신 여호와에게서로다… 여호와께서 너를 지켜 모든 환난을 면하게 하시며 또 네 영혼을 지키시리로다 여호와께서 너의 출입을 지금부터 영원까지 지키시리로다(시121:1-8).

* 할렐루야 내 영혼아 여호와를 찬양하라 나의 평생에 내 하나님을 찬송하리로다 귀인들을 의지하지 말며 도울 힘이 없는 인생도 의지하지 말지니 그의 호흡이 끊어지면 흙으로 돌아가서 그 날에 그의 생각이 소멸하리로다 야곱의 하나님을 자기의 도움으로 삼으며 여호와 자기 하나님에게 자기의 소망을 두는 자는 복이 있도다(시146:1-5).

그러므로 예수님은 "사람이 떡으로만 살 것이 아니요 하나님의 입으로부터 나오는 모든 말씀으로 살 것이라 하였느니라(Man shall not live by bread alone, but by every word that proceedeth out of the mouth of God 마4:4)" 하셨습니다.

셋째. 옛날 우리 조상은 민족의 영산 백두산에 오를 때, 沐浴齋戒(목욕재계)하고 告祀(고사: 이제 산을 오릅니다 라고 하늘에 고하는 제사) 지내고, 요강단지를 준비하고 올랐다고 합니다. 여호와의 산에 오르는 자는 어찌하여야 하는가? 예레미야는 "너희가 전심으로 나를 찾고 찾으면 나를 만나리라-You will seek me and find me when you seek me with all your heart.(렘29:13)"고 하였습니다. 여호와의 산에 오르려는 사람이 준비할 것은 단 하나, 그 단 하나가 무엇인가? 오직, 全心(전심)-all your heart!

백거이의 늙음 예찬

양병원에서 위-대장 내시경 검사를 받고 돌아와, 답답하고 불안한 마음으로 조직검사 발표 날을 기다리며 읽은 당나라 시인 白居易(백거이, 772-846, 樂天)의 覽鏡喜老(람견희로 : 거울에 비친 늙음을 예찬 함)을 읽어보니 그 뜻이 참 잔잔합니다.

今朝覽明鏡(금조람명경 : 오늘 아침 문득 거울을 보니)
鬚鬢塵成絲(수빈진성사 : 수염이 온통 하얗다)
行年六十四(행년육십사 : 내 나이 벌써 육십사 세)
安得不衰瀛 (안득불쇠영 : 어찌 늙지 않을 수 있겠는가)
親屬惜我老(친속석아노 : 집안 사람들은 나의 노쇠함을 슬퍼하여)
相顧興歎咨(상고흥탄자 : 서로 바라보며 걱정하나)
而我獨微笑(이아독미소 : 나는 오히려 홀로 작은 웃음 지으니)
此意何人知(차의하인지 : 나의 이 속뜻을 그 누가 알랴)
笑罷仍命酒(소파잉명주 : 작은 웃음 짓고 나서 술상 보아오라 이른 후)
掩鏡拊白髭(엄경부백자 : 거울을 덮고 흰 수염 쓰다듬네)
爾輩且安坐(이배차안좌 : 자, 그대들 모두 자리에 편히 앉아)
從容聽我詞(종용청아사 : 조용히 이 내 말 좀 들어보게)
生若不足戀(생약부족연 : 산다는 것이 소중한 일이 아니라면)
老亦何足悲(노역하족비 : 늙는다는 것 역시 소중한 일이 못 될 것이네)
生若苟可戀(생약구가연 : 그러나 산다는 것이 만약 진실로 소중한 것이라면)
老卽生多時(노즉생다시 : 늙음이란 그 토록 소중한 삶을 오래 누렸다는 뜻 아니겠는가)
不老卽須夭(불로즉수요 : 늙지 않았다는 것은 벌써 일찌감치 요절하였다는 말이고)
不夭卽須衰(부요즉수쇠 : 요절하지 않았다면 늙어 노쇠한 것이 마땅한 일이네)
晩衰勝早夭(만쇄승조요 : 요절하는 것보다야 늙어 노쇠한 것이 더 낫지 아니한가)
此理決不疑(차리결불의 : 요절과 늙음의 이치가 이러하다는 것을 결코 의심치 말게)
古人亦有言(고인역유언 : 옛 사람이 이르기를)
浮生七十稀(부생칠십희 : 인생 칠십 사는 사람이 매우 드물다고 하지 않았던가)
我今欠六歲(아금흠육세 : 내 지금 칠십에서 육 세가 모자는 터인데)
多幸或庶幾(다행혹서기 : 혹 그렇게 될 수도 있으리라마는)
儻得及此限(당득급차한 : 다행히 그리되어 칠십까지 산다면)
何羨榮啓期(하선영계기 : 아흔까지 살았다는 영계기를 조금도 부러워하지 않으리라)
當喜不當歎(당희부당탄 : 늙음은 당연히 기뻐할 일이지, 결코 슬퍼할 일이 아니로다)
更傾酒一巵 (갱경주일치 : 자, 여기 술이나 한 잔 더 붓게!)

· 癌(암) 조직검사가 주는 공포 ·

지난 11월 강우경 목사-이준엽 목사와 함께 유재무 목사 병문안을 다녀왔습니다. 평소 건강하고, 소화에도 아무런 불편을 전혀 느끼지 않았던 유재무 목사는 9월 중순에 국민건강보험공단에서 매 2년마다 실시하는 일반건강검진을 받았는데, 위장에 포도송이 모양의 급성 암세포가 발견되어 10월 초에 한양대학교병원에서 수술 받고 지금 양평군 용문면 시골집에서 요양하고 있습니다.

그런데 내가 12월 5일(水) 길동 양병원에서 위장-대장 내시경을 받았는데, 위장에 수상한 부분이 있어 조직검사를 하는 중이니 12월 13일(水) 오후 3시 30분에 그 결과를 보러 오라는 통보를 받았습니다. 일주일 내내 염려-근심-걱정-두려움으로 안절부절, 전전긍긍하였습니다.

드디어, 12월 13일(水)!

잠 한 숨 못 자고 새벽 4시부터 일어나 조직검사 결과를 확인하기 위하여 양병원에 갈 준비를 마치고, 가만히 생각하여보니 '병원 가서 유재무 목사 모양으로 암세포라면 어이 하는가? 그리고 다행히 정상 세포라는 결과가 나온다면 그것으로 된 것 아닌가? 그러하니 굳이 갈 것 없다-전화로 물어보는 것이 먼저다-그리고 같이 가기로 되어 있는 박은일 목사님에게 부탁하여 결과를 통보 받으면 되지 않겠는가?' 하는 생각이 들어 병원 가는 것을 작파하였습니다. 그리고 박은일 목사님에게 전화하여 "무섭고 무서워서 못가겠으니, 결과를 듣고 알려 달라" 고 부탁하였습니다.

새벽 4시부터 하루 온 종일 서성였습니다. 오후 4시 12분 박 목사님으로부터 문자 메시지가 왔습니다. "검진 결과 암 소견은 없고 위염이 있으니 12월 21일(금) 오전 11시 20분 본인이 직접 병원에 와서 의사 설명을 듣고 처방을 받아야 한다고 함"

사실 나는 그 동안 살아오면서 각종 시험-취직-가정-교회-목회-인간 관계 등에서 별로 두려운 감정을 느끼지 못하고 살아왔습니다. 그런데 이번 조직 검사 결과에 대하여는 큰 두려움으로 옥죄었습니다. '암 소견은 없고' 라는 대목을 보고 하나님 아버지께 감사기도 올리는 이정수 목사

오라, 우리가 여호와의 산에 올라 2013년을 바라보자(4)

본문 / 사2:3, 시121:1-8

1. 들어가는 이야기

"오라, 우리가 여호와의 산에 오르며 야곱의 하나님의 전에 이르자 그가 그의 길을 우리에게 가르치실 것이라 우리가 그 길로 행하리라(사2:3)."

지금 우리는 2012년 마지막 주간을 보내고 있습니다. 送舊迎新(송구영신)-2012년을 보내고, 2013년을 맞이하는 주간입니다. 2012년을 돌아보며 溫故而知新(온고이지신-지나간 과거의 옳고 그름을 잘 살펴 익히고 그것을 참작하여 새로운 것을 추구함)하고, 2013년을 전망하며 苟日新 日日新 又日新(구일신 일일신 우일신-진실로 하루를 새롭게 살고, 매일 매일을 새롭게 살고, 그러한 마음으로 또 하루를 새롭게 산다)하고자 하는 각오를 다지는 주간입니다.

매년 송구영신 하는 주간에 드리는 말씀입니다마는, 성탄절-망년회-동창회-계모임-종무식-동호회 등으로 흥청거리다가 피곤하고 푸석푸석한 채로 2013년을 맞이하는 어리석음을 반복하여서는 결코 아니 됩니다.

2. 우리 모두 각자의 형편에 따라 2012년을 돌아보며 온고이지신 하여야 합니다

나는 양병원에서 위 조직검사 결과를 경험하면서 참 귀한 깨달음을 얻었습니다. 나는 평소 먹을거리에 대하여 별로 신경 쓰지 않고 살았습니다. 동물성-식물성-맵고-짜고-싱겁고-쓰고-시고-얼큰하고-독하고를 가리지 않고 먹고 살았습니다. 마시는 음료도 커피-탄산 음료-건강 음료-녹차-보이 차-칡 차-쌍화차-박카스 등 무엇이든 가리지 않고 잘 마셨습니다. 그 결과 위에 염증이 생기고, 대장에 용정이 생긴 것입니다. 그러한 나와는 달리 평소 먹을거리와 마시는 음료(항상 차를 마신다)에 각별히 주의하고 조심하는 박은일 목사님의 위장-내장은 아주아주 깨끗하였습니다.

'아, 그렇구나!' 자기 몸속으로 들어가는 먹을거리-마실 거리에 관심을 가지고 신경 쓰고 가려서 조심하여 먹고 마시는 사람과 아무 관심 없이 생기는 대로 주는 대로 먹고 마시는 사람의 위장과 대장의 모습이 이처럼 판이 하구나! 하는 깨우침입니다. 2012년을 돌아보면서 내가 한 가지 분명히 溫故而知新(온고이지신) 할 것은 앞으로 먹고 마시는 것에 대하여 각별히 관심-주의-조심 하리라 하는 것입니다.

"너희는 기름과 피를 먹지 말라(레3:17)-너는 가증한 것은 무엇이든지 먹지 말라(신14:3-21)" 하신 말씀에 주의를 喚起(환기) 할 때가 되었습니다.

3. 오라, 우리가 여호와의 산에 올라 2013년을 바라보자!

첫째. 2013년 무엇보다 나 자신-가족-내 좋은 친구들의 건강문제를 강조하지 않을 수 없습니다. 이번에 조직검사 결과 발표를 기다리는 일주일 내내 손에 잡히는 일이 하나도 없고-웃음이 사라졌고-책을 읽어도-뉴스를 봐도-전화를 받아도-사람을 만나도 도저히 집중할 수 없었습니다. 암세포가 아니라니까 천만 다행으로 하나님께 감사하고 있으나, 만약 암세포였다면 그 순간 나의 삶은 병원비-가족 관계-인간 관계 등이 아수라장으로 변하였을 것입니다. "癌(암) 입니다!" 하는 판정을 받으면 그 누구라도 그러 할 것입니다. 아니, 그러합니까?

그러므로 2013년 나 자신-가족-내 좋은 친구들 모두 모두 좋은 건강을 유지 할 수 있도록, 각자의 형편에 맞는 음식-운동-신앙 생활 계획표를 세우고 꾸준히 실천하도록 힘써야 할 것입니다. 여기서 내가 강조하고 또 강조해야 할 말은 '꾸준히!' 라는 말입니다(참고: 패트릭 홀포드, 박지선 역, 〈100% 건강한 사람들의 10가지 비결, The Ten Secrets of 100% Healthy People〉, 세상풍경).

둘째. 2013년에는 존재의 기쁨을 누리는 연습을 하고 삽시다. 존재의 기쁨이란? 재물-권력-인기-학벌-빽-미모-육신의 정욕-안목의 정욕-이생의 자랑 거리가 없어도, 하나님의 도우심과 은혜로 나 자신이 여기 이렇게 존재하고 있다는 사실 자체만으로도 만족-충만-평화-지복-행복한 것입니다. "하나님이 내 편이시라!"하는 절대 믿음에서 오는 기쁨 말입니다.

즉, "이제 여호와를 경외하는 자는 말하기를 그의 인자하심이 영원하다 할지로다 내가 고통 중에 여호와께 부르짖었더니 여호와께서 응답하시고 나를 넓은 곳에 세우셨도다 여호와는 내 편이시라 내가 두려워하지 아니하리니 사람이 내게 어찌할꼬 여호와께서 내 편이 되사 나를 돕는 자들 중에 계시니 그러므로 나를 미워하는 자들에게 보응하시는 것을 내가 보리로다 여호와께 피하는 것이 사람을 신뢰하는 것보다 나으며 여호와께 피하는 것이 고관들을 신뢰하는 것보다 낫도다(시118:4-9)" 하는 마음입니다.

셋째. 2013년에는 나 자신은 물론 그리고 내가 만나는 사람을 존귀하게 대접하는 연습을 하고 삽시다. 예수님은 "어린 아이 하나를 데려다가 그들 가운데 세우시고 안으시며 제자들에게 이르시되 누구든지 내 이름으로 이런 어린 아이 하나를 영접하면 곧 나를 영접함이요 누구든지 나를 영접하면 나를 영접함이 아니요 나를 보내신 이를 영접함이니라(막9:36-37)" 하셨습니다. 우리가 무심코 소홀히 대하는 어린 아이-지극히 작은 자 하나를 대접하는 것이 곧 예수님을 대접하는 것이며, 곧 하늘에 계신 우리 아버지를 대접하는 것이라고 하신 것입니다.

동양의 옛 사람도 出門如見大賓(출문여견대빈)-집 밖에 나서서 사람을 만나거든 귀하고 귀한 큰 손님을 만난 듯 대접하라고 하였습니다(참고: 〈말씀의 샘물〉 제5권 제292호 너 자신을 존귀하게 대접하라, 118-119쪽).

〈말씀의 샘물〉 제10권 후원에 깊이 감사함

지난 2012년 9월 12일 택배로 보내드린 〈말씀의 샘물〉 제10권을 내 좋은 친구들이 기쁘게 받아주시고, 축하하여 주시고, 넉넉한 마음으로 후원하여 주셔서 진심으로 감사드립니다.

박영원, 손신철, 노승찬, 박진철, 이준엽, 민경석, 강우경, 윤창현, 김성준, 이필로, 김용신, 조인서, 임대식, 한영수, 박현규, 권경환, 정문호, 김능자, 윤병한, 김지영, 호병기, 박이득, 전중식, 인병국, 이승윤, 이학주, 천세진, 문미라, 김충렬, 김호권, 이성주, 박은성, 이수영, 박병윤, 김미진, 문형권, 장순익, 문해란, 이형욱, 한웅식, 김종요, 김정숙, 김은식, 김인규, 권택명, 진남국, 정덕훈, 김제훈, 최요숙, 곽군용, 곽충환, 양의섭, 최낙규, 김동문, 한재엽, 이광오, 윤삼열, 김영철, 이승길, 림형천, 김길홍. 차선각, 박노택, 김문식, 김혜숙, 이금형, 원종구. 신성호

언제나 그러하듯이 교회요람 제직 임명자 명단이나 중요 모임 초청장 발송 등 중요한 명단일수록 꼭 착오가 있습니다(나의 경우는 꼭 그랬다).

나 나름대로 통장과 메모를 몇 번씩 살펴보았습니다. 혹, 후원비를 보냈는데 이름이 빠져있다면 넓은 마음으로 혜량하시고 알려주시기 바랍니다. 혹, 보낸 줄 알고 깜빡하고 있다가 이 책 읽다가 아차하는 느낌이 들었다면 보내주시면 고맙지요.

지금 〈말씀의 샘물〉 제11권 출판 준비하면서, 그 동안 말씀의 샘물을 위하여 기도하여 주시고-후원하여 주셔서 정말 감사드립니다. 이건 정말 그러합니다. 말씀의 샘물을 제11권까지 쓰는 것이 어찌 어느 한 사람만의 일인가? 만드는 사람-읽어주는 사람-후원해 주는 사람-기도해 주는 사람-좋은 소문을 내 주는 사람 모두가 같이 가는 것 아닌가!

나는 이 점을 진심으로-진심으로-진심으로 느끼고 있습니다. 用과 無用은 둘이 아닌 하나임을 이제 조금 맛보고 있습니다.

· 고래 한 마리 ·

癸巳年(계사년) 2013년 1월 1일 함박눈 내리는 새해 아침입니다.

지난 주 12월 29일(토), 모처럼 정말 모처럼 한 10년 만에 남대문 시장에 안경을 맞추러 나갔는데 눈이 내립니다. 안경을 주문한 후 눈을 맞으며 남대문 시장–한국은행–명동–을지로 입구–충무로–동대 입구–오장동–청계천 7가–東廟(동묘)역까지 걷다가 지하철로 밤늦게 돌아왔습니다. 내가 이 길을 걸은 것은 너무나 변한 도심을 구경하기 위함이고, 年末年始(연말연시) 풍경을 느끼고 싶어서이고, 더 큰 이유는 눈길을 걸으며 오래 전부터 내 마음속에 키우고 있는 '한 마리 고래'를 어떻게 잘 키워볼까 궁리하기 위해서입니다. 그 고래 이름은 '대한민국 국립공원 21곳 답사–우리나라에서 꼭 걸어보아야 할 숲과 길 걷기–스페인 산티아고 데 콤포스텔라 800km!'

고래를 위하여

푸른 바다에 고래가 없다면
푸른 바다가 아니지
마음속 푸른 바다에
고래 한 마리 키우지 않으면
사람이 아니지

푸른 바다가 고래를 위하여
푸르다는 걸 아직 모르는 사람은
아직 사랑을 모르지

고래도 가끔 수평선 위로 치솟아 올라
별을 바라본다
나도 가끔 내 마음속의 고래를 위하여
밤하늘 별을 바라본다 – 정호승 시집, 〈외로우니까 사람이다〉, 열림원 20쪽

2013년 내 좋은 사람들 각자의 마음속 푸른 바다에 키우고 있는 고래 한 마리가 짝을 만나, 새끼를 치고, 우리 모두의 푸른 바다 속을 힘차게 遊泳(유영)하기를 기도하는 이정수 목사

존재의 기쁨(1)

본문 / 시139:1-18, 요16:21

1. 들어가는 이야기

내가 말씀을 묵상하면서 이 글을 쓰고 있는 지금 현재 시각이 2013년 1월 1일 0시 35분입니다. 밖에는 지난 주 내린 눈 위에 雪上加雪(설상가설)으로 소리 없이 눈이 내리고 있습니다. 폭설입니다. 풍광이 참 아름답습니다. '산촌에 눈이 오니 돌길이 묻혔세라, 사립문 여지 마라 날 찾으리 뉘 있으랴, 한밤 중 一片明月(일편명월)이 내 벗인가 하노라' 라고 한 신흠의 시조 그대로입니다. 이 멋있는 경치를 바라보며 나는 하나님께 참 진심으로 감사하고 있습니다. 왜? 내가 사람으로 존재하지 않았더라면 이 놀랍고 황홀한 설경을 보면서 '아하, 멋진 거!' 라고 감동-감격할 수 있었겠습니까! 그러므로 존재는 기쁨이며 신비입니다.

2. 존재는 기쁨입니다

* 주께서 내 장부를 지으시며 나의 모태에서 나를 조직하셨나이다 내가 주께 감사하옴은 나를 지으심이 신묘막측하심이라 주의 행사가 기이함을 내 영혼이 잘 아나이다 내가 은밀한 데서 지음을 받고 땅의 깊은 곳에서 기이하게 지음을 받은 때에 나의 형체가 주의 앞에 숨기우지 못하였나이다 내 형질이 이루기 전에 주의 눈이 보셨으며 나를 위하여 정한 날이 하나도 되기 전에 주의 책에 다 기록이 되었나이다 하나님이여 주의 생각이 내게 어찌 그리 보배로우신지요 그 수가 어찌 그리 많은지요 내가 세려고 할지라도 그 수가 모래보다 많도소이다 내가 깰 때에도 오히려 주와 함께 있나이다(시139:13-18). * 여자가 해산하게 되면 그 때가 이르렀으므로 근심하나 아기를 낳으면 세상에 사람 난 기쁨으로 말미암아 그 고통을 다시 기억하지 아니하느니라(요16:21). 이처럼 성경은 기본적으로 모든 존재의 태어남을 '기쁨' 이라고 하십니다. 우리 기독교의 존재에 대한 정통적-역사적 입장은 "존재로서의 존재는 선하다(esse qua esse bonum est)"입니다. "아, 하나님의 은혜로 이 쓸 데 없는 자 왜 구속하여 주는 지 난 알 수 없도다" 하는 찬송가 310장의 내용을 신화학자 죠셉 켐벨은 다음과 같이 정리하였습니다.

"(하나님 없는) 인생은 원래 아무런 의미도 없는 것이다. 사람들이 상황에 따라 자기 좋을 대로 마음에 드는 대로 의미를 부여한 것뿐이다. 그 의미란 무엇이든 갖다 붙이면 모두 그럴듯한 의미가 된다. 인생의 참 의미는 오직 *存在*(존재-생생하게 살아 있음) 바로 그것뿐이다. 그러므로 그대가 인생에서 의미를 부여하고 느끼고 꼭 해야 할 일-꼭 하고 싶은 일이 있다면 마치 놀이하듯 재미있게 유쾌하게 신나게 하라. 만약 그렇게 하지 못한다면 그대는 지옥에서 사는 것이다. 왜냐하면 지옥이란 말라붙은 삶이기 때문이다." 즉, 존재의 의미는 하나님 앞에-하나님 안에-하나님과 더불어 있을 때에만 존재의 기쁨을 누릴 수 있다는 것입니다(참고: 죠셉 캠벨, 〈신화와 인생〉, 갈라파고스).

3. 존재의 기쁨이란 무엇인가?

첫째. 나는 지난 주말부터 오늘까지 내리는 폭설로 정배리 집안에 옴짝달싹 못하고 벌써 사흘째 갇혀 있습니다. 그러나 그래도 나는 이게 너무 좋습니다. 오가는 차도 없고-사람도 없고-가끔 까막-까치-길 잃은 산새가 한적함을 더 하는 텅 빈 하얀 공간 속에 홀로 앉아 말씀의 샘물을 쓰는 이 시간이 너무 좋습니다. 하나님께서 나를 존재하게 하지 않으셨다면 이런 기쁨은 그야말로 없을 無(무) 아니겠습니까? 뿐만 아니라, 하나님께서는 우리 사람에게 六感(육감)의 기쁨을 주셨습니다. 보는 기쁨(웅장한 경치-기이한 물건-아름다운 모양-신기한 현상 등), 듣는 기쁨(새 소리-바람 소리-파도 소리-음악 등), 냄새 맡는 기쁨(낙엽 태우는 냄새-향수-커피 향-애기 냄새 등), 맛 보는 기쁨(음식-음료 등), 감촉하는 기쁨(비단의 감촉-사랑하는 사람과의 스킨십-좋은 친구의 굳센 손길 등), 육감의 기쁨(오늘은 왠지 좋은 일이 생길 것 같은 기분-날아 갈 듯한 상쾌한 기분 등), 이 모두가 존재가 없으면 누릴 수 없는 기쁨입니다.

우리 삶에서 이런 육감이 주는 기쁨이 없었다면 우리 삶은 얼마나 삭막할 것입니까? 하나님께서 우리 사람에게 이 좋은 육감을 주시고 이 육감을 통하여 기쁨을 누리고 맛보도록 하셨으니 너무나 감사한 일입니다.

둘째. 이 글을 쓰고 있는 중 왼쪽 어금니에 금으로 씌웠던 크라운 덮개가 입안에서 툭! 떨어져 내렸습니다. 이크! 이건 또 뭐야? 자세히 들여다보니 아래 받치던 이가 삭아서 크라운이 굴러 내린 것입니다. 잠시 당황하였으나 이 또한 존재의 기쁨입니다. 진도시에 기록된 대로 모든 존재는 그리히디는 것을 깨우치는 예고이기 때문입니다.

너는 청년의 때 곧 곤고한 날이 이르기 전, 나는 아무 낙이 없다고 할 해가 가깝기 전에 너의 창조자를 기억하라…그런 날에는 집을 지키는 자들이 떨 것이며 힘있는 자들이 구부러질 것이며 맷돌질 하는 자가 적으므로 그칠 것이며 창(窓)들로 내어다보는 자가 어두워질 것이며 길거리 문들이 닫혀질 것이며 새의 소리를 인하여 일어날 것이며 음악하는 여자들은 다 쇠하여질 것이며 그런 자들은 높은 곳을 두려워할 것이며 길에서는 놀랄 것이며 살구나무가 꽃이 필 것이며 메뚜기도 짐이 될 것이며 원욕(願慾)이 그치리니 이는 사람이 자기 영원한 집으로 돌아가고 조문자들이 거리로 왕래하게 됨이라(전12:1-5).

"맷돌질 히는 지가 적어진다" 즉, 음식을 맷돌질하는 어금니가 빠져 적어진다는 말씀입니다. 모든 존재는 필경 쇠할 수밖에 없다는 사실을 몸으로 깨닫게 하시는 것입니다. 돌아갈 준비를 하라는 예고입니다. 이 또한 하나님께서 베푸시는 존재의 기쁨입니다.

셋째. 그러므로 生老病死(생로병사)는 극복해야 할 苦(고)가 아니라, 하나님께서 이 세상 모든 존재 특히 우리 사람에게 주신 기쁨의 과정으로 보는 것이 성경적입니다. 아니 그러합니까?

2012년 이정수 목사의 10대 사건

지난 주말에 내린 폭설로 내가 사는 정배리 도로가 不通(불통)이라, 사흘째 집안에 갇혀 있으면서 2012년 나에게 특별한 무슨 일이 있나 돌아보았습니다.

이정수 목사의 2012년 10대 사건

1. 변함없이 말씀의 샘물을 꾸준히 잘 만들어 보낸 일.

2. 〈말씀의 샘물〉 제10권을 출판한 일(2012. 9. 13.).

3. 변함없이 허심당 모임을 잘 이끈 일.

4. 2012년 상추-고추-옥수수-감자-고구마 등 밭농사(B+)가 제법 궤도에 오른 일.

5. 울릉도 일주 한 일(2012. 4월 26-30일).

6. 2012년 7월 27일 개최된 제30회 런던 올림픽(종합 5위)을 텔레비전으로 잘 참관한 일.

7. 말벌침[馬蜂針] 덕에 왼쪽 팔다리에 막혔던 기혈이 풀린 일(2012. 7. 22).

8. 12월 21일 길동 양병원에서 胃(위) 조직검사 결과 암이 아님을 통보 받은 일.

9. 그 누가 뭐래도 꾸준히 걸은 일.

10. 이천 한나 양로원에 계신 내 아버지 이기장 장로님-하남에 사는 아내, 딸 혜원, 아들 형원으로부터 2012년 내내 一切(일절) 아무런 소식[無消息]이 없는 일.

·일주일에 한 번은 산길을 걷자·

1월 11일(금) 아침 10시.

정배리 집에서 '걸어서' 십자수 기도원-중미산 휴양림-양현 마을-농다치 고개-옥산 내리막길-양평 한화 콘도-옥천 신복리 게르마늄 사우나까지 대략 10km-2시간 정도 걸었습니다.

농다치 고개-한화 콘도로 이어지는 내리막길은 발이 푹- 푹- 들어갈 정도로 눈이 그대로 쌓여 있어 아이젠을 꺼내 착용하고 내려갔습니다. 한 가지 주의를 환기할 것이 있습니다. 겨울철에는 눈이 왔든 아니 왔든 평상시에 배낭에다 무조건 아이젠을 넣고 다녀야 합니다. 평지는 눈이 다 녹았지만 아무리 동네 뒷산이라도 겨울 산에는 눈이 그대로이기 때문입니다. 오히려 동네 뒷산이 더 위험합니다. 녹다가 말다가 하면서 얼은 눈길이 많아 落傷(낙상)하기 쉽기 때문입니다.

인적 끊기고 괴괴한 눈 덮인 산속 오솔길에서 나 홀로 찬송하고 기도하며 때때로 눈을 들어 눈 덮인 앙상한 겨울 산을 玩賞(완상)하며, 그야말로 존재의 기쁨을 스스로 확인하였습니다. 산길을 걷는 건 좋은 일입니다. 정말 좋은 일입니다. 일부러 시간을 내서라도 일주일에 한 번은 꼭 산길을 걸어야 합니다. 1월 허심당 모임 때 박영원 목사님의 간증이 그 증거입니다. 무엇보다 더 좋은 건 산길을 걷는 데는 전혀 돈이 안 든다는 사실입니다.

박 목사님은 오랫동안 갑상선이 약해서 무척 고생하였습니다. 그러는 중 매주 월요일 정기적으로 북한산을 오르는 목사님들이 "우리가 박 목사님의 보조에 맞출 테니 무조건 가자!"하여 산행을 시작한 지 6개월이 되었습니다. 처음에는 산 밑에서 어슬렁거리다가 돌아왔는데 차츰차츰 다리에 힘이 붙어 지금은 500 고지는 무난하게 오른다고 합니다. 그 결과는 不問可知(불문가지)입니다. 다리에 힘이 붙으니-면역력이 강해지고-피로감이 스스로 자각할 정도로 없어졌고-건강에 자신감이 생겼다는 것입니다. 간증하는 박 목사님의 목소리에 전에 없었던 생기와 힘이 실려 있었습니다. 특히, "지난번 산에 가는 날, 집 사람이 아이젠을 사다 주었다!"는 대목을 말할 땐 눈빛이 빤짝빤짝 하였습니다.

照顧脚下 現法樂住(조고각하 현법낙주)-내 발밑을 잘 살펴 주어진 나의 상황에서 존재의 기쁨을 누리며 살기로 한 이정수 목사

존재의 기쁨(2)

본문 / 전2:24, 5:18-20, 9:7-10

1. 들어가는 이야기

〈현대물리학이 발견한 창조주〉(God and the New Physics, 폴 데이비스, 류시화 역, 정신세계사)라는 책을 놀라움과 감동으로 단숨에 읽었습니다. 저자는 현대 물리학을 연구하면 할수록 우리가 살고 있는 '우주-지구-생명'은 참으로 정말 참으로 '신비 그 자체'라고 스스로 찬탄하며 여러 차례 반복하여 고백하고 있습니다.

존재(existence)란 우주적 시공간의 현실 속에 실재하는 눈에 보이는 것-눈에 보이지 않는 것을 포함하여 모든 생물-무생물의 '있음(being)'입니다. 이 가운데 무생물의 존재는 그냥 '있음'이고, 생명을 가진 존재는 '살아 있음(living being)'입니다. 그 가운데 가장 신비한 존재가 바로 우리들 '사람'입니다. 남녀노소-빈부귀천-피부색-종족-국적을 초월하여 사람은 '오직 사람이라는 그 이유 하나만으로' 너무 충분히 고귀한 존재입니다. 그러므로 옛글에 天地之間 萬物之衆 唯人最貴(천지 만물 중 오직 사람이 가장 귀하도다)라고 하였습니다.

2. 성경은 "존재를 넘어 존재의 기쁨으로 살라!"고 하십니다

성경은 그저 단순히 존재하는 혹은 겨우 생존하는 정도에 그칠 것이 아니라, 존재의 기쁨을 누리고 살라고 하십니다. 존재의 기쁨이란 자기 자신의 현실 상황 속에서 자기가 매우 중요한 사람인 것을 의식하고-의미-재미-즐거움-기쁨을 생생하게 느끼고 경험하며 사는 것입니다. '충만한 존재감'으로 사는 것입니다.

* 사람이 먹고 마시며 수고하는 것보다 그의 마음을 더 기쁘게 하는 것은 없나니 내가 이것도 본즉 하나님의 손에서 나오는 것이로다(전2:24) * 사람이 하나님께서 그에게 주신 바 그 일평생에 먹고 마시며 해 아래에서 하는 모든 수고 중에서 낙을 보는 것이 선하고 아름다움을 내가 보았나니 그것이 그의 몫이로다 또한 어떤 사람에게든지 하나님이 재물과 부요를 그에게 주사 능히 누리게 하시며 제 몫을 받아 수고함으로 즐거워하게 하신 것은 하나님의 선물이라 그는 자기의 생명의 날을 깊이 생각하지 아니하리니 이는 하나님이 그의 마음에 기뻐하는 것으로 응답 하심이니라(전5:18-20) * 너는 가서 기쁨으로 네 음식물을 먹고 즐거운 마음으로 네 포도주를 마실찌어다 이는 하나님이 네가 하는 일들을 벌써 기쁘게 받으셨음이니라 네 의복을 항상 희게 하며 네 머리에 향 기름을 그치지 아니하도록 할지니라 네 헛된 평생의 모든 날 곧 하나님이 해 아래에서 네게 주신 모든 헛된 날에 네가 사랑하는 아내와 함께 즐겁게 살찌어다 그것이 네가 평생에 해 아래에서 수고하고 얻은 네 몫이니라 네 손이 일을 얻는 대로 힘을 다하여 할찌어다 네가 장차 들어갈 스올에는 일도 없고 계획도 없고 지식도 없고 지혜도 없음이니라(전9:7-10)

3. 존재의 기쁨은 어디로부터 오는가?

철학-문학-과학-예술-종교 등 각 분야의 많은 학자들이 동물과 판이하게 다른 인간만이 가지고 있는 특성을 지적하는 학설을 발표하였습니다. 두 발로 서서 걷는 인간(Homo Erectus)-생각하는 인간(Homo Sapiens)-도구를 사용하는 인간(Homo Faber)-호기심을 가진 인간(Homo Curious)-기술을 개발하는 인간(Homo Technicus)-경제 활동을 하는 인간(Homo Economicus)-소비를 즐기는 인간(Homo Consumans)-종교를 가진 인간(Homo Religiosus) 등이 그것입니다.

그런데 내가 보기에 인간의 독특성을 가장 잘 드러내 보인 학자는 네덜란드 문화 인류학자 호이징가(Johan Huizinga 1872-1945)가 밝힌 바 '놀이를 즐기는 인간(Homo Ludens)' 이라고 생각합니다. 레저(leisure)-레크레이션(recreation)-플레이(play)-게임(game)-오락(entertainment)-에듀테인멘트(edutainment)-기분전환-휴양-장난-카니발-파티(Party)-각종 스포츠-각종 예술-종교적 축제 등등. 성경에도 "네 마음에 원하는 모든 것을 그 돈으로 사되 소나 양이나 포도주나 독주 등 네 마음에 원하는 모든 것을 구하고 거기 네 하나님 여호와 앞에서 너와 네 권속이 함께 먹고 즐거워할 것이며(신14:26)"라고 하였습니다.

왜, 놀이가 중요한가? 이 세상 모든 생명체는 오직 생존을 위하여 존재하지만 사람은 생존의 사슬을 끊고 '놀이' 를 즐김으로 생존-본능적 삶을 초월하여 정신적-영적 차원의 존재의 의미와 존재의 기쁨을 경험할 수 있게 되었기 때문입니다. 생존을 위하여 하는 일은 대부분 괴롭고-지루하고-재미없습니다. 심심풀이 고스톱-바둑-장기-카드 등 보통 놀이는 물론이고, 철인 삼종 경기-마라톤-고산 등반-산악 자전거-수중 다이버 등 아무리 위험하고 힘들고 고통스러워도 놀이는 재미있고-유쾌하고-즐겁습니다. 사람은 놀이를 통하여 존재의 기쁨을 느끼고 경험합니다.

자본주의 시대를 사는 우리 가운데 많은 사람들이 존재의 기쁨을 맛보고 누리는데 실패하고 있습니다. 왜? 돈 때문입니다. 존재의 기쁨도 돈이 있어야 한다고 세뇌 되어 있기 때문입니다. 존재의 기쁨은 돈이 아니라, 오늘 본문 말씀처럼 하나님께서 주시는 지혜로부터 오는 것입니다.

라인홀트 메츠너는 산에 오를 때 존재의 기쁨을 느낀다고 하였습니다. 베르나르 올리비에는 이스탄불에서 중국 시안까지(12,000km-1099일 동안) 실크로드를 걸으면서 존재의 기쁨을 느꼈다고 하였습니다. 소설가 윤대녕은 나는 책 읽고 글 쓸 때 존재의 기쁨을 느낀다고 하였습니다. 김갑수는 새벽에 텔레만을 들을 때 존재의 기쁨을 느낀다고 하였습니다. 어떤 분은 정기적으로 자원봉사 할 때 존재의 기쁨을 느낀다고 하였습니다. 인도의 명상가 오쇼 라즈니쉬는 나는 존재 그 자체만으로도 너무 충분히 기쁨을 느낀다고 하였습니다. 이정수 목사는 말씀의 샘물 한 편, 한 편을 탈고하였을 때 존재의 기쁨을 느낍니다. 이 모든 분들이 느끼는 존재의 생생한 기쁨은 돈이 별로 들지 않습니다!

고전예화 661

의사는 수술 받지 않는다

〈의사는 수술 받지 않는다〉(연세 세브란스 의대 정형외과 전문의 김현정, 느리게읽기 출판사)라는 책을 읽었습니다. 의사 입장에서 본다면 대단히 도발적이고-발칙하고-의사들 수입의 50%를 박탈할지도 모를 내용입니다. 김현정은 이 책의 제목을 그대로 상징하는 이야기로 시작하고 있습니다.

몇 해 전 은사님이 전립선암 진단을 받았다는 소식을 들었다. 그 분은 우리나라에서 으뜸가는 대학병원의 의료원장이었다. 원장실을 찾아갔을 때, 선생님은 말없이 창밖의 교정을 내다보고 있었다. 때는 5월, 벚나무 이파리마다 가득 물이 올랐고 멀리 별관 병동과 의과대학을 잇는 언덕길에는 사람들이 분주히 오가는 모습이 내다보였다. 선생님은 평소처럼 활기차고 건강해 보였다. 새로 들어서게 될 새 병원 건축에 대하여 말씀하실 땐 어린아이처럼 신나하셨다… 결국 그 은사님은 전립선암에 대한 모든 치료를 거절하셨다. 몇 해가 지나고 마지막에 약간의 통증 치료를 받으신 것 외에는 끝까지 평소대로 지내다가 돌아가셨다.

일반인의 경우 이처럼 암에 걸렸다고 한다면 울고불고-이 병원 저 병원-좋다는 약 찾아다니느라 난리를 칠 텐데 의사들의 의료소비 형태는 일반인과는 확실히 다르다. 예를 들면 의사들은 건강검진을 받는 비율이 상대적으로 낮다. 인공관절-척추-백내장-스텐트(stent)-임플란트 등 요즈음 일반인에게도 아주 익숙한 그런 흔한 수술 받는 비율이 현저히 떨어진다. 심지어 항암치료 비율도 떨어진다. 요컨대 의사들은 검사도 덜 받고-수술도 덜 받고-약도 덜 먹으며 몸을 사린다.

주위에 형제-친척-친구 의사에게 상담하여 본 사람들은 나의 이런 지적에 공감할 것이다. 어디 어디가 아프다고 하면 그들의 대답은 거의 비슷하다. "괜찮아, 그냥 지내봐, 좋아질거야!" 이런 대답은 그 의사의 전문과목에서 더욱 두드러진다. 나의 전공인 정형외과 동네에서 정형외과 의사 자신이 무릎 수술이나 어깨 수술을 받는 경우는 거의 없다.

비유하자면, 마치 손님들에게는 매일 진수성찬을 차려내는 일급 요리사가 정작 자신은 풀만 먹고 산다고 할 수 있다. 왜 그럴까?

그러므로 평소 닦고-조이고-기름칠 잘하여 부모님으로부터 물려받은 자연 그대로의 내 관절-내 치아-내 눈-내 심장-내 五臟六腑(오장육부) 그대로 죽을 때까지 잘 쓰는 것이 장땡-광땡입니다. 인공 의료기구는 정말 더 이상 어쩔 수 없는 최후에 할 일이지 아직도 쓸 수 있는데 자동차 부품 갈 듯 미리 가는 것은 넌센스의 극치라는 소리입니다.

· 봄이 올 때가 되었는데 ·

올 겨울은 매우 춥고, 눈도 참 많이 옵니다.

1월 24일 오늘도 아침부터 펄-펄- 눈이 옵니다. 내가 사는 정배리는 그 동안 내린 눈이 하나도 녹지 않아 앞산-뒷산-논-밭-들-지붕-나무들이 하얗고, 집 앞으로 난 까만 아스팔트 외엔 온 천지가 하얗습니다. 차량 통행이 거의 없는 서후리 고갯길도 하얗습니다.

어제 나는 들판을 걸었습니다.

들판에 파란 나무 묘목들이 줄지어 서있습니다. 가까이 가서 만져보니 나무에 물이 올라 나뭇잎이 파랗습니다. 아니, 이 한 겨울에 나뭇잎이 이렇게 파랗다니 웬일이야?! 하고 이리저리 살펴보다가 깼습니다. 꿈입니다!

작년 9월 8일 낡아서 새는 보일러 기름통을 바꾸고 기름 3드럼(869,000원)을 채웠는데 아직 1/5 정도 남았습니다. 잘 하면 올 겨울은 이것으로 버틸 수 있을 것 같습니다. 자판을 두드리는데 손이 시립니다. 봄이 그립습니다. 달력을 들추어보니 2월 4일이 立春(입춘)입니다. 이제 열하루만 기다리면 봄입니다.

아직 매화 필 때가 아닌 줄 알지만 매화가 보고 싶습니다. 노란 산수유도 보고 싶습니다. 이제 매화-산수유가 피면 나는 멀리 섬진강 매화 마을 말고-멀리 지리산 산수유 마을 말고, 우리 동네 산속에 드문드문 한가롭게 핀 매화-산수유 나무 아래에서 하루 종일 逍遙(소요)할 생각입니다.

왕안석(1021-1086)의 시를 읽으며 매화 피기를 기다립니다.

墻角數枝梅(장각수지매: 담 모퉁이 매화가지 몇몇)
凌寒獨自開(능한독자개: 추위를 이겨내고 홀로 피었구나)
遙知不是雪(요지부시설: 멀리서 눈인가? 싶었는데 눈이 아닌 줄 안 까닭은)
爲有暗香來(위유암향래: 바람에 실려 온 은은한 매화 향기 때문이네)

지난 주 빙판에 미끄러져서 왼쪽 무릎을 삐어 죽을 지경이었는데, 관절수기요법(SOMA THERAPY) 김만기 박사한테 갔더니, 삔 부분을 타-다-닥 밟고 잡아당겨 순식간에 원상 회복시켜 주어 너무 감사한 이정수 목사

존재의 기쁨(3)

본문 / 렘29:1-14

1. 들어가는 이야기

存在(존재-있음-살아 있음-삶)는 *非存在*(비존재-절망-불안-죽음)의 막강한 무시무시한 위협-공격에도 불구하고 궁극적으로 기쁨이라는 것이 창세기부터 요한계시록까지 이어지는 성경의 줄기찬 증언입니다.

2. 예레미야의 편지

* 선지자 예레미야가 예루살렘에서 편지를 보냈으니…일렀으되 만군의 여호와 이스라엘의 하나님 내가 예루살렘에서 바벨론으로 사로잡혀 가게 한 모든 포로에게 이같이 이르노라 너희는 집을 짓고 거기 거하며 전원을 만들고 그 열매를 먹으라 아내를 취하여 자녀를 생산하며 너희 아들로 아내를 취하며 너희 딸로 남편을 맞아 그들로 자녀를 생산케 하여 너희로 거기서 번성하고 쇠잔(衰殘)하지 않게 하라 너희는 내가 사로잡혀 가게 한 그 성읍의 평안하기를 힘쓰고 위하여 여호와께 기도하라 이는 그 성이 평안함으로 너희도 평안할 것임이니라…나 여호와가 이같이 말하노라 바벨론에서 칠십 년이 차면 내가 너희를 권고하고 나의 선한 말을 너희에게 실행하여 너희를 이곳으로 돌아오게 하리라 나 여호와가 말하노라 너희를 향한 나의 생각은 내가 아나니 재앙이 아니라 곧 평안이요 너희 장래에 소망을 주려 하는 생각이라 너희는 내게 부르짖으며 와서 내게 기도하면 내가 너희를 들을 것이요 너희가 전심으로 나를 찾고 찾으면 나를 만나리라 나 여호와가 말하노라 내가 너희에게 만나지겠고 너희를 포로된 중에서 다시 돌아오게 하되 내가 쫓아 보내었던 열방과 모든 곳에서 모아 사로잡혀 떠나게 하던 본 곳으로 돌아오게 하리라 여호와의 말이니라 하셨느니라(렘29:1-14).

이스라엘 사람들은 BC 606-BC 597-BC 587 3차에 걸쳐 바벨론에 포로로 사로잡혀 갔습니다(렘52:28-30). 그리고 BC 572년 이스라엘은 나라가 완전히 망했습니다.

亡國의 恨! 우리는 1910년 8월 29일 *庚戌 國恥*(경술 국치)의 역사를 또렷이 기억합니다. 총알받이로-강제 노역으로-정신대로 끌려간 수많은 우리 백성들, 그 고난-그 치욕-그 절망을 우리는 기억합니다. 산다는 것이 곧 절망이요 치욕이었습니다.

이스라엘 사람들의 바벨론 포로 생활도 그러하였습니다. 살고 싶지 않았습니다. 본문은 그런 사람들에게 보낸 예레미야 선지자의 편지입니다. 예레미야는 하나님의 명령을 전합니다. "그럼에도 불구하고 존재하라-살아있으라"고 하십니다. "너희는 그 땅에서 집을 짓고-밭을 갈고-결혼하고-아이를 낳고 살라-거기서 번성하고 쇠잔하지 말라!"고 하십니다. 예레미야는 속울음을 삼키며 피눈물로 편지한 것입니다. 그러므로 우리는 예레미야를 눈물의 예언자-통곡의 예언자라고 부릅니다.

3. 모든 비존재의 공격에도 불구하고 존재는 기쁨입니다. 왜?

첫째. 존재(있음-살아 있음-삶)는 때로 괴롭습니다. 그러나 괴로움은 존재의 기쁨을 잉태한 괴로움입니다. 그러므로 푸시킨은 다음과 같이 썼습니다.

삶이 그대를 속일지라도, 슬퍼하거나 노하지 말라, 슬픔의 날 참고 견디면, 기쁨의 날 오리니, 마음은 미래에 사는 것, 현재는 언제나 슬픈 것, 모든 것은 일순간에 지나가고, 지난 것은 또 다시 그리움이 되리니(What though life conspire to cheat you, Do not sorrow or complain. Lie still on the day of pain, And the day of joy will greet you. Hearts live in the coming day. There's an end to passing sorrow. Suddenly all flies away, And delight returns tomorrow.)

둘째. 존재(있음-살아 있음-삶)는 때로 외롭습니다. 죽고 싶도록 지독한 외로움-절대 외로움(absolutely loneliness)-치명적 고독(fatal solitude) 입니다. 그러나 그 외로움은 찬란한 만남을 예비한 외로움입니다. 그러므로 정호승(수선화에게)은 다음과 같이 썼습니다.

울지 마라. 외로우니까 사람이다. 살아간다는 것은 외로움을 견디는 일이다. 공연히 오지 않는 전화를 기다리지 마라. 눈이 오면 눈길을 걸어가고 비가 오면 빗길을 걸어가라. 갈대 숲에서 가슴검은도요새도 너를 보고 있다. 가끔은 하느님도 외로워서 눈물을 흘리신다. 새들이 나뭇가지에 앉아 있는 것도 외로움 때문이고 네가 물가에 앉아 있는 것도 외로움 때문이다. 산 그림자도 외로워서 하루에 한 번씩 마을로 내려온다. 종소리도 외로워서 울려 퍼진다.

셋째. 존재(있음-살아 있음-삶)는 때로 절대 빈곤으로 고통 받습니다. 그러나 절대 가난 속에도 기쁨이 있습니다. 그러므로 공자는 다음과 같이 말하였습니다.

飯蔬食飮水 曲肱而沈之 樂亦在其中矣 不義而富且貴 於我如浮雲(반소식음수 곡굉이침지 낙역재기중의 불의이부차귀 어아여부운: 푸성귀 음식에 물 마시고, 팔을 베고 자는 가난한 삶이라도 그 가운데 즐거움이 있는 법이니, 의롭지 못한 재물과 벼슬은 나에게 뜬 구름과 같도다. 〈논어〉 술이 편)

하박국 선지자는 결정적으로 다음과 같이 말씀하였습니다.

* 비록 무화과나무가 무성치 못하며 포도나무에 열매가 없으며 감람나무에 소출이 없으며 밭에 식물이 없으며 우리에 양이 없으며 외양간에 소가 없을지라도 나는 여호와를 인하여 즐거워하며 나의 구원의 하나님을 인하여 기뻐하리로다 주 여호와는 나의 힘이시라 나의 발을 사슴과 같게 하사 나로 나의 높은 곳에 다니게 하시리로다(합3:17-19).

고전예화 662

이것 또한 곧 지나가리라!

다윗 임금이 귀한 보석을 얻었습니다.
다윗 임금은 이 보석으로 임금의 인장 반지를 만들기로 하였습니다.

다윗 임금은 세공사에게

"일이 잘 풀려 임금인 나 스스로 교만해지려고 할 때에도,
일이 안 풀려 임금인 나 스스로 절망하려고 할 때에도,
힘이 될 수 있는 말을 인장 반지에 새겨 넣으라"

고 명령하였습니다.

큰 고민에 빠진 세공사는 솔로몬 왕자에게 지혜를 구하였습니다.
솔로몬 왕자는 한참 생각한 후에 "이런 말을 새겨 넣도록 하세요" 하였습니다.

"이것 또한 곧 지나가리라-Soon it shall also come to pass!"

· 八仙(팔선) ·

18년 전, 나-차선각-손신철 목사님과 함께 서울 중구 장충동 신라 호텔 중국음식점에서 佛跳牆(불도장)이라는 음식을 먹은 적이 있습니다. 佛跳牆(불도장)은 그 음식 냄새에 취하여 부처님도 담을 뛰어넘어가서 맛볼 정도로 귀한 음식인데, 육해공의 각종 음식재료를 이틀 정도 푹 고아 만든 수프 형태의 음식으로 여름 보양식으로 천하제일이라고 합니다.

그런데 이 중국음식점 상호가 '八仙(팔선)' 입니다. 음식점 벽에 八仙過海 各顯神通(팔선과해 각현신통: 여덟 신선이 각자의 신통력을 발휘하여 거친 바다를 건넌다), 남자 신선 6명-여자 신선 2명이 폭풍우 치는 푸른 바다를 건너가는 그림이 걸려 있습니다.

八仙(팔선)이 누구냐?
중국 민간 신앙의 숭배 대상으로 팔선은 중국 역사에 출현하였던 특별한 신통력을 가졌던 사람들입니다. 이를 무협지 식으로 패러디 하면 다음과 같습니다.

天下第一劍(천하제일검)-鐵拐李(철괴리)
天下第一美(천하제일미)-藍采和(남채화)
天下第一商(천하제일상)-張果老(장과로)
天下第一腦(천하제일뇌)-呂洞賓(여동빈)
天下第一樂(천하제일악)-何仙姑(하선고)
天下第一文(천하제일문)-韓 湘子(한상자)
天下第一才(천하제일재)-鍾離權(종리권)
天下第一酒(천하제일주)-曺國舅(조국구)

폭풍우 몰아치는 험한 바다와 같은 인생 바다를 팔선의 신통력 加護(가호)로 무사히 건널 수 있도록 도와주십사 하는 張三李四(장삼이사)들의 소원을 표출한 것입니다. 서양 사람들로 말하자면 수호천사 개념입니다.

오늘은 2월 4일(월). 아, 드디어 立春(입춘)입니다. 아직 봄 같지 않으나 그래도 봄은 봄 아닌가! 내 좋은 친구들 집집마다 八仙入家-立春大吉-建陽大慶(팔선입가-입춘대길-건양대경) 하시기를 두 손 모아 기도하는 이정수 목사

존재의 기쁨(4)

본문 / 전6:1-6

1. 들어가는 이야기

存在(존재-있음-살아 있음-삶)한다는 것은 좋은 것입니다. 십년을 *減壽*(감수)하고라도 산다는 건 좋은 것입니다. 생생하게-활발하게 살아 있다면 더욱 좋은 일입니다. 김국환은 "네가 나를 모르는데 난들 너를 알겠느냐? 한 치 앞도 모두 몰라 다 안다면 재미없지, 바람 불면 부는 대로 비오면 비에 젖어 사는 거지, 그런 거지 하-하-하- 산다는 건 좋은 거지 수지맞는 장사잖소, 알몸으로 태어나서 옷 한 벌은 건졌잖소, 우리네 헛짚는 인생살이 한 세상 걱정근심 없이 살면 무슨 재미 그런 게 덤이잖소?"라고 노래합니다.

성경은 *存在*(존재-있음-살아 있음-삶)가 기쁨(전2:24, 5:18-20, 9:7-10)인 것을 강조하고 있습니다. 특별히 오늘 본문 말씀은 기쁨 없는 존재는 천년의 갑절을 산다고 할지라도 불행하며-헛되며-악한 병이라고 하십니다.

2. 오늘 본문 말씀을 자세히 꼼꼼히 읽도록 합시다

* 내가 해 아래에서 한 가지 불행한 일이 있는 것을 보았나니 이는 사람의 마음을 무겁게 하는 것이라 어떤 사람은 그의 영혼이 바라는 모든 소원에 부족함이 없어 재물과 부요와 존귀를 하나님께 받았으나 하나님께서 그가 그것을 누리도록 허락하지 아니하셨으므로 다른 사람이 누리나니 이것도 헛되어 악한 병이로다 사람이 비록 백 명의 자녀를 낳고 또 장수하여 사는 날이 많을지라도 그의 영혼은 그러한 행복으로 만족하지 못하고 또 그가 안장되지 못하면 나는 이르기를 낙태된 자가 그보다는 낫다 하나니 낙태된 자는 헛되이 왔다가 어두운 중에 가매 그의 이름이 어둠에 덮이니 햇빛도 보지 못하고 또 그것을 알지도 못하나 이가 그보다 더 평안함이라 그가 비록 천 년의 갑절을 산다 할지라도 행복을 보지 못하면 마침내 다 한 곳으로 돌아가는 것뿐이 아니냐(전6:1-6).

재벌의 아들-딸로 태어났으나 마음에 기쁨이 없어 스스로 목숨을 끊는 비극적인 삶을 산다면 그 얼마나 불쌍한 일이냐? 반면에 가난한 가정의 아들-딸로 태어났으나 스스로 생생한 존재로 살아가는 것이 훨씬 나은 것 아니냐? 하는 말씀입니다. 존재의 기쁨은 외적 조건에서 나오는 것이 아니라, 각 사람의 내적 조건에서 나오는 것이라고 하십니다.

외적 조건은 누군가 만들어 줄 수 있습니다. 그러나 내적 조건은 누군가 만들어 줄 수 없습니다. 각 사람이 하나님이 주시는 축복-은혜-지혜 가운데 스스로 깨닫고 터득할 수밖에 없습니다.

3. 존재의 생생한 기쁨을 증진하는 내적 조건의 기본 구조는 무엇인가?

첫째. 건강한 몸입니다. 성경은 "사랑하는 자여 네 영혼이 잘됨 같이 네가 범사에 잘되고 강건하기를 내가 간구하노라(요삼1:2)"고 하십니다. 동양의 현자도 "身也者 萬事之所由立 百行之所有擧(신야자 만사지소유립 백행지소유거: 몸은 존재가 비롯하는 근거이며, 모든 행동의 시작이다)"라고 하였습니다.

건강한 몸의 귀중함을 모르는 사람은 없습니다. 그러나 많은 사람들이 건강하지 못합니다. 왜? 삶의 우선순위를 착각하거나-무시하거나-게으르기 때문입니다. 존재의 기쁨을 누릴 수 있는 내적 조건의 '0순위'는 '건강한 몸'이라는 것을 새삼 자각하고, 각 사람이 건강한 몸만들기에 꾸준히 힘써야 합니다. 이 대목에서 '꾸준히'라는 말은 이무리 강조! 강조! 강조! 하여도 지나침이 없을 것입니다.

둘째. 단순한 삶입니다. 나는 전에 대전에 있는 보림사라는 수도처에서 한 달 동안 수도한 적이 있습니다. 그리고 며칠 전 트라피스트 수도사들의 일상을 담은 〈위대한 침묵〉이라는 기록 영화를 보았습니다. 단순한 삶이란 바로 그런 삶입니다. 예배-침묵-노동-독서-찬양-규칙적인 생활-꼭 필요한 최소한의 소유물만으로 사는 그 분들의 삶이야말로 'Sancta Simplicitas-오, 성스러운 단순함!' 이었습니다.

세속에서 지지고 볶는 평범한 하루하루를 사는 우리는 그 분들처럼 살 수는 없습니다. 그러나 그럼에도 불구하고 그 분들의 삶이 주는 지혜를 배워야 할 줄 압니다. 단순한 삶은 사람의 내면에 견고한 존재론적인 힘을 준다는 사실 말입니다. 우리는 너무 많이 소유하고 있습니다. 우리는 너무 많이 먹습니다. 우리는 너무 많은 시간을 낭비합니다. 우리는 너무 많은 말을 합니다. 누군가 "고요에 갇히면 외로움이다, 고요를 즐기면 자유다" 라고 하였습니다. 그러나 우리는 잠시의 고요도 견디지 못합니다. 왜? 단순한 삶을 잃어 버렸기 때문입니다.

존재의 기쁨을 누리기 위하여 우리 각 사람이 단순한 삶을 추구하여야 할 때가 되었다고 생각합니다(꼭 참고: 〈말씀의 샘물〉 제5권 고전예화 289 단순한 삶 7계).

셋째. 각 사람이 매일매일 정한 시간에 성경+찬양+기도하는 신앙생활입니다. 내 아버지 이기징 장로님은 올해 93세십니다. 내 아버지는 지금까지 꾸준히 매일매일 정한 시간에 성경 3장+찬송 10곡+기도 생활을 하십니다. 내 아버지는 93년 사는 동안 갖가지 인생의 순풍-역풍에도 불구하고 존재의 기쁨을 충만히 누리며 살고 계십니다. 이것이 내 아버지의 삶을 지켜본 아들 이정수 목사의 증언입니다.

이 대목에서도 강조! 강조! 강조! 할 말은 '꾸준히'라는 말입니다!

1日1食

〈1日1食〉 - (내 몸을 살리는 52일 空腹(공복)프로젝트), 나구모 요시노리, 양영철 역, 위즈덤스타일)

* 배에서 꼬-르-륵- 소리가 나는 것은 위와 소장 사이에 있는 몸의 센서에서 "음식 공급이 필요합니다"라는 신호이다. 꼬-르-륵- 소리가 나기 전에 먹는 음식은 대부분 내장지방으로 체내에 축적되어 고지혈증-고혈당-고혈압 등 현대 성인병의 원인이 된다. 그런데 많은 사람들이 하루 세끼라는 심리적 악습으로 배가 고프지도 않은 데도 때가 되면 습관적으로 무얼 먹는다.

* 내장지방을 줄이는 데는 추위와 굶주림(공복)에 처하면 된다. 하지만 일부러 그런 가혹한 환경에 처하기란 불가능하다. 그래서 의사 입장에서 누구나 할 수 있는 제안이 바로 '하루 한 끼 건강법' 이다. 그러면 일일일식의 목적이 무엇인가? 짤록한 허리-매끈한 피부-활발발(물고기가 튀어 오르는 모양)한 에너지로 충만한 생활입니다.

* 성장 중인 어린이-노약자-임산부를 제외하고, 건강한 보통 사람들은 영양이 풍부한 완전식품을 섭취한다면 하루 한 끼로 충분하다. 음식은 무엇이든 완전 음식을 섭취하라. 채소-과일은 껍질+뿌리+줄기 통째로, 생선도 머리+뼈+꼬리까지 통째로 먹으라. 미국식 음식-육류 위주-패스트 푸드-정크(잡동사니 쓰레기) 푸드-커피-설탕 덩어리의 디저트-보조 영양제는 절대 삼가 하라.

* 수면에는 REM(Rapid Eye Movement) 수면과 non-REM 수면이 있다. REM 수면일 때는 꿈을 꾸거나 뒤척인다. non-REM 수면은 熟眠(숙면) 상태의 잠이다. non-REM 수면은 밤 10시-14시가 절정이다. 이 때 몸은 다량의 성장 호르몬을 분비한다. 즉, 밤 10시부터 아침 6시까지(8시간) 자는 것과 밤 13시부터 아침 10시까지(8시간) 자는 것은 같은 8시간 잠이라도 그 차원이 질적으로 다르다.

* 아침 태양 빛은 우리 몸을 새롭게 재정비해 준다. 칼슘은 걷기로 충분하다. 건강에 '좋은 소금' 이란 없다. 감사하는 마음으로 절제 있는 생활-단순한 삶을 살자 등등 유익한 정보가 많다.

나는 이 책을 읽고 첫째. 하루 두 끼, 둘째. 일찍 자고 일찍 일어나기, 셋째. 춥게 살기로 하였습니다.

· 존재의 기쁨 ·

요즈음 말씀의 샘물 본문 설교 주제는 '존재의 기쁨' 입니다. 자나 깨나 '기쁨' 에 대하여 생각합니다. 유럽 여행 다녀온 구두쟁이에게 "무얼 보고 왔느냐?" 하니 "구두만 보고 왔다" 하고, 양복쟁이는 "옷만 보고 왔다"고 하더라는 말처럼 책을 봐도-신문을 봐도-TV를 봐도 나의 관심은 노상 '기쁨' 에 대한 것입니다.

그러다가 신문에서 '尹 愭(윤기, 1741-1826)의 〈共人賦四喜詩(공인부사희시-네 가지 기쁜 일)〉' 라는 漢詩(한시) 해설을 보았습니다. 오! 기쁠 喜(희)를 본 것입니다.

가난한 살림살이에 간신히 급전을 갚고 나니 참 기쁘네
장마로 집이 새는데 문득 하늘이 맑아지네
파도에 휩쓸린 배 깨지지 않고 해안가 모래 언덕에 무사히 걸려 있네
깊은 산속에서 길 잃어 황당한데 마침 행인을 만났네
책을 읽다가 난해한 부분을 만나 갸웃갸웃 하다가 홀연히 깨우쳤네
시를 짓는데 좋은 시구가 생각 안 나 답답한 터에 오! 좋은 시구 떠올랐네
용한 의원 만나 그 동안 몸을 괴롭히던 묵은 병이 씻은 듯이 나았네
따사로운 봄바람이 엄동설한 몰아내니 만물이 소생하네

寠 家急債券初料(구가급채권초료)
破屋長霖天忽晴(파옥장림천홀청)
駭浪飄舟依岸泊(해랑표주의안박)
深山失路遇人行(심산실로우인행)
讀書斗覺微辭透(독서두각미사투)
覓句忽驚好料生(멱구홀경호료생)
良醫對症 沉 痾 去(양의대증침아거)
和煦破寒品物亨(화후파한품물형)

내 좋은 친구가 광탄 고바우 설렁탕을 사다 주어 맛있게 먹었네, 하이든의 음악을 CD로 구워주어 기분 좋게 듣고 있네, 우리 반장님이 나무 한 짐 해다 주어 따뜻하게 불 쬐네, 설 쇠라고 보내온 오미자차에 과줄강정 곁들이니 참 맛있네… 기쁨은 정말 그리 멀리 있는 것이 아닙니다.

나는 장로회신학대학원 77기 동기 후원으로 2월 18-21일 일본 오키나와로 휴양 갑니다. 이 또한 존재의 기쁨 아닌가 하는 이정수 목사

존재의 기쁨(5)

본문 / 살전5:16-18

1. 들어가는 이야기

오늘 아침 본문 말씀은 유명한 살전5:16-18 말씀입니다.

* 항상 기뻐하라 쉬지 말고 기도하라 범사에 감사하라 이것이 그리스도 예수 안에서 너희를 향하신 하나님의 뜻이니라(살전5:16-18).

올 겨울은 정말 嚴冬雪寒(엄동설한-눈 내리는 깊은 겨울의 심한 추위)이었습니다.

아직 추위는 그대로이지만 그래도 명색이 입춘이라 그런지 바람에 寒氣(한기)가 빠졌습니다. 오늘 아침 다 같이 기쁜 마음으로 찬송가 434장을 찬양 합시다.

귀하신 친구 내게 계시니 나 주 안에 늘 기쁘다
그 피가 내 죄 씻으셨으니 나 주 안에 늘 기쁘다나
주 안에 늘 기쁘다 나 주 안에 늘 기쁘다
주 나와 늘 동행 하시니 나 주 안에 늘 기쁘다

2. 존재의 기쁨은 주어지는 것보다, 創出(창출) 되는 것이 더 크고 아름답습니다

예수님은 하나님 나라의 복음을 전하시는 틈틈이 빈들-높은 산-바닷가-광야-사람이 없는 외딴 집에 머무시면서 들의 백합화-공중의 새-무화과-들판에 자라는 꽃-나무-밀밭에 자라는 이삭 등을 주의 깊게 보셨고-기뻐하셨고-여기서 발견한 통찰을 여러 가지 모양의 비유로 말씀하셨습니다.

예수님의 이런 모습은 동양으로 말하면 노자와 장자 집안 사람들과 비슷합니다.

老莊思想(노장사상)의 핵심은 爲無爲 逍遙遊 八喜之樂(위무위 소요유 팔희지락: 인위적인 조작이 없이 자연 그대로 우주를 호흡하며 여덟 가지 기쁨을 누리며 노니는 삶) 이라 할 수 있습니다. 道家 사람들이 말하는 八樂(팔락)이란?

坐(좌: 고요히 앉아 묵상-명상으로 세상을 바라보며 坐忘하는 기쁨)-書(서: 책을 읽고 이치를 궁구하는 기쁨)-鳥(조: 숲속 새들의 움직임과 지저귀는 소리를 보고 듣는 기쁨)-畵(화: 그림을 스스로 그리거나 감상하는 기쁨)-樂(악: 음악을 스스로 연주하거나 감상하는 기쁨)-花(화: 꽃을 기르거나 완상하는 기쁨)-月(월: 달을 즐기고 농월하는 기쁨)-眠(면: 꿈 없이 깊은 잠자는 기쁨)입니다.

예수님-노장 사람들이 누리는 기쁨은 돈이 거의 들지 않았습니다. 하나님께서 창조하신 天地自然(천지자연)을 私心(사심) 없이-있는 그대로 지켜보며-心身(심신)의 피로를 풀고-그 중에 하나님이 주시는 계시의 말씀을 깨닫고 기뻐하셨습니다. 순수한 존재의 생생한 기쁨으로 충만 하였던 것입니다.

3. 존재의 생생한 기쁨을 누릴 수 있도록 하는 마음의 태도는 무엇인가?

첫째. 다른 사람들과 비교하며 사는 비교급의 삶이 아니라, 나는 나대로 최고 절대급으로 사는 것입니다. 나의 아파트 평수-학벌-미모-지위-통장 잔액-자동차-명품-子女들의 수준 등등을 다른 사람과 비교하며 사는 것이 아니라, 나는 나대로 너는 너대로 내 떡 내가 먹고 네 떡 네가 먹고 사는 것입니다. 그리하면 수많은 허접한 스트레스가 소멸됩니다. 존재의 생생한 기쁨이 솟아납니다.

"우리가 먹을 것과 입을 것이 있은즉 족한 줄로 알 것이니라(딤전6:5-8)" 하신 말씀에 아멘! 하고 사는 것입니다. 사람은 누구나 단 한 번밖에 살지 못합니다. 그러나 최고 절대급으로 산다면 인생은 그 단 한 번으로도 너무 충분합니다.

둘째. 생물-무생물-이 세상 모든 존재에 따뜻한 관심을 두고 사는 것입니다. 지난 주 KBS 1tv에서 방영한 과학스페셜 '음식과 진화(제1부 요리하는 유인원, 제2부 농부가 된 인류)' 를 보았습니다. 이 프로에서 "현생 인류는 5만 년 전 중부 아프리카에서 살던 사람들이 퍼져나간 것이다. 현생 인류의 DNA는 99% 동일하다. 흑인종-황인종-백인종은 그 후 각 종족이 정착한 자연 환경(기후, 토양, 음식…)의 영향 때문에 DNA의 염색체 농도-반복-순서에 돌연변이가 일어나 피부색-언어-문화 등에 조금씩 차이가 난 것 뿐이다" 라고 하였습니다.

天下萬物與我同根 世界萬民與我一體(천하만물여아동근 세계만민여아일체)-하나님이 창조하신 온 우주 만물은 나와 같은 뿌리요, 이 세상 모든 사람들은 결국 나와 한 몸입니다. 그러므로 이 세상 모든 존재들에 대하여 따뜻한 관심을 가지고 바라보아야 합니다.

셋째. 사람을 존귀하게 대접하며 사는 것입니다. 인간관계가 껄끄러우면 피곤합니다. 존재의 기쁨이 사라집니다. 기도가 막힙니다. 특히, 가족-친구-교회 식구들-직장 동료 등 가까운 사람과의 관계일수록 그러합니다(눅9:46-48, 벧전3:7). 親疎(친소)를 불문하고 사람을 존귀하게 대접하면서 살면 존재의 기쁨이 샘물에 물 고이듯 솟아납니다. 그렇다면 사람을 어떻게 존귀하게 대접하는가?

"나는 나의 사명이 이 세상 모든 가난한 사람들을 돕는 것이라고 생각한 적이 없습니다. 나는 다만 한 사람을 도울 뿐입니다. 한 번에 오직 한 사람만을 거둘 뿐입니다. 오직 단 한 사람, 한 사람, 한 사람…말입니다. 그렇지 않았더라면 42,000명이나 되는 사람을 붙잡지 못 하였을 것입니다. 내가 행한 일은 넓은 바다에 물 한 방울 보탠 것입니다. 그러나 내가 그 물 한 방울을 보태지 않았더라면 바다에는 그 물 한 방울이 줄었을 것입니다. 그대가 할 수 있는 일도 그러합니다. 그대도 한 번에 오직 단 한 사람만을 사랑할 수 있습니다. 한 번에, 오직 단 한 사람, 한 사람, 한 사람…말입니다(마더 테레사)."

고전예화 664

시인과 촌장의 사랑 일기

새벽 공기를 가르며 나는 새들의 날개 죽지 위에
첫차를 타고 일터로 가는 인부들의 힘센 팔뚝 위에
광장을 차고 오르는 비둘기들의 높은 노래 위에
바람 속을 달려 나가는 저 아이들의 맑은 눈망울에
'사랑해요' 라고 쓴다
'사랑해요' 라고 쓴다

피곤한 얼굴로 돌아오는 나그네의 지친 어깨 위에
시장 어귀에 엄마 품에서 잠든 아기의 마른 이마 위에
골목길에서 돌아오시는 내 아버지의 주름진 황혼 위에
아무도 없는 땅에 홀로 서있는 친구의 굳센 미소 위에
'사랑해요' 라고 쓴다
'사랑해요' 라고 쓴다

수없이 밟고 지나는 길에 자라는 민들레 잎사귀에
가고 오지 않는 아름다움에 이름을 부르는 사람들에게
고향으로 돌아가는 소녀의 겨울 밤차 유리창에도
끝도 없이 흘러만 가는 저 사람들의 고독한 뒷모습에
'사랑해요' 라고 쓴다
'사랑해요' 라고 쓴다

'시인과 촌장' 이 부른 이 노래는 우리가 평소 무심하게 지나치는 우리 주변의 작은 존재들에게 아주 깊고 따뜻한 관심을 보여주고 있습니다. 노래 말을 천천히 소리내어 그리고 묵상하며 두어 번 읽어 보십시오.

아, 아닙니다. 저들이 부르는 노래를 직접 들어보시면 '존재를 향한 따뜻한 관심' 이 무엇인지 몸으로 느낄 수 있을 것입니다.

百讀不如一聽(백독불여일청)!

· 드디어, 성공! ·

드디어, 성공!

무슨 성공? 버티기 성공입니다.

오늘은 2월 28일(목), 날씨가 맑고 참 따뜻합니다. 올 들어 가장 따뜻한 날이라고 합니다. 봄기운이 여실하게 느껴집니다.

나는 작년 2012년 9월 8일 보일러 기름통에 기름 3드럼을 넣고 나서, 속으로 '이것으로 올 겨울을 버텨 봐야지!' 마음먹었습니다. 그런데 오늘 아침 보일러 기름통을 보니 아직 기름이 5-7% 정도 남아있습니다.

올 겨울은 정말 무척 추웠습니다. 내가 사는 양평 정배리는 영하 25도까지 내려가는 강추위였고 눈도 참 많이 왔습니다. 나는 그 혹독한 강추위에 집안 평균 온도 10도로 하고-더운 물 쓸 때-그리고 보일러가 얼지 않을 만큼만 기름을 땠습니다. 한 겨울에 보일러가 얼면 아주 골치 아픕니다. 그리하여 나의 경우에는 난방을 위하여 기름을 때는 것이 아니라, 보일러를 위하여 기름을 땐 것입니다.

물론, 손님이 오신 날은 예외입니다(예외라고는 하나 내 집에 오신 손님들은 한결 같이 "이 집은 여름에는 참 좋은데 겨울에는 영 아니 올씨다" 라고 한다. 나도 전적으로 동감이다). 그러나 평소에는 집안에서도 잠바-목도리-덧신을 챙겨 입고 사는 수밖에 없습니다. 그래도 견딜만한 것이 감사하고 다행입니다. 또한 좀 춥게 사는 것이 건강에도 좋고 피부에도 좋다고 하지 않는가!

아무튼 기름 3드럼으로 2012년 9월 8일부터 2013년 3월 8일까지(남은 기름으로 넉넉하다) 6개월을 지냈으니 '기름 3드럼으로 올 겨울을 버틴다' 는 나의 初心(초심)을 지켜냈습니다. 그야말로 '드디어 성공 아닌가!'

醲肥辛甘 非眞味 眞味 只是淡 神奇卓異 非至人 至人 只是常(농비신감 비진미 진미 지시담 신기탁이 비지인 지인 지시상: 짙고-기름지고-맵고-단 것은 참 맛이 아니다. 참 맛은 다만 담백할 뿐. 무당끼-기괴-탁월-요상한 사람은 참 도에 이른 사람이 아니다. 참 도인은 다만 평범할 뿐.), 과연 그러하다 하는 이정수 목사

이 세상 모든 존재는 고난으로 온전케 됩니다(1)

본문 / 히5:8-10

1. 들어가는 이야기

四旬節(사순절-The Lent)입니다. 올해 사순절은 2월 13일(Ash Wednesday-재의 수요일)부터 일요일을 뺀 3월 30일까지 40일입니다. 사순절은 예수님의 40일 광야 금식기도-사단의 시험-생애-가르침-십자가 고난과 죽음을 깊이 묵상하며, 나 자신의 삶을 진지하게 돌아보고-나의 삶을 재정립 하는 기간입니다.

예수님은 "여자가 해산하게 되면 그 때가 이르렀으므로 근심하나 아이를 낳으면 세상에 사람 난 기쁨을 인하여 그 고통을 다시 기억지 아니하느니라(요16:21)" 하셨습니다. 여기에는 산모뿐 아니라, 깜깜하고 아주 위험한 産道(산도)를 통과하여 이 세상에 태어난 아기도 그러합니다. 나는 National Geographic Channel-동물의 세계를 볼 때마다, 사람뿐 아니라 이 세상 모든 살아 있는 존재는 고난(자연 재해-가뭄-추위-먹이 부족-사냥의 어려움-생존의 고난 등등)으로 온전케 된다는 사실을 확인합니다. 존재한다는 것 자체가 결코 쉬운 일이 아님을 절감합니다!

사자도 고난으로 온전케 됩니다-임팔라도 고난으로 온전케 됩니다-물고기도 고난으로 온전케 됩니다-공중의 새도 고난으로 온전케 됩니다-나무들도 고난으로 온전케 됩니다-진드기도 땅 속 벌레들도 고난으로 온전케 됩니다.

2. 성경은 특히 사람은 더욱 그러하다고 하십니다

* 나의 가는 길을 오직 그가 아시나니 그가 나를 단련하신 후에는 내가 정금같이 나오리라(욥3:10) * 의인은 고난이 많으나 여호와께서 그 모든 고난에서 건지시는도다(시34:19) * 고난 당하기 전에는 내가 그릇 행하였더니 이제는 주의 말씀을 지키나이다(시119:67) * 고난 당한 것이 내게 유익이라 이로 인하여 내가 주의 율례를 배우게 되었나이다(시119:71) * 오직 하나님의 능력을 좇아 복음과 함께 고난을 받으라(딤후1:8) * 하느님은 만물을 창조하신 분이시고 만물은 그분을 위해서 있습니다. 그러므로 하느님께서 당신의 많은 자녀들이 영광에 참여할 수 있도록 그들의 구원의 창시자로 하여금 고난을 겪게 해서 완전하게 하신다는 것은 당연한 일이었습니다…그분은 친히 유혹을 받으시고 고난을 당하셨기 때문에 유혹을 받는 모든 사람을 도와주실 수 있으십니다(공동번역 히2:10-18) * 그가 아들이시라도 받으신 고난으로 순종함을 배워서 온전하게 되었은즉 자기를 순종하는 모든 자에게 영원한 구원의 근원이 되시고 하나님께 멜기세덱의 반차를 좇은 대제사장이라 칭하심을 받았느니라(히5:8-10) * 그러므로 예수도 자기 피로써 백성을 거룩케 하려고 성문 밖에서 고난을 받느니라(히13:12).

예수님은 간곡하게 "아무든지 나를 따라 오려거든 자기를 부인하고 자기 십자가를 지고 나를 좇을 것이니라(막8:27-38, 마16:13-28, 눅9:18-27)" 하셨습니다.

3. 사람은 일상생활의 고난으로 온전케 됩니다

첫째. 경제적 가난은 고난입니다. 슬픔입니다. 특히, 자본제일주의 시대를 살고 있는 사람들에게 물질적 가난은 비극입니다. 그러나 그럼에도 불구하고 사람은 가난으로 온전케 됩니다. 무슨 소리인가? "눈물 젖은 빵을 먹어 본 사람만이 인생을 안다"고 하였습니다. 가난은 사람에게 아픔-슬픔-고통-답답함-굴욕감-패배감-절망감을 줍니다. 가난 때문에 뿔뿔이 흩어진 가정-가난 때문에 깨어진 사랑-가난 때문에 접어야 했던 꿈-가난 때문에, 가난 때문에, 가난 때문에… 좌절한 무수한 인생들이 있습니다. 눈물 젖은 빵을 먹어 본 사람만이 그런 인생들을 이해하고-보듬고-위로하고-도움으로 말미암아 온전한 존재가 될 수 있다는 뜻입니다.

지금 가난한 사람은 가난으로부터 자유하기 위하여 애써야 할 것입니다. 그 과정이 고통스러울 수밖에 없습니다. 그러나 그 고통 가운데 온전한 존재로 성장하는 잊을 수 없는-가슴에 각인 되는 삶의 지혜-의미-축복이 분명히 있다는 것을 믿고 한 걸음-한 걸음 견고하게-강인하게-확실하게 걸어가야 할 것입니다.

둘째. 육체적 질병은 고난입니다. 특히, 각종 암과 같은 무서운 질병은 공포-두려움-절망입니다. 그러나 그럼에도 불구하고 사람은 질병으로 온전케 됩니다.

무슨 소리인가? 내가 목 니스크로 왼쪽 팔나리가 마비되지 않았더라면, 내가 고도 근시로 평생 불편하지 않았더라면, 내가 올 겨울 빙판에서 넘어져 다치지 않았더라면, 내가 암 조직검사의 공포를 겪지 않았더라면, 나는 내 몸의 귀중함을 알지 못하고 살다가 어느 날 갑자기 들이닥친 큰 병의 무차별 공격으로 한 마디 말도 못하고 쓰러졌을 것입니다. 그러나 내 몸에 닥친 그 모든 질병으로 내 몸의 귀중함을 깨닫고, 늦었지만 攝生(섭생)과 운동에 신경을 써서 그나마 이 정도로 온전케 살고 있으니 참 감사한 일입니다. 그러므로 사람은 질병의 고난으로 온전케 된다고 하는 것입니다.

셋째. 知的-心的-靈的 無知(무지)는 사람의 일상생활에서 가장 큰 고난의 원인입니다. 경제적 가난-육체적 질병도 없는데 파괴되는 가정-불편한 인간 관계-심각한 우울증-심지어 자살하는 사람들이 얼마나 많습니까? 그 이유는 지적-심적-영적 무지가 빚어내는 고난 때문입니다.

그러므로 나 자신-내 가족-내 친척-내 가까운 이웃을 잘 살펴보아야 합니다. 그리하여 누군가 지적-심적-영적 무지로 고난당하고 있다면, 지적-심적-영적 무지로부터 자유하여 온전한 삶을 살도록 잘 이끌어주어야 합니다. 경제적 가난-몸의 질병을 당한 사람을 돕는 것이 물고기를 잡아 주는 것이라면, 지적-심적-영적 무지로부터 자유하도록 돕는 일은 낚시 법을 가르쳐 주는 것과 같습니다.

일본국 오키나와 여행기(1)

장로회신학대학원 77기 동기 겨울 수련회(2013년 2월 18-21일)로 일본국 오키나와 현에 다녀왔습니다. 참석 인원: 동기 목사님 25명+사모님 20명=총 45명.

오키나와

위치: 일본 최남단 동중국해와 태평양 사이.
면적: 1206.49km(1,825km인 제주도보다 작지만 남북 횡단에 4시간 걸린다).
인구: 160만 명.
아열대 기후: 연평균 20도(서울서 입고 갔던 내복을 모두 벗어야 했다).

오키나와는 원래 일본 영토가 아니었습니다.
1300년 오키나와는 삼산시대라 하여 여러 부족으로 나뉘어 각축.
1429년 쇼우핫시가 통일하고 류큐(琉球)왕국 설립-슈리성(首里城) 건축.
1609년 일본 사쓰마 번이 류큐 침략.
1872년 메이지(明治) 시대에 류큐번 설치.
1879년 류큐 왕국 멸망-슈리성 양도-일본령 오키나와 현 설립.
1945년 태평양 전쟁으로 미국이 오키나와 점령하여 27년간 통치.
1972년 주민투표로 일본국으로 복귀하여 현재에 이름.

오키나와는 400년 넘도록 류큐 왕국이라는 독립국가로서 자국의 문화와 언어를 가지고 있었습니다. 아직도 오키나와 원주민들은 자기 자신을 '일본 사람' 이라고 하지 않고, '오키나와 사람' 이라고 합니다.

우리나라의 경우 국내선 공항은 작고 국제선 공항은 훨씬 큰데 비하여, 오키나와의 경우는 정 반대입니다. 왜? 오키나와 여행객의 95%가 일본 본토인이고, 5% 정도가 외국인이기 때문입니다.

현지 정은이 가이드의 말을 들으니, 작년까지만 해도 아시아나 항공 독점으로 3박 4일 오키나와 여행 경비가 150만 원 선이었는데, 올해부터 Jin Air 등 저가 항공 노선이 여럿 개발되어 120만 원 선으로 다운되었다고 합니다.

우리는 회장단(전중식-김광식-김세봉-윤창현)의 수고와 지노투어 이정훈 사장과 윤삼열 목사님의 아주 특별한 인연 덕분에 100만 원 미만으로 잘 다녀왔습니다.

· 우리나라에서 꼭 걸어보아야 할 길 ·

3월은 걷기에 딱 좋은 달입니다.
올 開花(개화)는 평년보다 4-7일 늦어져 부산을 기점으로 3월 27일 즈음이랍니다.

2013년엔 〈길 위에서 놀다〉-김화성-동아출판사에 소개된 우리나라에서 꼭 걸어보아야 할 멋진 길을 걸으려고 합니다.

인왕산 북악산 성곽길-북한산성 성곽길-남한산성 성곽길
제주도 올레길 1-11코스
전남 강진 육십리 해안길
경남 통영 미륵산길
충남 태안 안면도 해안길-해미읍성-개심사 주변길
전남 구례 산수유 마을-섬진강 강변길
전북 고창 선운사 꽃무릇길
전남-전북-경남-3개도, 5개 시군을 잇는 지리산 둘레길
강원도 양양 오대산 구룡령 옛길
전북 내장사에서 백양사 가는 길
전남 축령산 편백나무 숲길
전남 담양 메타세콰이어-亭子(정자) 순례길(소쇄원-면앙정-송강정-명옥헌 등)
동해안 대진-강구 해안길
울진 금강송 숲길

우리 땅 걷기 道士 신정일이 추천하는 '꿈속에서도 걷고 싶은 길 15'

충주 목계나루에서 섬강이 남한강과 만나는 원주 흥호리까지 남한강길-경북 봉화 청량산에서 도산서원 가는 길-강원 정선 광하교에서 나리소까지 동강 길-충북 괴산 선유구곡에서 화양구곡 가는 길-문경새재 길-강원 평창 대관령에서 관동대로 가는 길-전북 부안 지소폭포에서 내소사 가는 길-강원 삼척 용화해수욕장에서 호산 가는 길-남강 상류 화림계곡에서 함양 상림 가는 길 등.

작고 새까만 나이키 배낭 메고 길 걸을 생각으로 가슴 설레는 이정수 목사

이 세상 모든 존재는 고난으로 온전케 됩니다(2)

본문 / 빌2:5-11, 엡4:13-15, 히5:8-10

1. 들어가는 이야기

우리가 신구약성경을 읽을 때 꼭 잊지 말아야 할-꼭 주의해야 할 것이 한 가지 있습니다. 그것은 '구약 성경은 히브리 사람이 히브리어로 썼으며, 신약성경은 히브리 사람이 히브리어가 아닌 희랍어로 썼다는 사실' 입니다. 그러므로 특히, 신약성서의 중요한 단어-문맥-흐름-상황은 '희랍적 사고(Greek Though)+히브리적 사고(Hebrew Though)+두 가지 사고방식 모두(a combination of both)' 를 충분히 고려하면서 읽어야 합니다(앵커 바이블 34A EPHESIANS 489쪽).

2. 오늘 세 가지 본문은 내적으로 긴밀한 상관관계를 가지고 있습니다

* 우리가 다 하나님의 아들을 믿는 것과 아는 일에 하나가 되어 온전한 사람을 이루어 그리스도의 장성한 분량이 충만한 데까지 이르리니 이는 우리가 이제부터 어린 아이가 되지 아니하여 사람의 속임수와 간사한 유혹에 빠져 온갖 교훈의 풍조에 밀려 요동하지 않게 하려 함이라 오직 사랑 안에서 참된 것을 하여 범사에 그에게까지 자랄지라 그는 머리니 곧 그리스도라-Till we all come in the unity of the faith, and of the knowledge of the Son of God, unto a perfect man, unto the measure of the stature of the fullness of Christ: That we henceforth be no more children, tossed to and fro, and carried about with every wind of doctrine, by the sleight of men, and cunning craftiness, whereby they lie in wait to deceive; But speaking the truth in love, may grow up into him in all things, which is the head, even Christ:(KJV 엡4:13-15).

* 그가 아들이시라도 받으신 고난으로 순종함을 배워서 온전하게 되었은즉 자기를 순종하는 모든 자에게 영원한 구원의 근원이 되시고 하나님께 멜기세덱의 반차를 좇은 대제사장이라 칭하심을 받았느니라-Though he were a Son, yet learned he obedience by the things which he suffered; And being made perfect, he became the author of eternal salvation unto all tem that obey him; Called of God an high priest after the order of Melchisedec(KJV 히5:8-10).

* 너희 안에 이 마음을 품으라 곧 그리스도 예수의 마음이니 그는 근본 하나님의 본체시나 하나님과 동등 됨을 취할 것으로 여기지 아니하시고 오히려 자기를 비어(make empty) 종의 형체를 가져 사람들과 같이 되었고 사람의 모양으로 나타나셨으매 자기를 낮추시고 죽기까지 복종하셨으니 곧 십자가에 죽으심이라 이러므로 하나님이 그를 지극히 높여 모든 이름 위에 뛰어난 이름을 주사 하늘에 있는 자들과 땅에 있는 자들과 땅 아래 있는 자들로 모든 무릎을 예수의 이름에 꿇게 하시고 모든 입으로 예수 그리스도를 주라 시인하여 하나님 아버지께 영광을 돌리게 하셨느니라(빌2:5-11).

3. 온전한 사람(perfect man)을 이루는 데는 고난이 따릅니다

첫째. 희랍적 사고(The Greek Thought). 플라톤-아리스토텔레스는 온전한 사람(perfect man)이란 의사-대장장이-음악가-심지어 도둑까지도 미성숙한 단계에서 무한한 인내와 노력으로 자기 분야에서 일가를 이룬 전문가를 온전한 사람이라고 하였습니다. 이 사상은 스토아학파로 계승되어 어린아이 같은 유치한 인격에서 매우 고결한 윤리적 성취를 이룬 사람-어떠한 상황에서도 내적 갈등이나 동요가 전혀 없이 고요한 마음을 유지하는 경지(아타락시아-ataraxia)에 도달한 사람-德(덕-virtues)을 기르고 그 덕을 현실에서 실천하는데 힘쓰는 사람 등을 온전한 사람이라고 합니다. 여기에도 고난이 따릅니다.

둘째. 히브리적 사고(The Hebrew Thought). 히브리적 사고에서 온전한 사람의 기준은 거룩하신 하나님과의 올바른 관계성(the right relation to the Holy God) 여부에서 결정됩니다. 교육이나 수련을 통하여 낮은 단계에서 보다 높은 단계로 발전(process-progress)하여 온전한 사람이 되는 것이 아니라, 더러운 생활과 우상숭배를 떠나 깨끗하고 거룩한 삶을 사는 사람이 온전한 사람입니다. 옛날이나 오늘이나 이 세상에서 가장 악질적이고 비인간적인 모든 악(탈세-병역 기피-프로 스포츠 승부 조작-이중 장부-주가 조작-의료 범죄-마약-살인 청부-인터넷 범죄-선거 부정-무기 밀매-인신 매매-음란 퇴폐 산업-의료 범죄-입시 부정-정치 부패 등등)은 각 분야의 최고 전문가들이 저지르고 있습니다.

그러므로 성경은 "악에서 떠나 선을 행하라 그리하면 이 땅에서 영영히 거하리라(Turn from evil and do good; then you will dwell in the land forever 시37:27)" 하셨습니다. 악을 버리고-악에서 떠나 善을 행하는 사람이 온전한 사람입니다. Evil(악)을 떠나면 Live(생명)가 됩니다! 여기에도 고난이 다릅니다.

셋째. 예수님은 참 사람이요-참 하나님이십니다. 예수님은 근본 하나님의 본체시나 하나님과 동등됨을 취하지 않으시고, 십자가에 죽기까지 복종하시어 온전한 사람-참 사람을 이루셨습니다(빌2:5-11). 예수님은 아들이시라도 고난으로 순종을 배워 온전한 사람을 이루셨습니다(히5:8-10). 그러므로 예수님은 친히 "아무든지 나를 따라오려거든 자기를 부인하고 자기 십자가를 지고 나를 좇을 것이니라(막8:27-38, 마16:13-28, 눅9:18-27)" 하신 것입니다. 즉, 우리 사람이 구원 받는 유일한 길은 멜기세덱의 반차를 좇은 대제사장 예수님을 영접하고-자기를 부인하고-자기 십자가를 지고-예수님을 본받아 좇는 것이라고 밝히 알려주신 것입니다. 여기에도 고난이 따릅니다. 우리 모두 찬송가 455장을 찬양하기를 원합니다.

주님의 마음을 본받는 자 그 맘에 평강이 찾아옴은 험악한 세상을 이길 힘이 하늘로부터 임함이로다 주님의 마음 본받아 살면서 그 거룩하심 나도 이루리.

일본국 오키나와 여행기(2)

2월 17일(일). 내가 사는 양평 정배리에서 아침 8시 인천공항까지 도착한다는 것은 도저히 무리. 하루 전에 공항 근처 사는 친구를 생각해 보니 광명 사는 강우경 목사가 딱이다. 광명 가는 중 양수역에서 내 좋은 친구 권경환 사장으로부터 일본 돈 1만엔 수령. 양수역에서 광명까지 지하철로 2시간 30분. 광명 사우나에서 목욕하고 강 목사네서 1박.

2월 18일(월). 강우경, 민경석 목사 배웅으로 인천국제공항 7시 30분 도착-수속-10시35분 이륙-12시 20분 오키나와 공항 도착-대기 중인 지노투어 버스 승차-오키나와 평화기념공원(오키나와 사람-일본 본토인-미국인-그리고 징용으로 끌려와 죽은 수만 명의 조선인을 애도하는 위령탑이 있다)-오키나와 월드(종유굴, 열대 식물원, 민속촌…)-오키나와 한인교회에서 도착 예배-아메리칸빌리지 차탄초에서 뷔페 식사-EM코스타비스타 호텔(오키나와는 화산섬이 아니라서 온천이 없다. 사우나 물이 좋았다.)에서 2박.

2월 19일(화). 오키나와 EXPO 해양공원(세계 최대 수족관은 볼 만했다)-100년 전통의 오키나와 전통 가옥에서 점심(이건 별로였다)-경치 좋다는 바닷가 만좌보(비 때문에 글렀다)-파인애플 파크-스시 뷔페-샤잔비치호텔 3박.

2월 20일(수). 류큐 왕국의 슈리성벽(首里城壁-유네스코 세계유산 등재)-아열대림 비오스노오카 테마공원(여기는 모두들 참 좋았다고 한다)-1972년 개점하였다는 철판구이 스테이크 양식당 four-season 점심-오키나와 전통 마을 류큐무라(이곳에서 안동소주와 비슷한 오키나와 아와모리 소주를 조금씩 시식하게 했다는 데 나는 몰랐다)-오키나와 한인교회 수요예배 참석(서원형 목사님의 하나님의 다림줄이라는 설교 말씀이 참 은혜로웠다)-샤잔비치호텔 4박.

2월 21일(목). 오키나와 나하市 국제거리 평화시장(여기서 임희국 교수가 아침 커피를 샀는데 참 맛있었다. 정말이다!)-가라스보트 유람(바다 속 산호, 물고기를 볼 수 있도록 배 밑창을 유리로 만든 보트)-토미시로 명품 아울렛 쇼핑몰(나는 살 것이 하나도 없었다)-고려정에서 삼치 덮밥으로 점심-13시 30분 Jin-Air 탑승.

비행기는 만원이었다. 가운데 통로를 두고 좌우 3좌석. 모두 빼곡하게 앉아 가는데 내가 앉은 자리는 양 옆에 아무도 없다. 비행기가 이륙 하였는데도 아무도 없다. 두 발 뻗고 편안히 왔다. 13시 50분에 인천국제공항 안착.

· 나는 걷는다! ·

내가 사는 양평 서종면 정배리는 산 좋고 물 맑은 동네라, 멀리 갈 것 없이 우선 우리 동네부터 걷기로 하였습니다.

3월 10일(일). 오후 1시 45분 정배리 출발-서후리 고개-성민교회 기도원-수능리 벚고개-터널-팔당공원 묘역-목왕리-부용리-용담리-오후 5시 15분 양수역 도착. 약 16km-3시간 30분 소요.

3월 11일(월). 오후 12시 30분 정배리 출발-정배초등학교 뒷길-명달리 고개-산채식당-노문리-화서 이항로 선생 기념관-벽계천-노문리 입구 삼거리-수입2리-수입3리-고동산 아래 슈퍼 버스 정류장 도착. 약 20km-3시간 30분 소요.

3월 12일(수). 태백상장중앙교회(윤창현 목사)는 특이하게 제직회 부서에 건강부라는 것이 있어 철마다 정기적으로 치과 · 내과 등을 찾아 교인들의 건강을 돌봅니다. 이번에 건강부 주최로 소마세라피 김만기 박사를 초청하여 건강세미나(팔-다리-척추-허리-관절 등)를 열었습니다. 나는 옵저버. 오투리소트에서 일박.

3월 13일(목). 태백에서 오전 건강세미나 마치고, 오후에 강원도 바닷가 원덕교회에서 건강세미나 마치고 원덕모텔에서 이박.

3월 14일(금). 오전 9시 30분 원덕모텔 출발-작진항-비화진항-임원항-신남항-갈남항-장호항 도착(낭만가도 16-17구간). 약 28km-5시간 30분 소요.

강원도는 2010년부터 동해안 최북단 고성에서부터-간성-속초-양양-주문진-강릉-정동진-옥계-동해-삼척-궁촌-양호-장호-임원-원덕에 이르는 240km 해안도로를 17구간으로 나누고 '浪漫街道(낭만가도)' 라 이름하고 운영하고 있습니다.

내가 태백에 갔던 속내는 건강세미나보다, 삼척-임원 낭만가도를 걷기 위한 것이었습니다. 도로는 잘 정비되어 있고, 차량통행도 거의 없고(대부분의 차는 고속화 국도인 동해대로로 다닌다), 바닷가 해안길-작은 항구-수평선-갈매기-대나무-소나무 등등 참 좋았습니다. 16km-20km-28km 세 번쯤 걷고 나니, 대한민국 국도를 걷는다는 것이 무엇인가 어렴풋이 감을 잡은 이정수 목사

이 세상 모든 존재는 고난으로 온전케 됩니다(3)

본문 / 시119:67, 119:71

1. 들어가는 이야기

이 세상 모든 존재는 甘呑苦吐(감탄고토-달면 삼키고 쓰면 뱉는다)-避苦諏樂(피고추락-고난을 피하고 즐거움을 도모한다)-天佑神助(천우신조-하늘의 크신 도우심)를 간절히 원합니다. 그러나 모든 존재는 비존재(고통-고난-허무-절망-무의미-죽음 등)의 공격을 피할 수 없습니다. 성경은 사람이 받는 고난을 3가지 차원으로 말씀하고 있습니다.

⑴ 자기 자신의 욕심-어리석음-음행-더러운 것-호색-우상 숭배-술수-원수 맺는 것-분쟁-시기-분냄-당 짓는 것-분리함-이단-투기-술 취함(갈5:17-21), 허망한 행동-마음이 굳어짐-감각 없는 자-자신을 방탕에 방임함-모든 더러운 것을 욕심으로 행함(엡4:17-19, 엡4:25-5:8) 등등의 온갖 죄로 받는 고난-고통입니다.

⑵ "아브라함은 시험을 받을 때에 믿음으로 이삭을 드렸으니 그는 약속들을 받은 자로되 그 외아들을 드렸느니라(히11:17)" 하신 것처럼 하나님이 쓰시려고 택한 사람에게 주시는 고통-고난이 있습니다. 구약의 야곱 · 요셉 · 모세 · 선지자들 · 다니엘… 등 그리고 신약의 예수님 12제자 · 바울 사도 · 순교자들… 등이 받은 고통과 고난이 그러합니다(참고:〈말씀의 샘물〉 제10권 630호, 〈맹자〉-고자장 169쪽).

⑶ 욥의 경우처럼 도무지 원인-이유를 알 수 없는 고통-고난이 있습니다. 이런 고난-고통을 찬송가 620장 2절 작사자는 "주님이 뜻하신 일 헤아리기 어렵더라도 언제나 주 뜻 안에 내가 있음을 아노라 사랑과 말씀들이 나를 더욱 새롭게 하니 때로는 넘어져도 최후 승리를 믿노라"라고 하였습니다.

2. 성경은 ⑴-⑵-⑶ 이 모든 고난-고통을 유익한 것이라고 하십니다

⑴의 고난-고통에 대하여: "고난 당하기 전에는 내가 그릇 행하였더니 이제는 주의 말씀을 지키나이다(시119:67) 고난 당한 것이 내게 유익이라 이로 인하여 내가 주의 율례를 배우게 되었나이다(시119:71)"라고 하였습니다.

⑵의 고난-고통에 대하여: 하나님의 시험을 통과한 모든 사람들에 대하여 히브리서기자는 히11장에서 저들의 승리를 장엄하게 묘사하고 있습니다. 또한 베드로 사도는 이를 "선을 행함으로 고난을 받고 참으면 이는 하나님 앞에 아름다우니라(벧전2:19-20)" 라고 하였습니다.

⑶의 고난-고통에 대하여: 욥은 "내가 주께 대하여 귀로 듣기만 하였사오나 이제는 눈으로 주를 뵈옵나이다 그러므로 내가 스스로 거두어들이고 티끌과 재 가운데에서 회개하나이다(욥42:5-6)" 라고 하였습니다. 즉, 성경은 ⑴-⑵-⑶의 모든 고난-고통이 결국 사람에게 유익한 것이라고 하신 것입니다.

3. 고난-고통을 받는 사람들이 품어야 할 마음의 태도는 무엇인가?

첫째. 지금-여기서-현재 고난-고통 받는 사람은 그 누구라도 당장 괴롭습니다-아픕니다-절망합니다. 그것이 사람의 실존입니다. 그리하여 고난-고통에 함몰 되어 애굽의 바로처럼 "그래, 얼마나 더한 재앙인가? 갈 때까지 가 보자, 망하면 망하는 한이 있어도-죽는 한이 있어도-나는 이대로 살 거야!" 하며 어깃장을 놓거나-더욱 강퍅해지는 사람들이 있습니다. 이사야 시대의 이스라엘 사람들처럼 '매를 더 맞으려고 더욱 더욱 패역(사1:5)' 하는 사람들이 있습니다. 사람이 강퍅하고 패역하는 것이 하나님께 복수하는 것이 아닙니다. 그리 하지 말아야 합니다. 지극한 어리석음일 뿐입니다. 왜? 강퍅-패역은 인생의 목적 상실 행위이기 때문입니다. 인생을 행복하게 살자는 것이 모든 인생의 처음 목표 아닌가요?

강퍅을 버리고-패역을 버리고 하나님 앞에 나아가면 우리의 죄가 주홍 같을지라도 눈과 같이 희어질 것이요 진홍같이 붉을지라도 양털 같이 희게 됩니다(사1:18). 그것이 하나님의 약속입니다. 그러므로 회개가 최우선입니다.

둘째. 자기 자신이 지금 받고 있는 고난-고통에 대하여 담대하게 직면하여야 합니다. 내가 회개하였으니 모든 고난-고통을 하나님의 신비하신 능력으로 싹- 없애주시겠지 하는 것은 자기 기만이요 책임 회피입니다. 사람이 진심으로 회개하면 하나님께서 그 사람을 쉴만한 물가-푸른 초장으로 인도하기 시작하십니다. 그러나 푸른 풀을 먹고-시원한 물을 마시는 일은 내가 하여야 합니다

동양의 현자는 이것을 師父領進門 修行在各人(사부령진문 수행재각인 : 아비와 스승이 앞으로 발전할 수 있는 좋은 길로 인도하여 줄 수는 있으나, 그 길을 닦는 일은 각 사람에게 달려 있다)라고 하였습니다.

셋째. 지금 내가 받고 있는 이 고난-고통을 극복할 수 있다-극복하고야 말겠다 하는 긍정적 마음-충만한 자신감을 품어야 합니다. 그러므로 하나님은 젖과 꿀이 흐르는 가나안 정복이라는 막중한 사명으로 고통 받는 여호수아에게 "네 평생에 너를 능히 대적할 자가 없으리니 내가 모세와 함께 있었던 것 같이 너와 함께 있을 것임이니라 내가 너를 떠나지 아니하며 버리지 아니하리니 강하고 담대하라 너는 내가 그들의 조상에게 맹세하여 그들에세 주리라 한 땅을 이 백성에게 차지하게 하리라 오직 강하고 극히 담대하여 나의 종 모세가 네게 명령한 그 율법을 다 지켜 행하고 우로나 좌로나 치우치지 말라(수1:5-7)" 하신 것입니다.

동양적으로 표현 한다면, 逢山開道 遇水架橋(봉산개도 우수가교 : 산을 만나면 길을 내고, 물을 만나면 다리를 놓는다) 하겠다는 긍정적 태도-충만한 자신감-불타는 투지를 품고 나가야 합니다.

고전예화 667

일본국 오키나와 여행기(3)

* 여행은 음식-숙소-교통 수단이 넉넉하고 편안한 것이 제일입니다. 이번 오키나와 여행은 그 모두가 참 좋았다고 이구동성입니다. 한 가지 아쉬운 것은 이동 속도가 너무 빨리빨리라 화장실 갈 여유도 없었다는 점입니다.

* 오키나와에는 뱀이 많아 뱀으로 담근 술이 유명합니다. 오키나와 월드 아열대 식물원에 1,000엔 내고 살아 있는 샛노란 비단뱀과 기념 촬영하는 곳이 있었는데, 모두들 뱀 구경만 하고 만져보지도 않고 사진 찍는 사람도 없는데 한정혜 목사님만 유일하게 뱀을 목에 칭칭 두르고 기념 촬영을 하였습니다. 우리 모두 "어(?!)" 하였습니다. 평소 한정혜 목사님에게 묘한 구석이 있다는 걸 느끼고 그게 뭔가? 하였는데 바로 요런 구석이었습니다.

* 오키나와 한인교회 수요예배 때 서원형 목사가 "교회를 위하여 사순절을 위하여 통성기도 합시다!" 라고 하자, 하늘색 파란 옷을 입은 한 사모님이 두 손을 높이 들고 경건하게 기도드리는 것을 보았습니다. 그 자세가 참으로 지극정성입니다. '아, 기도는 저런 자세로 드리는 것이 마땅하도다!' 하였습니다.

* 우리나라에는 마을마다 악귀 출입을 막고 나그네를 보호하는 상징으로 천하대장군-지하여장군이 있습니다. 오키나와에는 집과 건물의 지붕이나 출입구에 악귀를 쫓고 복을 불러오는 사자와 해태 형상을 짬뽕시킨 '시샤' 라는 조각상이 둘이 있습니다. 하나는 입을 벌리고 복을 불러오는 '숫놈 시샤', 다른 하나는 입을 다물고 들어온 복을 지키는 '암놈 시샤' 입니다. 나는 기념으로 공항에서 '입 벌린 시샤-입다문 시샤' 두 마리를 사왔습니다.

* 나는 46년 전 고등학교 때 부산에서 밤새 목선을 타고 제주도에 가 본 이후 한 번도 가본 적이 없습니다. 그런데 누군가 "오키나와는 제주도보다 한참 떨어지지만 한 번쯤은 와 볼 만하다"고 합니다. '그래? 그렇다면 이번 봄에 올레길-한라산 등산하러 제주도에 한 번 가보아야겠다' 하고 생각 하였습니다.

* 현지 가이드 정은이 집사가 안내도 조리 있게 잘하고-교양도 있어, 다음에 혹 다른 사람들과 같이 올 경우 다시 만났으면 좋겠다고 모두들 생각 하였습니다.

* "치수 맞지 않는 사람들과 하는 여행은 지옥이요, 치수 맞는 사람들과 하는 여행은 천국"이라고 합니다. 이번 오키나와 여행은 하루하루가 천국이었습니다. 음양으로 큰 수고하신 회장님과 임원들에게 깊은 감사를 드립니다.

· 20kg 비료 51포 밭에 뿌리고 나니… ·

며칠 전 우리 동네 반장님이 씨감자(7kg)를 보내왔습니다(9,800원). 3월 말이니 이제 슬슬 2013년 농사를 준비해야 할 때입니다. 하여, 지난 주간에 겨우내 앞마당과 아래 밭에 너절하게 쌓여 있던 나뭇가지-풀뿌리-검불-낙엽 등을 모아 태우고 남은 재를 밭에다가 골고루 흩뿌렸습니다. 밭이 뽀얘지고 말갛게 되었습니다.

3월 29일(금) 아침, 집안에 앉아 글을 읽고 있는데 아래 밭에서 뭔가 무거운 것이 툭- 툭- 툭- 떨어지는 소리가 납니다. 뭔가? 하고 나가보니 아래 밭 도로가에 가축분퇴비 1등급 닥터 비료(포당 20kg)를 가득 실은 대형 트럭이 정차 해 있고, 운전기사 아저씨가 땀을 뻘- 뻘- 흘리면서 트럭 위에서 비료 포대를 길가에 하나씩 하나씩 던져 쌓아놓는 소리입니다. 작년에 신청한 비료가 도착한 것입니다.

우리 마을에 배정된 비료 3,000포대(무려 60톤)를 운전기사 아저씨 혼자서 논마다-밭마다-집집마다 다니면서 트럭에서 비료포대를 내려놓는다고 하니 그 수고에 안쓰러움과 심히 깊은 감사를 느끼지 않을 수 없었습니다. 가축분비료 만드는 사람-그 무거운 비료를 운반하는 사람-그 비료를 논밭에 뿌리고 추수 때까지 농사짓는 사람-우리가 먹는 모든 음식은 이렇게 보이지 아니하는 사람들의 피와 눈물과 땀의 수고가 담긴 것이다! 그러므로 옛 사람이 "萬事知 食一碗(만사지 식일완 : 이 세상 모든 이치는 한 주발 밥 속에 모두 담겨있다)"이라고 하였던 것입니다.

나는 외발 손수레 바퀴가 삭아서 하는 수 없이 20kg 나가는 비료 포대를 두 팔로 꼭 껴안고 하나씩 하나씩 아래 밭에 37포대-앞마당에 14포대 모두 51포대를 옮겨 놓았습니다. 팔이 후들거립니다. 다리가 뻣뻣합니다. 온 몸에 땀이 흥건합니다. 그러나 마지막 51포대까지 옮겨 놓고야 말았습니다. 黃庭堅(1045-1105)의 말처럼 비료 포대 옮기는 일에 入神(입신)의 경지에 들었습니다.

妙在和光同塵(묘재화광동진: 삶의 오묘함은 빛을 감추고 세속과 어울림에 있고)
事須鉤深入神(사수구심입신: 일은 깊이 천착하여 입신의 경지에 들어야 한다)
聽它下虎口著(청타하호구저: 차라리 호랑이 아가리에 들어갈지언정)
我不爲牛後人(아불위우후인: 나는 소꼬리 같은 사람은 되지 아니 하리라)

4월 허심당 모임은 명달리 산채 식당에서 모였습니다. 회갑 맞은 윤창현 목사에게 금반지(3돈)를 끼워준 허심당주 이정수 목사

부활은 알[卵]을 깨고 새[鳥]로 변화하는 삶입니다

본문 / 롬12:2

1. 들어가는 이야기

첫 새벽 무한히 신비한 부활의 여명이 밝은 2013년 부활절 아침입니다. 나는 부활의 기적-부활의 신비-부활의 위대함을 신학적으로 가장 簡明直節(간명직절)하게 드러낸 것이 바로 오늘 본문 말씀(롬 12:2)이라고 생각합니다.

너희는 이 세대를 본받지 말고 오직 마음을 새롭게 함으로 변화를 받아 하나님의 선하시고 기뻐하시고 온전하신 뜻이 무엇인지 분별하도록 하라-Do not conform any longer to the pattern of this world, but be transformed by the renewing of your mind. Then you will be able to test and approve what God's will is-his good, pleasing and perfect will(롬12:2). 이 말씀의 key-word는 '변화(transformation-change-variety)' 입니다.

2. 부활은 알을 깨고 새로 변화하는 삶입니다

새는 알을 깨고 나온다.
알은 곧 하나의 완벽한 세계다.
태어나려는 자는 이 완벽한 한 세계를 파괴하지 않으면 안 된다.
새는 神에게로 날아간다.
그 神의 이름은 아프락시스다. – 헤르만 헤세, 〈데미안〉에서

알은 알대로 이 땅에서 하나의 완벽한 세계입니다. 그러나 땅이 아닌 하늘을 나는 새로운 차원의 세계인 새가 되려면 알을 깨뜨려야 합니다. 사람도 고정관념-관습적인 생활 태도-기존의 사고틀(Thought Form)을 깨지 않으면 새로운 차원의 삶을 살 수 없다는 것입니다. 즉, 자살-살자, 움직일 수 없는 알-움직이는 병아리, 땅 속 벌레-황금 날개를 가진 나비, 굼벵이-매미, 개미귀신-명주 잠자리, dog-god, evil-live, nowhere-now here, impossible-I M possible 에로 변화-변형-변모 하여야 한다는 소식입니다.

"새는 神에게로 날아간다. 그 神의 이름은 아프락시스다" 라는 말은 완벽한 하나의 세계였던 알을 깨뜨리고 새가 된 것도 대단한 일이다. 그러나 새라는 한계에 계속 머물러서는 아니 된다. 갈매기의 한계를 극복하기 위하여 북쪽 해안에서 홀로 눈물겹게 '프락시스-praxis' 하여 마침내 황금빛 날개를 얻은 조나단 리빙스톤처럼 알을 깨고 나온 새는 자신만의 아프락시스를 이루어야 한다는 말입니다. 부활은 苟日新又日新日日新(진실로 날마다 새롭고 또 다시 새롭고 날마다 새로운 삶) 하는 삶입니다(참고:말씀의 샘물 제308호 181쪽).

3. 부활의 삶-변화된 삶이란 무엇인가?

얼마 전 내 좋은 친구 박병윤 목사가 'change(변화)'를 한문으로 '體人知(체인지)' 라고 풀이하는 소리를 들었다고 합니다. 즉, 오늘날 성공적인 삶을 살기 원한다면, 몸[體]이 변하고-사람[人]이 변하고-지식(知)이 변하여야 한다는 말입니다. 아주 기발하고 재치 있는 표현입니다. 부활의 삶-변화된 삶도 그러합니다.

첫째. 부활의 삶은 體(체)-몸이 변화하는 삶입니다. 오늘날 몸[體]이 부실한 사람이 많습니다. 부실한 몸[體]이 건강한 몸[體]으로 변화하는 것이 부활입니다. 왜, 몸[體]이 부실합니까? 영양부족 때문일 수도 있습니다만, 대부분의 경우는 영양과잉-운동부족-잘못된 생활습관-불규칙적인 생활-마음의 불안-스트레스의 결과라고 생각됩니다. 몸[體]이 부실한 사람은 먼저 마음의 변화를 받아 몸[體]이 강건하도록 지금 당장 자기 형편에 맞는 조치를 취하여야 합니다. 나는 그것이야말로 가장 급한 하나님의 뜻이라고 생각합니다.

건강십계: 小食多齒(소식다치: 적게 먹고 꼭꼭 씹어 먹는다). 小肉多採(소육다채: 육식을 적게 하고 채식을 많이 한다). 小鹽多酢(소염다조: 소금은 적게 식초는 많이 먹는다). 小酒多果(소주다과: 술은 적게 과일은 많이 먹는다). 小車多步(소거다보: 차는 적게 타고 걷기를 많이 한다). 小衣多浴(소의다욕: 옷은 적게 입고 목욕을 자주 한다). 小言多行(소언다행: 말은 적게 행동은 왕성하게 한다). 小慾多施(소욕다시: 욕심을 줄이고 베풀며 산다). 小憤多笑(소분다소: 화냄을 삼가고 유머를 즐긴다). 小煩多眠(소번다면: 걱정 근심을 하나님께 맡기고 잠을 푹 잔다). 많은 사람들이 건강십계와는 정반대로 삽니다.

둘째. 부활의 삶은 사람[人]의 인격이 변화 하는 삶입니다. 인격이 변화한다? 참으로 막연한 표현입니다. 그러나 나는 각 사람마다 아주 가까운 주변에 본받고 싶은 인격적 모델이 있으리라 생각합니다. 할아버지-할머니-아버지-어머니-좋은 친구, 선배, 후배-직장 상사-교회 식구들 등등 말입니다.

마음속에 그 모델의 인격을 사모하고-닮아가고자 기도하고-실제로 그대로 열심히 사는 연습하시기를 강권합니다. 아리스토텔레스는 창조는 모방이라고 하였습니다. 옳은 말입니다. 나의 경우는 내 아버지-내 어머니-내 친구들-내 후배들 등입니다. 나는 실제로 그들의 인격을 닮고자 연습합니다. 정말로 그리합니다!

셋째. 부활의 삶은 知(지)가 변화하는 삶입니다. 지적 관심의 변화입니다. 지금 현재 나의 지적 관심이 세상 지식(the knowledge of this world) 80%-영적 지식(the knowledge of the Son of God) 20% 비율이라면, 그 비율을 50%:50%으로 변화하는 것입니다. 모든 변화에는 깨어지는 고통-불편-괴로움이 따릅니다. 부활절을 맞아 각 사람의 삶에서 알이 깨어져 새가 되는 놀라운 변화가 일어나기를 부활하신 예수님의 이름으로 축원 축원 축원합니다. 아멘! 할렐루야!

非人不傳(비인부전)

옛 사람은 百千萬劫難遭遇(백천만겁난조우: 백천만겁이 지나도 만나기 어렵다)라고 하였습니다. 스승이 자신의 도를 이어갈 傳人(전인)을 만나기도-제자가 참 스승을 만나기도 매우 매우 매우 어렵다고 한 것입니다.

또한, 非人不傳(비인부전: 준비가 되어 있지 않은 사람에게 도를 전하지 말라) 이라고 하였습니다. 스승으로서 자신의 道脈(도맥)이 끊어질까 염려하여, 준비 되지 않은 사람에게 자신의 도를 전하는 것은 어리석은 짓이라는 말입니다. 엉터리 도가 전해지느니 차라리 도맥이 끊기는 것이 낫다는 말입니다. 왜? 엉터리 도가 끼치는 폐해가 이루 말 할 수 없기 때문입니다. 이단-사이비 종교가 주는 폐해가 바로 그런 것입니다.

魏 혜왕(기원전 400-319)은 자신이 존경하는 어느 귀인의 주선으로 당대의 석학 순우곤을 두 번 독대하였습니다. 귀인이 혜왕에게 "무슨 좋은 가르침을 받았습니까?" 물으니, "그는 아무 말도 하지 않았소. 과인은 말 상대가 안 된다고 여기는 모양이오" 하였습니다.

귀인은 순우곤에게 "왜, 그대는 두 번의 소중한 기회를 내버린 것이오?" 물으니 순우곤 日 "固也 吾前見王 王志在驅逐 後復見王 王志在音聲 吾是以默然(고야 오전견왕 왕지재구축 후복견왕 왕지재음성 오시이묵연: 그러하오. 내가 처음 왕을 만났을 때 왕의 관심은 온통 말을 타고 달리는 데 있었소. 다음에 다시 왕을 만났을 때 왕의 관심은 온통 음악에 가 있었소. 그리하여 나는 아무 말도 하지 않았던 것이오" 라고 하였습니다.

귀인이 혜왕에게 이 사실을 그대로 알리니, 혜왕은 "순우곤은 진실로 현인이오. 내가 순우곤을 처음 만나던 날 천리마를 바친 자가 있어 내 마음은 천리마에 가 있었소, 두 번째 순우곤을 만나던 날 음악의 명인을 바친 자가 있어 내 마음은 온통 음악에 팔려 있었소" 하였습니다.

그 후에 순우곤이 왕을 만나 입을 열어 사흘 낮 사흘 밤 동안 말을 하였어도, 혜왕은 조금도 피곤한 줄 몰랐다고 합니다. - 〈史記〉, 맹자순경열전.

우리는 들을 준비가 전혀 되어 있지 않은 남편, 아내, 아이들, 친구, 이웃에게, 그들에게 유익하리라 짐작하고 너무 많은 말을 하고 있지 않은지 돌아보아야 합니다. 들을 준비가 되어 있지 않은 사람에게 하는 말은 모두 쓰레기입니다.

· 말씀의 샘물 선교후원회 조직 ·

나는 보험료를 한 푼도 내지 않습니다. 묻고 따지는 보험은 물론 묻지도 않고 따지지도 않는 그 어떤 보험에도 들지 않았기 때문입니다. 나는 받을 연금도 없습니다. 그 어떤 연금에도 가입한 적이 없기 때문입니다. "공중의 새를 보라 심지도 않고 거두지도 않고 창고에 모아들이지도 아니하되 너희 하늘 아버지께서 기르시나니 너희는 이것들보다 귀하지 아니하냐(마6:26)" 하신 말씀에 아멘 하고 사니 마음은 항상 悠悠自適(유유자적)입니다.

오히려 요즈음 내 마음을 불편하게 하는 것은 말씀의 샘물 입니다. 좀 구차한 소리지만 나의 한 달 총수입은 35만 원입니다(인천제일교회 손신철 목사 10만 원+지명교회 조인서 목사 10만 원+상장중앙교회 2만 원+정릉교회 김능자 장로님 10만 원+박병윤 목사 3만 원). 그런데 말씀의 샘물을 만드는데 매주 10만 원이 듭니다(인쇄비 4만 원+우표 값 4만 원+기타 2만 원).

나의 형편을 잘 아는 사람들이 그렇게 나가다가는 이번 봄(spring)에 샘물(spring)이 마를지도 모르겠으니 十匙一飯(십시일반) 하는 선교회를 조직하는 것이 좋겠다 하였습니다. 그러나 자립하지 못하는 나 스스로가 부끄럽고-미안하기도 하여 그 동안 미적미적하다가 그리하기로 작정하였습니다. 내 좋은 친구들이 널리 惠諒(혜량: 자비롭게 여기다) 하실 줄로 믿고 농협에 가서 '말씀의 샘물 문서선교회 통장' 을 만들고, 모임도 구성하였습니다.

말씀의 샘물 문서선교회

회장: 박영원 목사(남가좌교회)
총무: 윤창현 목사(태백상장중앙교회)
이사: 손신철 목사(인천제일교회)
이사: 조인서 목사(지명교회)
이사: 김성준 목사(홍콩동신교회)
이사: 이정수 목사(말씀의샘물교회)
통장계좌번호: (351-0588-7298-33 농협)-예금주:말씀의 샘물 교회

꽃 피는 봄 사월 한 달 동안 본문설교는 '사람을 어떻게 존귀하게 대접하는가?' 라는 주제로 하늘가족교회 이준엽 목사님이 맡아주시겠습니다. 그 짬에 밭을 갈고 감자-옥수수-상추-개똥쑥 등속을 심고 가꾸기로 한 이정수 목사

정녕, 사람을 존귀하게 대접하여야 합니다(1)

본문 / 창1:26-28, 마18:10, 빌2:13

1. 들어가는 이야기

꽃 피는 봄 4월입니다. 꽃샘바람이 심술을 부리고 있지만 마당에 하얀 목련꽃이 갓난아기 볼 같이 뽀얗게 피었습니다. 이 봄날 앞으로 몇 주 동안 '사람을 존귀하게 대접하여야 합니다' 하는 주제로 말씀을 묵상하려고 합니다.

* 또 누구든지 내 이름으로 이런 어린 아이 하나를 영접하면 곧 나를 영접함이니라(마18:5) * 삼가 이 작은 자 중의 하나(one of these little ones)도 업신여기지 말라 너희에게 말하노니 그들의 천사들이 하늘에서 하늘에 계신 내 아버지의 얼굴을 항상 뵈옵느니라(마18;10) * 임금이 대답하여 이르시되 내가 진실로 너희에게 이르노니 너희가 여기 내 형제 중에 지극히 작은 자 하나에게 한 것이 곧 내게 한 것이니라(마25:40) * 너희 안에서 행하시는 이는 하나님이시니 자기의 기쁘신 뜻을 위하여 너희에게 소원을 두고 행하게 하시나니라(빌2:13).

2. 오늘 본문 말씀을 마음 깊이 묵상하면서 다함께 찬양하기를 원합니다

– 아주 먼 옛날
아주 먼 옛날 하늘에서는 당신을 향한 계획 있었죠
하나님께서 바라보시고 좋았더라고 말씀 하셨죠
이 세상 그 무엇보다 귀하게 나의 손으로 창조하였노라
내가 너로 인하여 기뻐하노라 내가 너를 사랑하노라
사랑해요 축복해요 당신의 마음에 우리의 사랑을 드려요

– 당신은 사랑받기 위해 태어난 사람
당신은 사랑받기 위해 태어난 사람 당신의 삶 속에서 그 사랑 받고 있지요
태초부터 시작된 하나님의 사랑은 우리의 만남을 통해 열매를 맺고
당신이 이 세상에 존재함으로 인해 우리에게 얼마나 큰 기쁨이 되는지
당신은 사랑받기 위해 태어난 사람 지금도 그 사랑 받고 있지요

– 또 하나의 열매를 바라시며
감사해요 깨닫지 못했었는데 내가 얼마나 소중한 존재라는 걸
태초부터 지금까지 하나님의 사랑은 항상 날 향하고 있었다는 걸
고마워요 그 사랑을 가르쳐준 당신께 주께서 허락하신 당신께
그리스도의 사랑으로 더욱 섬기며 이젠 나도 세상에 전하리라
당신은 사랑받기 위해 그리고 그 사랑 전하기 위해
주께서 택하시고 이 땅에 심으셨네 또 하나의 열매를 바라시며

3. 왜, 사람을 존귀하게 대접해야 하는가?

첫째. 사람은 하나님의 형상(Imago Dei)으로 지음 받은 존재이기 때문입니다(창1:26-28). 사람이 하나님의 형상으로 지음 받았다는 것은 하나님과 疏通(소통)-對話(대화)할 수 있는 유일한 존재요, 하나님의 사랑의 대상이요, 장차 하나님 나라를 유업으로 받을 존재라는 뜻입니다(약2:5). 그러므로 사람은 하나님 나라의 왕자요, 공주요, 왕 같은 제사장이요, 하나님의 거룩한 백성입니다(벧전2:5). 그러므로 우리는 각 사람을 존귀하게 대접하여야 합니다.

여기서 한 가지 중요한 사실은 이 하나님의 형상은 어떠한 경우에도 훼손될 수 없다는 것입니다. 사람이 선하게 살든-악하게 살든 사람 속에 심겨진 하나님의 형상은 변하지 않습니다. 사람이 살다보면 病魔(병마)에 시달리기도 하고-죄로 얼룩지기도 하고-때로는 인생이 송두리째 무너지고-주님과 단절된 삶을 살기도 합니다. 그럼에도 불구하고 각 사람 속의 하나님의 형상은 결코 훼손되지 않습니다. 즉, 사람은 그가 비록 지극히 작을지라도-죄악의 수렁에 빠져 있을지라도 사람 그 자체는 존귀한 존재입니다. 그러므로 예수님은 모든 사람을 참으로 존귀하게 대접하셨습니다. 심지어 모든 사람들이 天刑(천형: 하늘이 내린 형벌) 이라고 하던 문둥병자나 귀신들린 사람들까지도 존귀하게 대접하셨으므로 당시 종교지도자들로부터 죄인의 친구라는 별칭을 얻으셨습니다.

둘째. 각 사람은 저마다 유일한 존재이기 때문입니다. 바닷가의 모래알도 저마다 다른 것처럼 각 사람은 과거에도 없었고-현재에도 없고-앞으로도 영원히 없습니다. 과거-현재-미래 온 우주를 통틀어 세상에 단 하나 밖에 없는 존재! 그 얼마나 귀한 존재 입니까? 각 사람은 하나님 앞에서 너는 너대로 나는 나대로 모두 소중한 존재입니다. 각 사람은 그가 무엇이 되고-무엇을 해서가 아니라 존재 그 자체만으로도 너무 충분히 소중한 존재입니다. 예수님께서 가시덤불-절벽-소용돌이치는 강물을 건너 잃은 양 한 마리를 그토록 애타게 찾으시는 이유가 바로 그것입니다(눅15:4-7). 그러므로 우리는 각 사람을 존귀하게 대접하여야 합니다.

셋째. 각 사람에게는 하나님의 계획이 있기 때문입니다. 바울 사도는 "너희 안에서 행하시는 이는 하나님이시니 자기의 기쁘신 뜻을 위하여 너희에게 소원을 두고 행하게 하시나니라(빌2:13)" 하셨습니다. 우리 각 사람에게는 하나님의 기쁘신 뜻과 각 사람을 통하여 하나님께서 이루고자 하시는 소원이 있다는 말씀입니다. 우리 각 사람은 하나님의 뜻을 잘 분별하여 하나님의 소원을 이루어 드리는 것이야말로 각 사람이 이 땅에 존재하는 이유입니다. 오직 나만이 피울 수 있는 꽃을 피우고, 열매를 맺어, 주님께 영광 돌리는 것입니다. 그러므로 우리는 각 사람을 마땅히(ought to) 존귀하게 대접하여야 합니다. 할렐루야! 아멘!
(본문 설교 : 하늘가족교회 이준엽 목사)

고전예화 669 하인리히 법칙(Heinrich's law)

<史記(사기)>를 집필하며 중국 역사를 一覽(일람)한 태사공 司馬遷(사마천) 曰, 臣弑君 子殺父 非一旦 一夕之 固也 其慚久矣(신시군 자살부 비일단 일석지 고야 기참구의: 신하가 임금을 시해하고, 아들이 아버지를 죽이는 것은 하루 아침 하루 저녁의 원인으로 일어나는 것이 아니다. 오랫동안 그 원인이 쌓인 것이다)라고 하였습니다.

1930년대 미국 보험회사 관리감독자였던 H.W.하인리히는 공장-탄광-공사장 등 산업현장에서 발생하는 각종 재해를 심층 분석하다가 하나의 결론에 도달하였는데 이것을 '하인리히 1:29:300 법칙(Heinrich's law)'이라고 합니다.

하인리히 법칙에 의하면, 대형 참사-결정적 재해가 발생하기 전에 크고 작은 수많은 작은 사고와 징후들이 반드시 일어났었다는 것입니다. 체르노빌 원전 참상, 와우아파트 붕괴, 성수대교 붕괴, 대구지하철 참사, 구미 불산 가스 참사 등 각종 대형 재해사건은 그 사고가 일어나기 전에 29회의 작은 사고가 일어났었고, 300회의 전조 현상이 있었다는 것입니다.

즉, 치명적 실수-결정적 실패-대형사고와 재난은 발생 전에 여러 차례 크고 작은 徵候(징후)가 나타나기 마련이므로, 이들 작은 징후들을 소홀히 하지 아니하고 잘 살펴 조심-반성-대비하면 얼마든지 재난을 예방할 수 있다는 것입니다.

나라-집안-조직이 망하는 것도 그러합니다. 어느 賢臣(현신)이 임금이 상아 젓가락을 사용하는 것을 보고, "임금님 상아 젓가락을 물리치십시오" 라고 諫言(간언) 하였으나 임금이 듣지 않자 그는 나라의 亡徵(망징)을 보고 홀연히 그 나라를 떠났다고 합니다. <韓非子> 亡徵篇(한비자 망징편)에 나라가 망하는 징조를 45가지나 열거한 것도 같은 맥락입니다.

-임금이 자국의 부국강병보다 강국의 원조를 도모하는 나라는 망징이다.
-정치 지도자가 붕당을 지어 당쟁에 골몰하는 나라는 망징이다.
-수입보다 지출이 많은 나라는 망징이다.
-법보다 편법이 횡행하는 나라는 망징이다.
-청소년이 학문적 서적은 뒤로하고 오락-외설 책을 좋아하는 나라 등등입니다.

차제에 나 자신-내 몸-내 영혼-우리 가정-우리 교회에 亡徵(망징)은 없는지 차분하게 돌아볼 일입니다.

· 다시 쓰는 일기장 ·

3월 10일 아침에 일어나 '내가 어제 뭘 했지?' 돌이켜보니, 바로 어제 내가 뭘 했는지 도통 기억이 나지 아니합니다. '어, 치매 초기인가? 왜, 어제 한 일도 생각이 나지 않는 거야?' 답답하였습니다. 그래서 어제 아침 자리에서 일어난 때로부터 곰곰이 역추적하여 간신히 내가 어제 한 일을 재구성할 수 있었습니다.

그리고 곧 '이건 아니다!' 하는 결론에 도달하였습니다. 하여, 당장 그 자리에서 2013년 일기장을 마련하였습니다. 그 날 3월 10일(일)부터 오늘 4월 17일(수)까지 28일 동안 하루도 빠짐없이 단 한 줄이라도 일기를 쓰고 있습니다. 앞으로 쭉--- 쓰려고 합니다(원고 교정하는 지금 2014년 지금까지 계속 진행 중이다).

"One piece of practice is worth a pound of percept-손으로 하는 1파운드의 실천이 머리로 하는 10파운드의 觀念(관념)보다 가치 있다. 기억을 담당하는 뇌는 머리에 있지만, 기록을 담당하는 뇌는 손끝에 있다"고 합니다. 이 바쁜 현대 사회에서 *適者生存*(적자생존)은 '적는 자라야 생존할 수 있다' 는 의미랍니다.

언젠가 한 번 말씀 드린 것처럼, 컴퓨터 시대에 살고 있는 우리는 모든 정보-지식을 컴퓨터 자판을 두드려 기록합니다. 그리하여 한자를 쓸 때도 한글로 써 놓고 컴퓨터에 올라 온 한자를 눈으로 보고 클릭합니다. 나의 경우는 말씀의 샘물을 만들기 시작한 1997년부터 이래 17년 동안이나 손으로 쓰지 아니하고 클릭하였으니 기록을 담당하는 뇌인 손끝이 退化(퇴화)되어 누군가에게 편지지 위에 손으로 한자를 써야 할 경우 기억을 담당하는 머리에서는 뱅글뱅글 도는데 직접 써지지는 않는 현상이 나타났습니다. 나는 앞으로 일기장에 한자를 쓰는 연습을 해야겠다고 마음먹고 있습니다.

시인 박노해는 〈정신의 발〉이라는 시에서, '책상에서 지리학과 讀圖法(독도법)을 배운 사람들은 지도를 펴들면 산의 높낮이 거리가 숫자로 떠오른다고 한다. 산사람이나 특전사 요원들은 지도를 펴들면 먼저 바람소리 새소리 물소리가 들린다고 한다' 고 하였습니다. 같은 맥락입니다.

요즈음 밭일하다가 조금 쉴라치면 금방 춥습니다. 4월 중순인데도 꽃샘바람이 너무 쌀쌀맞아, 강원도 고성-간성-속초-주문진-강릉-정동진-동해-삼척-임원-원덕에 이르는 浪漫街道(낭만가도) 240km 걷는 일은 5월로 미루기로 한 이정수 목사

정녕, 사람을 존귀하게 대접하여야 합니다(2)

본문 / 창1:26-28, 마18:10, 25:31~46

1. 들어가는 이야기

* 내가 진실로 너희에게 이르노니 너희가 여기 내 형제 중에 지극히 작은 자 하나에게 한 것이 곧 내게 한 것이니라(마25:40). 사람은 꽃보다 아름답습니다. 각 사람은 바로 지금 여기 있는 이 모습 이대로 존귀하고 아름다운 존재입니다. 우리 각 사람이 무엇이 되지 못했더라도-무엇을 잘 할 수 없더라도-지극히 하찮게 보이는 작은 사람이라도 지금 여기 이 모습 이대로 존귀하고 아름다운 존재입니다. 찬송가 214장을 찬양하기를 원합니다. 진실로 그러합니다.

예수님은 사람을 존귀하게 대접하는 것이 곧 나를 대접한 것이라고 하셨습니다. 우리가 만나는 사람을 존귀하게 대접하면 대접 받는 사람이 행복하고-대접하는 사람도 행복하고-하나님께서도 기뻐하십니다. 사람을 존귀하게 대접하며 살면 우리 속에 존재의 생생한 기쁨이 솟아나게 되어 있습니다.

2. 그렇다면 사람을 어떻게 존귀하게 대접하는가?

첫째. 예수님의 마음으로 잘 보는 것입니다. 사람이 행복하려면 주변의 사람들과 소통이 잘되어야 합니다. 소통이 잘되려면 그 사람을 존중하는 마음으로 상대에게서 하나님의 형상을 보려는 노력이 있어야 합니다. 그 사람을 향하여 마음의 문을 활짝 열어 마음과 마음 사이에 다리를 놓아야 합니다. 그러기 위해서 가능한 한 최고로 따뜻한 눈길로 그를 맞이하는 것입니다. 잃은 양을 애타게 찾으시는 예수님의 눈길로 사람을 맞아주는 것입니다.

따뜻한 눈길로 본다는 것은 강력한 신체 언어입니다. 목회 현장에서 보면 그냥 따뜻한 눈길로 바라보는 것만으로도 많은 사람들이 행복해하고-치유되고-회복됩니다. 당신은 소중한 하나님의 사람이라는 기운을 가득 담아 상대의 눈을 바라보는 것이야말로 상대를 존귀하게 여기는 것이고 지고한 사랑의 표현입니다. 모든 사람들은 이렇게 따뜻한 눈길로 자기를 보아주기를 갈망하고 있습니다.

둘째. 예수님의 마음으로 잘 듣는 것입니다. 잘 듣는 것(deep listening)은 매우 매우 중요한 일입니다. 대부분의 사람들은 듣기보다 말하기를 좋아합니다. 그러므로 성경은 '듣기는 속히 하고 말하기는 더디 하라(약1:19)' 하신 것입니다. 사람을 존귀하게 대접하는 가장 실제적이고 효과적인 방법은 잘 들어주는 것입니다. 많은 사람이 듣기는 듣되 건성으로 듣습니다. 모양새는 듣는 것 같지만 마음은 다른 데 있습니다. 상대방의 말을 잘 들어줄 때 사람은 서로 소통 되고-마음의 상처가 치유되고-내적으로 성장하고-사랑이 싹트는 놀라운 사건이 일어납니다.

상대방의 말을 존중하는 마음으로 잘 들어주기 시작하면, 너 나 할 것 없이 사람은 자신의 속내를 여실하게 드러냅니다. 온 몸으로-주의 깊게-공감하며 들어주면(롬12:15) 아물지 않은 상처-아픔-슬픔-외로움-두려움-억울함-기쁨 등을 털어놓습니다. 사람들은 누군가 자기 마음을 알아 줄 때 마음이 밝아지고-정화되고-회복되는 것을 경험합니다. 누군가 내 이야기를 잘 들어주면 그가 내 존재 자체를 받아주는구나 느낍니다. 이런 경험은 실제로 건강한 자기사랑의 기초가 되고-자존감 회복에 결정적으로 작용하며-자기 자신-다른 사람-더 나아가 하나님과의 관계가 회복되기 시작합니다. 단지 그냥 잘 들어주기만 해도 이런 놀라운 일들이 일어납니다. "나는 이제 네 참 마음을 잘 알았어!" 이 한 마디를 듣지 못해서 사람들은 외롭고-과거에 꺼둘리고-고통에 몸부림치고-삶을 포기하는 데까지도 이릅니다.

셋째, 예수님의 마음으로 잘 말해야 합니다. 사람이 말을 할 때 가장 중요한 것은 내가 하는 그 말이 경우에 합당한가 하는 것입니다(잠25:11). 경우에 합당한 사랑의 말-긍정의 말-따뜻한 말-위로의 말-이해의 말이 사람을 살립니다. 그것이 곧 사람을 존귀하게 대접하는 것입니다.

그러나 경우에 합당한 생명의 말을 하는 것이 쉽지 않습니다. 말하다보면 나도 모르게 무의식적으로 경우에 합당치 않게 말하는 경우가 많기 때문입니다. 예수님께서 "마음에 가득한 것을 입으로 말함이라. 선한 사람은 그 쌓은 선에서 선한 것을 내고, 악한 사람은 그 쌓은 악에서 악한 것을 내느니라… 사람이 무슨 무익한 말을 하든지 심판 날에 이에 대하여 심판 받으리라(마12:34-37)" 하셨습니다. 그러므로 우리는 마음 밭에서 악한 잡초를 부지런히 뽑아내고, 말씀-찬양-기도로써 나의 마음에 선한 것이 쌓이도록 힘써야 합니다. 길이 없던 숲속에도 자주 다니다보면 길이 생기는 것처럼, 우리의 언어 생활 속에 자연스럽게 생명의 언어가 경우에 합당하게 드러나도록 길을 내야합니다. 습관이 인격을 만듭니다.

3. 사람을 존귀하게 대접하는 데는 예수님의 도움이 꼭 필요합니다

예수님의 마음으로 잘 보고-잘 듣고-잘 말하는 것은 우리의 노력만으로는 부족합니다. 예수님의 도움이 꼭 필요합니다. 정말 진심으로 예수님의 도우심을 간절히 기도하는 마음으로 직접 찬송가 463장을 찬양하기를 원합니다.

- 신자 되기 원합니다(463장).

* 예수 닮기 원합니다 진심으로 예수 닮기 원합니다 진심으로

Lord I want to be like Jesus in a my heart, in a my heart

(본문설교: 하늘가족교회 이준엽 목사)

아름답다-아름다움의 語源

우리말 語源(어원)을 연구하는 사람들의 소리를 들어보면, 우리말에는 정말 깜짝깜짝 놀랄 만큼 심오한 뜻이 담겨 있습니다. 그 중 하나가 우리가 너무나 자주 쓰는 '아름답다-아름다움' 이라는 말의 어원입니다.

(1) '아름다움' 은 '앓음다음' 에서 나왔다는 것이다. 아름다움은 앓음+다음이다. 앓고 난 다음에 생겨난 모습이라는 뜻이다.

즉, 사람이 육체적-경제적-영적-사랑 등등의 문제로 심하게 앓는 동안 경험한 두려움-고통-상처-흔적으로 터득한 내적 깨달음-內攻(내공)의 증진-성숙한 모습이 아름답다-아름다움이라는 것이다. 진주조개의 하얀 속살이 앓음+다음에 생겨난 진주가 아름다움이라는 말이다. 유영만은 '앓음다움' 이라고 했는데 나는 '앓음다음' 이 옳다고 본다.

(2) '아름다움' 을 한자 아름다울 美(미)에서 찾는다. 美(미)는 羊(양)+大(대)의 합성어다. 美(미)라는 글자는 처음에 새끼 양이 아닌 큰 양을 뜻하였으나, 차츰 양이 크게 자라나는 모양을 보는 주인의 흐뭇한 마음을 아름답다-아름다움이라고 하였다는 것이다.

별로 해 준 것도 없는데, 자녀들이 건강하게 크게 잘 자라는 모습을 보는 부모의 마음을 아름답다-아름다움이라고 했다는 것이다.

(3) '아름다움' 은 '알다(知)' 라는 동사 어간에 '음' 이라는 접미사가 붙어서 '알다-아름' 이 되었다는 것이다.

즉, 아름다움이란 사물의 본질을 제대로 꿰뚫어 아는 사람을 아름답다고 했다는 것이다. 따라서 원래 아름다움의 반대말은 추함이 아니라 '모름다움' 이 옳다. 그러나 우리가 통상 쓰는 말뜻으로 하면, 제대로 아는 사람은 아름다운 사람이고, 제대로 모르는 사람은 추한 사람이다.

(4) '아름다움' 은 抱擁(포옹)하다를 뜻하는 '안다(抱)' 에서 나왔다는 주장이다. 여기서 '안다-안음-아름-아름답다-아름다움' 이 되었다는 것이다. 자기가 안을 수 있는 수준과 능력(capacity)이 어느 정도인지 아는 마음이 아름다운 마음이라는 것이다. 자기 분수를 아는 사람은 아름다운 사람이고, 자기 분수를 모르는 사람은 추한 사람이라는 말이다.

(참고: 유영만, 〈청춘경영〉, 명진출판, 214-217쪽).

· 아무튼 걷는다! ·

조선시대의 基幹道路(기간도로)는 서울을 중심으로 6곳이었다고 합니다.
제1로 關西大路(서울-의주)-서대문-무악재-파주-개성-봉산-평양-안주-의주.
제2로 北關大路(서울-경흥)-동대문-누원-회양-철령-원산-함흥-북청-경성-경흥.
제3로 關東大路(서울-평해)-동대문-망우리-양근-원주-대관령-강릉-삼척-평해.
제4로 嶺南大路(서울-동래)-남대문-한강진-용인-충주-조령-낙동진-대구-부산.
제5로 三南大路(서울-제주)-남대문-삼례-금구-태인-정읍-장성-나주-해남-제주.
제6로 江華大路(서울-강화)-남대문-양화도-김포-통진-강화.
(참고: 제5로는 남대문-삼례-전주-남원-운봉-팔랑치-함양-도천-진주-사천-통영-제주로 보는 경우도 있다)

사단법인 우리땅걷기 대표 신정일의 〈관동대로〉를 읽어보니 영남대로(서울-부산)-구백육십 리, 삼남대로(서울-해남)-구백이십 리, 관동대로(서울-평해)-구백이십 리(392km)입니다. 신정일은 우리땅걷기 회원(9명 정도)들과 서울-동대문-남양주 정약용 생가-용문-지평-문막-횡성-문재-평창-대화장-진부-횡계-대관령-강릉-정동진-망상 해수욕장-동해-삼척-동막-신남-호산(임원)-울진 매화리-평해에 이르는 관동대로 392km를 14일 동안 걸었다고 합니다.

나는 처음에 14일 줄곧 걸은 줄 알았더니 그게 아니고, 관동대로 392km를 3구간으로 나누어 걸었다고 합니다. 서울-문재 터널까지 5일 걷고, 각자 일 보고 날을 정하여 문재 터널에 모여 망상 해수욕장까지 4일 걷고, 또 각자 일 보고 날을 정하여 망상 해수욕장에서 평해까지 4일 걸음으로써 관동대로 걷기를 마쳤다는 것입니다. 회원 중에는 3구간 전부 걸은 사람도 있으나, 혹 1구간, 혹 2구간 각자 형편에 따라 걷기에 참여하였던 것입니다. '아하, 그랬구나!' 하였습니다.

관동대로 392km를 걸어볼까?
처음 마음먹은 대로 강원도 낭만가도(고성-임원) 240km를 걸어볼까?
그리고 내쳐 부산 해운대까지 걸을까?

去去去中知 行行行中覺(거거거중지 행행행중각-가고 가고 가다 보면 알게 되고, 행하고 행하고 행하다 보면 깨닫게 된다)이라 하였으니 평양노회(4월 22-24일) 마치고 4월 26일(금) 강원도 방향으로 무작정 떠나기로 한 이정수 목사

정녕, 사람을 존귀하게 대접하여야 합니다(3)

본문 / 창1:26-28, 마18:10, 25:31~46, 고전13:1-13

1. 들어가는 이야기

온 누리에 봄 내음이 가득합니다. 곳곳에 목련-산수유-개나리-진달래-벚꽃이 흐드러지게 피었습니다. '참 아름다워라 주님의 세계는 저 솔로몬의 꽃보다 더 고운 백합화…(찬478장)' 진정 하나님의 솜씨를 찬양하지 않을 수 없는 계절입니다. 그러나 꽃이 아름답다 한들 어찌 사람만 하겠습니까? 진정 사람은 꽃보다 아름답고 천하보다 귀한 존재입니다.

2013년 3월 24일자 인터넷 'DAUM 아고라' 에 이런 글이 올라왔습니다. "사람을 찾습니다. 정말 고마운 분을 찾습니다. 3월 23일(토) 야탑역 1번 출구에서 피 흘리며 쓰러져 계시던 저희 아버지를 도와주신 여성분을 찾습니다. 아버지께서 야탑역 부근에 있는 병원에 볼일이 있어 가시던 중 순간 정신을 잃고 쓰러지시면서 코와 손이 찢어지는 큰 부상을 당하셨는데, 많은 피를 흘리고 계시던 아버지께 10대 후반에서 20대로 보이는 여성분이 다가오셔서 근처 벤치의자로 모시고 가 상처 부위와 옷에 묻은 피를 닦아주시고 119를 불러주셨습니다. 아버지께서 괜찮다고 하셨지만 119가 올 때까지 계셨다고 합니다. 다행히 병원에서 치료를 잘 받으시고 무사히 집으로 돌아오셨습니다. 요즘 세상에도 이런 분이 계시는구나, 세상은 살만하다… 정말 많은 생각을 했습니다. 이제 이후 그 분 덕분에 길을 가다 다친 사람, 위급한 사람이 있으면 무심코 지나치지 못할 겁니다. 다시 한 번 정말 정말 감사합니다. 아버지께서 그 당시 경황이 없으셔서 그분 연락처나 이름을 묻지 못한 것이 너무 후회된다고 말씀 하셔서 DAUM 아고라에 이렇게 글을 남기게 되었습니다. 그 분을 알고 계시거나 그 여성분이 만약 이 글을 보신다면 꼭 연락주세요."

2. 구체적인 생활 현장에서 사람을 존귀하게 대접한다는 것은 무엇인가?

첫째. 속 깊은 배려로 섬기는 것입니다. 사람이 사람답게 살아가려면 여러 영역의 다양한 것들이 필요합니다. 사람이 살아가는데 꼭 필요한 의-식-주-건강-교육-문화와 같은 외적인 것뿐 아니라, 사랑-안전-평안-영혼의 만족감 같은 내적인 필요들도 적절하게 채워져야 사람답게 살 수 있습니다. 사람을 존귀하게 대접한다는 것은 다른 사람의 이런 전체적인(holistic) 필요를 잘 알아차리고 그 상황에 알맞게 잘 채워주는 것입니다. 이 경우 특히 상대가 자존심 상하지 않고 받음직하게끔-그윽하게 배려하는 것이 바로 사람을 존귀하게 대접하는 태도입니다. "누구든지 너로 억지로 오 리를 가게 하거든, 그 사람과 십 리를 동행하고, 네게 구하는 자에게 주며, 네게 꾸고자 하는 자에게 거절하지 말라(마5:41-42)."

둘째. 각 사람이 의미 있는 목적(goal-purpose)-목표(objectives)를 갖고 살도록 돕는 것입니다. 우리나라 고등학생 고민의 제1순위가 進路(진로)에 관한 것인데, 자기 자신에게 어떤 재능이 있고-장래 무엇을 하는 사람이 되고 싶은지 모르겠다는 것입니다(4월 20일자 다음 인터넷뉴스). 비단 고등학생들뿐 아니라 우리 사회에서 의미 있는 목적-목표를 갖고 사는 사람이 별로 많지 않은 듯합니다. 많은 사람들이 왜 목적-목표가 없이 허공을 치는 것 같은 삶을 살아갈까요?

그 이유 중의 하나는 어렸을 때부터 가정에서 스스로 생각하고-선택하고-책임지는 훈련이 부족한 성장 과정에서 찾을 수 있습니다. 우리들 대부분의 경우 부모가 대신 선택해주었기에 스스로 생각할 필요가 없어졌고-이와 함께 선택할 능력도 사라졌고-그 결과 선택한 것에 대하여 책임질 필요도 못 느끼게 된 것입니다. 그 이유 중 또 다른 하나는 어린 시절부터 자기의 생각과 느낌을 표현 했을 때 그것을 존중받지 못한 우리나라의 교육 현장 때문입니다. 자기 자신이 생각하고 느낀 어떤 것들을 자유로이 표현할 수 없었기 때문에, 생각하는 능력-그것을 표현하는 능력이 자라날 수 없었던 것입니다. 사람이 삶의 목적-목표를 발견하는 데는 자기 자신의 생각-의견-느낌이 다른 사람들로부터 진정어린 존중을 받을 때입니다. 그러므로 우리가 만나는 사람의 생각-느낌을 순수하게 있는 그대로 존중하여 주는 것이야말로 사람을 존귀하게 대접하는 것입니다.

셋째. 다른 사람들과의 좋은 인간관계를 맺고 살도록 돕는 것입니다. 사람이 행복하려면 다른 사람들(특히, 가까운 사람들!)과 좋은 인간관계를 유지해야 합니다. 실제로 주변 사람들과 평안하고 친밀한 관계성을 유지할 때 행복하지 않습니까? 하나님과의 관계도 똑같지 않습니까? 관계성이 좋아지려면 마음에서 우러난 섬세한 배려와 더불어 의사소통 능력이 있어야 합니다. 앞서 언급한 바와 같이, 자신의 생각과 느낌을 알아차리고 표현하는 것-다른 사람의 생각과 감정을 알아차리고 존중 해주는 것은 의사소통 능력의 여부에 달려 있습니다. 이를 위하여 효과적인 대화법을 배우고-연습하고-실제 인간관계에 적용 할 수 있어야 합니다. 사람을 만나 잘 통할 수 있도록 돕는 것-그것이 사람을 존귀하게 대접하는 것입니다.

3. 사람을 존귀하게 대접한다는 것은 결국 사랑입니다

사실, 우리 각 사람이 사는 게 힘들고-팍팍할지라도 누군가 나를 알아주고-애정 어린 관심-전폭적인 믿음으로 응원해주면, 그 사람이 내 곁에 존재한다는 사실 하나만으로도 얼마든지 용기가 나고 힘이 납니다. 아니 그러합니까? 그러므로 옛 사람은 士爲知己者死 女爲悅己者容(사위지기자사 여위열기자용: 선비는 자기를 알아주는 사람을 위하여 죽고, 여인은 자기를 사랑해 주는 사람을 위하여 용모를 꾸민다)-海內存知己 天涯若比隣(해내존지기 천애약비린: 나를 알아주는 이 있다면, 그가 세상 끝에 있다고 할지라도 그는 나의 영원한 친구) 라고 하였습니다. 사람을 존귀하게 대접한다는 것? 고린도전서 13장입니다. 결국 사랑입니다!

(본문설교: 하늘가족교회 이준엽 목사)

고전예화 671 양수역 벽에 걸린 액자 보러 오시게

며칠 전 양수역에 갔다가 2층 대합실 입구 벽에 '8개의 산봉우리+소나무 5그루+구름+햇님을 그린 김유준의 그림'과 박문재의 詩 〈양수리로 오시게〉를 합성한 모처럼 아름다운 액자를 보았습니다. 그림도 좋고 시도 아주 좋았습니다.

양수리로 오시게

가슴에 응어리진 일 있거든
미사리 지나 양수리로 오시게
청정한 공기
확 트인 한강변
소박한 인심이 반기는 고장
신양수대교를 찾으시게

연꽃들 지천을 이루는 용늪을 지나
정겨운 물오리 떼 사랑놀이에 여념이 없는
아침 안개 자욱한 한 폭의 대형 수묵화
이따금 삼등 열차가 지나는 무심한 마을

양수리로 오시게
그까짓 사는 일 한 점 이슬 명예나 지위 다 버리고
그냥 맨몸으로 오시게

돛단배 물 위에 떠서 넌지시 하늘을 누르고
산 그림자 마실 나온 저녁답 지나
은구슬 보오얗게 사운거리는 감미로운 밤이 오면
강 저편 불빛들 일렬종대로 서서
지나는 나그네 불러모으는 꿈과 서정의 마을

마흔 해 떠돌이 생활
이제사 제집 찾은 철없는 탕아같이
남한강과 북한강이 뜨겁게 속살 섞는 두물머리로
갖은 오염과 배신의 거리를 지나
가슴 넉넉히 적셔줄
사랑과 인정이 넘치는 처용의 마을

이제는
양수리로 아주 오시게

· 낭만가도-천려일실(千慮一失) ·

드디어 나는 강원도 낭만가도(고성-원덕 240km)를 걷는다!

2013년 4월 29일(월) 양평에서 밤 11시 40분 강릉행 기차 승차-4월 30일(화) 새벽 4시 40분 강릉 도착-곰치 해장국으로 아침 먹고-강릉 시외버스 터미널에서 버스 타고 7시 30분 고성군 거진항에 도착.

곧 바로 거진항 관동팔경 해안길로 강원도 낭만가도 걷기 시작-솔숲 사이로 출렁이는 파도 소리 들으며 송포리-반암항-송죽리(여기서 내 좋은 친구 박현규의 격려 전화)-봉호리-북천 철교-동호리-향목리-간성(고성 군청 소재지)에서 두부찌개로 점심 먹고-가진항-공현진항까지 약 35-40Km 걸으니 오후 3시.

비상사태 발생!

간성 즈음부터 걷기가 불편합니다. 참고 걸었는데 갈수록 아주 아주 불편 합니다. 공현진항에 도착해서는 '아, 더 이상은 아니다!' 철수하기로 하였습니다. 공현진항에서 버스 타고 강릉 도착 기차가 없어 역 앞 모텔에서 일박 5월 1일(수) 새벽 4시 40분 기차로 양평 9시 44분 도착-마침 정배리에 온 이광오 목사 차로 귀가.

뭔, 비상상태?

치질이라는 게 있습니다. 치질은 1-2-3-4기가 있습니다. 자가 판단으로 나는 2-3기 쯤이다 생삭하였는데 그게 아니고 3-4기인 모양입니다. 돌아와 곧 바로 길동 위-대장-항문 전문 양병원 양형규 원장님에게 전화하여 증상을 설명하고 5월 8-10일 2박 3일 수술하기로 날짜를 잡았습니다.

참고: 길을 잘못 들었는지는 몰라도 내가 걸은 고성-공현진 약35-40km는 낭만가도라 할 수 없었다. 구불구불한 해안 옛길 한 가운데를 직선으로 잘라 동해대로를 만들어 놓았기 때문에 자동차가 쌩쌩 달리는 직선 구간 70%-한적한 낭만도로 30%인 듯하다.

낭만가도 걷는다고 큰 마음먹고 떠났는데, 照顧脚下(조고각하: 네 발밑을 살피라) 하지 못한 千慮一失(천려일실)! 양평에서 강릉 왕복 기차(26,000원)-강릉에서 거진 왕복 버스(25,000원)-모텔(35,000원)-식사(30,000원)-기타 경비 합하여 15만원. 수술 관계로 부득이 말씀의 샘물은 당분간 쉬기로 한 이정수 목사

어린이주일-날아라 새들아 푸른 하늘을(잠29:17)

본문 / 잠29:17

1. 들어가는 이야기

내가 양평군 서종면 정배리로 들어온 것이 2005년인데, 그 때 정배초등학교 1-6학년 전체 아이들이 20명 남짓 이었습니다. 그런데 지금은 100명이 훨씬 넘습니다. 아이들이 어렸을 때 농촌과 자연 속에서 기르고자 하는 부모들이 많아진 겁니다. 그래서 요즈음 우리 동네는 전셋집이 나오기가 무섭게 계약 된다고 합니다.

이 글을 쓰고 있는 지금(5월 4일 오후 5시) 동네 고샅길에 아이들의 모여 자전거도 타고-뛰놀며-웃고-괴성 지르고-비명 지르는 해맑은 웃음소리가 참 듣기 좋습니다. 어린이날 노래 가사 그대로입니다. 한 번 같이 불러 보실까요?

날아라 새들아 푸른 하늘을 달려라 냇물아 푸른 벌판을 오월은 푸르구나 우리들은 자란다 오늘은 어린이날 우리들 세상

우리가 자라면 나라의 일꾼 손잡고 나가자 서로 정답게 오월은 푸르구나 우리들은 자란다 오늘은 어린이날 우리들 세상

2. 아이들에 대한 성경 말씀 모음

* 내가 아브라함을 택한 것은 그가 자식들과 자손을 잘 가르쳐서 나에게 순종하게 하고 옳고 바른 일을 하도록 가르치라는 뜻에서 한 것이다. 그의 자손이 아브라함에게 배운 대로 하면 나는 아브라함에게 약속한 대로 다 이루어 주겠다(창18:19 표준새번역) * 이스라엘아 들으라 우리 하나님 여호와는 오직 유일한 여호와이시니 너는 마음을 다하고 뜻을 다하고 힘을 다하여 네 하나님 여호와를 사랑하라 오늘 내가 네게 명하는 이 말씀을 마음에 새기고 네 자녀에게 부지런히 가르치며 집에 앉아 있을 때에든지 길을 갈 때에든지 누워 있을 때에든지 일어날 때에든지 이 말씀을 강론할지니라(신4:6-9) * 네가 네 아들에게 소망이 있은즉 그를 징계하고 죽일 마음은 두지 말지니라(잠19:18) * 아이의 마음에는 미련한 것이 얽혔으나 징계하는 채찍이 이를 멀리 쫓아내리라(잠22:15) * 마땅히 행할 길을 아이에게 가르치라. 그리하면 늙어도 그것을 떠나지 아니하리라(잠22:6) * 아이를 훈계하지 아니치 말라 채찍으로 그를 때릴지라도 죽지 아니하리라 그를 채찍으로 때리면 그 영혼을 음부에서 구원하리라(잠23:13-14) * 채찍과 꾸지람이 지혜를 주거늘 임의로 하게 버려두면 그 자식은 어미를 욕되게 하느니라(잠29:15) * 네 자식을 징계하라 그리하면 그가 너를 평안하게 하겠고 또 네 마음에 기쁨을 주리라(잠29:17) * 아비들아 너희 자녀를 노엽게 하지 말고 오직 주의 교양과 훈계로 양육(the training and instruction)하라(엡6:4).

3. 어린이주일에 듣는 혜민 스님 특강

지난 주 양서도서관에서 '혜민 지음, 이영철 그림, 〈멈추면 비로소 보이는 것들〉, 쌤앤파커스' 을 빌려다 읽었습니다. 어린이주일에 딱 맞는 맑은 소리가 있어 여기 소개합니다(참고: 〈말씀의 샘물〉 10권 제647호 존버정신 237쪽).

* 저에게 아이가 있다면 꼭 가르쳐주고 싶은 것이 있어요.
아무리 유명하거나 권력이 있거나 돈이 많아도 다 똑 같은 사람이라는 것을요. 내가 별로 특별한 것이 없듯이 다른 사람도 특별하지 않다는 것을요. 그러니 살면서 너무 쫄 필요 없다고요.

* 공부 잘해서 시험 잘 보는 것만이 지성이 아니에요. 다른 사람이 느끼는 여러 가지 감정을 공감하며 같이 느낄 줄 아는 것도 지성입니다.

* 부모님들한테 부탁드리고 싶은 것이 한 가지 있어요. 아이들이 정말 잘 되길 바란다면 아이를 향한 지금의 관심과 기대치를 일정 부분 낮추고 낮아진 수치만큼 관심을 이제 늙으신 아이들의 할아버지-할머니에게로 여러분의 부모님들께 돌려주세요. 그러면 아이들이 더 잘 자랄 수 있어요.

* 우린 어려서부터 정해진 틀 안에서 경쟁하는 법만 배우고 삶을 즐기는 법, 다른 사람을 진정으로 존중하는 법은 배우지 못한 것 같아요. 스스로 생각하는 법이나 점수화 할 수 없는 재능 등을 어려서부터 가르쳐주고 키워주었더라면 정말로 좋았을 텐데요.

* 왜, 정말로 인생에서 중요한 것들은 학교에서 가르쳐주지 않는 것일까요?
예를 들어, 요리, 운전, 돈 관리 법. 인간관계 處身法(처신법). 다른 사람의 말을 잘 듣는 대화의 기술. 실패한 후 일어서는 법. 마음을 가만히 들여다보는 법 등 말이예요. * 스펙 쌓기 위하여 어쩔 수 없이 스펙을 쌓는 것이 아니라, 하나하나 배우는 과정이 즐거워서 배우고, 배우고 싶은 것을 배우다 보니 스펙이 하나둘씩 쌓이도록 하세요. 과정의 즐거움이 빠지고 결과만 얻으려하면 그게 바로 고통입니다. 과정을 즐기십시오.

* 사회봉사활동을 점수 때문에 시작했어도 하다보면 봉사활동 자체에 의미를 느끼고 나도 몰랐던 내 안의 사랑을 어느 순간 느끼게 됩니다. 그래서 좋은 일은 어떤 계기로 어떻게 시작했든 상관없이 무조건 해보는 것이 중요합니다.

* 어떤 분이 "혜민 스님, 장차 법정 스님처럼 큰 스님 되세요" 합니다. "네, 감사합니다. 하지만 저는 법정 스님이 아닌 혜민 스님이 되고 싶어요" 하였습니다. 누구처럼 되기 위하여 살지 마세요. 이 세상에 하나 밖에 없는 오직 내가 되세요!

고전예화 672

照顧脚下(조고각하)

〈발밑을 돌아보라〉 –박노해

흰 고무신 신고 흙마당을 달리다 아얏, 발 감싸쥐고 주저앉는데
크게 밝혀오는 한 말씀이 있었습니다.

조고각하(照顧脚下)!
발밑을 돌아보라.
절 집 마루 기둥에 붙어 있는 '신발 잘 정리하시오'라는 경구인데
신발이 어지러운 집안에 살림과 정신이 바를 리 없듯이
일상생활 하나하나를 잘 살펴 올바로 행할 때
큰 정신이 성성하게 살아난다는 뜻이랍니다.
앞만 보고 위만 보고 달려가는 우리들의 하루하루입니다.
내 노력과 내 능력으로 성공을 이루었다고 자부하는 우리들입니다.
정말 그럴까요?

뿌리의 고투가 없는 꽃과 열매가 있을까요.
여자의 희생 없는 성취가 있을까요.
말없는 다수의 상처와 열망을 딛고 서지 않은
잘남과 빛남이 과연 있을까요.
한 걸음만 더 들어가면
기름 먼지투성이 노동자를 통하지 않은
정보 지식 서비스 문화 상품이 있는가요.
농사꾼의 손을 빌리지 않은 도시의 편리한 세 끼 밥상이 있는가요.
제 몸을 기꺼이 바쳐주는 채소와 알곡들의 희생 없이
저 흙과 물과 바람과 햇살의 숨은 보살핌 없이
나란 인간이 숨이나 쉴 수 있을까요.
어디를 가고 있는지를 알려면 어디서 왔는지를 알아야 하듯이
우리가 딛고 선 발밑을 돌아보고
큰 뜻이 뿌리박고 있는 작은 일상생활과 사람됨을 돌아보고
호방 툇돌 위에 신발 정리하듯 정직하게 자기 정리를 해야 할 때입니다.

조심스레 땅을 짚고 일어서는 나를 향해
작은 풀꽃들이 잔돌들이 내 귀에다 대고
조고각하, 조고각하, 조고각하, 메롱, 메롱 웃네요
나는 못 들었지롱, 못 들었지롱 진짜 못들었지롱 웃어 줍니다.

다시 내 딛는 한 걸음, 한 걸음, 정녕 두려웁고 더욱 떨리는 걸음입니다.

· 길동 양병원 – 치질 수술 ·

장마 통에 평안 하신지요?

누군가 치질 수술이 간단하다고 별거 아니라고 하여 한 일주일 걸리는가 보다 하고 "말씀의 샘물을 당분간 쉰다"고 하였는데, 그 당분간이 두 달 가까이 되었습니다.

5월 8일(수) 길동 대장-항문전문 양병원 입원하여 양형규 원장 집도로 수술.

수술 후 양 원장 소견이 나의 경우는 '직장 탈장+항문 탈항 수준' 이라 수술이 까다롭고 시간이 많이 걸렸다고 합니다.

수술 후 만 2주 14일 동안(5월 8일-21일), 일어나고 앉기-오줌누기-똥누기-밤이 되는 것이 두려워 안절부절-엉거주춤-전전반측-노심초사-좌불안석으로 입술이 바짝바짝 마르고 진땀이 나고 아무 것도 할 수 없었습니다. 아이를 낳은 한 중년 여성은 수술 후 처음 똥누기가 아이 낳는 고통과 같다 하였습니다. 또 누군가는 라이터로 똥구멍을 지지는 것 같다고 하였다는데 정말 그러하였습니다.

수술 후 16일째 5월 23일(목) 저녁 8시 비상사태. 血便(혈변)이 있어 대절 택시로 양병원에 밤 9시에 도착 2박 3일 입원(혈변 5회)-다행히 별 탈 없이 5월 25일(토) 퇴원. 수술 후 26일째(6월 2일), 진통제(타코펜-타이레놀)가 없어도 더 이상 통증은 없습니다. 나도 모르게 저절로 "주여, 감사합니다!" 하였습니다.

수술 후 41일째(6월 17일), 양 원장으로부터 '완쾌 판정' 을 받았습니다.

아, 정말 깝깝하고 고통스러웠습니다!

그동안 문자 그대로 物心兩面(물심양면-물질과 기도)으로 응원하여 준 내 좋은 친구들에게 진심으로-진심으로 감사드립니다.

꼭 한 가지 알려드리고 싶은 것은 대장-항문 분야는 길동 양병원을 찾으라고 강력 추천합니다. 왜? 양 원장의 '거상 고정식 점막하 치핵 제거 수술법' 은 이 분야에서 독보적이기 때문입니다. 名醫(명의)입니다.

時來風送騰王閣 運退雷轟薦福碑(시래풍송등왕각 운퇴뢰굉천복비: 때가 되니 바람이 왕발을 등왕각으로 보내주었고, 운이 다 하니 서조가 칠천 리를 걸어 구양수의 글씨를 새긴 천복비 앞에 다다랐는데 그 날 밤 벼락이 천복비를 깨뜨려 버렸다), 양형규 원장님을 만난 것이 時來(시래)인 줄 알고 참으로 감사하는 이정수 목사

육체의 연습이 주는 유익(딤전4:7-9)

본문 / 딤전4:7-9

1. 들어가는 이야기

우리들 중 많은 사람들이 자기 몸이 말하는 것을 무시하고 삽니다. 몸이 피곤하다고 해도 이 정도 쯤이야 합니다. 몸이 아프다고 해도 이 정도는 참을 수 있어 합니다. 몸이 좀 이상해도 이 정도로 병원은 무슨 병원? 합니다. 그러다가 어느 날 갑자기 나처럼 호미로 막을 것을 포크레인으로 막아야 하는 대형 참사가 납니다. 나는 이번에 수술 받고 40여일 심한 고통을 받고야 '아, 그렇구나, 이제 후로는 내 몸이 말하는 소리에 귀 기울이고 살아야겠다!' 고 결심하였습니다.

2. 본문 연구

* 망령되고 허탄한 신화를 버리고 오직 경건에 이르기를 연습하라 육체의 연습은 약간의 유익이 있으나 경건은 범사에 유익하니 금생과 내생에 약속이 있느니라 미쁘다 이 말이여 모든 사람들이 받을 만하도다-Have nothing to do with godless myths and old wives' tales; rather, train yourself to be godly. For physical training is of some value, but godliness has value for all things, holding promise for both the present life and the life to come. 딤전4:7-9).

'육체의 연습은 약간의 유익이 있다' 는 오늘 본문 말씀을 육체의 연습을 소홀히 해도 좋다는 말씀으로 오해하지 말아야 합니다. '약간의 유익' 이라고 번역된 'some value' 라는 말은 '대단히-상당히-굉장히-훌륭한 유익' 라는 말로도 번역될 수도 있기 때문입니다. '육체의 연습은 경건의 연습과 동등될 수 없으나, 매우 중요한 연습이다' 라는 것이 바울 사도의 원래 뜻이었으리라 생각합니다.

왜? 바울 사도는 "너희가 하나님의 성전인 것과 하나님의 성령이 너희 안에 거하시는 것을 알지 못하느뇨 누구든지 하나님의 성전을 더럽히면 하나님이 그 사람을 멸하시리라 하나님의 성전은 거룩하니 너희도 그러하니라 (고전3:16-17)" 라고 하셨기 때문입니다.

헨리 데이빗 소로우는 "우리 각 사람은 누구나 사는 동안 각자 몸이라는 성스러운 집을 짓는 건축가다. 사람은 각자 섬기는 신을 위하여 자기 뜻대로 육체의 성전을 세우는 것이다. 각 사람은 망치로 벽을 부수는 단순한 잡부가 아니라, 조각가이고 화가이다. 자신의 피와 살과 뼈라는 재료로 자기 몸이라는 거룩한 집을 짓는 예술가이다(월든, 〈보다 높은 법칙들〉 편)" 라고 하였습니다. 오늘 우리 시대에 육체의 연습은 오히려 경건의 연습 못지않게 귀하고 귀한 일이라고 생각합니다.

3. 육체의 연습-연단은 어떻게 하는가?

본문에서 練習(연습)-練鍛(연단)-train-discipline-drill-exercise-practice이라는 말의 의미는 '사람이 어려운 수련을 통하여 몸과 마음을 굳세게 한다-익숙하게 한다는 뜻' 입니다. 바울 사도가 본문에서 육체의 연습, 즉 * 이기기를 다투는 자마다 모든 일에 절제하나니 그들은 썩을 승리자의 관을 얻고자 하되 우리는 썩지 아니할 것을 얻고자 하노라(고전9:25), 경기하는 자가 법대로 경기하지 아니하면 승리자의 관을 얻지 못할 것이라(딤후2:5)고 한 것은 고대 그리스-로마의 운동 경기 참가자들의 육체 단련-절제-경기 규칙 등을 염두에 두고 하신 말씀입니다. 그렇다면, 오늘 우리 시대 보통 사람들의 육체의 연습-연단-단련은 무엇인가?

첫째. 사람은 그 사람이 먹는 음식으로 이루어진다는 사실을 명심할 일입니다. 얼마전 TV 생로병사를 보았습니다. 비만-변비-각종 피부병 등으로 고생하는 사람들 대부분이 미국식 식생활(육식-패스트 푸드-정크 푸드-폭음폭식 등)을 하고 있었습니다. 반면에 건강한 사람들은 채소-과일-현미-식물성 위주의 식생활을 하고 있었습니다. 또 하나 매우 중요한 것은 음식 먹는 태도입니다. 정한 시간-정한 만큼-정성된 분위기-천천히 꼭 꼭 꼭 잘 씹어 먹는 것입니다.

둘째. 올바른 생활 습관입니다. 일찍 자고 일찍 일어나기-자기 몸에 맞는 적당한 운동-자기 몸과 주변 환경을 깨끗이 하는 것-자기 몸의 소리에 귀 기울이는 것 등입니다. 물론 우리 모두 잘 알고 있는 사실입니다. 그런데 그럼에도 불구하고 우리 대부분은 올바른 생활 습관을 잊고 삽니다. 자기 몸을 마구 굴립니다. 오늘 지금 당장부터 올바른 생활 습관을 회복하여야 합니다. 몰라서 못하는 사람은 없습니다. 모두들 잘 알고 있습니다. 그러나 실천하지 못하고 삽니다.

그렇다면 어이 하는가? 기도하는 수밖에 없습니다. 이기기를 다투는 자마다 절제 한다고 하였습니다. 후히 주시고 꾸짖지 아니하시는 주님께 절제의 은사를 내려주시기를 간구합시다. 이 말씀을 또 그러려니-알았어!-매일 듣는 소리야-그런다고 되겠어? 하지 말고 제발 귀 있는 자가 되시기를 예수님의 이름으로 축원합니다.

셋째. 크르렁- 좌르르- 쿵- 거세게 파도치는 바다에 가 보신 적이 언제입니까? 찬란한 日出(일출)을 물고 비상하는 갈매기-거센 비바람으로 폭풍우 치는 바다-거대한 落照(낙조)의 바다를 보는 사람은 삶의 힘-신비-존재의 기쁨 앞에 戰慄(전율)합니다. 그러나 바다에 사는 어부들은 전율을 느끼지 못합니다. 매일 뜨는 일출-매일 듣는 파도-매일 지는 낙조에 '그런가 보다…' 합니다. 바다의 힘-바다의 신비-바다의 기쁨을 잃어버린 것입니다. 혹시! 나는 육체의 연습이 주는 유익함이 무엇인지 머리로는 안다고 하면서, 몸으로는 까맣게 잃어버린 사람이 아닌지 스스로 점검 할 시간입니다.

고전예화 673 내 영혼아 네가 왜 내 속에서 불안하여 하는고?

*내 영혼아, 네가 어찌하여 낙망하며 어찌하여 내 속에서 불안하여 하는고? 너는 하나님을 바라라 그 얼굴의 도우심을 인하여 내가 오히려 찬송하리로다(시42:5).

*내 영혼아, 여호와를 송축하라 내 속에 있는 것들아 다 그 성호를 송축하라. 내 영혼아, 여호와를 송축하며 그 모든 은택을 잊지 말지어다(시103:1-2).

수술 후 요양하면서 읽은 책들입니다.

헨리 데이빗 소로우, 강승영 역, 〈월든〉, 이레.
김선미, 〈소로우의 탐하지 않는 삶〉, 위즈덤 하우스.
오쇼 라즈니쉬, 박성준 역, 〈큰 방황은 큰 사람을 낳는다〉, 명상.
오쇼 라즈니쉬, 반근대 역, 〈깨달음으로 가는 일곱 단계〉, 황금꽃.
바산트 조시, 우자경 역, 〈명상하는 자가 살아남는다〉, 물병자리.
앤소니 드 멜로 신부, 이미림 역, 〈하느님께 나아가는 길〉, 성바오로출판사.
앤소니 드 멜로 신부, 이현주 역, 〈사랑으로 가는 길〉, 삼인.

이 책들을 읽으며 默想(묵상)-冥想(명상)에 대하여 나 나름대로 정리한 것.

1. 명상-묵상은 내 속에서 "내 영혼아! 네가 어찌하여 낙망하며 어찌하여 내 속에서 불안하여 하는고? (시42), 내 영혼아! 여호와를 송축하라 내 영혼아! 그 모든 은택을 잊지말지어다 (시103)" 라고 하는 내 속의 참나-얼나-존재론적 자아(ontological-self)-우주론적 자아(universal-self)의 세미한 음성에 귀 기울이는 것이다.

2. 명상-묵상은 고귀한 단순성과 위대한 침묵(eine edle einfalt unt eine stille grosse) 가운데 나-내 이웃-내 상황에 대한 생각-느낌-흐름을 비판하지 않고-평가하지 않고-비난하지 않고-同一視(동일시)하지 않고 깨어서 수동적으로 그저 조용히 지켜보는 것이다.

3. 명상-묵상은 나의 육체가 병들었더라도, 경제적으로 아주 불안하더라도, 밭농사를 제대로 하지 못하더라도, 말씀의 샘물이 잘 써지지 않더라도, 나 자신이 이렇게 생생하게 살아있다는 것-내가 이 세상에 존재한다는 것-나의 존재감 그 자체만으로도 너무 충분히 놀랍고 감사하여 하나님께 영광 돌리지 않을 수 없는 마음의 상태이다(참고: 〈말씀의 샘물〉 제8권 고전예화 495호).

· 전업농부-거시기 농부 ·

계획대로라면 올 나의 밭농사는 집 마당에 있는 오디 • 자두 걷기-고추 • 상추 돌보기-아래 밭 감자-고구마-옥수수를 잘 가꾸는 것입니다. 그런데 한참 밭을 돌아보아야 할 5-6월에 치질 수술로 손가락 하나 대지 못하였더니 허리까지 자라난 잡풀이 감자밭-고구마 밭을 완전히 덮어 버렸습니다.

그래도 지난 주 '혹시나' 하고 풀을 뽑고 올 봄 4월 13일에 심은 감자를 캐보았더니 '역시나' 였습니다. 작년에는 굵은 것으로만 5박스 넘게 캤는데, 올해는 올망졸망한 것으로 겨우 1박스 정도입니다. 심기만 하면 뭘 해 가꾸어야지! 아, 가꾸지 아니하면 그러하다는 것을 실감하였습니다. 한 달이나 늦게 심은 고구마는 10월 중순에 캐니 아직 돌아볼 시간이 남아 있어 고구마에다 희망을 걸고 있습니다.

다행히 집 마당은 풀이 그다지 성하지 않아 고추-상추가 내 집을 찾은 친구들이 올 때마다 비닐 한 봉지씩 따 갈 수 있을 만큼 자라나 나의 체면을 세워주어 참 고맙습니다(고추 모종 100개 심었는데 모두 살아 있다. 아, 감사!).

詩中有畵 畵中有詩(시중유화 화중유시: 시 안에 그림이 있고, 그림 안에 시가 있었다)라는 王維(왕유 699-761)는 이렇게 읊었습니다.

巧拙賢愚相是非(교졸현우상시비: 잘함-못함, 현명-어리석음을 시비하는 세상)
何如一醉盡忘機(하여일취진망기: 어찌 한잔 술로 시비를 잊지 못하는가?)
君知天地中寬窄(군지천지중관착: 그대는 천지의 넓고-좁음을 알지 못하는가?)
鵰鶚鸞凰各自飛(조악란황각자비: 물새와 봉황이 저마다 천지를 날고 있음을!)

나의 아침 운동장 農路(농로) 양옆 논에는 벼가 새파랗게 자라고-이제 7월 말이면 따 먹을 수 있을 만큼 잘 자란 잡풀 하나 없는 옥수수 밭을 보면서, '그래, 과연 전업 농부의 내공이 다르긴 다르구나' 認定(인정)하면서, 한편으로 "봉황 같은 전업 농부는 전업 농부대로-나 같이 영원한 初步(초보)로 남을지도 모르는 물새 같은 거시기 농부는 거시기 농부대로 저마다 땅을 파는 거지 뭐!" 하였습니다.

그런데 내 속에 있는 또 다른 내가 '이 목사 쫄지 마, 거시기가 진짜 거시기로 변하는 게 우리네 인생 아녀? 人生到處有靑山(인생도처유청산)인겨!' 하는 소리에 '맞어, 맞어, 참말로 맞는 소리랑께!' 하는 이정수 목사

경건의 연습-보이지 않는 것을 보는 연습(딤전4:7-9)

본문 / 딤전4:7-9

1. 들어가는 이야기

* 망령되고 허탄한 신화를 버리고 오직 경건에 이르기를 연습하라 육체의 연습은 약간의 유익이 있으나 경건은 범사에 유익하니 금생과 내생에 약속이 있느니라 미쁘다 이 말이여 모든 사람들이 받을 만하도다-Have nothing to do with godless myths and old wives' tales; rather, train yourself to be godly. For physical training is of some value, but godliness has value for all things, holding promise for both the present life and the life to come. 딤전4:7-9).

본문에서 '연습-수련-훈련-단련-수도-train-discipline-exercise-practice-drill' 이란 운동선수로서 혹은 믿는 사람으로서 각자 자기 분야에서 절정 高手(고수)가 되기 위하여, 정기적으로-반복하여-끊임없이 노력하는 것을 의미합니다. 왜? 연습하지 않으면 금메달-면류관을 얻을 수 없기 때문입니다.

우리는 올림픽 출전 선수들이 4년 동안 어떻게 연습하는지 잘 알고 있습니다. 바울 사도는 우리 믿는 사람들도 경건을 그렇게 연습하여야 한다고 하신 것입니다.

2. 보이지 않는 것을 보는 연습

* 기도하여 이르되 여호와여 원하건대 그의 눈을 열어서 보게 하옵소서 하니 여호와께서 그 청년의 눈을 여시매 그가 보니 불말과 불병거가 산에 가득하여 엘리사를 둘렀더라 (왕하6:17) *~우리가 소망으로 구원을 얻었으매 보이는 소망이 소망이 아니니 보는 것을 누가 바라리요 만일 우리가 보지 못하는 것을 바라면 참음으로 기다릴지니라(롬8:24-25) * 우리가 주목하는 것은 보이는 것이 아니요 보이지 않는 것이니 보이는 것은 잠깐이요 보이지 않는 것은 영원함이라(고후4:18) * 만물이 그에게서 창조되되 하늘과 땅에서 보이는 것들과 보이지 않는 것들과 혹은 왕권들이나 통치자들이나 권세들이나 만물이 다 그로 말미암고 그를 위하여 창조되었고 또한 그가 만물보다 먼저 계시고 만물이 그 안에 함께 섰느니라(골1:16-17) * 믿음은 바라는 것들의 실상이요 보이지 않는 것들의 증거니 선진들이 이로써 증거를 얻었느니라 믿음으로 모든 세계가 하나님의 말씀으로 지어진 줄을 우리가 아나니 보이는 것은 나타난 것으로 말미암아 된 것이 아니니라(히11:1-3).

이 세상에는 보이는 것(what is seen)과 보이지 않는 것(what is unseen)이 분명히 존재합니다. 보이는 것을 보는 데는 연습이 필요 없습니다. 보이지 않는 것을 보는 데 연습이 필요합니다. 금메달-면류관은 보이는 것을 보는 사람이 아니라, 보이지 않는 것을 볼 수 있는 사람에게 돌아갑니다.

3. 보이지 않는 것을 어떻게 보는가?

첫째. 그 무엇보다 마음 바탕에 바라는 것들의 실상을 믿는 믿음이 있어야 합니다. '있다-된다-할 수 있다-포도주가 아직 반이나 남았다! 하는 긍정적-적극적-희망적-positive-optimistic-I can do!' 하는 믿음이 있어야 합니다. 왜? 이 믿음이 없으면 보이지 않는 것이 보이지 않는 것은 당연하기 때문입니다(하나님이 없다고 주장하는 무신론자라 할지라도 보이지 않는 것은 놔두고 보이는 것이나마 제대로 보고 비참하지 않게 살려면 이 믿음이 있어야 한다).

호머의 〈트로이 전쟁〉을 읽고 "트로이城은 없다!" 라는 사람들은 볼 수 없었으나, "있다!" 고 믿은 하인리히 슐레이만은 트로이城을 실제 제 눈으로 보았습니다.

둘째. 마음을 실어 보아야 합니다. 옛사람이 이르기를 心不在焉 視而不見 聽而不聞 食而不知其味(심부재언 시이불견 청이불문 식이부지기미: 마음이 실려 있지 아니하면 보아도 보지 못하고, 들어도 듣지 못하고, 먹어도 그 맛을 알지 못한다)고 하였습니다.

많은 사람들이 보기는 보아도-듣기는 들어도-먹긴 먹어도, 자연의 아름다움을 보지 못합니다-사랑하는 사람의 마음을 읽지 못합니다-하나님의 말씀을 듣지 못합니다-음식 맛을 모릅니다. 참 안타까운 일입니다.

셋째. 나는 하나님께서 천지창조 때 보이지 않는 무한한 물리적 법칙과 신묘막측한 영적 법칙을 이미 심어두셨다고 믿습니다. 오늘날 자연과학자들은 하나님이 심어두신 물리법칙을 $E=MC^2$-불확정성의 원리-빅뱅이론-우주의 물질구조이론 등으로, 정신심리학자들은 우주적 무의식-집단무의식(칼 융)-무한한 지능(나폴레온 힐)-기대한 우주 지성(에머슨) 초의식(브라이언 트레이시)-끌어당김의 법칙(The Law of Attraction)-의식적 창조의 법칙(The Law of Deliberate Creation)-허용의 법칙(The Law of The Art of Allowing) 등으로 설명하고 있습니다. 그러나 그 모든 발견과 이론들은 '어린아이가 바닷가에 엎어진 조개껍질 하나를 뒤집어 본 것에 불과한 것(아이작 뉴턴, 1642-1727)' 입니다.

참고: 〈현대물리학이 발견한 창조주〉(폴 데이비드, 류시화 역, 정신세계사)-〈낯선 길에 서니 비로소 보이는 것들〉(이성엽, 황금부엉이)-〈유인력 끌어당김의 법칙〉(에스더 & 제리 힉스, 박행국 역, 나비랑북스).

나는 여기서 '주님의 마음을 본받는 자 그 맘에 평강이 찾아옴은 험악한 세상을 이길 힘이 하늘로부터 임 함이로다(찬송가 455장)' 을 4절까지 깊이 묵상하면서 찬양하기를 원합니다. 왜? 보이지 않는 것을 볼 수 있는 힘은 '주님의 마음을 본받아 살 때 하늘로부터 임하리라' 는 것을 믿기 때문입니다.

고전예화 674

富貴多士 貧賤寡友는 당연한 일입니다

중국 춘추전국시대-春秋五覇時代(춘추오패: 제 환공-진 문공-초 장왕-오 부차-월 구천)를 지나 戰國七雄時代(전국칠웅: 위-제-진-초-조-연-한). 사마천의 〈史記〉(사기)-제나라 맹상군열전에 실려 있는 이야기입니다.

맹상군은 제나라 왕손이요-설 땅의 영주요-제나라 재상으로 그 이름을 천하에 드날렸을 때, 맹상군에게 몸을 의탁한 식객이 삼천이었습니다. 人生流轉(인생유전)이라, 맹상군도 한때 재상 자리를 잃고-영지도 몰수당하고-목숨마저 위태로운 지경에 처하였습니다. 둘러보니, 삼천 식객은 간 곳 없고, 馮驩(풍환)을 비롯한 몇몇 家臣(가신)만 남았습니다.

그러나 또한 人生流轉(인생유전)이라, 풍환의 지략과 충성으로 맹상군은 영지도 되찾고-제나라 재상 자리도 회복하였습니다. 그러자 풍환은 사라진 삼천 식객을 다시 불러 모으기 시작하였습니다.

맹상군이 분개하여 풍환에게 말하기를 "나는 전에 손님을 좋아하여 손님 대접에 조금도 소홀함이 없었고, 그리하여 내 집에 손님이 삼천이나 있었다는 것을 선생도 잘 아시는 바이오. 그런데 그 많던 손님들은 내가 모든 것을 잃자, 하루아침에 나를 배신하고 돌아보는 자가 한 사람도 없었소. 이제 선생의 수고로 내가 다시 원 위치를 회복하게 되었는데, 선생은 무슨 연고로 그런 배은망덕한 자들을 다시 불러 모으려는 것이오? 만약 그 자들이 내 앞에 다시 돌아온다면 내 그 자들의 얼굴에 침을 뱉을 것이오!" 하였습니다.

그 말을 들은 풍환은 말고삐를 당겨 말을 세우고, 말에서 내려 맹상군에게 절을 하였습니다. 맹상군이 놀라 수레에서 내려 예를 갖추어 그 절을 받으며 말하였습니다. "선생은 그 자들을 위하여 나에게 사죄하는 것이오?", "아닙니다. 주군의 말씀이 경우를 잃으셨기 때문입니다.", "그게 무슨 소리요?"

풍환 왈 "모든 생명 있는 자는 필경 죽을 수밖에 없고, 세상 이치는 사필귀정으로 돌아갑니다. 부귀한 사람에게 친구가 많고, 빈천한 사람에게 친구가 적은 것은 당연한 일입니다(生者必有死 物之必至也 富貴多士 貧賤寡友 事之固然也). 장날 아침 사람들은 어깨를 밀치고 장터로 모여들었다가, 장이 파하면 뒤도 돌아보지 아니하고 장터를 떠납니다. 그것은 사람들이 아침을 좋아하고 저녁을 싫어해서가 아니라, 아침에는 장에 물건이 많고 저녁에는 장에 물건이 없기 때문입니다. 이와 같이 주군께서 모든 것을 잃었을 때 손님들이 떠난 것은 당연한 일입니다. 그러한 일로 손님들을 원망하고, 손님의 발길을 끊는 것은 당연한 일이 아닙니다. 바라건대 주군께서는 손님 대접하기를 본디와 같이 하여주시기 바랍니다."

맹상군은 "두 번 절하고 삼가 선생의 명하신 말씀을 따르겠소. 선생의 그 가르침을 듣고 어찌 감히 따르지 않을 수 있겠소(孟嘗君再拜 曰 敬從命矣 聞先生之言 敢不奉敎言)!" 하였습니다.

· 신대원 77기 총회 ·

장마다운 장맛비가 일주일(7월 8-13일) 내내 나리고 있습니다. 지난 7월 8일(월) 오후 3시, 왕십리중앙교회에서 1박 2일 동기 목사님-사모님들 40여 명이 모인 가운데 장로회신학대학원 77기 총회가 열렸습니다.

임원 개선
회장-곽군용 목사(목포 양동제일교회), 부회장-윤창현 목사(태백 상장중앙교회),
총무-김광식 목사, 회계-박이득 목사.

왕십리중앙교회 양의섭 목사님이 정성껏 준비한 만찬-나눔의 교회 곽충환 목사님이 마련한 고향집 해물철판볶음 매생이국 아침 식사-신임 회장 곽군용 목사님의 한 턱, 신세계 본점 뒤편 Under the sea 해물 뷔페 점심.

동기 목사님들이 싸가지고 온 귀한 선물, 인천제일교회 손신철 목사님-강원도 횡성더덕, 한일장신 오덕호 총장-체중기, 영남신학대학교 배재욱 교수 논문집-〈요한계시록에 나타난 생명〉, 뿌리의 집 김도현 목사님-원초적 상처, 산성교회 최영환 목사님 설교집-〈넘어야 할 산 건너야 할 강〉 등 참 고마운 선물이었습니다.

총회 다음 날 7월 9일(화) 오전 10시, 하얀 모시 저고리-짙은 남색 치마-자수 놓은 까만 우산을 든 아주 아주 우아한 문화재해설사의 안내를 받으며 창덕궁 後苑(후원)을 관람하였습니다. 박청자 목사님 왈 "우리 다음 팀을 안내하는 문화재해설사는 안 우아하네!" 합니다.

(참고: 창덕궁 後苑(후원)은 일명 內院(내원)-禁苑(금원)이라 하였고, 오늘날 흔히 '秘苑(비원)' 이라고도 하는데 이는 구한말에 궁궐 내부 관제를 개정하면서 秘苑(비원)이라는 관청을 두었기 때문이다. 창덕궁은 3대 태종 때, 창경궁은 9대 성종 때 지은 궁궐이다.)

이번 77기 총회 처음부터 마무리까지 전체 진행 기획을 맡아 수고한 김광식 총무님에게 '참, 잘했어요! 동그라미 다섯 개' 를 그리는 이정수 목사

경건의 연습-비판하지 않는 연습(마7:1-5)

본문 / 마7:1-5

1. 들어가는 이야기

* 비판을 받지 아니하려거든 비판하지 말라 너희가 비판하는 그 비판으로 너희가 비판을 받을 것이요 너희가 헤아리는 그 헤아림으로 너희가 헤아림을 받을 것이니라 어찌하여 형제의 눈 속에 있는 티는 보고 네 눈 속에 있는 들보는 깨닫지 못하느냐 보라 네 눈 속에 들보가 있는데 어찌하여 형제에게 말하기를 나로 네 눈 속에 있는 티를 빼게 하라 하겠느냐 외식하는 자여 먼저 네 눈 속에서 들보를 빼어라 그 후에야 밝히 보고 형제의 눈 속에서 티를 빼리라-"Do not judge, or you too will be judged. For in the same way you judge others, you will be judged, and with the measure you use, it will be measured to you."Why do you look at the speck of sawdust in your brother's eye and pay no attention to the plank in your own eye? How can you say to your brother, 'Let me take the speck out of your eye,' when all the time there is a plank in your own eye? You hypocrite, first take the plank out of your own eye, and then you will see clearly to remove the speck from your brother's eye(마7:1-5).

2. 본문 연구

본문 말씀에서 '비판(judge-개역성경)' 이라는 말은 判斷(판단-새번역)-審判(심판-공동번역)-規定(규정)-評價(평가)-非難(비난)-好惡(호오)-定罪(정죄)-比較(비교) 등으로 번역될 수 있는 말입니다.

사람은 眼耳鼻舌身意(눈-귀-코-혀-몸-생각)로 부딪치는 나 자신-이웃-환경 등 외부-내부의 모든 자극에 대하여 잠시도 가만히 있지 못하고 四端七情(사단: 惻隱之心-羞惡之心-辭讓之心-是非之心, 칠정: 喜怒哀懼愛惡欲-기쁨, 노여움, 슬픔, 두려움, 사랑, 미움, 욕망)의 운행 때문에 끊임없이 비판-판단-심판(judge)합니다. 그런데 나 자신-가정-교회-직장-사회가 냄비에 물 끓듯 자글자글 시끄러운 것은 각 사람마다 자기 안에서 일어난 사단칠정을 다듬지 아니하고-다스리지 아니하고-다른 사람을 배려함이 없이 때와 장소를 가리지 아니하고 무분별하게 쏟아내는 악순환에서 비롯합니다. 이상하게도 이런 현상은 특히 가족 친구 직장 동료 등 아주 가까운 인간관계에서 더욱 심합니다.

사단칠정은 사람의 본능-본성-성정입니다. 사단칠정이 일어나는 것은 당연한 일입니다. 비판하지 않는 연습이란 일어난 사단칠정을 다스리는 연습입니다(참고: 〈말씀의 샘물〉 제1권, 왜, 비판하지 말라 하시는가?, 114-115쪽).

3. 비판하지 않는 연습은 어떻게 하는가?

첫째. 비판-판단-평가-심판-비교-비난-호오-정죄(judge) 자체가 불행입니다.

是是非非都不問(시시비비도불문: 도대체 시시비비를 따지지 않아)
山山川川任自閑(산산천천임자한: 산은 산대로 물은 물대로 스스로 한가하니)
莫問西天安養國(막문서천안양국: 천국이 어떠한 모습일까? 묻지 말라)
白雲斷處有青山(백운단처유청산: 흰 구름 끝난 곳 푸른 산이 게 있구나)

이 세상 모든 불편한 인간관계(부부-부모자녀-친척-친구-교회-직장-국가 등)의 출발점은 서로간의 批判(비판)입니다. 시시비비-비판 있는 곳에 불행 있고, 시시비비-비판 없는 곳에 행복이 있습니다. 그러므로 이제 후로는 부정적 비판이든 긍정적 비판이든 비판은 무조건 하지 않는 연습을 하고 삽시다. 至道無難 唯嫌揀擇(지도무난 유혐간택: 지극한 도는 어려운 것이 아니다, 오로지 이리저리 시시비비 따지고 분별하고 판단하지 않는 것이다)라고 하였습니다.

둘째. 무엇보다 우리 모두 다시 한 번 기억하여야 할 말은 '練習(연습)-練鍛(연단)-修鍊(수련)-train-discipline-drill-exercise-practice' 이라는 말입니다. 연습이란 '머리로-이치로-상식으로-오, 그런 게 있구나' 하는 정도가 아닙니다. 올림픽 출전 선수들처럼 피-땀-눈물을 흘리며 뼈를 깎는 訓練(훈련)을 통하여 몸과 마음을 굳세게-익숙하게 하는 것입니다.

오늘 본문 '비판하지 말라' 는 말씀은 우리 믿는 사람들 뿐 아니라, 믿지 않는 일반 사람들도 익히 잘 아는 말씀입니다. '비판하지 말라' 라는 말씀이 내 몸과 마음에 肉化(육화) 되도록 하려면 그야말로 문자 그대로 뼈를 깎는 연습을 각오하여야 합니다. 비판하지 않는 연습이 내 안에서 肉化(육화)되면 내 주변의 모든 불편한 인간관계가 샬롬(평화)의 인간관계로 변화될 것입니다.

셋째. 그 무엇보다 비판하지 말아야 할 것은 바로 나 자신입니다. 우리 가운데 많은 사람들이 자기 자신을 무섭게 비판합니다. 비판이 지나쳐 自己卑下(자기비하)가 되고-自虐(자학)이 되고-自己嫌惡(자기혐오)가 되고-憂鬱症(우울증)이 되고-심지어 自殺(자살)에 이르기도 합니다. 자기 자신을 좀 너그럽게 대하십시오.

고귀한 단순성과 위대한 침묵(eine edle einfalt unt eine stille grosse) 가운데, 나와 내 이웃 그리고 나의 상황에 대한 나의 느낌-생각-흐름을 비판-평가-판단-규정-비교-정죄-비난-同一視(동일시)하지 말고, 깨어서(mindfulness) 그저 조용히 수동적으로 지켜보십시오. 비판은 "이정수 목사, 너 왜 그 모양이야!" 하는 것이고, 지켜본다는 것은 '이정수 목사 라는 존재' 를 그냥 보는 것(seer)입니다.

그 사람을 그대는 가졌는가?-함석헌

萬里(만리) 길 나서는 날
처자를 내맡기며
맘 놓고 갈만한 사람
그 사람을 그대는 가졌는가?

온 세상이 다 나를 버려
마음이 외로울 때에도
"저 마음이야" 하고 믿어지는
그 사람을 그대는 가졌는가?

탔던 배 꺼지는 시간
구명대 서로 사양하며
"너 만은 제발 살아다오" 할
그 사람을 그대는 가졌는가?

不義(불의)의 사형장에서
"다 죽여도 너희 세상 빛 위하여
저만은 살려 두거라" 일러줄
그 사람을 그대는 가졌는가?

잊지 못할 이 세상을 놓고 떠나려 할 때
"저 하나 있으니" 하고
빙긋이 웃고 눈 감을
그 사람을 그대는 가졌는가?

온 세상의 찬성보다도
"아니" 하고 가만히 머리 흔들 그 한 얼굴 생각에
알뜰한 유혹 물리치게 되는
그 사람을 그대는 가졌는가?

· 울산 울주군 대곡리-반구대암각화 ·

내 좋은 친구들 초청으로 7월 25일 아침 7시차로 정배리를 떠나 오후 1시 영축산 통도사 주차장에서 집합하여(이정수-하영호-임대식 목사-정희영 사모 등), 우정식당에서 메기 매운탕으로 점심 먹고(참 맛있었다), 울산광역시 울주군 대곡리 반구대암각화(蔚州大谷里盤龜臺岩刻畵)-암각화박물관, 조금 떨어진 곳에 있는 천전리 각석(川前里 刻石)-대곡리박물관을 돌아보았습니다.

대곡리 반구대암각화는 큰 냇물 건너편 석벽에 선사시대 사람들이 그 시대의 생활상을 돌 벽에 아주 실제적으로 잘 새겼는데 고래-상어-물고기-그물-호랑이-멧돼지-사슴 등이 있습니다. 맨 눈으로는 보이지 않고 설치된 망원경으로 보아야 하는데 나는 망원경으로도 보이지 않았지만, 암각화 박물관에 정밀하게 복제한 것으로 충분히 만족하였습니다.

천전리 각석은 바로 가까이 눈앞에서 볼 수 있었는데, 선사시대에 새겨 놓은 각종 동물-상징적 무늬들, 그 후 신라시대에 새겨 넣은 명문(525년)이 있었습니다.

그리고 놀란 것은 이곳의 박물관입니다. 완벽한 냉난방 설비-예술적 감각의 전시관-잘 보이지 않는 곳까지 세밀하게 배려한 건축술 등 '이제 한국의 박물관이 정말 대단해졌구나' 하는 느낌을 받았습니다.

때마침, 대곡박물관에서 마련한 '타래소 국악실내악단 야외공연' 도 보았습니다. 여기서 덤으로 한 가지 배운 것은 우리 국악기의 絃(현)이 몇 줄인지 제대로 알게 되었습니다. 해금-2줄, 아쟁-6, 7, 8줄, 거문고-6줄, 가야금-12, 18, 21, 25줄.

오후 5시, 울산 태화강변 십리대숲을 걸었습니다. 원래 4km 대숲이었으나 지금은 1.8km인데 대숲 안에 들어서니 컴컴합니다. 십리대숲과 태화강 수질이 보존될 수 있었던 것은 한기양 목사 등 기독교 환경지킴이들의 눈물겨운 투쟁이 있었다고 합니다. 울산에 가시거든 대곡리 암각화-천전리 석각-박물관-십리대숲(울산공원도 좋단다)을 둘러보시기를 강추합니다.

밤 10시 30분에 울산을 떠나 26일 새벽 2시 30분에 지평 하영호 목사네 집에서 잠깐 눈 부치고, 용문역 새벽 5시 21분 지하철로 양수리로 돌아와-김밥으로 아침 먹고- 두물머리에서 묵상하다가 문호리 8시 30분 버스로 정배리로 돌아온 이정수 목사

경건의 연습-기쁘게 사는 연습(요15:10-11)

본문 / 시4:7-8, 요15:10-11, 살전5:16-18

1. 들어가는 이야기

성경에는 "기뻐하라(Rejoice!)" 는 말씀이 많이 나옵니다(참고: '기쁨', 성구대사전, 성서교재간행사, 1381-1387쪽, 무려 7쪽이다).

* 주께서 내 마음에 두신 기쁨은 그들의 곡식과 새 포도주가 풍성할 때보다 더하니이다 내가 평안히 눕고 자기도 하리니 나를 안전히 살게 하시는 이는 오직 여호와이시니이다-You have filled my heart with greater joy than when their grain and new wine abound. I will lie down and sleep in peace, for you alone, O LORD, make me dwell in safety(시4:7-8).

* 내가 아버지의 계명을 지켜 그의 사랑 안에 거하는 것 같이 너희도 내 계명을 지키면 내 사랑 안에 거하리라 내가 이것을 너희에게 이름은 내 기쁨이 너희 안에 있어 너희 기쁨을 충만하게 하려 함이라-If you obey my commands, you will remain in my love, just as I have obeyed my Father's commands and remain in his love. I have told you this so that my joy may be in you and that your joy may be complete(요15:10-11).

* 항상 기뻐하라 쉬지 말고 기도하라 범사에 감사하라 이것이 너희를 향하신 하나님의 뜻이니라-Be joyful always; pray continually; give thanks in all circumstances, for this is God's will for you in Christ Jesus(살전5:16-18).

2. 본문 연구

본문 말씀 그리고 산상수훈의 말씀(기뻐하고 즐거워하라 하늘에서 너희의 상이 큼이라 마5:12)을 통하여 알 수 있듯이, 성경의 기쁨(joy)은 본질적으로 존재론적 기쁨(ontological joy)-실존적 기쁨(existential joy)-영적 기쁨(spiritual joy)-시공을 초월하는 기쁨(eternal joy)입니다. 그렇다고 성경의 기쁨을 인간적이고 육체적인 즐거움(pleasure)-행복(happiness)을 무시하는 추상적이고 영적인 기쁨으로 오해하지 말아야 합니다. 성경의 기쁨은 '인간적 기쁨+영적 기쁨' 입니다. 오히려 인간적이고 육체적인 기쁨에 더욱 큰 비중을 두고 있다고 생각됩니다.

다만, 한 가지 기억할 것은 인간적이고 육체적인 즐거움-행복에는 두 가지 차원이 있다는 사실입니다. (1) 창조질서 안의 '기쁨 있는' 즐거움과 행복. (2) 창조질서 밖의 '기쁨 없는' 즐거움과 행복(불의로 얻은 재물과 권력, 불륜, 약물을 통한 즐거움 등)입니다(P. Tillich, The New Being, 'the Meaning of joy').

3. 기쁘게 사는 연습

기뻐하고 즐거워하라(Rejoice and be glad!). 기쁨이란 우리가 이 세상 사는 동안 삶에서 만나는 나 자신-이웃-일(work)-自然(자연)-하나님(The God)께 지극정성을 쏟아 서로 하나 됨으로 드러나는 내 마음의 맑은 울림입니다(Joy is born out of union reality itself).

첫째. 삶의 기쁨은 내가 오늘-지금-여기(here and now)에 살아 있음을 自覺(자각-awareness)하는 연습에서 시작 됩니다. 그런데 우리의 일상은 아침부터 밤까지 바쁩니다. 사실, 하루 종일 바쁜 것도 아니고-시간을 내면 얼마든지 낼 수 있음에도 불구하고-아니 보아도 되는 텔레비전, 인터넷 서핑, 시시껄렁한 잡담-막연한 걱정, 근심, 불안으로 하루하루를 바쁘게 삽니다. 비극입니다! 억지로라도 따로 시간을 내어 내가 오늘-여기-지금 살아 있는 것 자체만으로도 너무 충분히 감사하다는 것을 내면의 자아(inner being)-존재 중심(personal center)으로 자각하는 연습이 필요합니다. 하박국 선지자의 말씀이 바로 그 뜻입니다.

* 비록 무화과나무가 무성하지 못하며 포도나무에 열매가 없으며 감람나무에 소출이 없으며 밭에 먹을 것이 없으며 우리에 양이 없으며 외양간에 소가 없을지라도 나는 여호와로 말미암아 즐거워하며 나의 구원의 하나님으로 말미암아 기뻐하리로다 주 여호와는 나의 힘이시라 나의 발을 사슴과 같게 하사 나를 나의 높은 곳으로 다니게 하시리로다(합3:17-19). 아멘! 아멘! 아멘!

둘째. 구경꾼의 기쁨(spectator) vs 행동꾼의 기쁨(perfomer). 이 세상에는 사람에게 기쁨을 주는 것들이 많이 있습니다(독서-자기가 좋아하는 일-스포츠-과학-정치-예술-영화-오락 등). 이를 대하는 2종류의 사람이 있습니다. 하나는 구경꾼이고 다른 하나는 행동꾼입니다. 구경꾼에게는 연습이 없고, 행동꾼에게는 연습(피-땀-눈물)이 있습니다. 당연히 전자와 후자의 기쁨은 그 차원이 다릅니다. 간절히 바라기는 행동꾼의 기쁨을 맛보는 사람이 되시기를 축원합니다.

셋째. 그러나 그 어떤 기쁨에도 집착하지 않는 것이 참 기쁨입니다. 윌리엄 브레이크는 신비주의적-심미안적 그의 시에서 頂門一鍼(정문일침) 하였습니다. "어느 한 가지 기쁨에 집착하면 그물에 걸리지 않는 바람 같이 자유로운 삶이 파괴 되리라, 훨-훨- 날아다니는 기쁨에 입을 맞추면 영원한 아침을 맞이하며 살리라."

〈ETERNITY〉 - by William Blake(1757-1827)

He who binds to himself a joy
Does the winged life destroy
But he who kissed the joy as it flies
Lives in eternity' s sun rise

고전예화 676

버킷 리스트(Bucket List)

미국 서부개척시대, 보안관-연방순회판사 등은 살인자-말 도둑-소 도둑-열차 강도 등을 체포하면 현장에서 재판하고-나무에 밧줄을 매고-범인을 나무 아래 바께쓰(bucket) 위에 세워 놓고-범인의 목에 올가미를 걸고-최후로 남길 말을 묻고-바께쓰를 걷어차 교수형(hanging)에 처하였습니다.

이것을 요즈음 '버킷 리스트(Bucket List)' 라고 한답니다.

즉, 바께스를 걷어차기 전에 꼭 해야 할 일-꼭 하고 싶은 일-꼭 가고 싶은 곳-꼭 먹고 싶은 것-꼭 만나야 할 사람 등 목록을 만들어 실천하라는 것입니다.

'버킷 리스트' 는 'SMART-멋있게' 만들어야 하는데

S-Specific(구체적 내용으로)
M-Measurable(측정 가능하게)
A-Act oriented(행동 지향적으로)
R-Reality(허황하지 않고 현실적으로 실현할 수 있는 것으로)
T-Time limited(언제까지 한다는 분명한 마감 시간을 정하고 지킬 것)

7월 8일부터 시작된 장맛비가 벌써 37일이나 줄기차게 내리고 있습니다. 이렇게 궂은 날, 바께스 걷어차이기 전에 버킷 리스트를 꼼꼼하게 작성해 두는 것도 괜찮은 일 아닌가 생각합니다.

2001. 9. 11. 오전 8시 45분, 미국 뉴욕 110층 세계무역센터 쌍둥이 빌딩이 비행기 테러로 무너졌습니다. 비행기가 폭파되고 빌딩이 지금 막 무너져 내리는 그 순간 핸드폰으로 가족-친구들과 연결된 사람들이 있었다고 합니다. 몇 초 후면 영원히 끊길 그 통화에서 그 분들 모두 공통적으로 남긴 마지막 말은 "사랑해!", "정말, 미안해!" 라는 말이었다고 합니다.

창문 두드리며 비가 옵니다.
바람이 붑니다.
어리석고 강퍅한 나는 아내에게-아이들에게-내 좋은 사람들에게 아직도 "사랑해"-"미안해" 라고 말하지 못하고 살고 있습니다.

내 좋은 친구는 어떠합니까?

· 淸福(청복) ·

思齋(사재) 金正國(김정국 1484-1541)은 己卯士禍(기묘사화-1519. 중종 14년, 조광조 등을 몰아낸 사건) 때, 그의 형 김안국과 함께 조광조를 옹호하였다는 죄목으로 조정에서 쫓겨나 고향 땅에 낙향하여 살았습니다.

어느 날 한양 사는 그의 친구가 無聊(무료-지루하고 심심함)하지 아니 한가? 문안 편지를 보내왔습니다. 김정국은 〈淸福(청복)〉이라 題目(제목)하고 詩 한 수를 지어 보냈는데 그 맛이 淸淸(청청-맑고 맑다)합니다.

淸福(청복)

我田雖不饒(아전수불요: 내 농사가 비록 많지는 않아도)
一飽卽有餘(일포즉유여: 내 배 하나 채우기에는 넉넉하고)
我廬雖隘陋(아려수애누: 내 집이 비록 좁고 누추하나)
一身常晏餘(일신상안여: 내 몸 하나 지내기는 여전히 편안하네)
晴窓朝日昇(청창조일승: 비 개인 아침 동쪽 창에 해 떠오르면)
依枕看古書(의침간고서: 베개에 기대어 옛글을 읽고)
有酒吾自斟(유주오자짐: 빅주산채-믹길리 산나물일망정 술 있이 스스로 진질히니)
榮瘁不關予(영취불관여: 부귀영화 영고성쇠는 나와 상관없으니)
勿謂我無聊(물위아무료: 무료하지 않은가? 묻지 마시게)
眞樂在閒居(진낙재한거: 참된 즐거움은 한가한 살림살이에 있는 것 아니겠는가?)

장마철 아침 7시 장맛비 잠깐 그친 사이 앞산 뒷산에서 짹-짹-짹- 새들의 지저귐, 맴- 맴- 맴- 매미 소리가 장맛비 쏟아지는 소리 못지않습니다. 온 산을 가득 메운 이 어지러운 매미-새 소리를 蟬噪林逾靜 鳥鳴山更幽(선조림유정 조명산갱유: 자지러지는 매미 울음에 숲은 더욱 고요하고, 명랑한 새 소리에 산은 더욱 그윽하다) 라고 한 옛 사람의 風流(풍류)에 과연 그러하다 하는 이정수 목사

경건의 연습-비우는 연습(마11:19)

본문 / 마11:19, 요13:14-15, 빌2:1-12

1. 들어가는 이야기

8월 3일 주일 아침, 'ARTE TV'에서 인천시립합창단, 윤학원 지휘, 우효원 작곡, 'CREO(천지창조)' 연주 실황중계를 보았습니다. 이 연주를 들으면서 하나님의 천지창조-두두물물-삼라만상-천지만물-사람과 자연-나와 너-우리 모두가 하나님 안에서 굳게 연결되어 있음을 감지하고 숨 막히는 아름다움에 전율하였습니다(정말, 너무 장엄-신비-지극정성이 담긴 최고의 연주였다!).

2. 본문 연구

* 나는 마음이 온유하고 겸손하니 나의 멍에를 메고 내게 배우라 그리하면 너희 마음이 쉼을 얻으리라(마11:29) * 너희 중에 누구든지 으뜸이 되고자 하는 자는 너희의 종이 되어야 하리라(마20:27) * 내가 주와 또는 선생이 되어 너희 발을 씻었으니 너희도 서로 발을 씻어 주는 것이 옳으니라 내가 너희에게 행한 것 같이 너희도 행하게 하려 하여 본을 보였노라(요13:14-15) * 오직 겸손한 마음으로 각각 자기보다 남을 낫게 여기고 각각 자기 일을 돌볼뿐더러 또한 각각 다른 사람들의 일을 돌보아 나의 기쁨을 충만하게 하라(빌2:1-4).

오늘 본문 말씀들은 비움-겸손-온유-나보다 남을 낫게 여김-발 씻음 등입니다. 본문 말씀의 비움-겸손-발 씻음 등은 매우 역설적인 말씀입니다. 왜? 무엇인가 가치 있고 귀중한 것으로 채워져 있지 않은 사람은 비울 것이 없고-대단히 높은 경지의 실력이 없는 사람은 겸손할 수 없고-남보다 크게 나은 사람이 아니면 남을 나보다 낫게 여길 수 없기 때문입니다. 채워져 있어야 비울 것이 있고, 실력이 있어야 겸손할 수 있고, 남보다 나아야 남을 낫게 여길 수 있습니다. 남보다 으뜸이 되기 위하여 오랫동안 갈고 닦은 것을 비우고-포기하고-버리고-섬길 때 으뜸이 된다는 것입니다. 여기서 주의할 것은 내가 으뜸이 된다는 것이 아니라, 하나님이 으뜸으로 세우신다는 말씀입니다. 사람이 아니라 하나님이 하신다는 말씀입니다.

노자는 이것을 〈도덕경〉 제28장 大制篇(대제편)에서 '天下谿(천하계-천하의 물이 모이는 계곡)' 라고 하였습니다. 즉, 강할 때 겸손하고-힘이 있을 때 숙이고-자기가 약할 때 비굴하지 않고-강자에게 당당하고-약자에게 너그러운 사람, 이런 사람을 天下谿라고 한 것입니다. 천하의 모든 냇물이 천하계로 흘러드는 것처럼 이런 사람에게 사람들이 흘러들어 천하를 얻게 한다는 말입니다.

제48장 益損篇(익손편)에서는 '爲學日益 爲道日損(위학일익 위도일손: 학문을 하는 것은 날마다 더하는 것이요 도를 닦는 것은 날마다 더는 것이다)' 이라 하였습니다. 즉, 세상공부-머리공부는 날마다 채우고 더하는 것(益)이나, 마음공부-인격공부-사람 되는 공부는 날마다 비우고 더는 것(損)이라고 하였습니다.

3. 비우는 연습

첫째. 나의 환경을 항상 깨끗이 비우는 연습입니다. 얼마 전 마당도 있고-집도 넓은 어느 집을 방문하였습니다. 집안에 커다란 냉장고 2개-피아노-소파-큰 의자-골동품-오디오-골프채-화분 등으로 빼곡하게 가득 차 있어 운신하기도 어려웠습니다. 나로서는 심히 답답하여 차 한 잔 간신히 마시고 얼른 나왔습니다. 그리고 또 한 집은 강남 80평 아파트인데, 현관부터-거실-화장실이 잡동사니로 온통 뒤숭숭하였습니다. 사람마다 취향이 다르니 어쩔 수 없는 노릇이지만, 어쩐지 '아니다!' 라는 느낌을 지울 수 없었습니다.

옛 속담에 "집안이 깨끗해야 善神(선신)이 모여든다"고 하였습니다. 내 몸-옷차림-마당-집안-자동차-사무실-책상-인터넷 등등 내가 사는 환경을 항상 깨끗하게 비울 일입니다. 읽지 않는 책-듣지 않는 CD-입지 않는 옷-신지 않는 신발-사용하지 않는 가구 등등 모두 비울 일입니다.

둘째. 나의 마음을 비우는 연습(섬기는 연습)입니다. 사람은 누구나 으뜸 되기를 원합니다. 너-나 없이 으뜸입니다. 으뜸들만 우글거립니다. 으뜸 다투기 경쟁입니다. 그러므로 결국은 모두 도토리 키재기로 삽니다. 예수님의 도(막2:2)는 으뜸되는 도가 아니라 섬기는 도이며, 채우는 도가 아니라 비우는 도입니다.

以賢臨人 未有得人者也 以賢下人 未不有得人者也(이현임인 미유득인자야 이현하인 미불유득인자야: 사람 앞에 나의 현명함을 들어내면 사람이 모이지 아니하고, 사람 앞에 나의 현명함을 감추면 사람들이 모여든다) 라고 하였습니다.

孔子世家에 一命而僂 再命而傴 三命而俯 循牆而走 亦莫敢余侮(일명이루 재명이구 삼명이부 순장이주 역막감여모: 공자는 임금의 첫 명에 머리를 숙이고, 두 번째 명에 허리를 숙이고, 세 번째 명에 깊이 절하고 명을 받았다. 길을 걸을 때는 길 한가운데로 걷지 아니하고 담장 아래로 걸었으나 그 누구도 감히 공자를 모욕하지 않았다), 아, 비움-섬김-겸손이란 이런 것 아닌가!

셋째. 예수님의 마음을 품고 사는 것입니다. * 너희 안에 이 마음을 품으라 곧 그리스도 예수의 마음이니 그는 근본 하나님의 본체시나 하나님과 동등됨을 취할 것으로 여기지 아니하시고 오히려 자기를 비워 종의 형체를 가지사 사람들과 같이 되셨고 사람의 모양으로 나타나사 자기를 낮추시고 죽기까지 복종하셨으니 곧 십자가에 죽으심이라 이러므로 하나님이 그를 지극히 높여 모든 이름 위에 뛰어난 이름을 주사 하늘에 있는 자들과 땅에 있는 자들과 땅 아래에 있는 자들로 모든 무릎을 예수의 이름에 꿇게 하시고 모든 입으로 예수 그리스도를 주라 시인하여 하나님 아버지께 영광을 돌리게 하셨느니라(빌2:5-11). 토달 것이 없습니다. 그냥 아멘, 아멘, 아멘 입니다!

고전예화 677

마음의 엄청난 힘

하버드 의과대학 심장외과 버나드 론(Bernard Lown) 교수의 환자 이야기입니다.

론 교수는 입원환자의 병실을 회진하면서 한 심장병 환자의 심장 소리를 청진기로 청진한 후 인턴들에게 "완전히 써드 사운드 갤럽(S-3 Gallop)을 보이고 있다"고 하였습니다. 이 의학 용어는 환자의 심장이 어떤 치료로도 회복할 가능성이 전혀 없는 말기 상태라는 뜻입니다.

그런데 희한한 일이 벌어졌습니다!
그 환자는 그 날 이후 빠르게 회복하였고 마침내 완전한 건강을 되찾은 것입니다. 의료진은 모두 놀라지 않을 수 없었습니다. 당연히, 론 교수는 그 환자에게 "일신상에 무슨 변화가 있었는가?" 물었습니다.

그 환자는 활짝 웃으면서 말하였습니다.

그 날 교수님이 저의 심장에 청진기를 대 보신 후 인턴 선생님들에게 저의 심장이 완전한 '갤럽' 을 보인다고 하셨잖아요. 갤럽이라면 말이 질주하는 모습인데, 그만큼 제 심장이 활력이 있다는 말씀 아닙니까?

사실, 그 전까지 저는 희망이 전혀 없고 이제 죽을 때가 되었구나 생각하였습니다. 인턴 선생님들도 나를 포기한 것 같았구요.

그런데, 그날 교수님 말씀을 들으면서-제 심장에 아직 힘이 남아 있다는 것을 알았고-그날부터 반드시 나을 것이라고 생각하였습니다.

의학전문용어로 '갤럽(Gallop)이란 심부전 말기의 특징적인 聽診(청진) 소견' 을 뜻하는 것으로써 심장병 말기상태를 의미하는 것인데, 환자는 '갤럽' 이란 말을 말[馬]이 질주하는 모습이라는 일반 용어로 이해하였던 것입니다. 결과적으로 환자의 멋진 오해가 환자의 생각을 바꾸어 놓았고-나는 나을 것이라는 강한 믿음을 갖게 하였고-그 믿음대로 살아날 수 있었던 것입니다. 그 환자는 그가 마음에 상상한 이미지 그대로 죽어가던 심장이 활기차게 뛰는 말처럼 회복된 것입니다.

이 사건으로 '마음의 엄청난 힘' 을 깨달은 론 교수는 만나는 환자들에게 "당신은 낫는다!"는 희망을 처방하는 의사가 되었습니다. 세계적으로 저명한 하버드 의과대학 심장외과 교수가 "당신은 나을 수 있습니다!" 라고 하는 말을 들은 많은 환자들이 더 이상 자신이 환자라고 생각하지 않았습니다.

(참고: 최훈동-이송미, 〈나를 넘어선 나〉, 미디어윌, 65-67쪽).

· 과연, 말씀의 샘물도 그러할까요? ·

오늘(8월 10일)도 새벽부터 비가 옵니다. 내일도 비가 온답니다. 올 장마는 참 깁니다. 방도-화장실도-장롱도-책도-옷도 모든 게 눅눅하고 축축하고 끈적끈적합니다. 쨍하고 해 뜨는 날이 몹시 기다려집니다.

장마 통에 '〈나는 오직 글 쓰고 책 읽는 동안만 행복했다〉, 원재훈-예담'을 읽다가 정호승 시인의 말에 공감하였습니다(이 책은 저자가 우리시대 유명 작가 21명을 밀착 취재한 기록인데 참 재미있고 유익합니다).

"시 쓰는 일은 자기 삶을 표현하는 한 양식입니다.
시인이 아니더라도 누구나 자기 삶을 표현하는 양식이 있습니다.
그 양식으로 저는 시를 선택했을 따름입니다.

누구나 자기 삶의 양식을 충실히
그리고 열심히 표현한다면 그의 인생이 바로 시라고 생각합니다.

가끔, 새벽에 일어나 청소하는 사람들을 보면
과연 내 삶의 양식이 저 사람들의 양식보다 더 진정성이 있는 것일까?
반문합니다.
아마, 내 진정성이 그들보다 더 떨어질 겁니다.

청소는 거짓말을 할 수 없어요.
청소한 자리와 청소하지 않은 자리가 너무나 명징하게 드러나니까요.

과연, 나의 시도 그러할까요?"

시인은 이런 소리도 하였습니다. "인생은 시간입니다. 시간은 자기 자신에게 자기가 주는 겁니다. 내가 주지 않으면 그냥 휙- 지나가버리지요. 내게 다가오는 물리적인 시간을 자신만의 절대적인 시간으로 만들어야 합니다"라고.

그러나 빗소리와 함께 내 귀를 울리는 것은 "과연, 나의 詩도 그러할까요?"라는 소리입니다. 그 소리가 "과연, 말씀의 샘물도 그러할까요?…정말, 말씀의 샘물도 그러할까요?"라고 들리는 이정수 목사

경건의 연습-돌보는 연습(약1:26-27)

본문 / 약1:26-27

1. 들어가는 이야기

우리는 그동안 '보이지 않는 것을 보는 연습-비판하지 않는 연습-기쁘게 사는 연습-비우는 연습' 등 몇 가지 경건의 연습을 묵상하였습니다. 오늘은 마지막으로 '돌보는 연습(to look after)'을 묵상하는 가운데 은혜를 나누려고 합니다.

2. 본문 연구

* 누구든지 스스로 경건하다 생각하며 자기 혀를 재갈 물리지 아니하고 자기 마음을 속이면 이 사람의 경건은 헛것이라 하나님 아버지 앞에서 정결하고 더러움이 없는 경건은 곧 고아와 과부를 그 환난 중에 돌보고 또 자기를 지켜 세속에 물들지 아니하는 그것이니라 - If anyone considers himself religious and yet does not keep a tight rein on his tongue, he deceives himself and his religion is worthless. Religion that God our Father accepts as pure and faultless is this: to look after orphans and widows in their distress and to keep oneself from being polluted by the world(약1:26-27).

경건연습-영성수련이란 예수 그리스도의 삶을 닮아가기 위한 연습이며 수련입니다. 복음서에는 매우 다양한 예수님의 삶의 모습들이 기록되어 있습니다. 기도, 금식, 홀로 계심(aloneness), 말씀묵상, 병고침, 복음전파, 불의와 위선을 책망하심, 가난한 자들을 불쌍히 여기심 등 무수합니다(눅4:16-21).

기독교 역사(초대교회-교부시대-수도원운동-중세 신비주의운동-청교도운동-경건주의운동-성령운동 등)를 보면, 이렇게 다양한 예수님의 삶의 모습을 몇 가지로 정리하여 개인적으로 혹은 공동체를 이루어 이를 연습-수련함으로써 예수님을 닮고자 하였습니다. 홀로지킴(獨居, solitude), 순종(obedience), 청빈(poverty), 침묵(silence), 비움-겸비(humility), 육체노동(manual labour), 기도와 묵상(prayer and contemplation) 등이 그것입니다.

오늘 본문 말씀은 이 모든 경건연습-영성수련이 어느 한 개인이나 공동체가 골방-砂漠(사막)-산속-어떤 은밀한 곳에 거하며-세속에 물들지 않고 자기들의 영혼을 淨化(정화)하고 高揚(고양)하는 것으로 끝난다면 그런 경건연습-그런 영성수련은 반쪽짜리 경건-반쪽짜리 영성이며 결국 헛것이라는 것입니다.

그렇다면 무엇이 참 경건-참 영성인가? 예수님처럼 현실 속에서 경제적으로-법적으로-심리적으로 차별받고 고통받고 환난 중에 있는 고아와 과부 같은 사회적 약자를 돌보는 것(to look after)을 더해야 온전한 경건이요 참된 영성이라고 한 것입니다.

3. 돌보는 연습이란 무엇인가?

첫째. 예수님은 고아와 과부를 사마리아 사람의 사랑으로 돌보라고 하십니다.

(1) 사랑은 관심입니다(Love is concern!). 사마리아 사람은 강도 만난 사람에게 깊은 관심을 가졌습니다. 사랑은 관심에서부터 시작합니다. (2) 사랑은 행동입니다(Love is action!). 행함 없는 믿음은 죽은 믿음입니다. 사랑은 관념이 아닙니다. 생각이 아닙니다. 마음이 아닙니다. 사랑은 행동입니다. 사마리아 사람은 행동하였습니다. 사마리아 사람이 나타난 이후 갑자기 동사가 많아지고 있습니다. 보다, 불쌍히 여기다, 가다, 붓다, 싸매다, 태우다, 돌보아주다, 돈을 내다…등등 갑자기 수많은 동사가 나타나고 있습니다. 사랑은 행동입니다. (3) 사랑은 거저 주는 것입니다(Love is present!). "아무 것도 바라지 말고 빌리라(눅6:35)" 하신 말씀대로 사마리아 사람은 대가를 바람이 없이 거저 선물로 주었습니다.

둘째. 돌본다는 것은 自己犧牲(자기희생)을 각오하는 것입니다. 경제적으로-법적으로-심리적으로 친구-이웃-사회적 약자를 돌보는 데는 물질적으로-시간적으로-심리적 부담으로 자기희생이 따를 수밖에 없습니다.

공자 왈 "*愛之 能勿勞乎 忠之 能勿誨乎*"(애지 능물노호 충지 능물회호: 자기를 희생하는 수고로움이 없이 어찌 능히 사랑할 수 있겠는가? 배우고 깨우침이 없이 어찌 능히 충성할 수 있겠는가? -〈논어〉 헌문편) 하였습니다.

내 자식을 돌보는 데도 얼마나 많은 수고가 따릅니까? 하물며 고아와 과부 같은 사회적 약자를 돌보는 일이랴!

셋째. 그러므로 이웃을 돌보는 데는 특별히 피-눈물-땀을 흘리는 연습이 필요합니다. 오늘 한국 교회가 사회로부터 지단 받는 제일 큰 이유가 교회 사람들이 '짜다! 째째하다! 이기적이다!' 라는 것입니다. 사도행전을 보면 초대교회 사람들은 세상 사람들로부터 칭송을 받았습니다(행2:47), 바울 사도는 외인에게도 선한 증거를 얻어야 한다고 하였습니다(딤전3:7). 이제 우리 교회 사람들이 의식적으로 평소 일상에서 만나는 사람들(직장 동료, 동네 시장 상인, 목욕탕-이 · 미용실-슈퍼-택시 기사 등)에게 좀 넉넉하게 대하여야 할 것입니다.

우리 교회 사람들이 세상 사람들로부터 "저 사람은 교회에 다니는지 사람이 참 좋아!" 라는 소리를 들어야지, "저 사람은 교회에 다니는데도 사람이 참 좋아!" 라는 소리를 들어서는 아니 될 것입니다('교회 다니는지' 와 '교회 다니는데도' 의 차이는 얼마나 엄청난가!).

목마른 약자에게 '냉수 한 그릇' 베푸는데 경제적 여유가 있다 없다가 무슨 문제가 됩니까? 그러나 연습이 안 된 사람은 '냉수 한 그릇' 도 베풀 줄 모릅니다. 없어서가 아니라 그런 연습을 해본 적이 없기 때문입니다. 이제 우리 모두 각자 자기 형편에 맞는 이웃을 돌보는(to look after) 지극히 작은 연습부터 시작합시다!

고전예화 678 다시 오라 내일 주겠노라 하지 말라

* 네 손이 선을 베풀 힘이 있거든 마땅히 받을 자에게 베풀기를 아끼지 말며 네게 있거든 이웃에게 이르기를 갔다가 다시 오라 내일 주겠노라 하지 말라(잠3:27).

* 구제를 좋아하는 자는 풍족하여질 것이요 남을 윤택하게 하는 자는 윤택하여 지리라(잠11:25).

* 가난한 자를 불쌍히 여기는 것은 여호와께 꾸이는 것이니 그 선행을 갚아 주시리라(잠19:17).

* 인자의 온 것은 섬김을 받으려 함이 아니라 도리어 섬기려 하고 자기 목숨을 많은 사람의 대속물로 주려 함이니라(막10:45).

* 성도들의 쓸 것을 공급하며 손 대접하기를 힘쓰라(롬12:13).

* 내가 기뻐하는 금식은 흉악의 결박을 풀어 주며 멍에의 줄을 끌러 주며 압제 당하는 자를 자유하게 하며 모든 멍에를 꺾는 것이 아니겠느냐 또 주린 자에게 네 양식을 나누어 주며 유리하는 빈민을 집에 들이며 헐벗은 자를 보면 입히며 또 네 골육을 피하여 스스로 숨지 아니하는 것이 아니겠느냐(사58:6-12).

* 네게 구하는 자에게 주며 네 것을 가져가는 자에게 다시 달라 하지 말며 남에게 대접을 받고자 하는 대로 너희도 남을 대접하라 너희가 만일 너희를 사랑하는 자만을 사랑하면 칭찬 받을 것이 무엇이냐 죄인들도 사랑하는 자는 사랑하느니라 너희가 만일 선대하는 자만을 선대하면 칭찬 받을 것이 무엇이냐 죄인들도 이렇게 하느니라 너희가 받기를 바라고 사람들에게 꾸어 주면 칭찬 받을 것이 무엇이냐 죄인들도 그만큼 받고자 하여 죄인에게 꾸어 주느니라… 아무 것도 바라지 말고 꾸어 주라… 주라(give)!, 그리하면 너희에게 줄 것이니 곧 후히 되어 누르고 흔들어 넘치도록 하여 너희에게 안겨 주리라 너희가 헤아리는 그 헤아림으로 너희도 헤아림을 도로 받을 것이니라 -Give, and it will be given to you. A good measure, pressed down, shaken together and running over, will be poured into your lap. For with the measure you use, it will be measured to you(눅6:30-38, 마5:42-48).

* 내 형제들아 만일 사람이 믿음이 있노라 하고 행함이 없으면 무슨 유익이 있으리요 그 믿음이 능히 자기를 구원하겠느냐 만일 형제나 자매가 헐벗고 일용할 양식이 없는데 너희 중에 누구든지 그에게 이르되 평안히 가라, 덥게 하라, 배부르게 하라 하며 그 몸에 쓸 것을 주지 아니하면 무슨 유익이 있으리요 이와 같이 행함이 없는 믿음은 그 자체가 죽은 것이라(약2:14-17).

· 철학자처럼 느긋하게 나이 드는 법 ·

양수도서관으로부터 "내일(8월 20일)은 빌려 가신 책을 반납하실 날입니다" 라고 문자가 와서 오늘 아침 8시 45분 차로 양수리에 나가는데 차에 탄 동네 사람들이 모두 이구동성으로 한 마디씩 합니다. "참 희한하지, 어제까지 그렇게 덥더니, 오늘 새벽에는 추워서 일어나 문을 닫고 잤어!" "정말 새벽엔 춥더라" 나도 그러하였습니다. 우리 하나님의 天地運行(천지운행)은 참으로 신묘막측합니다!

양수리도서관에 책 반납-새로운 책 대출 받고 나와, 차 시간이 남아 있어 김밥천국에서 김밥 두 줄+음료수를 배낭에 넣고, 잘 정비된 두물머리 공원 벤치에 앉아 김밥 먹으며-파란 팔당 호수를 바라보며-'〈철학자처럼 느긋하게 나이 드는 법〉, 다니엘 클라인, 김유신 역-책읽는수요일' 을 읽었습니다.

다니얼 클라인은 남성 호르몬 테스토스테론 패치를 붙이고, 72시간 효과가 지속되는 발기부전 치료제를 먹으며 영원한 청춘을 추구하는 요즈음 풍조는 잘못된 것이라고 합니다. 그런 거짓 청춘을 謳歌(구가)할 것이 아니라 늙었으면 늙은 대로 에피쿠로스처럼 인생의 노년기를 깊이 음미하며 사는 것이 당연하다고 합니다.

에피쿠로스 왈 * 아직 철학을 생각하기에 이르다거나-이미 늦었다고 말하는 것은, 행복을 찾아나서기에 너무 젊다거나-너무 늙었다고 말하는 것과 같다. * 가장 좋은 삶이란? 행복-즐거움-쾌락이 충만한 삶이다. 즐겁게 살지 못한다면 바르게도 지혜롭게도 살 수 없다. * 쾌락의 결과로 고통을 겪게 된다면 그런 쾌락은 피해야 한다. 고통의 결과로 더 큰 쾌락을 얻을 수 있다면, 그런 고통은 기꺼이 감수하여야 한다. * 무엇을 먹을까? 생각하기 전에 누구와 함께 먹을까?를 생각하여야 한다. 좋은 친구 없이 먹고 마신다는 것은 개같이 사는 것이다. * 순간순간 느껴지는 삶의 운치를 최대한 음미하라.

* 노년기는 인생의 절정이자 최상의 단계이다. 운이 좋은 사람이란? 젊은이가 아니라, 인생을 잘 살아온 늙은이다. 혈기왕성한 젊은이는 세상 유행에 따라 마음이 흔들리고 방황하지만, 늙은이는 오랜 항해 후 항구에 정박한 배처럼 느긋하게 행복을 즐긴다(참고: 〈말씀의 샘물〉 제6권 고전예화 379호-에피쿠로스, 208쪽).

"철학적 소양이 적은 사람은 무신론에 빠지기 쉽지만, 철학적 소양이 깊어지면 종교에 귀의하게 된다"(프란시스 베이컨) 옳은 소리라고 인정하는 이정수 목사

깰지어다 깰지어다 드보라여 깰지어다(삿5:12)

본문 / 삿5:12, 마24:42, 골4:2

1. 들어가는 이야기

하이데거(Martin Heidegger, 1889-1976)는 〈형이상학 입문 Introduction to Metaphysics〉에서 철학의 기본 문제는 "왜 아무 것도 없지 않고 무엇인가 존재하는가? 를 묻는 것이다"라고 하였습니다.

카뮈(Albert Camus, 1913-1960)는 〈시지프스의 신화-The Myth of Sisyphus〉에서 "참으로 심각한 철학적 문제는 오직 하나 뿐이다. 그것은 自殺(자살)이다" 라고 하였습니다.

그러나 모든 종교는 "자다가 깨어남(keep watch)-새 사람-새로운 존재(New Being)-覺醒(각성)-自覺(자각)-見性(견성)-得道(득도)-깨달음-알아차림-마음 챙김(mindfulness)" 이라고 합니다. 종교와 철학의 차이는 노자가 말한 바 "爲學日益 爲道日損(위학일익 위도일손: 학문을 하는 것은 날마다 날마다 더하는 것이요, 도를 닦는 것은 날마다 날마다 더는 것이다) 입니다. 즉, 철학공부-세상공부-머리공부는 날마다 더하고 더하는 것(益)이나, 참 사람 되는 공부-마음공부-인격공부는 날마다 비우고 비워(損) 존재의 본질-존재의 근원이신 하나님과 합일하는 것입니다. 하늘 아버지의 온전하심과 같이 너희도 온전하라(마5:48).

2. 본문 말씀

* 깰지어다 깰지어다 드보라여 깰지어다 깰지어다 너는 노래할지어다 일어날지어다(삿5:12) * 내 영혼아 네가 어찌하여 낙심하며 어찌하여 내 속에서 불안해 하는가 너는 하나님께 소망을 두라 그가 나타나 도우심으로 말미암아 내가 여전히 찬송하리로다(시42:5) * 내 영광아 깰지어다 비파야, 수금아, 깰지어다 내가 새벽을 깨우리로다(시57:8) * 할렐루야 내 영혼아 여호와를 찬양하라(시146:1) * 내가 잘지라도 마음은 깨었는데 나의 사랑하는 자의 소리가 들리는구나(아5:2).

* 그러므로 깨어 있으라 어느 날에 너희 주가 임할는지 너희가 알지 못함이니라(마24:40-50) * 그런즉 깨어 있으라 너희는 그 날과 그 때를 알지 못하느니라(마25:13, 막13:34-37) * 허리에 띠를 띠고 등불을 켜고 서 있으라 너희는 마치 그 주인이 혼인 집에서 돌아와 문을 두드리면 곧 열어 주려고 기다리는 사람과 같이 되라(눅12:35-40) * 이러므로 너희는 장차 올 이 모든 일을 능히 피하고 인자 앞에 서도록 항상 기도하며 깨어 있으라 하시니라 (눅21:36) * 깨어 의를 행하고 죄를 짓지 말라(고전15:34) * 깨어 믿음에 굳게 서서 남자답게 강건하라(고전16:13) * 기도를 계속하고 기도에 감사함으로 깨어 있으라(골4:2).

3. "자다가 깨어나라(keep watch)!" 무슨 뜻인가?

첫째. 내 몸의 상태를 항상 조심스럽게 살펴보아 건강한지 부실한지를 깨어 알아차려 몸을 강건하게 유지하라는 말씀입니다. 성경은 "온전한 사람(whole man)이란 육체적 건강+영혼의 건강"이라고 말씀하십니다(사랑하는 자여 네 영혼이 잘됨 같이 네가 범사에 잘되고 강건하기를 내가 간구하노라 요삼1:2). 그러므로 교회의 수도원-힌두교의 아쉬람-불교의 禪院(선원)-도교의 寺院(사원)에서는 공동체의 건강을 위하여 요가(yoga)-내공-외공 수련법을 개발하여 전수하였던 것입니다.

'돈을 잃는 것은 조금 잃는 것-명예를 잃는 것은 많이 잃는 것-건강을 잃는 것은 전부를 잃는 것' 이란 사실을 刻骨銘心(각골명심)할 일입니다.

둘째. 나의 삶이 죄악된 삶-무의미한 삶-지옥 가는 삶인지? 아닌지?를 直視(직시)하고 깨어 알아차리라는 말씀입니다. 찬송가 285장 말씀 그대로입니다.

* 주의 말씀 받은 그 날 참 기쁘고 복 되도다 이 기쁜 맘 못 이겨서 온 세상에 전하노라 * 이 좋은 날 내 천한 몸 새 사람이 되었으니 이 몸과 맘 다 바쳐서 영광의 주 늘 섬기리 * 새 사람 된 그 날부터 평안한 맘 늘 있어서 이 복된 말 전하는 일 나의 본분 삼았도다 (후렴) 기쁜 날 기쁜 날 주 나의 죄 다 씻은 날 늘 깨어서 기도하고 늘 기쁘게 살아가리 기쁜 날 기쁜 날 주 나의 죄 다 씻은 날 아멘!

하나님은 각 사람에게 '良心(양심-conscience)-감정안내시스템'을 심어두셨습니다. 그러므로 사람이 죄악된 삶-무의미한 삶-지옥 가는 삶을 살면 온갖 부정적 감정(불안-초조-슬픔-낙심-두려움-죄책감 등)이 일어나고, 기쁨-행복-보람-의미-평안함이 없습니다. 자기 자신을 들여다보고 "죄의 깊은 잠과 뜬 세상의 꿈에서 어서 깨어나라(찬송가 284장)"는 말씀입니다.

셋째. 항상 깨어 있다는 것은 내가 보고, 듣고, 느끼는 모든 것-나의 감정의 흐름-나의 내면 존재(inner being)의 상태(평안한지? 불안한지?)-나의 삶의 방향이 하나님을 향하고 있는지? 아니면 그저 이 세상 풍조에 이리저리 흔들리고 있는지? 끊임없이 나 자신에게 想起(상기)시킴으로써 지금-여기-순간순간(here and now)에서 나 자신의 충만한 삶을 사는 것입니다(mindfulness).

"항상 기뻐하라 쉬지 말고 기도하라 범사에 감사하라(살전5:16-17)-깨어 믿음에 굳게 서서 남자답게 강건하라(고전16:13)-기도를 계속하고 기도에 감사함으로 깨어 있으라(골4:2)"하신 말씀은 곧 깨어 있으라는 말씀입니다. 깨어 있지 아니하면-意識(의식)이 없으면 기뻐할 수 없고-기도할 수 없고-감사할 수 없기 때문입니다. 그러므로 "깰지어다 깰지어다 드보라여 깰지어다 깰지어다 너는 노래할찌어다 일어날찌어다(삿5:12)" 하신 것입니다. 어찌 드보라 뿐이겠습니까?

조용헌이 소개하는 이바구 아지트

엊그제 인터넷으로 조용헌 살롱(이바구 아지트 882호)을 재미나게 읽었습니다.

신라 말기의 최치원, 조선조의 이중환, 김삿갓은 '주유천하과(周遊天下科)' 출신이다. 전국의 명산대천과 유적지를 찾아다니면서 이 선배들이 남긴 발자취와 조우할 때가 한두 번이 아니다. 동시에 '이 양반들 그 옛날에 참 고생 많이 했겠구나, 매일 저녁 때면 어디서 먹고 자고 했을까' 하는 생각이 든다. 하지만 그 고생의 결과물로 최치원은 〈사산비명(四山碑銘)〉을 남겼고, 이중환은 〈택리지(擇里志)〉를, 김삿갓은 주옥같은 방랑시를 남겼다. 여기에 비하면 필자는 상팔자다. 칼럼 덕분에 전국의 독자들이 가는 곳마다 먹여주고 재워 주니 말이다. 그런 독자들은 대개 담주(談主 · 이야기꾼)에 해당한다. '담주' 들은 풍성한 이야깃거리를 가지고 있고, 풍광 좋은 곳에 자기 거처를 가지고 있으며, 사람들 오는 것을 좋아한다.

부산 해운대 달맞이고개 끝자락쯤에 자리 잡은 찻집인 '비비비당'(非非非堂)의 주인도 그런 담주의 한 명이다. 격조 높은 차회(茶會)로 소문난 '숙우회(熟盂會)' 멤버이기도 한 주인은 인생 후반부의 놀이터로 생각하고 노후 자금을 털어 '비비비당' 을 만들었다. 언덕 위의 4층에서 내려다보면 해운대 청사포 바닷가 동네집들이 그림엽서처럼 예쁘게 들어온다. 찻집 내부의 탁자들과 서까래, 문틀은 옻칠한 목재로 꾸몄기 때문에 무게감이 있으면서도 깔끔하고 청정한 분위기가 감돈다. 얼마 전에도 밤 12시가 넘도록 청사포를 바라보며 부산의 멋쟁이들과 함께 이야기꽃을 피운 적이 있다.

통영시 용남면 동달리에 가면 '바라래' 라고 하는 사랑방이 있다. 40대 중반의 젊은 사업가가 문화예술계 인사들과 같이 놀고 싶어 지은 살롱이기도 하다. 언덕 위에 자리 잡은 '바라래' 는 통영의 동암 바닷가를 편안하게 바라볼 수 있는 위치다. 이 언덕은 달빛이 아름답게 비치는 고개라 해서 '미월(美月)고개' 로 불린다.

변산의 도청리에 가면 동학 전문가이자 산지기 노릇도 10여년 해본 일포 이우원(64) 선생이 있다. 일포의 집인 '묵방산 들국화' 에는 사는 것이 허하다고 느끼는 중년들이 모여 묵방도담(默芳道談)을 나눈다. 이 세 군데는 이바구 아지트다(조선일보 조용헌 살롱 2013. 4. 14.).

우리 교회 동네에도 이런 이바구 아지트 하나 있었으면 좋겠습니다. 조용헌은 2004년 10월 9일에 이와 같은 이바구 아지트를 소개한 적이 있습니다(참고: 〈말씀의 샘물〉 제7권 고전예화 제413호 우리나라 3대 살롱. 제429호 방외지사. 제431호 묵방산 산지기).

누군가 충무(통영)에 가면 다찌노미집(온다찌-반다찌)-미륵산-동피랑 벽화마을-서호시장-박경리 · 윤이상 · 전혁림 기념관-용화산 도솔암은 꼭 보고 오랍니다.

· 아, 가을인가? ·

내가 사는 양평 정배리 들판은 지금 파란 벼 이삭이 패고 있습니다. 메뚜기가 이리저리 뛰고 있습니다. 까치-까마귀-백로-산비둘기-참새 떼가 날아다닙니다. 엊그제까지 개구리-맹꽁이 울음이 낭자하였는데 밤에는 물론이고 한낮에도 맴-맴-맴-늦은 매미와 함께 가을 풀벌레 소리가 지천입니다.

어제(8월 29일 목요일)는 가을을 재촉하는 비가 하루 종일 내렸습니다. 뜰 앞에 핀 하얀 옥잠화-넓고 파란 잎사귀 위로 떨어지는 빗방울, 그윽한 옥잠화 향기는 로마의 휴일-그 시절의 젊은 오드리 헵번을 닮았습니다.

가을이 느껴집니다.
아, 벌써 가을인가!
세월이 빠르다는 느낌은 별로 아닌데, 아무튼 "거, 참!" 입니다.

夜雨

早蛩啼復歇(조공제복헐: 철 이른 귀뚜라미 울음 문득 그치니)
殘燈滅又明(산등멸우명: 새벽까시 홀로 남은 등불 써질 듯 다시 밝아진다)
隔窓知夜雨(격창지야우: 창문 너머로 내리는 밤비)
芭蕉先有聲(파초선유성: 파초에 떨어지는 첫 빗방울 소리)

아무래도 다시 길을 떠나야겠습니다. 꽃피는 4월 29일 강원도 낭만가도에서 불명예스럽게 퇴각, 5월 8일 양병원에서 수술 받고 5kg나 빠진 몸을 추스르며 그럭저럭 지내다보니 어느덧 9월 가을입니다. 이번에는 강원도 낭만가도 같은 딱히 무슨 목표는 지우기로 하였습니다.

그냥 定處(정처)없이 기차 타고 버스 타고 가다가 오늘은 이 동네에서 한번 걸어보지 뭐 하는 기분으로 떠나야겠습니다. '가을엔 떠나지 말아요 비라도 우울히 내려버리면 내 마음 갈 곳을 잃어…' 하는 최백호의 노래에도 불구하고 아무래도 집 떠나 다시 걸어야겠다고 마음먹는 이정수 목사

깨어 있는 사람-느헤미야(느2:1-5)

본문 / 느2:1-5

1. 들어가는 이야기

깨어 있는 사람이란? 성경은 “허리에 띠를 띠고 등불을 켜고 서 있으라 너희는 마치 그 주인이 혼인 집에서 돌아와 문을 두드리면 곧 열어 주려고 기다리는 사람과 같이 되는 것(눅12:35-36)” 이라고 하였습니다. 나는 느헤미야가 바로 그런 사람이라고 생각합니다.

에스라와 느헤미야의 시대적 배경(B.C 450년 경): 페르시아 왕 고레스 원년(Kyros B.C 538), 바벨론 포로에서 귀환한 이스라엘 사람들이 학개-스가랴 선지자를 통하여 주신 하나님의 말씀에 힘입어 B.C 515년 마침내 성전 건축을 완공하고 감격적인 봉헌식을 거행하였습니다(스6:15-18). 성전은 건축하였으나 상황은 여전히 매우 좋지 않았습니다. 바벨론 군대가 파괴한 城壁(성벽)과 城門(성문)은 무너지고 불에 타버린 그대로였고-사마리아 · 암몬 · 아라비아 등 주변 대적들의 훼방과 공격으로 이스라엘 사람들의 생명이 위태롭고 경제적 상황도 매우 열악하였습니다.

이런 상황에서 페르시아 왕 아닥사스다(Artaxerxes 464-427)의 술 맡은 관원(cupbearer)이었던 느헤미야가 왕의 허락을 얻어 예루살렘에 귀환하여, B.C 445-433까지 12년 동안 성전을 보수하고-성곽을 중수하고-성문을 새로 달고-대적자들을 물리치고-율법사 에스라와 협력하여 낙심하여 방종하고 나태한 백성들의 종교 상태를 개혁하였습니다.

2. 본문 연구

* 아닥사스다 왕 제이십년 니산월에 왕 앞에 포도주가 있기로 내가 그 포도주를 왕에게 드렸는데 이전에는 내가 왕 앞에서 수심이 없었더니 왕이 내게 이르시되 네가 병이 없거늘 어찌하여 얼굴에 수심이 있느냐 이는 필연 네 마음에 근심이 있음이로다 하더라 그 때에 내가 크게 두려워하여 왕께 대답하되 왕은 만세수를 하옵소서 내 조상들의 묘실이 있는 성읍이 이제까지 황폐하고 성문이 불탔사오니 내가 어찌 얼굴에 수심이 없사오리이까 하니 왕이 내게 이르시되

그러면 네가 무엇을 원하느냐 하시기로 내가 곧 하늘의 하나님께 묵도하고 왕에게 아뢰되 왕이 만일 좋게 여기시고 종이 왕의 목전에서 은혜를 얻었사오면 나를 유다 땅 나의 조상들의 묘실이 있는 성읍에 보내어 그 성을 건축하게 하옵소서 하였노라(The king said to me, "What is it you want?" Then I prayed to the God of heaven, and I answered the king (느2:1-5).

본문에서 주목할 것은 “네가 무엇을 원하느냐?” 하는 왕의 물음에 느헤미야는 대답하기에 앞서 먼저 ‘하늘의 하나님께 默禱(묵도-침묵 기도)’ 하였다는 사실입니다. 바로 그런 태도가 느헤미야가 깨어 있는 사람이었다는 증표입니다.

3. 느헤미야는 어떻게 깨어 있었는가?

첫째. 칠흑 같은 밤, 산골마을의 一炷明窓(일주명창-촛불 하나 밝혀진 창)은 누군가 아직 깨어 있는 사람이 있음을 알리는 표식입니다. 성전은 남루하고-성벽은 무너지고-성문은 불타고-백성들은 가난과 두려움 속에 희망을 잃고 하루하루 연명하는 칠흑 같은 예루살렘 성에 一炷明窓(일주명창) 하기 위하여 느헤미야는 앉아서-울고-수일 동안 슬퍼하며-하나님 앞에 금식하며 기도하였습니다(느1:4).

느헤미야는 자기가 해야 할 일이 무엇인가를 明明白白(명명백백)하게 깨닫고 그의 기도를 다음과 같이 끝맺었습니다. "오늘날 주의 종으로 형통하여 이 사람(아닥사스다 왕) 앞에서 은혜를 입게 하옵소서(느1:11)!".

둘째. 'Festina Lente-페스티나 렌테-천천히 서두르라' 이 말은 로마 아우구스투스 황제의 인생 좌우명이었다고 합니다. 영어로는 Deliberate Haste 라는 말입니다.

술 맡은 관원(cupbearer)으로서 느헤미야는 매일 만나는 왕에게 '자신의 소원' 을 얼마나 아뢰고 싶었겠습니까? 그러나 느헤미야는 '페스티나 렌테' 하였습니다. 그러던 중 어느 날 수척하고 수심이 깊어진 예레미야를 보고 왕이 "네가 요즈음 왜 그렇게 수색이 있느냐?" 하였고, 느헤미야는 왕에게 '예루살렘의 참상(느2:2-3)' 을 아뢰었습니다.

그러자 왕은 "그러면 네가 무엇을 원하느냐?" 묻습니다. 이 대목에서 느헤미야는 곧 바로 답변하지 아니하고 또 다시 "페스티나 렌테" 하고, 먼저 하늘의 아버지께 默禱(묵도-속으로 말없이 기도함)하고 마침내 자신의 소원을 소상히 아뢰었고-왕은 이 모두를 선선히 허락하였습니다. 이 얼마나 자연스러운 모양새 입니까? 바로 이것이 깨어 있는 사람의 몸가짐입니다!

또한 느헤미야 6장에 나오는 산발랏의 음모(느6:1-9)-같은 유대 동족인 스마야의 음모(느6:10-14)에 대하여도 느헤미야는 "페스티나 렌테" 하였습니다.

셋째. 깨어 있는 사람은 항상 기도(묵도-묵상-금식기도-관상기도-명상)합니다. 느헤미야는 기도하는 사람이었습니다. 다시 한 번 말씀 드립니다만 기도란?

"고귀한 단순성과 위대한 침묵(eine edle einfalt unt eine stille grosse) 가운데, 나와 내 이웃 그리고 나의 상황에 대한 나의 느낌-생각-흐름을 비판-평가-판단-규정-비교-정죄-비난-同一視(동일시)하지 아니하고, 깨어서(mindfulness) 오늘-여기-지금을 수동적으로 그저 조용히 지켜보는 것입니다. 그리고 하나님이 주시는 지혜로 상황에 맞게 올바르게-넉넉하게-사랑으로 대처하는 것입니다."

고전예화 680

cupbearer-술 맡은 관원

성경에는 술 맡은 관원(cupbearer)이라는 말이 여러 차례 나옵니다.

동서고금을 막론하고 애굽의 바로-황제-임금-대왕-제후 등 왕후장상은 언제나 반역-흉계-권모술수-암살-독살-살수-자객 등에 노출 되어 있었습니다. 그러므로 왕의 측근에서 왕의 行住坐臥(행주좌와)-起居動作(기거동작)-語默動靜(어묵동정)-음식-술-기분-건강-일상생활을 돌보는 술 맡은 관원(cupbearer)은 왕의 전적인 총애와 신뢰를 받는 사람이어야 하였습니다.

창세기 40-41장에 나오는 애굽 바로의 술 맡은 관원은 'Butler' 라고 하였는데, 그는 애굽 바로의 잔치를 준비하고 돌보는 관원으로서, 감옥에 있던 요셉을 바로에게 소개하는 매우 소중한 인연을 맺게 하였습니다.

솔로몬의 술 맡은 관원(cupbearer)는 솔로몬 왕의 측근으로 그들의 지혜와 실력으로 시바의 여왕을 놀라게 하는 데 충분하였습니다(왕상10:5, 대하9:4).

왕하18:17에 '앗수르 왕이 다르단과 랍사리스와 랍사게로 대군을 거느리고 예루살렘의 히스기야를 치게 하매…' 라는 대목이 나옵니다. 여기 나오는 랍사게(Rab-shakeh)는 사람 이름이 아니라 앗수르 왕의 술 맡은 관원(cupbearer)으로서, 앗수르 왕의 사신 자격으로 히스기야 왕에게 나서기도 하고-앗수르 왕의 또 다른 여러 측근들 사이의 인간관계를 원활하게 하는 역할을 하였습니다.

느헤미야도 페르샤 아닥사스다 왕의 술 맡은 관원(cupbearer)이었는데(느1:11, 2:1), 느헤미야가 외국인 신분으로 페르시아 왕의 술 맡은 관원이 되었다는 사실은 첫째 느헤미야의 뛰어난 실력이고, 둘째는 다니엘-사드락-메삭-아벳느고-모르드개 등의 예에서 보듯이 바벨론-페르시아의 정책이 인재등용에 자유로웠다는 것을 알 수 있습니다.

대 헤롯(Herod the great)의 술 맡은 관원은 'Eunuch' 라고 불렀습니다.

(참고: CUPBEARER, IDB Volume 1, 749쪽)

· 超高齡期(초고령기) 대처 방안 ·

내 아버지 이기장 장로님(1921년생-93세)은 지난 8월 29일부터 이천의료원 203호실에서 산소마스크를 하고 78세-81세-92세된 노인 환자들과 함께 지내고 계십니다. 올 초까지도 정신이 95% 말짱하고 어렵지만 阿屎送尿(아시송뇨-똥오줌)도 스스로 해결하셨는데, 올 봄에 침대에서 낙상하여 엉치뼈를 다친 후부터 간병인의 도움으로 똥오줌을 받아내고 휠체어 신세를 지기 시작하시더니 급기야 몸과 마음이 급속히 약화되어 노환 병실에 이르게 된 것입니다.

예전에는 인생을 아동기-청년기-장년기-노년기로 분류하였는데, 100세 시대를 구가하는 우리 시대에는 '超高齡期(초고령기)' 라는 단계가 하나 더 늘었습니다. 초고령기가 언제부터인가? 많은 논란이 있겠지만 내 주변 사람들의 경우를 보아 80세가 기준이 아닐까 생각합니다. 왜냐하면 아무리 약이 좋고 의술이 발달하였다고 하나 80세 이상이 되면 몸과 마음에 갖가지 심각한 赤信號(적신호)가 켜지기 때문입니다. 그것도 어느 날 갑자기!

그런데 문제는 대부분의 사람들이 자기 자신이 초고령기에 진입하였다는 사실을 심각하게 실감하지 못한 채 어? 어? 하는 사이에 초고령기의 망각의 늪-의식의 어둠-치매-쓸모없는 인간이 되었다는 우울증-더 이상 아무 것도 기대할 것이 없는 절망 속에 빠져든다는 것입니다. 또 하나 더욱 심각한 문제는 배우자-자녀-친척-친구들이 그 사실을 본인에게 분명히 알아차리도록 일깨워 주어, 존엄한 죽음을 위한 선언서-유언장 등을 준비하도록 안내하는 것이 우리 情緖(정서)에는 현실적으로 매우 어렵다는 사실입니다(참고: 〈말씀의 샘물〉 제7권-고전예화 445호).

내 아버지는 평소 자주 "나는 연명치료는 필요 없다-예수 믿고 구원 받아야 한다" 하는 확신을 披瀝(피력) 하셨지만, 의사소통이 잘 안 되는 현 상태를 맞이하고 보니 매우 안타까운 일이 아닐 수 없습니다. 내 동생 이정필 집사가 입원한 날부터 수고가 많습니다. 내일(9월 10일)은 내가 보초 서기로 하였습니다.

이렇게 쓰고 있는 나 역시 예외는 아닐 것입니다. 이 세상 많은 사람들이 초고령기에 접어들어 "다음에… 다음에…어? 어?" 하는 사이 망각의 늪-의식의 어둠-아무 것도 기대할 것이 없는 절망에 갇힙니다. 그러므로 '나의 존엄한 죽음을 위한 선언서' 라도 딱 부러지게 써두기로 한 이정수 목사

무엇에 대하여 깨어 있어야 하는가?(시42:5)

본문 / 시42:5, 마24:40-50

1. 들어가는 이야기

* 내 영혼아 네가 어찌하여 낙심하며 어찌하여 내 속에서 불안해 하는가 너는 하나님께 소망을 두라 그가 나타나 도우심으로 말미암아 내가 여전히 찬송하리로다(시42:5) * 내 영광아 깰지어다 비파야, 수금아, 깰지어다 내가 새벽을 깨우리로다(시57:8) * 그러므로 깨어 있으라 어느 날에 너희 주가 임할는지 너희가 알지 못함이니라(마24:40-50) * 그런즉 깨어 있으라(막13:34-37).

2. 잠자지 말고 깨어 있을지어다(keep watch)

예수님의 의식은 비상사태(광야기도, 변화산 사건, 바리새인-제사장-서기관들의 음모, 겟세마네의 기도, 십자가 고난-架上七言 등)뿐 아니라, 평범한 일상에서도 하나님에 대한 의식으로 충만히 깨어 계셨습니다(예수께서 길에 나가실새 한 사람이 달려와서 꿇어 앉아 묻자오되 선한 선생님이여 내가 무엇을 하여야 영생을 얻으리이까 예수께서 이르시되 네가 어찌하여 나를 선하다 일컫느냐 하나님 한 분 외에는 선한 이가 없느니라(막10:17-18).

신앙생활-믿음생활-영성수련-경건연습-修道生活(수도생활-도를 닦음)이란? 나의 마음-의식-무의식-기거동작-어묵동정-행주좌와가 예수님처럼 비상사태나 평범한 일상에서나 항상 깨어 있는 상태를 유지하는 것을 의미합니다.

* 많은 사람들이 "내 영혼아 네가 어찌하여 내 속에서 불안하여 하는고?" 라고 하는 자기의 속사람이 말하는 세미한 음성을 듣지 못합니다. 자기 의식이 잠자고 있기 때문입니다. 의식이 분명하게 깨어 있는 사람만이 자기 속사람의 음성을 들을 수 있습니다(시42:5).

* 언제 올지 모르는 주인을 기다리는 종들처럼 허리에 띠를 띠고 등불을 켜고 깨어 있는 것입니다(눅12:35-40).

* 그러므로 우리는 다른 이들과 같이 자지 말고 오직 깨어 정신을 차릴지라 자는 자들은 밤에 자고 취하는 자들은 밤에 취하되 우리는 낮에 속하였으니 정신을 차리고 믿음과 사랑의 호심경을 붙이고 구원의 소망의 투구를 쓰자 하나님이 우리를 세우심은 노하심에 이르게 하심이 아니요 오직 예수 그리스도로 말미암아 구원을 받게 하심이라 예수께서 우리를 위하여 죽으사 우리로 하여금 깨어 있든지 자든지 자기와 함께 살게 하려 하셨느니라 하신 말씀대로 사는 것입니다(살전5:1-10).

3. 무엇에 대하여 깨어 있어야 하는가?

첫째. 평범한 일상의 부정적 습관-고정관념-진부한 생활 방식으로부터 깨어 있어야 합니다. 우리 각 사람은 저마다 하루하루를 사는 일상의 생활방식에 대한 비판 없이-별 의식 없이 그저 그냥 그렇게 예전처럼 평소대로 흘려보냅니다. 이런 자신의 삶-일상의 생활 방식이 과연 바람직한가? 깨어 의식적으로 살펴보아야 합니다.

얼마 전 거실에서 텔레비전 추방운동을 벌인다는 소리를 들은 적이 있습니다. 텔레비전뿐이겠습니까? 스마트폰도 그러합니다. 버스-지하철을 타고 가면서 보면 남녀노소 많은 사람들이 스마트폰을 들여다보고 있습니다. 집에 돌아와서는 무의식적으로 텔레비전을 켭니다. 특히 노인들은 하루 종일 텔레비전을 본다고 합니다. 이런 무의식적인 일상의 습관을 깨인 눈으로 바라보아야 합니다.

뿐만 아니라, 아침에 일어나고-저녁에 잠자리에 드는 시간-밥 먹는 습관-자동차를 이용하는 습관-약속을 하는 습관-옷 입는 습관-쇼핑 습관-가족과 친구들에게 대한 나의 반응 등등 나의 평범한 모든 일상에 대하여 깨인 눈으로 새삼 다시 바라본다면 놀라운 일이 일어날 것입니다.

둘째. 나의 잠재능력에 대하여 깨어 있어야 합니다. 서양 속담에 '그대가 무엇인가 직접 시도하기 전까지는 그대가 무엇을 할 수 있는 사람인지 그대 자신도 알 수 없다-You don' t know what can you do before you try ' 라고 하였습니다.

나 자신의 능력에 대하여 스스로 평가절상 할 필요도 없고-평가절하 할 필요도 없습니다. 처음부터 자만하여서도 아니 되지만, 처음부터 주눅 들어서도 아니 됩니다. 담담하게 기도하는 가운데 "내게 능력 주시는 자 안에서 내가 모든 것을 할 수 있다(빌4:13)"는 믿음으로 나아갈 뿐입니다. 이것이 나의 잠재능력에 대하여 깨어 있는 자연스러운 태도입니다. 그러므로 내가 하는 일에 하나님의 손길이 닿으면 모든 것이 기적의 원천이 되는 것입니다

셋째. 죽음 앞에 깨어 있어야 합니다. 모든 사람은 獨生獨死 獨來獨去(독생독사 독래독거-홀로 태어났다 홀로 죽으며, 홀로 왔다 홀로 돌아감)하는 존재입니다. 생사문제는 그 누구도 피할 수 없는 하나님의 창조 질서입니다. 그러므로 자신의 삶이 망각의 늪-의식의 어둠-아무 것도 기대할 수 없는 절망에 휩싸이기 전에, 또렷한 의식을 가지고 모세의 임종과 같이 하나님 앞에서 나의 믿음을 확실하게 재구성하고-구원의 확신을 새롭게 할 수 있도록 깨어 있어야 합니다.

모세가 죽을 때 나이 백이십 세였으나 그의 눈이 흐리지 아니하였고 기력이 쇠하지 아니하였더라(신34:7). 아멘!

고전예화 681

웃긴 웃었는데 어쩐지 씁쓸한 유머

77동기 모임으로 사천 가는 승합차 안. 심산 영감(김춘군 목사)이 사설 한 자락 펴는데,

"언 친구의 마누라가 동창회를 갔다 왔다나…그런데 이 마누라가 하루 종일 시무룩한 거라,"

"…………왜……….?"

"이 친구 그냥 마누라가 남들 잘사는 꼬라지 보고 와서 심사가 뒤틀려 그러려니만 생각했지…"

" …그런데…(심산영감 그 특유의 어중간한 말투로 일단 좌중의 분위기 끌어모으는데 성공. 여기서 둬 박자 늘어지더니)

하기사 지금껏 어려운 생활 지지구 볶다가 잘사는 친구들 앞에 서니 왜 아니 주눅 들었겠나 싶은 짠한 생각에 위로나 해 줄 겸 조심스레 물었어
"왜, 뭔 일 있었남?"

"…그랬더니……??? " 좌중 완전몰입.

여기서 반 박자 슬쩍 늦추더니

"그러자 이 마누라가 기다리고 있었다는듯 쏴붙이는데…"

"…쏴붙이는데…?"

그 절정의 절묘한 타이밍을 타고, 심산 영감 결론 맺기를

"다들 죽었다는데 당신만 살아 있잖아!"

그 순간 빵 터졌죠. 차내, 방성 대깔! ㅎㅎㅎㅎㅋㅋㅋㅍㅍㅍㅍ

바로 옆 자리 '말씀의 샘물' 이정수 목사가 부지런히 뭘 메모하드라구요.
聰明不如鈍筆(총명불여둔필-뛰어난 기억력이 기록해 두는 것만 못하다)이라면서…
사천읍교회 영빈관에서의 해프닝은 다음 기회로…

샬롬! 임병근 목사

· 泉石膏肓 煙霞痼疾(천석고황 연하고질) ·

추석은 잘 쇠셨습니까?

나는 올 추석 연휴 동안 아무 데도 가지 않고, 집 전화–핸드폰 등 외부와의 모든 연결망을 두절하고 홀로 있었습니다. 낮에는 걷고–밥 '해' 먹고–고추 말리고–풀 뽑고–책 보고–말씀의 샘물 주제를 뭐로 할까? 생각하며 지냈습니다.

때로 인터넷 타이젬 바둑에서 바둑을 둡니다. 지난 6월에는 거의 7급까지 추락하였는데 지금은 2급입니다. 2급들과 두어보니 '아–차–차!' 도 많고 뾰족한 수가 보이지 않아 답답합니다. 그래도 3급 이하와는 재미없어 아니 둡니다.

올 추석은 연일 날이 너무 快晴(쾌청)합니다. 삼라만상이 침묵하고 있는 한 밤중, 오가는 차도 없고, 인적 끊긴 까만 아스팔트–고요히 고개 숙여 잠자는 벼이삭–검은 소처럼 엎드린 앞산을 비추는 皎皎(교교)한 달빛은 참으로 오랜만에 보는 숨 막히는 아름다움이요 신비였습니다.

1200년 전 村夜(촌야–산촌의 밤)를 읊은 白居易(백거이, 722–846)도 나와 똑같이 가을 산촌에서 이런 밤을 지냈던 모양입니다.

霜草蒼蒼蟲切切(상초창창충절절: 풀은 서리 맞아 칙칙하고 풀벌레 울음 낭자하고)
村南村北行人絕(촌남촌북행인절: 아랫 마을–윗마을 행인 끊겨 괴괴한데)
獨出門前望野田(독출문전망야전: 홀로 문을 나서 아득한 들판을 바라보니)
明月蕎麥花如雪(명월교맥화여설: 맑고 밝은 달빛 받은 메밀꽃이 눈밭 같구나)

당나라 전유엄이 임금께 은퇴 상소를 올리면서 "臣은 泉石膏肓 煙霞痼疾(천석고황 연하고질)의 者로소이다–산수를 사랑하고 저녁 안개와 노을을 좋아함이 고질병이 되었습니다" 라고 하였는데, "Me Too" 하는 이정수 목사

잠언의 지혜-지혜에 대하여(잠9:10)

본문 / 잠9:10

1. 들어가는 이야기

드높은 파란 가을하늘을 바라보며 앞으로 몇 주 동안 知慧(지혜)-wisdom(영)-sopia(희)-hokma(히)에 대하여 묵상하는 가운데 은혜를 나누고자 합니다.

2. 성경은 지혜를 무엇이라 하시는가?

* 내가 나의 하나님 여호와의 명하신 대로 규례와 법도를 너희에게 가르쳤나니 이는 너희로 들어가서 기업으로 얻을 땅에서 그대로 행하게 하려 함인즉 너희는 지켜 행하라 그리함은 열국 앞에 너희의 지혜요 너희의 지식이라 그들이 이 모든 규례를 듣고 이르기를 이 큰 나라 사람은 과연 지혜와 지식이 있는 백성이로다 하리라(신4:5-6).

* 여호와께서 성읍을 향하여 외쳐 부르시나니 완전한 지혜는 주의 이름을 경외함이니라 너희는 매를 순히 받고 그것을 정하신 자를 순종할지니라(미6:9).

* 여호와를 경외하는 것이 지식의 근본이거늘 미련한 자는 지혜와 훈계를 멸시하느니라…너희가 재앙을 만났을 때 나를 간절히 찾으리라마는 나를 만나지 못하리라(잠1:7, 20-30).

* 지혜가 제일이니 지혜를 얻으라(잠4:1-9).

* 여호와께서 그 조화의 시작 곧 태초에 일하시기 전에 나를 가지셨으며…그가 하늘을 지으시며 궁창으로 해면에 두르실 때에 내가 거기 있었고…내가 그 곁에 있어서 창조자가 되어 날마다 그 기뻐하신 바가 되었으며 항상 그 앞에서 즐거워하였으며 사람이 거처할 땅에서 즐거워하며 인자들을 기뻐하였었느니라…아들들아 이제 내게 들으라 내 도를 지키는 자가 복이 있느니라…대저 나를 얻는 자는 생명을 얻고 여호와께 은총을 얻을 것임이니라 그러나 나를 잃는 자는 자기의 영혼을 해하는 자라 무릇 나를 미워하는 자는 사망을 사랑하느니라(잠8:1-36).

* 여호와를 경외하는 것이 지혜의 근본이요 거룩하신 자를 아는 것이 명철이니라- The fear of the LORD is the beginning of wisdom, and knowledge of the Holy One is understanding(잠9:10).

* 또 사람에게 이르시기를 주를 경외함이 곧 지혜요 악을 떠남이 명철이라 하셨느니라(욥28:28).

* 여호와를 경외함이 곧 지혜의 근본이라 그 계명을 지키는 자는 다 좋은 지각이 있나니 여호와를 찬송함이 영원히 있으리로다(시111:10).

3. 지혜란 무엇인가?

첫째. 지혜는 사람이 살아가는 모든 상황에서 꼭 필요한 것입니다. 가정-일터-사회-정치-군사-학문-스포츠-기업-문학-음악-미술-무용-조각-공장-기술-감옥-과학-부부 관계-친구 관계-부모 자식 관계-사회적 모든 인간관계…등등 사람 사는 모든 곳에 필요한 것입니다. 뿐만 아니라 지혜는 삶과 죽음-자기 자신과의 관계-하나님과의 관계-이웃과의 관계-자연(nature)과의 관계에서 더욱 더 필요한 덕목(virtue)입니다.

우리가 사는 세상에는 지혜로 알려진 많은 것들이 있습니다. 위대한 철학, 우주의 패러다임을 바꾸어 놓은 과학, 의학, 불멸의 문학, 음악, 건축, 미술, 조각, 무용, 역사를 뒤집어 놓은 전쟁, 진정 마음을 감동케 하는 스포츠 스타들, 번개 같은 통찰력(insight), 기이한 갖가지 경험(experience), 기발한 아이디어(big think), 놀라운 창조력(creativity), 영혼을 떨리게 하는 名文章(명문장), 위대한 사람들이 있습니다. 이 모든 것들은 지혜가 없이는 이룰 수 없는 것들입니다.

그러나 이 모든 것들이 지혜 자체(wisdom itself)는 아닙니다. 이 모든 것들은 지혜 자체가 아니라, 지혜로부터 흘러나와 發顯(발현)된 것입니다. 지혜는 그 이상의 것-그 모든 것을 초월하는 것-우주적인 것-神的(신적)인 것입니다. 그러므로 성경은 하나님께서 천지창조 하시기 전에 지혜를 가지셨으며-지혜가 여호와 곁에 있었다고 하신 것입니다(잠8:22-31).

둘째. 지혜는 사람이 사는 데-잘 사는 데-더 잘 사는 데(to live-to live well-to live better) 꼭 필요한 것입니다. 그러므로 이 세상 모든 사람들이 지혜를 얻기 위하여 많은 돈과 시간을 들여 목사님-신부님-스님-賢者(현자)-스승-구루-수피-禪師(선사)-리포첸-카운셀러-상담사-철학자-정신과 의사-멘토-지혜를 알려준다는 책 등을 찾습니다. 참으로 지혜로운 처신입니다.

셋째. 그러나 지혜는 멀리 있지 아니합니다. 바로 내 곁에 있습니다.

성경은 "지혜가 길거리에서 부르며 광장에서 소리를 높이며 훤화하는 길머리에서 소리를 지르며 성문 어귀와 성중에서 그 소리를 발하고 있지 않느냐?(잠1:20-21)" 하십니다. 무슨 뜻입니까?

하나님의 말씀으로 돌아오라는 것입니다. 하나님의 말씀을 가까이 하라는 것입니다. "너희 목마른 자들아 물로 나아오라 돈 없는 자도 오라 너희는 와서 사 먹되 돈 없이 값 없이 와서 포도주와 젖을 사라(사55:1)"는 말씀입니다. 왜? "여호와를 경외하는 것이 지혜의 근본이요 거룩하신 자를 아는 것이 명철-The fear of the LORD is the beginning of wisdom, and knowledge of the Holy One is understanding(잠9:10)" 이기 때문입니다.

고전예화 682

지혜는 어떻게 얻는가?

智慧(지혜)가 아닌 것은?
知識(지식)-知能(지능-아이큐)-학교 공부-극적인 신비 체험-영적 체험은 지혜가 아니다.
지혜는 제도교육과는 거의 아무 상관없다.
지혜는 공중부양-안수기도-예언기도-미래예측과도 거의 아무 상관없다.

지혜는 노자가 말한 바 "爲學日益 爲道日損(위학일익 위도일손: 학문을 하는 것은 날마다 날마다 더하는 것이요, 도를 닦는 것은 날마다 날마다 더는 것이다)입니다. 세상공부-머리공부는 날마다 더하고 더하는 것(益)이나, 참 사람 되는 공부-마음공부-인격공부는 날마다 비우고 비워(損) 존재의 본질-존재의 근원이신 하나님과 합일하는 것입니다. 잠언에서는 이것을 "여호와를 경외하는 것이 지혜의 근본이요 거룩하신 자를 아는 것이 명철이니라(잠9:10)" 라고 하셨습니다.

지식은 말하고 싶어 하나, 지혜는 듣고 싶어 한다.
지식은 객관적 外物(외물)에 대한 앎, 지혜는 주관적 內面(내면)에 대한 앎이다.
지식은 곤경에서 간신히 빠져나온다, 지혜는 애시당초 곤경에 빠지지 않는다.

智慧(지혜)는 삶의 의미와 목적-사람과 우주의 관계-고통과 기쁨-인간관계의 희로애락-삶과 죽음-행복과 불행의 원인과 치유에 대한 실존적 깊은 이해-통찰-깨달음이며, 그 깨달음을 실제 삶에서 현실적으로 적용하며 사는 능력입니다.

즉, 智慧(지혜)는 자기 내면(inner being)-존재의 가장 깊은 중심(deep center of being)에서 예수 그리스도께서 주시는 대자유, "진리를 알지니 진리가 너희를 자유롭게 하리라…그러므로 아들이 너희를 자유롭게 하면 너희가 참으로 자유로우리라(요8:32, 36), 주는 영이시니 주의 영이 계신 곳에는 자유가 있느니라(고후3:17)" 하는 그 자유를 오늘-지금-여기(today-now and here)의 현실 삶(being present)에서 누리는 力量(역량-ability-inner power)입니다.

智慧(지혜)는 어떻게 얻는가?

* 예배당 마당만 밟는 것이 아닌(사1:12), 지극정성으로 예배 드림으로
* 세상 정보를 얻기 위한 독서가 아닌, 거룩한 독서(Lectio Divina)로
* 꾸준한, 그리고 규칙적인 영성수련-침묵기도-명상수련-자족수련-절제수련으로
* 天地自然(천지자연) 속에 머물며-보고-듣고-느끼고-감촉하고-감사함으로
* 무엇보다 예수님처럼 '홀로 있음(solitude, 마14:23)' 으로

· Never Too Late! ·

Henry Wadsworth Longfellow(롱펠로우, 1807-1882)는 〈Never Too Late-너무 늦은 때는 없다〉라는 長篇 詩에서 다음과 같이 읊었습니다.

아니, 너무 늦었다니!
지친 심장이 고동을 멈출 때까지 너무 늦었다는 것은 없다.

카토는 여든 살에 그리스어를 배웠다.
소포클레스는 여든을 훨씬 넘긴 나이에 대작 오이디푸스를 썼다.
시모니데스도 여든을 훨씬 넘긴 나이에 詩 경연대회에서 우승 하였다.
테오프라스토스는 여든하고도 십년을 지나 인간본성론을 쓰기 시작 하였다.
초서는 육십에 우드스톡에서 캔터베리 이야기를 썼다.
괴테는 여든이 지나 죽음의 고통 속에서 파우스트를 완성하였다.

어찌 보면 이들은 예외적인 사람들이다. 그러나 이들은 사람이 도달할 수 있는 極限帶(극한대)가 어디까지인가를 보여주었다. 늦었다니? 아니, 그런 것은 없다!

To men grown old, or who are growing old? It is too late! Ah, nothing is too late. Till the tired heart shall cease to palpitate. Cato learned Greek at eighty; Sophocles wrote his grand dipus, and Simonides bore off the prize of verse from his compeers, when each had numbered more than fourscore years, And Theophrastus, at fourscore and ten, had but begun his 'Characters of Men.' Chaucer, at Woodstock with the nightingales, at sixty wrote the Canterbury Tales; Goethe at Weimar, toiling to the last, completed Faust when eighty years were past.

These are indeed exceptions; but they show
How far the gulf-stream of our youth may flow
Into the arctic regions of our lives,

올 여름 내내 20년 넘은 냉장고 고장으로 아주 불편하고 힘들었습니다. 지난 9월 27일 반짝반짝 윤기 나는 새까만 까마귀가 지펠-디오스 아닌 '딤채(dimchae)' 를 물어다주었습니다. 하나님께-딤채를 물고 온 까마귀에게 깊이 감사하는 이정수 목사

잠언의 지혜-친구에 대하여(잠27:17)

본문 / 잠27:17

1. 들어가는 이야기

먼저, 한 가지 여쭙겠습니다. '진정한-참다운-둘도 없는 같은 수식어'는 빼고 만나면 정말 반갑고-기쁜 친구가 있습니까?

〈싸이콜로지 투데이〉에 의하면, 미국 사람들의 경우 "사람들은 배우자나 자녀들과 함께 있을 때보다 친구들과 함께 있을 때 더욱 행복감을 느낀다"고 합니다. 미국의 경우 "진정한 친구가 몇 명 있습니까?" 라는 설문에 1985년에는 "3명", 2006년에는 "2명"이라고 답하였다고 합니다. 현대 사회가 친구 사귀는 것을 어렵게 하고 있다는 증거입니다. 사회학자 잔 야거는 "현대인에게 친구 사귀는 일은 다른 일 다 보고 난 다음, 맨 나중에 할 일로 전락하고 있다. 그것은 착각이다. 친구는 만족스러운 인생을 사는 데 필수적이다. 친구를 만드는 일은 0순위로 할 일이다" 라고 하였습니다(E.젤린스키, 〈우리가 잊고 사는 50가지〉, 청아출판사, 168쪽).

2. 잠언에 나타난 친구에 대한 지혜의 말씀들

* 가난한 자는 이웃에게도 미움을 받게 되나 부요한 자는 친구가 많으니라(잠14:20) * 친구는 사랑이 끊어지지 아니하고 형제는 위급한 때를 위하여 났느니라(잠17:17) * 많은 친구를 얻는 자는 해를 당하게 되거니와 어떤 친구는 형제보다 친밀하니라(잠18:24) * 재물은 많은 친구를 더하게 하나 가난한즉 친구가 끊어지느니라(잠19:4) * 너그러운 사람에게는 은혜를 구하는 자가 많고 선물 주기를 좋아하는 자에게는 사람마다 친구가 되느니라(잠19:6) * 가난한 자는 그의 형제들에게도 미움을 받거든 하물며 친구야 그를 멀리 하지 아니하겠느냐 따라가며 말하려 할지라도 그들이 없어졌으리라(잠19:7) * 마음의 정결을 사모하는 자의 입술에는 덕이 있으므로 임금이 그의 친구가 되느니라(잠22:11) * 친구의 아픈 책망은 충직으로 말미암는 것이나 원수의 잦은 입맞춤은 거짓에서 난 것이니라(잠27:6) * 기름과 향이 사람의 마음을 즐겁게 하나니 친구의 충성된 권고가 이와 같이 아름다우니라 (잠27:9) * 네 친구와 네 아비의 친구를 버리지 말며 네 환난 날에 형제의 집에 들어가지 말지어다 가까운 이웃이 먼 형제보다 나으니라(잠27:10) * 철이 철을 날카롭게 하는 것 같이 사람이 그의 친구의 얼굴을 빛나게 하느니라(잠27:17) * 보상을 얻으려고 친구를 비난하는 자는 그의 자손들의 눈이 멀게 되리라(욥17:5).

* 너희는 내가 명하는 대로 행하면 곧 나의 친구라 이제부터는 너희를 종이라 하지 아니하리니 종은 주인이 하는 것을 알지 못함이라 너희를 친구라 하였노니 내가 내 아버지께 들은 것을 다 너희에게 알게 하였음이라(요15:14-15).

3. '진정한 참된 같은 수식어는 빼고' 그냥 좋은 친구는 어떻게 만드는가?

첫째. 나 자신이 경제적으로 독립을 이루어야 합니다 * 재물은 많은 친구를 더하게 하나 가난한즉 친구가 끊어지느니라(잠19:4) * 너그러운 사람에게는 은혜를 구하는 자가 많고 선물 주기를 좋아하는 자에게는 사람마다 친구가 되느니라(잠19:6) * 가난한 자는 그의 형제들에게도 미움을 받거든 하물며 친구야 그를 멀리 하지 아니하겠느냐 따라가며 말하려 할지라도 그들이 없어졌으리라(잠19:7) 하셨기 때문입니다.

보상을 바라고-무엇인가 얻을 것을 바라고-덕을 보려는 機心(기심-기회를 노리는 마음)을 가지고 혹은 숨기고 친구에게 접근한다면 결코 건강한 우정을 쌓을 수 없고 쌓아지지도 않습니다. 왜? '사람의 영혼은 여호와의 등불이라 사람의 깊은 속을 맑은 물 속 들여다보듯 살피기(잠20:27)' 때문입니다. 혹, 덕을 보았다면 그것은 그 친구의 사랑이지, 그 친구가 기심인 줄 몰라서 그런 게 아닙니다. 이걸 모르고 또 다시 機心(기심)을 일으킨다면 친구한테 거듭 큰 죄를 짓는 일입니다.

둘째. 貧賤之交不可忘 糟糠之妻不下堂(빈천지교불가망 조강지처불하당-가난한 시절 친구의 은혜를 잊어서는 아니 되며, 어려움을 함께 한 아내는 결코 내칠 수 없다) 하는 마음이어야 합니다 (광무제가 송홍에게 미망인이 된 여동생 호양공주를 아내로 맞으라고 하였을 때 송홍이 사양하며 한 말이다-참고: 고전예화 281호).

TV드라마 (깨어진 우정-깨어진 가정-깨어진 사랑)에서 보듯, 이 세상의 많은 비극이 바로 어려움 때의 은혜를 잊고-하찮게 여기고-아니, 오히려 자신의 어려웠던 사실 자체를 숨기고-의식적으로 외면하는 데서 오는 것 아닙니까? 그리 하지 말아야 합니다. 혹, 지금 그리하고 있다면 회개하고 바로 잡아야 합니다.

셋째. '철이 철을 날카롭게 하는 것 같이 사람이 그의 친구의 얼굴을 빛나게 하느니라(잠27:17)' 하는 마음이어야 합니다. 누군가 책상 앞에 'It is difficult to live-산다는 건 어려운 일이다' 가 아니라, 'It is not easy to live-산다는 건 만만한 일이 아니다' 라고 붙여 놓고 용기를 얻는다고 하였습니다. 좋은 친구를 얻는다는 것-좋은 친구가 되어준다는 것도 그러합니다. 어려운 일도 아닙니다만, 만만한 일도 아닙니다. 아무 정성도 들이지 아니 하고 좋은 친구가 공짜로 거저 생기는 법은 없습니다. 友情(우정)은 명사가 아니라 동사입니다. 시간-이해-의리-재물-정성을 들여야 꽃 핍니다.

좋은 친구는 둘 중 하나가 돈이 없을 때에도 같이 있으면 그냥 좋은 사람입니다. 貧者不以貨財爲禮 老子不以筋力爲禮(빈자불이화재위례 노자불이근력위례-가난한 사람은 재물로 예를 차리지 아니하고, 노인은 힘으로 예를 차리지 아니함)을 잘 알고 있기 때문입니다. 재물은 상대적입니다. 이 세상에는 나보다 재물이 많은 사람-나보다 재물이 적은 사람이 항상 있기 마련입니다. 그러므로 지혜로운 사람은 재물을 기준으로 친구를 선별하지 아니 합니다. 철이 철을 날카롭게 하듯이….

管鮑之交(관포지교)

淡白明志 寧淸致遠(담백명지 영청치원-담백하게 뜻을 밝히고, 평안하고 맑은 마음으로 원대한 이상을 이룬다)을 좌우명으로 삼고 살았던 諸葛孔明(제갈공명)의 롤 모델은 제나라 환공을 춘추오패 첫 주자로 올려 세운 명재상 관중이었다고 합니다. 管鮑之交(관포지교)로 유명한 바로 그 관중 말입니다.

관중 왈,

내가 일찍이 가난하였을 때 포숙과 장사를 하였는데, 나는 그를 속여 항상 나의 몫을 많이 챙겼으나 포숙은 나를 탓하지 아니 하였으니, 그는 나의 가난을 알고 있었기 때문이다.

또 내가 포숙의 명성을 위하여 도모한 일이 오히려 그를 궁지에 몰리게 하였으나 그는 나를 어리석은 놈이라고 하지 않았다. 時運(시운)이 따르지 않았던 것을 알고 있었기 때문이다.

또 나는 몇 번이나 벼슬길에 나갔으나 그 때마다 쫓겨났다. 그러나 그는 나를 無能者(무능자)라 하지 않았다. 나의 때가 이르지 않았음을 알고 있었기 때문이다.

또 나는 싸움터에 나갔을 때마다 도망쳤으나 그는 나를 겁쟁이라고 하지 않았다. 그는 내게 늙은 어머니가 계신 것을 알고 있었기 때문이다.

또 환공과 동생 규 사이에 후계자 다툼이 일어났을 때, 나는 규 편에 서서 환공을 죽이려고 환공에게 활을 쏘았으나 빗나가고 결국 사로잡혀 욕된 몸이 되었는데 포숙은 나를 파렴치한 놈이라 하지 아니하고 오히려 환공을 설득하여 나를 천거하였다. 내가 작은 일에 부끄러워하지 아니하고 공명을 천하에 알리지 못함을 부끄러워하는 줄 알고 있었기 때문이다.

生我者父母 知我者鮑子也(생아자부모 지아자포자야-나를 낳아준 이는 부모이나, 나를 알아준 이는 포숙이다!)

포숙은 관중을 천거한 뒤 그 자신은 관중보다 아래 자리에 들어가 관중에게 경의를 표하였습니다. 포숙의 자손은 대대로 제나라에서 녹을 받고 십여 대에 걸쳐 이름 있는 대부 집안으로 세상에 널리 알려졌습니다.

이런 점에서 세상 사람들은 관중의 현명함을 칭찬하기보다, 사람을 정확하게 알아보는 포숙의 밝은 눈을 더욱 칭찬하였습니다.

· 메뚜기 잡는 비법 ·

가을 하늘 공활한데 높고 구름 한 점 없는 10월 5일 아침 7시.

나는 변함없이 논두렁으로 난 農路(농로)를 따라 걷고 뛰고 깊은 호흡을 합니다. 한참 그렇게 나 나름대로 아침운동을 하고 있는데 뭔가 이상합니다. 이제 일 주일 후면 벼 베기를 할 황금물결 뒤치는 넓은 들 저편에서 농부가 아닌 울긋불긋한 원색의 옷을 입은 사람들이 논에서 무엇인가 하고 있습니다.

뭔가?

그 사람들한테로 뛰어가 보니 동네 아주머니들입니다. 저마다 페트 병 혹은 양파 싸는 빨간 망태를 들고 있습니다. "무얼 하십니까?" 물으니 "메뚜기 잡아요" 합니다. '오호, 메뚜기를 잡는다?'

내가 사는 양평 서종면 정배리는 농약을 치지 않아 메뚜기가 많습니다. 낮에 들판을 걸으면 메뚜기들이 후- 르- 륵- 후- 르- 륵- 날아다닙니다. 한번 잡아보려고 하였으나 한 마리도 잡을 수 없었습니다.

작년 가을에 몽촌농원 아주머니가 서비스로 고소한 메뚜기볶음을 해주어 맛있게 먹었는데 '그 아주머니는 저렇게 잽싸게 날아다니는 메뚜기를 어떻게 잡았을까?' 궁금하였는데 오늘 그 궁금증이 풀렸습니다.

동네 아주머니 말인즉, "낮에 날아다니는 메뚜기를 무슨 수로 잡나요? 못 잡아요. 그러나 아침 6시-8시 사이에 논에 나오면 메뚜기가 밤새 이슬을 맞아 날지 못하고 벼이삭에 매달려 기어 다니거든요, 요때 잡는 거지요" 합니다. '아하!'

나도 한번 잡아보자 하고 안경 고쳐 쓰고 벼이삭 줄기를 자세히 들여다보니, 오! 메뚜기들이 꼼짝 않고 있습니다. 순식간에 5마리 잡아서 아주머니 페트병에 넣어 드렸습니다. 정말, 아하! 였습니다.

당나라 문장가 韓愈(한유)는 잘된 글이란 豊而不餘一言 約而不失一辭(풍이불여일언 약이부실일사: 풍부하나 한 마디도 넘치지 아니하고, 간략하나 한 글자도 모자라지 않는 글)라고 하였습니다. '그래, 맞아' 무릎 치는 이정수 목사

잠언의 지혜-거만, 교만, 오만한 사람들에 대하여(잠9:7-8)

본문 / 잠9:7-8

1. 들어가는 이야기

잠언은 倨慢(거만-pride: 사람이나 그 태도가 잘난 체하며 남을 업신여기고 건방지다)-驕慢(교만-arrogance: 잘난 체하며 겸손함이 없이 건방지다)-傲慢(오만-mocker: 방자하고 잘난 체하여 건방지다)한 사람을 만났을 때 어떻게 대하는 것이 지혜인가를 여러 차례 말씀하고 있습니다.

2. 잠언에 나타난 거만-교만-오만한 사람들에 대한 말씀

* 거만한 자를 징계하는 자는 도리어 능욕을 받고 악인을 책망하는 자는 도리어 흠이 잡히느니라 거만한 자를 책망하지 말라 그가 너를 미워할까 두려우니라 지혜 있는 자를 책망하라 그가 너를 사랑하리라(잠9:7-8) * 네가 만일 지혜로우면 그 지혜가 네게 유익할 것이나 네가 만일 거만하면 너 홀로 해를 당하리라(잠9:12) * 지혜로운 아들은 아비의 훈계를 들으나 거만한 자는 꾸지람을 즐겨 듣지 아니하느니라(잠13:1) * 거만한 자는 지혜를 구하여도 얻지 못하거니와 명철한 자는 지식 얻기가 쉬우니라(잠14:6) * 거만한 자는 견책 받기를 좋아하지 아니하며 지혜 있는 자에게로 가지도 아니하느니라(잠15:12) * 교만은 패망의 선봉이요 거만한 마음은 넘어짐의 앞잡이니라(잠16:18) * 거만한 자를 때리라 그리하면 어리석은 자도 지혜를 얻으리라 명철한 자를 견책하라 그리하면 그가 지식을 얻으리라(잠19:25) * 심판은 거만한 자를 위하여 예비된 것이요 채찍은 어리석은 자의 등을 위하여 예비된 것이니라(잠19:29) * 거만한 자를 쫓아내면 다툼이 쉬고 싸움과 수욕이 그치느니라(잠22:10) * 미련한 자의 생각은 죄요 거만한 자는 사람에게 미움을 받느니라(24:9) * 거만한 자는 성읍을 요란하게 하여도 슬기로운 자는 노를 그치게 하느니라(잠29:8).

* 여호와를 경외하는 것은 악을 미워하는 것이라 나는 교만과 거만과 악한 행실과 패역한 입을 미워하느니라(잠8:13) * 교만이 오면 욕도 오거니와 겸손한 자에게는 지혜가 있느니라(잠11:2) * 교만에서는 다툼만 일어날 뿐이라 권면을 듣는 자는 지혜가 있느니라(잠13:10) * 미련한 자는 교만하여 입으로 매를 자청하고 지혜로운 자의 입술은 자기를 보전하느니라(잠14:3) * 여호와는 교만한 자의 집을 허시며 과부의 지계를 정하시느니라(잠15:25) * 무릇 마음이 교만한 자를 여호와께서 미워하시나니 피차 손을 잡을지라도 벌을 면하지 못하리라(잠16:5) * 사람의 마음의 교만은 멸망의 선봉이요 겸손은 존귀의 길잡이니라(잠18:12) * 눈이 높은 것과 마음이 교만한 것과 악인이 형통한 것은 다 죄니라(잠21:4) * 무례하고 교만한 자를 이름하여 망령된 자라 하나니 이는 넘치는 교만으로 행함이니라(잠21:4) * 사람이 교만하면 낮아지게 되겠고 마음이 겸손하면 영예를 얻으리라(잠29:23).

3. 거만-교만-오만한 사람들을 어떻게 대하여야 하는가?

첫째. 거만-교만-오만한 사람들은 항상 이 세상은 잘못 되었다-돼먹지 않았다-희망이 없다-모든 일을 자기만큼 잘 아는 사람이 없다-아무리 잘된 일이라도 끝내 조그만 실수를 찾아내어 날카롭게 비평하며-끊임없이 다툼을 일으키는 부정적인 사람들입니다. 그들은 정열-희망-믿음으로 힘차게 살아가는 사람에게 다가와서 그가 추구하는 일이 왜 희망이 없는지-왜 성공할 수 없는지를 무수한 사례를 들어 설명하므로 김새게 하고-기운을 빼고-에너지를 분산시켜 놓습니다.

이런 부정적인 사람들은 내가 잘 모르는 他人(타인)일 수 있으나, 나와 아주 가까운 사람(가족-친척-친구-교인-직장 동료 등)일 수도 있습니다. 타인이라면 다행이지만, 혹 나와 가까운 사람이라 할지라도 그럼에도 불구하고 비본병법 三十六計의 마지막 計(계)인 走爲上計(주위상계)를 쓰는 수밖에 없습니다. 그런 사람들로부터 재빨리 멀리 아주 멀리 도망하는 것이 상책입니다. 그러므로 시편 기자는 "복 있는 사람은 오만한 자와 자리를 함께 하지 않는다(시1:1)"고 하였습니다.

둘째. 우리는 거만-교만-오만한 사람들을 변화 시킬 수 있다고 쉽게 착각 합니다. 우리는 가끔 부정적 생활 태도(비사회적 생활 습관-도박-지나친 쾌락 탐닉-남의 공을 가로채는 야비한 행동-거친 말투-술주정-신뢰성 부족-게으름-우유부단-성냄-탐욕스러운 행태-악한 버릇 등등)을 가진 누군가를 꼭 변화 시켜야 한다는 안타까운 마음으로 충고합니다-징계합니다-책망합니다.

그러나 성경은 "거만한 자를 징계하는 자는 도리어 능욕을 받고 악인을 책망하는 자는 도리어 흠이 잡히느니라 거만한 자를 책망하지 말라 그가 너를 미워할까 두려우니라 지혜 있는 자를 책망하라 그가 너를 사랑하리라(잠9:7-8)"고 하십니다. 왜? 거만-교만-오만한 사람은 아비의 훈계도 듣지 않기 때문입니다(잠13:1).

얼마 전에 술 먹지 말라는 부모를 폭행하는 아들, 어머니에게 쌍욕을 하며 대드는 딸, 직장 상사를 흉기로 찌른 부하 직원, 도박 자금 내놓으라고 추운 길거리에서 어묵 장사하는 아내를 두들겨 패는 남편 등 참으로 가슴 아픈 보도를 보았습니다. 그런 사람들에게 한 두 마디 충고-징계-책망한다고 해결될 일이 아닙니다. 오히려 능욕을 받고-미움을 받을 뿐입니다. 〈갈매기의 꿈〉을 쓴 리차드 바크는 "사람이 자기 자신의 문제를 인정하고 자기 스스로 변화하기로 결심하지 않는 한, 이 세상 그 누구도 그 사람의 문제를 해결하여 줄 수 없다"고 하였습니다. 옳은 말입니다.

셋째. 그러므로 거만-교만-오만한 사람들에게 충고하지 말아야 합니다-징계하지 말아야 합니다-책망하지 말아야 합니다. 벤저민 프랭클린이 아주 지혜로운 말을 남겼습니다. "충고하지 말라. 왜? 현명한 사람에게는 충고가 필요 없고, 어리석은 사람은 충고를 無視(무시)하기 때문이다."

晉公三退(진공삼퇴)

제나라 환공에 이어 두 번째로 춘추오패(제환공-진문공-초장왕-오합려-월구천)의 위업을 달성한 晉文公(重耳-중이)의 일생은 참으로 기구 하였습니다.

중이는 진헌공의 둘째 아들로 태어났습니다. 헌공은 '여희'를 총애하여, 장남인 태자 申生(신생)을 죽이고, 여희의 소생으로 태자를 삼았습니다. 중이는 호언-조쇠-개자추-호사고-위주-호모-호숙 등 측근 신하 몇몇과 제나라-조나라-정나라-송나라-초나라-秦(진)나라 등 여러 나라를 돌아다니며 초라한 망명 생활을 하다가 19년 만에 秦穆公(진목공)의 도움으로 62세 나이에 고국 晉(진)나라에 돌아와 曲沃(곡옥) 땅에서 왕위에 올라 晉文公(진문공)이라 칭하였습니다.

한 때, 중이는 초라한 망명객으로 楚(초)나라 성왕을 찾아갔습니다. 초나라 성왕은 한갓 진나라 망명객 중이를 외국 임금을 대접하는 예의로써 삼배를 세 번 올리는 九獻(구헌)의 술잔을 올렸습니다. 조나라-정나라-송나라 등에서는 푸대접을 받았는데 초나라에서 이렇게 융숭한 대접을 받은 것입니다.

어느 날 초성왕이 중이를 초대하여 성대한 잔치를 베풀고 대화를 나누었습니다. "공자가 진나라에 돌아가 군위에 오르면 그 때에 과인에게 무엇으로 보답하시겠소?", "여자-구슬-비단은 넉넉하실 것이고, 새털-가죽은 초나라 것이 원래 명품이니 군왕은 무엇을 원하십니까?", "그건 그러하나, 그래도 공자가 과인에게 무엇을 보답할는지 한 번 말해 보시오."

"만일 군왕의 도움으로 제가 진나라의 왕위에 오른다면 귀국과 우호를 두터이 하여, 양국 백성들이 태평성대를 누리도록 힘쓰겠습니다. 그러나 만부득이 귀국과 전쟁터에서 만나게 되었을 때, 우리 진나라가 강하고 귀국이 약할 경우 이 몸은 귀국의 은혜를 기억하여 귀국과 싸우지 아니하고 三舍(삼사)의 예를 올리겠습니다" 라고 하였습니다. 전쟁터에서 一舍(일사)는 30리를 후퇴하는 것이니, 삼사라면 90리를 후퇴한다는 뜻입니다.

人生流轉(인생유전)이라 훗날, 진문공과 초성왕은 '성박' 이라는 땅에서 乾坤一擲(건곤일척)의 큰 싸움을 하게 되었는데 진문공은 여러 신하들의 강력한 만류에도 불구하고 초성왕에 대하여 三舍의 예를 지켰습니다.

진문공이 제환공의 뒤를 이어 춘추오패의 두 번째 계승자가 된 것은 진문공의 이와 같은 신의와 큰 도량이 있었기 때문입니다.

나는 내 좋은 어떤 친구에게 진공삼퇴를 하기로 하였는데 아직 실천하지 못하고 있으나, 잊지 않고 있음을 이 자리를 빌려 밝히는 바임.

· 울진 금강소나무 숲길 ·

10월 9일(수) 신리교회(강원도 삼척 도계읍 신리3리) 김상국 전도사님 초청으로 울진 금강소나무 숲길 제1구간(두천리-소광리 13.5km-소요시간 7시간)을 걷기 위하여 양평역 12시 30분 무궁화 열차로 길을 떠났습니다.

10월 10일(목) 새벽 5시 교회 밖에 있는 재래식 화장실을 다녀오다가 문득 하늘을 올려다보고 "앗!" 너무나 황홀하고 숨이 막혀 그만 넋을 잃었습니다. 바로 내 머리 위에서 주먹만한 금강석 별빛들이 번쩍번쩍 빛나고 있었기 때문입니다. 하여, 새벽이 동터 별들의 축제가 끝날 때까지 나는 꼼짝 않고(아니 꼼짝할 수 없었다!) 그대로 서 있었습니다. 1977년 내가 거대한 침묵과 고요 속 사우디 아라비아 사막 한 가운데서 보았던 그런 별빛이었습니다.

아침 7시 신리교회 주한옥 사모님이 정성껏 준비하여 내놓은 유기농 녹색 밥상을 감사하게 받고 80km 떨어진 집합장소 울진 두천리로 갔습니다. 우리 팀은 최윤석 숲해설가-나-김상국-전직 국방대학원 유교수 부부-오산 미군 부대 군속 미스 한-구미에서 온 여학생 이상 7명. 처음은 낯설었지만 7시간을 한 팀이 되어 산을 넘고-거침없이 흐르는 물가에 앉아 쉬고-시래기국+비빔밥(6,000원)으로 점심을 나누고-이런저런 이야기를 나누다보니 우리 만남은 우연이 아니었습니다.

금강소나무 숲길 제1구간 13,5km는 언덕 고개 임도 숲길 냇물이 어우러져 참 아름답습니다. 10km 지점을 지나 마지막 소광리 고갯길이 좀 힘들었으나 전체적으로는 무난합니다. 그런데 이 구간에는 정작 금강소나무는 별로 없었습니다. 금강소나무 군락지는 제3구간에 있다고 합니다.

오후 4시 소광리 도착-내일 제3구간(소요시간 5시간)도 걷기로 하고-김상국 전도사님과 작별하고-민박(숙박비 일만 원-식사 6,000원)을 정하였습니다. 다음 날, 아침을 먹는데 유 교수 부인이 자기는 어제 무리했는지 다리가 몹시 아파 제3구간은 다음으로 미루어야겠다고 합니다. "그러면 두 분은 이제 어디로 가실 겁니까?" 물으니 "태백을 경유하여 여수 돌산섬 향일암으로 간다"고 합니다. 그러다 가만히 내 몸 상태를 점검하여 보니 나의 왼쪽 다리가 좀 묵직합니다. 그리하여 '그래, 나도 참자!' 하고 유 교수네 테라칸에 편승하여 태백으로 후퇴한 이정수 목사

잠언의 지혜-가난한 사람들에 대하여(잠19:17)

본문 / 출20:1-17, 신5:1-21

1. 들어가는 이야기

잠언은 가난한 사람을 멸시-학대하는 것은 그를 지으신 하나님을 멸시하는 것이라고 하십니다. 남녀노소-빈부귀천을 무론하고 각 사람 속에는 하나님의 형상(Imago Dei)이 찬란히 빛나고 있기 때문입니다. 인도 사람들은 인사할 때 상대방에게 공손히 두 손을 합장하고 절하면서 "나마스떼" 라고 합니다. '나마스떼' 라는 말은 '당신 속에 불타고 있는 신성한 불꽃에 예배드립니다' 라는 뜻이랍니다.

2. 잠언에 나타난 가난한 사람들에 대한 말씀

* 네 손이 선을 베풀 힘이 있거든 마땅히 받을 자에게 베풀기를 아끼지 말며 네게 있거든 이웃에게 이르기를 갔다가 다시 오라 내일 주겠노라 하지 말라(잠3:27-28) * 구제를 좋아하는 자는 풍족하여질 것이요 남을 윤택하게 하는 자는 윤택하여지리라(잠11:25) * 그 이웃을 업신여기는 자는 죄를 범하는 자요 빈곤한 자를 불쌍히 여기는 자는 복이 있는 자니라(잠4:21) * 가난한 사람을 학대하는 자는 그를 지으신 이를 멸시하는 자요 궁핍한 사람을 불쌍히 여기는 자는 주를 공경하는 자니라(잠14:31) * 가난한 자를 조롱하는 자는 그를 지으신 주를 멸시하는 자요 사람의 재앙을 기뻐하는 자는 형벌을 면하지 못할 자니라(잠17:5) * 가난한 자를 불쌍히 여기는 것은 여호와께 꾸어 드리는 것이니 그의 선행을 그에게 갚아 주시리라(잠19:17) * 귀를 막고 가난한 자가 부르짖는 소리를 듣지 아니하면 자기가 부르짖을 때에도 들을 자가 없으리라(잠21 | 13) * 가난한 자와 부한 자가 함께 살거니와 그 모두를 지으신 이는 여호와시니라(잠22:2) * 선한 눈을 가진 자는 복을 받으리니 이는 양식을 가난한 자에게 줌이니라(잠22:9).

* 이익을 얻으려고 가난한 자를 학대하는 자와 부자에게 주는 자는 가난하여질 뿐이니라(잠22:16) * 가난한 자를 학대하는 가난한 자는 곡식을 남기지 아니하는 폭우 같으니라(잠28:3) * 중한 변리로 자기 재산을 늘리는 것은 가난한 사람을 불쌍히 여기는 자를 위해 그 재산을 저축하는 것이니라(잠28:8) * 가난한 백성을 압제하는 악한 관원은 부르짖는 사자와 주린 곰 같으니라(잠28:15) * 가난한 자를 구제하는 자는 궁핍하지 아니하려니와 못 본 체하는 자에게는 저주가 크리라(잠28:27) * 의인은 가난한 자의 사정을 알아주나 악인은 알아 줄 지식이 없느니라(잠29:7) * 왕이 가난한 자를 성실히 신원하면 그의 왕위가 영원히 견고하리라(잠29:14) * 헛된 것과 거짓말을 내게서 멀리 하옵시며 나를 가난하게도 마옵시고 부하게도 마옵시고 오직 필요한 양식으로 나를 먹이시옵소서 혹 내가 배불러서 하나님을 모른다 여호와가 누구냐 할까 하오며 혹 내가 가난하여 도둑질하고 내 하나님의 이름을 욕되게 할까 두려워함이니이다(잠30:8-9).

3. 가난한 사람들을 어떻게 대하여야 하는가?

첫째. 하나님은 가난한 사람들 편이심을 기억하여야할 일입니다. 가난한 사람을 학대하는 자는 그를 지으신 이를 멸시하는 자요 궁핍한 사람을 불쌍히 여기는 자는 주를 공경하는 자니라(잠14:31)-가난한 자를 조롱하는 자는 그를 지으신 주를 멸시하는 자라(잠17:5)-가난한 자를 불쌍히 여기는 것은 여호와께 꾸어 드리는 것이니 그의 선행을 그에게 갚아 주시리라(잠19:17) 하셨기 때문입니다. 예수님도 공생애 第一聲(제일성) 메시야 선언에서 이를 분명히 하셨습니다(가난한 자에게 복음을-포로된 자에게 자유를-눈먼 자에게 다시 보게 함을…(눅4:16-21).

둘째. 그러므로 우리가 힘 있는 대로 가난한 사람들을 돕는 것이 마땅합니다. 네 손이 선을 베풀 힘이 있거든 마땅히 받을 자에게 베풀기를 아끼지 말며 네게 있거든 이웃에게 이르기를 갔다가 다시 오라 내일 주겠노라 하지 말라(잠3:27-28)-구제를 좋아하는 자는 풍족하여질 것이요 남을 윤택하게 하는 자는 윤택하여지리라(잠11:25) 하셨기 때문입니다.

예수님은 친히 "주라 그리하면 너희에게 줄 것이니 곧 후히 되어 누르고 흔들어 넘치도록 하여 너희에게 안겨 주리라(눅6:38)" 고 까지 하셨고, 야고보 사도는 "내 형제들아 만일 사람이 믿음이 있노라 하고 행함이 없으면 무슨 유익이 있으리요 그 믿음이 능히 자기를 구원하겠느냐 만일 형제나 자매가 헐벗고 일용할 양식이 없는데 너희 중에 누구든지 그에게 이르되 평안히 가라, 덥게 하라, 배부르게 하라 하며 그 몸에 쓸 것을 주지 아니하면 무슨 유익이 있으리요 이와 같이 행함이 없는 믿음은 그 자체가 죽은 것이라 어떤 사람은 말하기를 너는 믿음이 있고 나는 행함이 있으니 행함이 없는 네 믿음을 내게 보이라 나는 행함으로 내 믿음을 네게 보이리라 하리라(약2:14-18)" 고 하셨습니다.

셋째. 그러나 그럼에도 불구하고 "너는 가난하지 말라!"고 하십니다. 잠언은 끊임없이 가난한 사람들을 불쌍히 여기라-돌아보라-저들의 고통을 알아주라고 하십니다. 그런데 바로 여기에 反轉(반전)-逆說(역설)의 지혜가 숨어 있습니다.

그 역설이 무엇인가? "그러나 너-너는-너만은! 결코 가난하지 말라!"는 것입니다. 개미에게 가서 배우라(잠6:6-11), 부지런한 자의 경영은 풍부함에 이를 것이나 조급한 자는 궁핍함에 이를 따름이니라(잠21:5), 술을 즐겨하는 자와 고기를 탐하는 자로 더불어 사귀지 말라 술 취하고 탐식하는 자는 가난하여질 것이요 잠자기를 즐겨하는 자는 해어진 옷을 입을 것임이니라(잠23:20-21) 네가 좀 더 자자, 좀 더 졸자, 손을 모으고 좀더 눕자 하니 네 빈궁이 강도같이 오며 네 곤핍(困乏)이 군사같이 이르리라(잠24:30-34) 하신 것입니다. 무슨 뜻입니까? 너는 가난한 사람들을 돌보고-불쌍히 여기고-저들의 고통을 알아주고-네 힘 있는 대로 넉넉히 베풀어주어라, 그러나 "너-너는-너만은 결코 가난하지 말라!"는 말씀입니다.

고전예화 685 폐-빚-신세지지 말라-가난하지 말라

구약 잠언과 함께 신약 곳곳에서도 빚지지 말라-신세지지 말라-폐 끼치지 말라-가난하지 말라고 하십니다.

* 여러분이 아는 바와 같이 이 손으로 나와 내 동행들이 쓰는 것을 충당하여 범사에 여러분에게 모본을 보여준 바와 같이 수고하여 약한 사람들을 돕고 또 주 예수께서 친히 말씀하신 바 주는 것이 받는 것보다 복이 있다 하심을 기억하여야 할지니라(행20:34-35).

* 피차 사랑의 빚 외에는 아무에게든지 아무 빚도 지지 말라 남을 사랑하는 자는 율법을 다 이루었느니라(롬13:8).

* 도둑질하는 자는 다시 도둑질하지 말고 돌이켜 가난한 자에게 구제할 수 있도록 자기 손으로 수고하여 선한 일을 하라(엡4:28).

* 형제들아 우리의 수고와 애쓴 것을 너희가 기억하리니 너희 아무에게도 폐를 끼치지 아니하려고 밤낮으로 일하면서 너희에게 하나님의 복음을 전하였노라(살전2:9).

* 또 너희에게 명한 것 같이 조용히 자기 일을 하고 너희 손으로 일하기를 힘쓰라 이는 외인에 대하여 단정히 행하고 또한 아무 궁핍함이 없게 하려 함이라(살전4:11-12).

* 어떻게 우리를 본받아야 할지를 너희가 스스로 아나니 우리가 너희 가운데서 무질서하게 행하지 아니하며 누구에게서든지 음식을 값없이 먹지 않고 오직 수고하고 애써 주야로 일함은 너희 아무에게도 폐를 끼치지 아니하려 함이니 우리에게 권리가 없는 것이 아니요 오직 스스로 너희에게 본을 보여 우리를 본받게 하려 함이니라 우리가 너희와 함께 있을 때에도 너희에게 명하기를 누구든지 일하기 싫어하거든 먹지도 말게 하라 하였더니 우리가 들은즉 너희 가운데 게으르게 행하여 도무지 일하지 아니하고 일을 만들기만 하는 자들이 있다 하니 이런 자들에게 우리가 명하고 주 예수 그리스도 안에서 권하기를 조용히 일하여 자기 양식을 먹으라 하노라(살후3:7-12).

노자도 〈도덕경〉-33장 久壽(구수)-44장 知足(지족)-46장 常足(상족)-59장 早服(조복)-67장 三寶(삼보) 등에서 가난하여 다른 사람들에게 폐-신세-빚지지 않고 살려면 부득불 청빈-지족-단순-아끼는 삶을 살아야 한다고 하였습니다.

청빈한 삶이란? 어찌어찌 살다보니 가난하게 살게 되었다는 것이 아닙니다. 청빈한 삶은 스스로의 사상과 의지를 굳게 하여 적극적으로 만들어진 간소한 삶입니다.

· 내 아버지 영락교회 고 이기장 장로님 장례식 ·

내 아버지 영락교회 은퇴장로 이기장 장로님이 2013년 10월 24일(목) 오전 4시 47분 이천의료원 206호에서 94세로 召天(소천) 하셨습니다.

고 이기장 장로님은 1921년 7월 21일 평북 철산군 참면 용산동 104에서 출생
1943년 10월 20일 김정희(1977년 1월 16일 별세)와 결혼
1948년 월남하여 이태원에 거주
1950년 북한 인민군에 사로잡혀 인민군으로 전선에 투입되었다가 국군에 투항
1953년 거제도 반공포로 석방으로 풀려나, 부산 거주 부산영락교회 신축공사에 참여
1961년 서울로 이주 서울영락교회 출석
1968년 영락교회 유신회원들과 중곡동교회 창립
1977년 아내 김정희와 사별(그 후 세상 뜰 때까지 독신생활)
1979년 영락교회 장로 장립
2005년 이천 한나양로원 입주
2013년 노환으로 이천의료원 입원 중 10월 24일(목) 오전 4시 47분 소천

2013년 10월 24일 서울의료원 강남분원에 빈소를 마련하니, 일가친척-내 좋은 친구들-내 동생 친구들-아이들이 다니는 노바티스, BYC, 뮤직에트로 회사 동료 등 많은 분들이 찾아오시어 위로하여 주셨습니다.

10월 26일(토) 영락교회장으로 본당에서 담임목사 이철신 목사 주례로 장례예배 드리고, 영락동산에 계신 내 어머니 김정희 묘지에 합장하였습니다.

유가족
장남-이정수, 김연미, 혜원, 형원
차남-이정필, 이금희, 상훈, 상욱, 손자 며느리 박진종, 손녀딸 은총

누군가 "도인이 따로 있나 이기장 장로님이 도인이셨지!"라고 합니다. 내 아버지의 일생을 조용히 돌이켜보니 정말 그러합니다. 내 아버지 이기장 장로님께 진심으로 고맙고 감사하는 마음을 전하는 아들 이정수 목사

잠언의 지혜-화내는 사람들에 대하여(잠22:24-25)

본문 / 잠22:24-25

1. 들어가는 이야기

동양에서는 사람의 본성을 四端七情(사단칠정)-측은지심, 수오지심, 시비지심, 사양지심-희(喜-기쁨), 애(哀-슬픔), 구(懼-두려움), 애(愛-사랑), 오(惡-수치심), 욕(欲-욕망), 노(怒-분냄, 화, 짜증 anger)라고 하였습니다. 佛家에서는 貪嗔癡(탐진치: 탐욕-성냄-어리석음)를 인생의 三毒(삼독)이라 합니다. 잠언 역시 화(anger)-분노-짜증을 여러 가지 모양으로 각별히 경계하고 있습니다.

2. 잠언에 나타난 怒(노)-화(anger)-짜증(stress)에 대한 말씀

* 미련한 자는 당장 분노를 나타내거니와 슬기로운 자는 수욕을 참느니라(잠12:16) * 노하기를 속히 하는 자는 어리석은 일을 행하고 악한 계교를 꾀하는 자는 미움을 받느니라(잠14:17) * 노하기를 더디 하는 자는 크게 명철하여도 마음이 조급한 자는 어리석음을 나타내느니라(잠14:29) * 유순한 대답은 분노를 쉬게 하여도 과격한 말은 노를 격동하느니라(잠15:1) * 분을 쉽게 내는 자는 다툼을 일으켜도 노하기를 더디 하는 자는 시비를 그치게 하느니라(잠15:18) * 노하기를 더디하는 자는 용사보다 낫고 자기의 마음을 다스리는 자는 성을 빼앗는 자보다 나으니라(잠16:32) * 노엽게 한 형제와 화목하기가 견고한 성을 취하기보다 어려운즉 이러한 다툼은 산성 문빗장 같으니라(잠18:19) * 노하기를 더디 하는 것이 사람의 슬기요 허물을 용서하는 것이 자기의 영광이니라(잠19:11) * 노하기를 맹렬히 하는 자는 벌을 받을 것이라 네가 그를 건져 주면 다시 그런 일이 생기리라(잠19:19) * 은밀한 선물은 노를 쉬게 하고 품 안의 뇌물은 맹렬한 분을 그치게 하느니라(잠21:14).

* 노를 품는 자와 사귀지 말며 울분한 자와 동행하지 말지니 그의 행위를 본받아 네 영혼을 올무에 빠뜨릴까 두려움이니라(잠22:24-25) * 너는 이웃과 다투거든 변론만 하고 남의 은밀한 일은 누설하지 말라 듣는 자가 너를 꾸짖을 터이요 또 네게 대한 악평이 네게서 떠나지 아니할까 두려우니라(잠25:9-10) * 자기의 마음을 제어하지 아니하는 자는 성읍이 무너지고 성벽이 없는 것과 같으니라(잠25:28) * 돌은 무겁고 모래도 가볍지 아니하거니와 미련한 자의 분노는 이 둘보다 무거우니라(잠27:3) * 거만한 자는 성읍을 요란하게 하여도 슬기로운 자는 노를 그치게 하느니라(잠29:8) * 노하는 자는 다툼을 일으키고 성내는 자는 범죄함이 많으니라(잠29:22) * 대저 젖을 저으면 엉긴 젖이 되고 코를 비틀면 피가 나는 것 같이 노를 격동하면 다툼이 남이니라(잠30:33).

3. 忿怒(분노)-화(anger)-짜증(stress)을 어떻게 다룰 것인가?

첫째. 화–분노–짜증은 왜 일어나는가? 육체적으로 배가 고플 때–몸이 피곤할 때– 병들었을 때, 정신적으로 스트레스 받을 때–내 뜻대로 되지 않을 때–경우에 어긋나는 일을 당했을 때–속았을 때–차별 받을 때–배반당했을 때–不義(불의)를 보았을 때 일어납니다. 화가 날 때 화를 내는 것은 자연스러운 현상입니다. 그러나 문제는 화를 내는 표현에 있습니다. 화가 났다고 즉물적으로–즉각적으로–앞뒤 생각 없이–다른 사람의 입장을 고려함이 없이–내 감정 그대로 쏟아내는 것이 문제라는 말입니다. 그러므로 잠언은 "미련한 자는 당장 분노를 나타내거니와 슬기로운 자는 수욕을 참느니라(잠12:16)" 라고 하신 것입니다.

둘째. 화를 내는 것도 습관입니다. 자기 마음을 다스리지 못하고, 큰일이나 작은 일이나 자기에게 조금이라도 수틀리면 발끈발끈, 벌컥벌컥 화–짜증내는 사람이 있습니다. 참으로 곤란한 사람입니다. 그러므로 잠언은 아예 "노를 품는 자와 사귀지 말며 울분한 자와 동행하지 말지니 그의 행위를 본받아 네 영혼을 올무에 빠뜨릴까 두려움이니라(잠22:24–25)" 라고 하셨습니다.

셋째. 앞에 例示(예시)한 모든 잠언 말씀의 결론은 한 마디로 '화 내지 말고 살라!' 는 것입니다. 그런데 살다보면 화나는 일이 생기는 걸 어떻게 합니까? 그렇다면 심호흡 한 번하고 천천히 1–10을 세십시오, 도저히 참을 수 없이 화가 납니까? 그러면 심호흡 세 번하고 천천히 1–100까지 세십시오(When angry, count ten before you speak, If very angry, a hundred).

무슨 뜻인가? 화나는 이유가 무엇인지 나 자신을 살펴보라는 것입니다. 화가 나서 내가 지금 하려는 소리가 무엇인지 살펴보라는 것입니다. 즉물적–조건반사적으로 대응하지 말고 전후좌우를 잘 살피고 화를 내라는 것입니다. 너는 이웃과 다투거든 변론만 하고 남의 은밀한 일은 누설하지 말라 듣는 자가 너를 꾸짖을 터이요 또 네게 대한 악평이 네게서 떠나지 아니할까 두려우니라(잠25:9–10).

참는 자가 복이 있습니다. 춘추전국시대 초장왕 때 일입니다. 초장왕이 투월초의 반란을 진압하고, 축하연을 베풀고 그 애첩 허희에게 공을 세운 장수들에게 축하주를 따라주라고 하였습니다. 그런데 갑자기 광풍이 불어 촛불이 다 꺼져 깜깜절벽이 되었습니다. 그 때 누군가 허희를 껴안았습니다. 질겁한 허희는 초장왕에게 소첩이 그 자의 갓끈을 떼었으니 속히 불을 밝혀 죄인을 잡아달라고 하였습니다.

초장왕은 "불을 밝히지 말라, 여러 장수들은 지금 당장 모두 갓끈을 끊으라" 고 하고 죄인 색출을 금하였습니다. 이날 잔치를 絕纓之會(절영지회: 갓끈을 끊은 잔치)라고 합니다. 훗날 초장왕이 정나라와의 싸움에서 목숨이 위태로울 때 100명의 돌격대로 초장왕을 구한 唐狡(당교)라는 장수가 있었는데 그가 바로 그날 밤 허희를 껴안았던 사람이었습니다.

고전예화 686 내 아버지 이기장 장로님 장례식 단상

ㅇ 내 아버지는 2013년 10월 24일(목) 새벽 4시 47분, 나와 내 동생이 아버지의 두 손을 마주잡고 지켜보는 가운데 아무 고통 없이 조용히-문자 그대로 주무시는듯 숨을 멈추셨습니다. 나와 내 동생은 두 눈을 감겨드리고 목사인 내가 임종감사기도를 드렸습니다. 내 아버지는 평생 병원 신세진 일이 거의 없이 건강하시다가, 특별한 질병이 없이 그야말로 노환으로 두 달 병원에 계시다가 임종하셨습니다.

ㅇ 8월 29일-10월 24일까지 거의 두 달 동안 내 동생 이정필 집사가 간병하느라고 참 많은 수고하였습니다. 정필이 하는 소리가 아버지가 가시기 전에 두 달 병원에 있으면서 좀 배우라고 하신 것 같다-너무나 감사하다고 합니다.

ㅇ 이천의료원 영안실에서 서울의료원 강남분원 장례식장으로 빈소를 옮긴 것은 매우 현명한 처사였습니다.

ㅇ 장례화환-인천제일교회 손신철 목사, 지명교회 조인서 목사, 영락교회 이철신 목사, 노바티스 에릭 반 오피스 대표, 뮤직 에트로 최승규 사장, 양병원 양형규 원장 등이어서 초라하지도 않고 번잡하지도 않은 참 알맞은 모양새였습니다. 지명교회 조인서 목사가 보낸 弔花(조화)가 엉뚱하게 이정순의 빈소에 서 있어서 되찾아 오는 해프닝이 있었습니다.

ㅇ 장례 조문객의 70%가 나와 내 동생의 아이들 혜원-형원-상훈-상욱의 학교 동창-동아리-회사 동료들입니다. 시대가 변한 것을 실감하였습니다.

ㅇ 영락교회장은 영락교회 본당에서 드리는데 담임목사 설교-성가대-독창자 정규환 선생 특송(주기도문)-약력소개(안순근 장로)-조사(김성배 장로), 예배 후 본당부터 담임목사가 선두에 서고 영정-운구(안수집사님들)-일가친척이 뒤를 이어 버스에 오를 때까지-양옆으로 장례 예복을 정갈하게 입은 백여 명의 성가대와 조문객들이 도열하여 찬송가를 부릅니다. 참으로 감사하고 영광이었습니다.

ㅇ 때마침 미국 뉴욕에 사는 내 사촌 동생 이정범도 장례에 참석하였습니다. 정범이 말이 큰아버지가 나 떠나기 전에 돌아가셨으면 좋겠다고 기도 하였는데, 그리 되었다고 합니다. 그리고 하는 소리가 "이제부터 형이 우리 집안 최고 어른이네!" 합니다. 가슴이 뜨끔하였습니다.

ㅇ 오셔서 위로하여 주신 모든 분들에게 진심-진심-진심으로 감사드립니다.

· 나의 인생 점수는 몇 점일까? ·

11월 5일(화) 내 아버지 산소 앞 비석에 새길 문구를 마련하여 사릉 뒷산 영락공원묘지로 갔습니다. 가는 길에 보니 단풍이 절정입니다. 그야말로 千紫萬紅(천자만홍)-滿山紅葉(만산홍엽)-山紫水明(산자수명)-天高馬肥(천고마비)입니다.

산소 앞에서 나 홀로 예배드리고, 영락석재사 이대영 씨와 비석에 새겨 넣을 문구에 대하여 논의하고-殘金(잔금) 치르고, 노을 지는 산을 내려오며 파란만장한 대한민국의 현대사와 맞물린 내 아버지의 94년 일생을 돌아보았습니다. 일제시대 1921년 출생-1943년 결혼-1948년 월남-6 · 25 때 납북-거제도 포로수용소-피난살이-먹고 사는 일-종로 5가 광장시장 구관 54호 포목점-1965년 내 집 장만-1977년 내 모친의 죽음-1977년부터 독신으로 하남 춘궁동 보울목장-규칙적인 신앙생활-2005년 이천 한나 양로원 입주-2013년 10월 24일 별세. 만감이 교차하였습니다.

산길을 내려오며 당나라 元稹(원진)의 시 〈離思(이사)〉가 생각났습니다.

曾經滄海難爲水(증경창해위수: 드넓은 푸른 바다를 보고나니 세상 江은 대수롭지 아니하고)
除却巫山不是雲(제각무산불시운: 무산 구름을 보고나니 다른 구름은 구름 같지도 않구나)
取次花叢懶回顧(취차화총라회고: 더러 다른 꽃을 보았으나 고개 돌려 다시 보고 싶지 않으니)
半緣修道半緣君(반연수도반연군: 반은 도를 닦은 까닭이고, 반은 그대 탓이라네)

이 시의 속뜻은 사람에 대한 그리움이나 흘러간 인생 여정에 대한 그리움이나 별 차이 없다 하는 소리입니다.

즉, '황하강이나 양자강 같은 큰 강을 보고 와! 대단하다 하였는데 가없는 바다를 보고 나니 그 거대한 강도 별거 아니더라, 무산의 구름을 보고나니 이곳저곳 이리저리 뜬 구름은 구름이라 할 것도 없다, 제아무리 대단한 꽃 같은 인생이라 해도 다시 고개 돌려 보고 싶은 생각 없으니, 반은 예수의 도를 닦은 탓이고 반은 내 아버지 94년 일생을 지켜본 탓이다' 라는 뜻입니다.

내 아버지 이기장 장로님의 일생은 아들인 내가 보기에 대단한 高手(고수)였습니다. 훗날 이혜원 이형원 나의 두 아이는 저들의 아버지였던 나 이정수의 일생을 어떻게 볼까 저어하는 이정수 목사

잠언의 지혜-德 되는 말에 대하여(잠15:28)

본문 / 잠15:28

1. 들어가는 이야기

우리 속담에 "말 한마디로 천냥 빚을 갚는다"고 하였습니다. 우리가 하는 말이 얼마나 중차대한지 우리는 잘 알면서도 깜박깜박하고 살기 때문에 인간관계에서 크나 큰 고통을 받는 경우가 많습니다. 그러므로 잠언에는 말에 대한 지혜의 말씀이 참으로 다양하게 제시되어 있습니다.

2. 잠언에 나타난 덕 되는 말에 대한 말씀

* 네 입의 말로 네가 얽혔으며 네 입의 말로 인하여 잡히게 되었느니라(잠6:2) * 말이 많으면 허물을 면하기 어려우나 그 입술을 제어하는 자는 지혜가 있느니라(잠10:19) * 의인의 입술은 기쁘게 할 것을 알거늘 악인의 입은 패역을 말하느니라(잠10:32) * 악인은 입으로 그의 이웃을 망하게 하여도 의인은 그의 지식으로 말미암아 구원을 얻느니라(잠11:9) * 악인의 말은 사람을 엿보아 피를 흘리자 하는 것이거니와 정직한 자의 입은 사람을 구원하느니라(잠12:6) * 사람은 입의 열매로 말미암아 복록에 족하며 그 손이 행하는 대로 자기가 받느니라(잠12:14) * 칼로 찌름 같이 함부로 말하는 자가 있거니와 지혜로운 자의 혀는 양약과 같으니라(잠12:18) * 모든 수고에는 이익이 있어도 입술의 말은 궁핍을 이룰 뿐이니라(잠14:23) * 유순한 대답은 분노를 쉬게 하여도 과격한 말은 노를 격동하느니라(잠15:1) * 사람은 그 입의 대답으로 말미암아 기쁨을 얻나니 때에 맞는 말이 얼마나 아름다운고(잠15:23).

* 의인의 마음은 대답할 말을 깊이 생각하여도 악인의 입은 악을 쏟느니라(잠15:28) * 선한 말은 꿀송이 같아서 마음에 달고 뼈에 양약이 되느니라(잠16:24) * 패역한 자는 다툼을 일으키고 말쟁이는 친한 벗을 이간하느니라(잠16:28) * 악을 행하는 자는 사악한 입술이 하는 말을 잘 듣고 거짓말을 하는 자는 악한 혀가 하는 말에 귀를 기울이느니라(잠17:4) * 허물을 덮어 주는 자는 사랑을 구하는 자요 그것을 거듭 말하는 자는 친한 벗을 이간하는 자니라(잠17:9) * 명철한 사람의 입의 말은 깊은 물과 같고 지혜의 샘은 솟구쳐 흐르는 내와 같으니라(잠18:4) * 남의 말하기를 좋아하는 자의 말은 별식과 같아서 뱃속 깊은 데로 내려가느니라(잠18:8) * 두루 다니며 한담하는 자는 남의 비밀을 누설하나니 입술을 벌린 자를 사귀지 말지니라(잠20:19) * 미련한 자의 귀에 말하지 말지니 이는 그가 네 지혜로운 말을 업신여길 것임이니라(잠23:9) * 경우에 합당한 말은 아로새긴 은쟁반에 금사과니라(잠25:11).

3. 어떤 말을 어떻게 말하여야 하는가?

첫째. 德(덕) 되는 말(선한 말)을 하여야 합니다. 나는 이번 내 아버지 장례를 내 좋은 사람들 德分(덕분)에 넉넉하게-은혜롭게-아름답게 잘 치렀습니다. 덕이란? 어려움 당한 사람을 붙들어주는 것-사람을 살리는 힘(power)입니다.

그 이웃을 망하게 하는 말(잠11:9)-사람을 엿보아 피를 흘리게 하는 말(잠12:6)-칼로 찌르는 듯한 말(잠12:18)-다툼을 일으키는 말(잠16:28)-친한 벗을 이간하는 말(잠17:9)이 아니라, 사람을 구원하는 말(잠12:6)-분노를 쉬게 하는 말(잠15:1)-때에 맞는 아름다운 말(잠15:23)-꿀송이 같이 달고 양약이 되는 말(잠16:24)-허물을 덮어 주어 사람을 구하는 말(잠17:9)-그야말로 아로새긴 은쟁반에 놓인 금사과 같이 경우에 합당한 말을 하여야 합니다(잠25:11).

둘째. 그걸 누가 몰라? 하지 말아야 합니다.

어느 날, 비파행-장한가로 유명한 당나라 시인이요-항주자사인 백낙천(772-846)이 항주 전망산의 도림선사(道林禪師 741-824)를 찾아가 "인생의 좌우명으로 삼을 만한 한 말씀 주십시오" 하니, 도림은 단 한 마디 "諸惡莫作 衆善奉行(제악막작 중선봉행: 악한 죄 짓지 말고, 착한 일을 받들어 행하라)" 라고 하였습니다. 대단한 명언을 기대하였던 백낙천은 "그걸 누가 몰라?" 하였습니다. 그러자 도림은 옷 매무새를 고치고 단정이 좌정하고 "과연 그러하다. 知而行難(지이행난: 알지만 행하기는 어렵다)! 알기는 세 살 먹은 아이도 안다. 그러나 90 노인도 행하기는 어렵다!" 고 一喝(일갈) 하였습니다.

셋째. 그러면 어이 하는가?

땅에는 道路(도로)가 있습니다. 물에는 海路(해로)가 있습니다. 하늘에는 航路(항로)가 있습니다. 書藝(서예)에는 書法(서법)이 있습니다. 모든 운동에는 기본자세가 있습니다. 법대로 하지 아니하면 망하거나 큰 성취를 이룰 수 없습니다. 그러므로 不學古人 法無一可 竟似古人 何處著我(불학고인 법무일가 경사고인 하처저아: 고수에게 배우지 않으면, 아무 것도 이룰 수 없다. 그러나 고수를 닮기만 한다면, 나만의 개성은 어디에서 이룰 것인가?) 라고 하였습니다.

말에도 당연히 言道(언도)가 있습니다. 우리 모두 "그걸 누가 몰라?" 할 만큼 이미 잘 알고 있습니다. "의인의 마음은 대답할 말을 깊이 생각하느니라(잠15:28)-이른 아침에 큰 소리로 자기 이웃을 축복하면 도리어 저주 같이 여기게 되리라(잠27:14)-지식이 있는 자는 말을 아끼느니라(잠17:27)-가는 말이 고와야 오는 말이 고우니라-말이란 아 해 다르고, 어 해 다르니라" 등이 그것입니다(참고: 말씀의 샘물에 올린 〈말에 관한 말씀〉-제15호-220호-256호-257호-258호-315호-316호-407호-408호-409호-648호 등).

고전예화 687

행복한 삶과 후회 없는 임종

'게리 캘리, 구세희 역, 〈The One Thing-원씽〉-비즈니스북스' 를 읽었습니다. 이 책의 요점은 '한 가지 일에 집중하라!' 는 것입니다. 평생-10년-1년-한 달-일 주일-하루-지금 이 순간-그때 그때마다 오직 한 가지 일에만 집중하라! 는 것입니다.

ㅇ 미국심리학회장을 지낸 마틴 셀리그만 박사는 사람이 행복한 삶을 살려고 하면 5가지 요소가 채워져야 한다고 하였습니다.

1. 긍정적인 감정(positive emotion)-기쁨(pleasure)
2. 성취(achievement)
3. 인간관계(relationship)
4. 참여(engagement)
5. 의미(meaning)

셀리그만 박사는 이 가운데서도 참여와 의미를 가장 중요하다고 보았습니다. 왜냐하면 각 사람마다 자기의 삶을 더욱 의미 있는 삶을 만들어 주는 각자의 방법을 찾아 거기에 적극적으로 참여하고 더욱 몰입하면 할수록 행복 가능성이 훨씬 높아질 수 있기 때문입니다.

ㅇ 〈임종을 맞은 사람들의 다섯 가지 후회-The Top Five Regrets of The Dying〉에서 브로니 웨어는 많은 사람들이 임종을 맞아 자기 삶에서 결정적으로 후회하는 다섯 가지는 다음과 같다고 하였습니다.

1. 충분히 더 행복하게 살 수 있었는데 그렇게 하지 못했다.
2. 나의 감정을 있는 그대로 솔직하게 탁 터놓고 표현하지 못했다.
3. 먹고 살만큼 여유가 있었음에도 불구하고 너무 일에만 매달렸다.
4. 친구들과 자주 연락하고 즐겁게 지냈어야 했다.
5. 다른 사람의 기대에 부응하느라고 정작 나 자신의 삶을 살지 못했다.

무슨 소리인가?

아, 그래, 하루하루 매일매일 순간순간 한 번에 오직 한 가지 일에만 집중하면서살아가는 것이 옳다는 것입니다. 밥 먹을 땐 다른 생각 일절 없이 밥만 먹고, 말씀의 샘물 쓸 땐 다른 생각 일절 없이 말씀의 샘물만 쓰고, 산에 오를 땐 다른 생각 일체 없이 오직 산만 오른다는 것입니다. Ken Wilber도 〈The Simple Feeling of Being〉에서 자기도 그렇게 생각하고 그렇게 살고 있다고 합니다.

· 정배리에 사는 사람들 ·

우리 집 난로 연통이 현관 앞 난간 안에 있어서 눈비가 오면 연통의 검은 재와 녹물이 떨어져 겨울만 되면 난간이 지저분합니다. 그래서 연통을 몇 개 사다 놓고 '연통을 한 20cm만 밖으로 내달아야지…' 하고 있습니다.

일기 예보에서 날이 영하로 내려간다 하기에, 11월 3일 아침 7시부터 나 혼자서 연통을 연결하여 다시 다는 작업을 시작하였습니다. '연통에 불연 테이프를 붙이고 연결만 하면 될 거다' 생각하고 시작한 일인데, 이게 장난이 아닙니다. 연통 연결 작업도 쉽지 않았고, 겨우 연통을 연결하여 난로 위에 붙이려 하니 이쪽 붙이면 저쪽이 툭 부러지고, 저쪽 붙이면 이쪽이 툭 부러집니다. 잠깐이면 될 줄 알았는데 12시가 되었어도 일이 끝나지 않습니다. 배는 고프고 일은 안 되고 짜증이 납니다. 1시가 되었습니다. 마침내 깨달음이 왔습니다. '이건 내가 혼자서 할 일이 아니구나!' 하는 깨달음.

하여, 우리 서종면 동네 상수도-하수도-보일러 전문가 마영호 사장님에게 전화 하였습니다. 오후 4시쯤 오겠다고 합니다. 그 때까지 밥맛도 없고 하여 하릴 없이 마 사장님 오기만을 기다렸습니다. 오후 3시 30분 마 사장님이 왔습니다. 나의 사정을 듣고 나서 마 사장은 차에서 연장을 꺼내와 쓸 만한 연통을 고르고-테이프를 붙이고-철사로 묶고-뚝딱뚝딱 하더니만 내 소원대로 연통을 20cm 앞으로 내달아 연통 녹물이 난간 밖으로 떨어지도록 하고 연통을 단단히 고정 시켜 주었습니다. 단 30분 만에 모든 작업 끝!

"수고비를 얼마를 드려야 할까요?" 하니, "수고는 무슨 수고요? 한 일도 없는데…" 합니다. "그게 무슨 소리야? 얼마 드리면 돼?" 하였으나 막무가내로 "됐다" 고 합니다. 그리고 오히려 마 사장님 왈, "아침부터 아무 것도 안 자셨으면 시장하시겠네요, 문호리 여유 있는 국수집에서 제가 점심 사겠습니다!" 합니다. '훗날 어떤 모양으로든 갚을 날이 있겠지' 하고 문호리 양 씨 아줌마네 국수집에서 국수+못난이 김밥 먹고 돌아왔습니다.

11월 14일 오후 우리 동네 유중근 반장님한테서 전화가 왔습니다. "유 반장입니다. 오늘 우리 김장했습니다. 김치 한 통 가져 가세요" 합니다. 유 반장이 직접 심고 거둔 유기농 배추-무-고추로 정은이 엄마가 담근 배추+알타리 김치를 지난 달에 산 딤채 새 김치통에 가득 담아 왔습니다. 참 맛있습니다. 이런 사람들이 사는 동네에 산다는 것이 너무 고맙고 감사한 이정수 목사

잠언의 지혜-天道(천도)에 대하여(잠3:5)

본문 / 잠3:5

1. 들어가는 이야기

지혜가 그 집을 짓고 일곱 기둥을 다듬고 잔치를 베풀고 무릇 어리석은 자들과 지혜 없는 자들은 이리로 와서 내 식물을 먹고 포도주를 마시고 어리석음을 버리고 생명을 얻으며 명철의 길을 행하라(잠9:1-8)고 하셨습니다. 우리는 지난 6주 동안 우리 나름대로 지혜-친구-거만한 사람-가난한 사람-화내는 사람-덕 되는 말에 대하여 지혜의 여섯 기둥을 세웠습니다. 오늘은 마지막으로 지혜의 일곱째 기둥 天道(천도)에 대하여 묵상하는 가운데 은혜를 나누려고 합니다.

2. 잠언에 나타난 天道(천도)에 대한 말씀

* 너는 마음을 다하여 여호와를 신뢰하고 네 명철을 의지하지 말라(잠3:5) * 대저 여호와는 네가 의지할 이시니라 네 발을 지켜 걸리지 않게 하시리라(잠3:26) * 삼가 말씀에 주의하는 자는 좋은 것을 얻나니 여호와를 의지하는 자는 복이 있느니라(잠16:20) * 욕심이 많은 자는 다툼을 일으키나 여호와를 의지하는 자는 풍족하게 되느니라(잠28:25) * 사람을 두려워하면 올무에 걸리게 되거니와 여호와를 의지하는 자는 안전하리라(잠28:25) * 하나님의 말씀은 다 순전하며 하나님은 그를 의지하는 자의 방패시니라(잠30-5) * 마음의 경영은 사람에게 있어도 말의 응답은 여호와께로부터 나오느니라 사람의 행위가 자기 보기에는 모두 깨끗하여도 여호와는 심령을 감찰하시느니라 너의 행사를 여호와께 맡기라 그리하면 네가 경영하는 것이 이루어지리라 여호와께서 온갖 것을 그 쓰임에 적당하게 지으셨나니 악인도 악한 날에 적당하게 하셨느니라(잠16:1-4) * 참고: 나는 빛도 짓고 어둠도 창조하며 나는 평안도 짓고 환난도 창조하나니 나는 여호와라 이 모든 일들을 행하는 자니라 하였노라(사45:7).

* 사람이 마음으로 자기의 길을 계획할지라도 그의 걸음을 인도하시는 이는 여호와시니라(잠16:9) * 너는 악을 갚겠다 말하지 말고 여호와를 기다리라 그가 너를 구원하시리라(잠20:22) * 너는 그가 내게 행함 같이 나도 그에게 행하여 그가 행한 대로 그 사람에게 갚겠다 말하지 말지니라(잠24:29) * 네 원수가 배고파하거든 음식을 먹이고 목말라하거든 물을 마시게 하라 그리 하는 것은 핀 숯을 그의 머리에 놓는 것과 일반이요 여호와께서 네게 갚아 주시리라(잠25:21-22) * 네 원수가 넘어질 때에 즐거워하지 말며 그가 엎드러질 때에 마음에 기뻐하지 말라(잠24:17) * 네 원수가 배고파하거든 음식을 먹이고 목말라하거든 물을 마시게 하라(잠25:21) * 참고: 원수를 갚지 말며 동포를 원망하지 말며 네 이웃 사랑하기를 네 자신과 같이 사랑하라 나는 여호와이니라(레19:18), 내 사랑하는 자들아 너희가 친히 원수를 갚지 말고 하나님의 진노하심에 맡기라 기록되었으되 원수 갚는 것이 내게 있으니 내가 갚으리라고 주께서 말씀하시니라. 네 원수가 주리거든 먹이고 목마르거든 마시게 하라 그리함으로 네가 숯불을 그 머리에 쌓아 놓으리라 (롬12:19-20).

3. 天道(천도)가 무엇인가?

첫째. 天道(천도)는 하나님께서 태초에 천지창조 때 세우신 자연계-인간계-영계의 모든 존재에 적용되는 운행 법칙이며, 마땅히 지켜야 할 道理(도리)입니다. 성경에는 다양한 계명의 말씀이 많이 있으나, 天道(천도)의 궁극적 지향점-지극무쌍 최고의 지혜는 "하나님을 의지하는 것-경외 하는 것" 이라고 하셨습니다.

즉, 잠언에는 풍족한 삶-좋은 친구-덕 되는 말-거만한 사람-가난한 사람-화내는 사람-자녀 교육-화평한 가정생활-술[酒]-현숙한 여인 등에 대한 다양한 교훈과 지혜의 말씀이 많으나, 이 모든 것을 통틀어 근본적-궁극적-최고의 지혜-天道(천도)는 사람의 명철-사람의 계획-사람의 힘-사람의 재력-사람의 경영-사람의 행위를 의지하는 것이 아니라, 하나님을 의지하는 것-하나님을 경외하는 것입니다. 곧, "여호와를 경외하는 것이 지식의 근본(잠1:7)이요 여호와를 경외하는 것이 지혜의 근본이요 거룩하신 자를 아는 것이 명철(잠9:10)" 이며 天道(천도)라는 말씀입니다.

둘째. 하나님을 의지한다-하나님을 경외한다는 것은 나의 행사(잠16:3)-나의 길(시37:5-6)-나의 짐(시55:22)-나의 염려(벧전5:7), 그리고 나의 분노-나의 원수 갚는 일까지 하나님께 온전히 맡기는 것입니다.

사람은 원수를 내 손으로 직접 處斷(처단)하고 싶은 것이 인지상정입니다. 그러나 하나님은 그리하지 말라고 하십니다, 오히려 원수에게 은혜를 베풀라고 하십니다(잠20:22, 24:29, 25:21-22). 왜? 원수 갚는 일은 하나님께서 태초부터 세워두신 天道(천도)로써 이루어 가실 일이기 때문입니다. 그리고 또 왜? 나 역시 어느 누군가의 원수가 될 수 있기 때문입니다. 사람이 원수를 직접 갚다 보면, 원수가 저지른 하나의 죄를 열배-백배로 갚을 수도 있기 때문입니다. 그것은 천도가 아닙니다. 노자는 이것을 天網恢恢 疏而不漏(천망회회 소이불루: 하늘의 그물은 넓고 넓어 성긴 것 같지만 한 치의 착오도 없이 엄밀하여 그 누구도 빠져 나갈 수 없다)고 하였습니다.

셋째. 하나님께서 세우신 天道(천도)는 온 우주만물에 明明白白(명명백백)합니다.

모세는 죽기 직전에 천도(10계명+율법)를 이스라엘 백성에게 전해주면서 "내가 오늘 네게 명령한 이 명령은 네게 어려운 것도 아니요 먼 것도 아니라 하늘에 있는 것이 아니니 네가 이르기를 누가 우리를 위하여 하늘에 올라가 그의 명령을 우리에게로 가지고 와서 우리에게 들려 행하게 하랴 할 것이 아니요 이것이 바다 밖에 있는 것이 아니니 네가 이르기를 누가 우리를 위하여 바다를 건너가서 그의 명령을 우리에게로 가지고 와서 우리에게 들려 행하게 하랴 할 것도 아니라 오직 그 말씀이 네게 매우 가까워서 네 입에 있으며 네 마음에 있은즉 네가 이를 행할 수 있느니라(신30:11-16)" 하였습니다. 아멘이라 아니 할 수 없습니다.

(참고: 말씀의 샘물 제211호, 되찾아 지켜야 할 하나님의 계명, 제4권 54-55쪽)

고전예화 688

一指(일지)-우뚝 세운 검지!

俱胝(구지)라는 제자가 소문을 듣고 不遠千里(불원천리)-천리를 멀다 하지 아니 하고 天龍(천룡) 스승을 찾아갔습니다. 삼배하고 "道(도)가 무엇입니까?" 물으니, 스승은 한 동안 태산 같은 침묵 가운데 형형한 눈빛으로 구지를 쏘아보더니 문득 검지를 우뚝 세워 보였습니다. 이에 俱胝(구지)는 크게 깨우쳤습니다.

俱胝(구지)는 훗날 큰 도인이 되었습니다. 그는 스승을 본받아 누군가 "道(도)가 무엇입니까?" 물으면 검지를 우뚝 세워 보이는 것으로 유명하였습니다.

어느 날, 俱胝(구지)가 먼 길을 떠났다 돌아오니, 혹자로부터 "스승이 아니 계신 동안 누군가 찾아와 도를 물으면 도를 깨우치지도 못한 제자 중 하나가 스승인 체 검지를 우뚝 세워 스승의 흉내를 냈습니다" 라는 소리를 들었습니다.

그날 밤, 스승은 그 제자를 불렀습니다. 자초지종을 묻고 나서 내가 네게 물으면 도를 묻는 사람에게 네가 어떻게 했는지 숨김없이 그대로 행하라고 하였습니다. 그리고 스승은 제자에게 "도가 무엇입니까?" 물었습니다. 제자는 자기가 행한 그대로 검지를 우뚝 세웠습니다. 그러자 스승은 번개 같이 제자의 우뚝 세운 그 손가락을 낚아채어 예리한 단검으로 싹둑 잘랐습니다. 제자는 놀람과 아픔으로 비명을 지르며 방바닥을 굴렀습니다.

그 상황에서 스승은 낮게 그러나 단호한 음성으로 "이놈아!" 하고 제자를 불렀습니다. 제자는 멈칫 스승을 바라보았습니다. 눈과 눈이 마주쳤습니다. 그때 스승은 제자에게 검지를 우뚝 세워 보였습니다! 제자는 홀연 깨달음을 얻었습니다.

一指(일지)!
스승이 우뚝 세운 一指(일지), 그것이 무엇인가?
道(도)는 一以貫之(일이관지: 하나로 꿰뚫음)-萬法歸一(만법귀일: 세상 모든 이치와 근본은 하나로 돌아가는 것)이라는 消息(소식)입니다.

一歸何處(일귀하처)-그 하나는 어디로 돌아가는가?
一歸天父(일귀천부)-그 하나는 곧 하늘에 계신 우리 아버지!

책에 나오지는 않으나, 俱胝(구지) 스승에게 검지를 잘린 그 제자는 훗날 문자 그대로 九指(구지)-손가락이 아홉인 스승으로 성장하지 않았을까 생각합니다.

– 송나라, 도원, 경덕전등록.

· 제7회 겨울여행(제주도) 준비 ·

나는 1967년 여름에 혼자서 부산항을 떠나 밤새도록 여름비 내리는 밤바다를 출렁거리며 헤치고 가는 木船(목선)을 타고 다음 날 새벽 제주항에 도착하여 일주일 이곳저곳 돌아다닌 적이 있습니다.

제주항에서 아침 햇살을 받고 반짝이는 날개를 펴고 나르는 날치 떼의 군무가 참 인상적이었고, 부산 숙모가 준비해준 그 당시 최고의 뱃멀미 약을 뱃멀미로 고생하는 예쁘게 생긴 어느 여학생에게 주었는데, 그 여학생이 가족들과 함께 항구를 떠나면서 따로 하얀 손을 흔들어 주던 장면이 아직도 기억에 생생합니다.

그리고 또 하나, 한적한 시골 뒷간에 앉아 바다를 바라보며 똥 누고 있는데 어디선가 꽥꽥거리며 달려 나와 똥 먹는 돼지 때문에 깜짝 놀라 똥 누다 말고 벌떡 일어난 것도 기억납니다. 나는 그 후 46년 동안 한 번도 제주도에 간 적이 없습니다.

내 좋은 친구들 몇몇은 해마다 12월 첫 주 올해 자신이 섬기는 목회 현장을 反芻(반추)하고, 새해 설교구상-목회계획-묵상-그야말로 재충전(re-creation)을 위하여 겨울여행을 떠납니다.

2013년 제7회 겨울여행(12월 2일-7일) 목적지는 제주도입니다. 다른 친구들은 그동안 제주도를 여러 차례 왔었지만 46년 동안 한 번도 와 보지 못한 나를 배려한 우정입니다. 참으로 감사한 일입니다. 나는 이번 제주도 겨울여행에서 꼭 해야 할 일이 몇 가지 있습니다.

(1) 관음사 코스(8.7km)-한라산 백록담-성판악 코스(9.6km) 등산할 것,
(2) 한 번도 먹어 본 일 없는 갈치회-흑돼지 구이-말고기 먹어 볼 것.
(3) 마라도-우도-올레길 몇 군데 둘러볼 것.

나는 요즈음 한라산(1,950m) 오름 준비로 걷기 연습을 합니다. 매일 아침 농로 걷기-검단산(658m) 등산-정배리에서 문호리 8km 걷기, 특히 11월 19일 바람 몹시 부는 날 양수리에서 문호리 8km 칼바람 맞으며 북한강변을 걸은 것은 큰 고통이 아니라 큰 기쁨이었던 이정수 목사

모세가 120세였으나 눈이 흐리지 아니하였다(신34:1-7)

본문 / 신34:1-7

1. 들어가는 이야기

오늘(11월 24일)은 내 아버지 이기장 장로님이 소천 하신지 꼭 한 달 되는 날입니다. 내 아버지의 임종은 내게 참으로 많은 깨우침을 주었습니다. 한 마디로 더도 말고 덜도 말고 '내 아버지처럼 임종을 맞고 싶다!' 입니다.

내 아버지는 죽음의 고통이 없었습니다. 병원에 있을 때, "어디 아픈 데는 없어요?" 물으면 "아무 데도 아프지 않아" 하셨습니다. 의사 선생님 말씀도 "할아버지는 의학적으로 병이랄 것이 없다. 眞元之氣(진원지기)-氣力(기력)이 다 소진한 것"이라고 하였습니다. 그래서 진통제 한 알 먹지 않았습니다.

두 달 꼬박 옆에서 간병하던 내 동생 이정필 집사가 하는 소리가, 어제 아버지가 혼자 누구와 이야기하는 것을 보고, "아버지 뭐하세요?" 물으니 "시끄럽다. 나 지금 조물주와 이야기 중이다" 하더랍니다. 그 소리를 듣고 우리 모두 한편 웃고 한편 '참 대단하네' 하였습니다. 임종하시기 4시간 전, 나는 내 아버지의 귀에 대고 아버지가 평소 손뼉치며 큰 소리로 힘차게 찬양하시던 찬송가들 "황무지가 장미꽃 같이 피는 것을 볼 때에…(242장), 저 높은 곳을 향하여 날마다 나아갑니다…(491장), 주 안에 있는 나에게 딴 근심 있으랴…(370장), 지금까지 지내온 것 주의 크신 은혜라…(301장)" 등의 가사를 또박또박 읽어 드렸습니다. 그러자 말은 못하시고 입술을 달싹이십니다. "아-멘!" 이라고. 그리고 4시간 후 숨을 멈추셨습니다. 나는 이런 내 아버지의 임종 모습을 보고 모세의 임종이 떠올랐습니다(참고: 〈말씀의 샘물〉 제7권 제421호 114쪽, 내 아버지의 찬양법).

2. 모세의 임종

모세가 모압 평지에서 느보 산에 올라가 여리고 맞은편 비스가 산꼭대기에 이르매 여호와께서 길르앗 온 땅을 단까지 보이시고 또 온 납달리와 에브라임과 므낫세의 땅과 서해까지의 유다 온 땅과 네겝과 종려나무의 성읍 여리고 골짜기 평지를 소알까지 보이시고 여호와께서 그에게 이르시되 이는 내가 아브라함과 이삭과 야곱에게 맹세하여 그의 후손에게 주리라 한 땅이라 내가 네 눈으로 보게 하였거니와 너는 그리로 건너가지 못하리라 하시매 이에 여호와의 종 모세가 여호와의 말씀대로 모압 땅에서 죽어 벳브올 맞은편 모압 땅에 있는 골짜기에 장사되었고 오늘까지 그의 묻힌 곳을 아는 자가 없느니라 모세가 죽을 때 나이 백이십 세였으나 그의 눈이 흐리지 아니하였고 기력이 쇠하지 아니하였더라(신34:1-7).

3. 모세의 임종 기록을 읽으며 묵상한 것들에 대하여

첫째. 모세는 40세 때까지 "나는 대단한 사람이다(I am something)" 라는 자부심으로 살았습니다. 80세 때까지는 "나는 아무 것도 아니다(I am nothing)" 라는 절망감으로 살았습니다. 그리고 그 후 120세 임종 때까지 "나는 하나님의 종이다(I am everything)" 하는 의식으로 살았습니다(참고: 〈말씀의 샘물〉 제6권 제340호, 타도 타지 아니하는 숲, 50-51쪽).

모세는 자신의 존재 이유가 뚜렷하였습니다. 예수님도 존재 이유가 뚜렷하셨습니다(인자가 온 것은 섬김을 받으려 함이 아니라 도리어 섬기려 하고 자기 목숨을 많은 사람의 대속물로 주려 함이니라 (마 20:28). 바울 사도의 존재 이유도 뚜렷하였습니다. 그렇다면 나의 존재 이유는 무엇인가?

둘째. 모세는 자신의 존재 이유-출애굽의 사명을 완수 하였습니다. 重重疊疊(중중첩첩)-무겁고 무거우며 첩첩이 쌓인 모든 고난, 이스라엘 백성들의 원망-지도층의 배신-애굽 · 아모리 · 모압 · 암몬 등 무수한 大敵(대적)들-열악한 자연 환경 등을 뚫고 결국 그 사명을 완수 하였습니다.

바울 사도는 자신의 사명을 완수하고 다음과 같이 장엄한 말씀을 남겼습니다. "나는 선한 싸움을 싸우고 나의 달려갈 길을 마치고 믿음을 지켰으니 이제 후로는 나를 위하여 의의 면류관이 예비되었으므로 주 곧 의로우신 재판장이 그 날에 내게 주실 것이며 내게만 아니라 주의 나타나심을 사모하는 모든 자에게도니라(딤후4:7-8)" 그렇다면 나는 나의 사명을 제대로 감당하고 있는가?

셋째. 모든 사람은 獨生獨死 獨來獨去(독생독사 독래독거: 홀로 태어나 홀로 죽으며, 홀로 왔다가 홀로 간다) 하는 존재입니다. 모든 사람은 언젠가 죽을 때가 옵니다. 예외가 없습니다.

훗날 우리 각 사람이 하나님 앞에 섰을 때, 하나님은 "너는 세상에서 왜 모세-다윗-바울-성경의 인물들-역사 속에 등장 했던 수많은 위대한 성인들처럼 살지 못했느냐?" 라고 묻지 아니 하십니다. "너는 왜 너답게 살지 않았느냐?" 물으시는 분입니다. "다섯 달란트 받은 사람처럼 살지 않았는가?" 물으시지 아니 하시고, "왜? 네가 받은 달란트대로 살지 아니 하였는가?" 물으시는 분입니다.

"모세가 죽을 때 나이 백이십 세였으나 그의 눈이 흐리지 아니하였고 기력이 쇠하지 아니하였더라(신34:7)" 무슨 뜻인가? 나는 이 말씀을 '모세는 자신의 존재 이유-자기가 받은 사명을 위하여 한 자루 촛불이 한 점 재도 남김없이 다 타버리듯 자기에게 주어진 삶을 그렇게 살았다' 라는 뜻으로 읽습니다. 나는 나의 임종 때 눈이 흐리지 아니 하고 기력이 쇠하지 않을 수 있을까?

고전예화 689 The Great Chain of Being(존재의 대연쇄)

우주가 사람을 돕는 것이 아니다
사람이 우주를 돕는 것도 아니다
다만 사람을 통하여 흐르는 우주의 기운을
가로막아 훼방하지 않는 것이
사람이 우주를 위하여 할 수 있는 최선이다.
왜?
사랑이신 하나님이 스스로를 폭발시켜
수많은 이것과 저것을 만드시고
그것들 사이로 가지각색 다리를 놓으시어
그 위로 끊임없이 오가며
사랑이신 하나님 당신을 스스로 사랑하는 것이기 때문이다.

-참고: 이현주, <空(공)>, 샨티출판사, 104, 106쪽.

世界樹(세계수)-The Tree of Life-온 우주는 한 그루 생명나무다! 因陀羅網(인드라망)-온 세상은 아름다운 보석으로 빈틈없이 연결되어 있는 그물이다. 天網恢恢 疎而不失(천망회회 소이부실: 하늘의 그물망은 너무 넓어 엉성한 듯하나, 어느 것 하나 흘리는 법이 없다). 森羅萬象與我同根(삼라만상여아동근)-세상 모든 만물은 나와 뿌리가 같다. The Great Chain of Being(존재의 大連鎖-대연쇄에는 빈틈없는 존재의 그물망으로 짜여 있다). 호메로스의 황금사슬-하늘에서 지상으로 내려뜨린 天地人(천지인) 사이의 금빛 찬란한 관계의 사슬.

전 세계의 신화는 세계수를 말하고 있습니다. 우리 민족은 檀君(단군)의 神檀樹(신단수)를 말합니다. 인도 사람들은 인드라망을 말합니다. 중국 사람들은 천라지망을 말합니다. 서양 사람들은 존재의 대연쇄를 말합니다. 그리스 사람들은 황금사슬을 말합니다. 떼이야르 샤르뎅은 이것을 오메가 포인트(Omega Point)라고 하였습니다. 가수 한영애는 '調律(조율)'에서 "잠자는 하늘님이여 이제 그만 일어나요, 그 옛날 처음 하늘빛처럼 조율 한 번 해 주셔요!" 라고 하였습니다.

'세계수-신단수-인드라망-천라지망-The Great Chain of Being-Omega Point-황금사슬-조율'을 깊이 묵상할 때입니다. 내가 서 있는 Now and Here-지금 여기서, 다른 사람은 놔두고 내 한 몸부터 지극 정성으로 調律(조율)할 때가 아닌가!

· 내 집에 불이 났다! ·

지난 11월 21일(목), 내 좋은 친구들 몇몇이 찾아왔기에 특별히 난로에 나무를 가득 채워 피웠습니다. 모두들 "오, 들어올 때는 썰렁한 게 춥더니만, 금방 훈훈해 지네, 거 참, 나무 난로 화력이 괜찮네!" 합니다.

단감-토마토-제주도 감귤을 벗겨 먹으며 이야기를 나누고, 문호리 국수집에 가서 저녁 먹고 돌아와, 나 혼자서 음악 들으며 손님들이 남기고 간 커피 잔-접시 등 그릇을 설거지 하는데 갑자기 난로 옆에서 확- 시뻘건 불꽃이 솟습니다.

불이 났습니다!

조금 있다가 난로에다 태우리라 생각하고 난로 옆에 무심코 잠시 놓아둔 쓰레기통에 불똥이 튀어 불이 붙고, 쓰레기통 바로 위 벽에 걸어 놓은 농협 12장짜리 큰 달력에 옮겨 붙어 거실이 삽시간에 불바다가 된 것입니다.

어…어…어!

사람들을 부르려고 현관문을 여는데 급한 마음이라 잠가 둔 문이 아니 열립니다.

어찌어찌 겨우 문을 열고 뛰쳐나가 세 발짝을 뗐는데 '이건 아니다!' 하는 판단이 왔습니다. '사람 부르러 가는 동안 집이 몽땅 다 탈 것이야, 나 스스로 불을 꺼야 해!' 하는 판단입니다. 급히 돌아서서 빗자루를 찾아들고 불이 활- 활- 활- 타고 있는 쓰레기통-달력 등을 문밖으로 쓸어내니 불길이 잡혔습니다.

아----, 천만 다행이다!

내가 집으로 돌아온 후에 불이 난 것이 다행이고, 내가 잠들지 않고 깨어 있을 때 불이 난 것이 다행이고, 사람 부를 것이 아니라 내가 당장 꺼야 한다는 순간의 판단이 하마터면 졸지에 엄동설한 이재민이 될뻔한 것을 막아주어서 다행입니다.

온 집안에 비닐 장판 탄 연기-쓰레기 탄 재-깨진 액자 유리 파편 등으로 엉망진창입니다. 밤새도록 치우고 닦았습니다. 그 다음 날도 구석구석 쌓인 재를 쓸고 닦았습니다. 그러나 전혀 힘들지도 괴롭지도 않았습니다.

그저, "오, 주여, 감사합니다-정말 정말 정말 고맙습니다!" 하는 기도가 나도 모르게 절로 절로 절로 나오는 이정수 목사

Loneliness and Solitude(1)

본문 / 마14:23

1. 들어가는 이야기

12월은 외로운 사람들(독거 노인-노숙자-소년 소녀 가장-장애인-수감자-해외 근로자-국군장병-내 주변의 불우한 이웃 등)을 새삼 기억하고-기도하고-위로하고-도움의 손길을 펴야하는 달입니다. 이 특별한 계절에 '외로움과 고독-loneliness and solitude' 에 대하여 묵상하는 가운데 은혜를 나누고자 합니다.

'무리를 보내신 후에 기도하러 따로 산에 올라가시다 저물매 거기 혼자 계시더라-After he had dismissed them, he went up on a mountainside by himself to pray. When evening came, he was there alone(마14:23)'.

2. 이 세상 모든 존재는 혼자(alone)입니다

"예수께서 거기 혼자 계시더라(He was there alone)" 하셨습니다. 이 세상 모든 존재도 혼자입니다. 나무-새-밤하늘에 빛나는 별-그리고 사람. 살아 있는 존재는 자기 몸을 가지고 있습니다. 자기 몸을 가지고 있다는 것은 다른 살아 있는 존재와 분리 되어 있다는 뜻이고 각자 혼자라는 말입니다. 특히 우리 각 사람은 자기가 혼자일 뿐아니라, 자기 자신이 혼자라는 사실을 자각하고 살고 있습니다. 에덴 동산의 아담과 하와도 선악과 사건에서 보이듯 살 중의 살이요-뼈 중의 뼈로써-둘이 한 몸을 이루지 못하고 각자 혼자였습니다(창2-3장).

누군가 "저들이 성적 절정(the ecstasy of love)에 이르렀을 때는 둘이 진정으로 한 몸을 이루지 않았을까?" 라고 묻습니다. 그러나 그 절정의 순간은 잠시 뿐 그들은 전보다 더욱 각자의 벽을 쌓고, 심지어 암논이 보여 주듯 서로를 배척하는 지경에 이르기도 합니다(그리하고 암논이 저를 심히 미워하니 이제 미워하는 미움이 이왕 연애하던 연애보다 더한지라 곧 저에게 이르되 일어나 가라 하니라 삼하13:15). 이 세상 모든 인간관계는 물론이요, 남녀 관계에서 가장 친밀한 관계성을 맺고 있는 순간에서조차 사람은 각자 혼자(alone)입니다. 이 세상 어떠한 인간관계에서도 사람은 상대방 내면의 가장 깊숙한 존재의 중심(innermost center)에 도달할 수 없습니다.

矛盾(모순)되게도 바로 이 점 때문에, 사람은 서로 도울 수 있고-인간 공동체를 만들 수 있었습니다. 왜냐하면 각 사람이 그 누구도 침범할 수 없는 존재의 중심을 갖추고 있으므로 이 세상-타인-이웃을 객관적으로 바라보고-사랑하고-변화할 수 있었기 때문입니다. 사람이 혼자(alone)라는 사실이 바로 각 사람의 위대성(the greatness)이며, 각 사람이 책임져야 할 부담-짐(burden)이기도 합니다.

3. 이 세상 모든 사람이 각자 혼자(alone)라는 사실은 무엇을 의미하는가?

첫째. 예로부터 동서양의 지혜로운 스승-賢者(현자)들은 각 사람이 혼자라는 엄연한 사실(fact)에 두 가지 측면이 있다고 하였습니다. 하나는 각 사람이 혼자라는 사실의 부정적 측면을 표현할 때는 loneliness(외로움-서글픔-쓸쓸함 등)라고 하였고, 다른 하나는 각 사람이 혼자라는 사실의 긍정적 측면을 표현할 때는 solitude(홀로 있음-독거-견고한 내공-텅빈 충만 등)라고 하였습니다.

둘째. 이 세상 모든 사람들은 각자 다양한 이유 때문에 외롭습니다(loneliness). 在天願作比翼鳥 在地願爲連理枝(재천원작비익조 재지원위연리지: 하늘에서는 날개를 나란히 하여 나는 비익조 되기를 원하고, 땅에서는 뿌리는 떨어져 있지만 가지가 연결되는 연리지 되기를 원하노라) 했던 사랑이 깨어진 사람은 외롭습니다. 부러진 놋 숟가락을 물고나온 사람도 외롭습니다. 인정받지 못한 사람도 외롭습니다. 금 숟가락을 물고 나온 사람-성공한 사람-잘 나가는 사람-죄 지은 사람-늙은 사람-임종을 맞은 사람도 외롭습니다. 왜? 모든 사람은 궁극적으로 혼자(ultimate alone)이기 때문입니다.

王維(왕유)-〈秋夜獨座〉(추야독좌-이 가을 밤 홀로 앉아)
獨座悲雙鬢(독좌비쌍빈: 늙어 홀로 앉았으니 외롭고 서글프다)
空堂欲二更(공당욕이경: 빈 방 한 밤중인데)
雨中山果落(우중산과락: 가을비에 산열매 떨어지는 소리)
燈下草蟲鳴(등하초충명: 희미한 등잔불 아래 풀벌레 우는 소리)

2013년 12월입니다. 멀리 갈 것 없이 내 주변-내 교회 안을 따뜻한 마음으로 잘 살펴볼 일입니다. 날이 저물면 외로움은 더욱 짙어집니다. 추워지면 서글픔이 더욱 깊어집니다. 전화벨이 울리지 않으면 쓸쓸함은 더욱 가슴 저리게 합니다. 주머니가 비면 먹고 싶은 것이 더욱 많아집니다. 돕자는 말은 하지 않겠습니다. 다만, 이치가 그러하다는 것을 우리 모두 꼭 기억하는 올 12월이 되었으면 좋겠습니다.

셋째. 사람은 결국 'solitude' 하여야 'Loneliness'를 극복할 수 있습니다.
사람들이 겪는 loneliness(외로움)은 오늘 본문 '예수께서 거기 혼자 계시더라-he was there alone' 하시는 solitude(견고한 홀로 있음)으로만 극복할 수 있습니다.

徐子曰 仲尼極稱於水曰 水哉水哉 何取於水也 孟子曰 原泉混混 不舍晝夜 盈科而後進 放乎四海 有本者如是 是之取爾(서자 왈 중니극칭수왈 수재수재 하취어수야 맹자 왈 원천혼혼 불사주야 영과이후진 방호사해 유본자여시 시지취이: 서자 왈 공자께서 자주 물을 찬탄하셨는데 왜 입니까? 맹자 왈 근원이 좋은 샘물에서 용솟음치는 물은 밤낮으로 쉬지 않고 흘러나와 웅덩이를 다 채운 다음에 앞으로 나아가 바다에 이른다. 근본이 있는 사람은 물의 이런 성질과 닮았기에 공자께서 그토록 물을 찬탄한 것이다-맹자). 이것이 바로 'solitude(견고한 홀로 있음)' 입니다.

제7회 겨울여행-제주도(1)

12월 2일(월) 여행 첫째 날, 김포 공항 JINAIR LJ0315편으로 오후 3시쯤 제주 공항에 도착하였습니다. 나로서는 46년 만에 밟아보는 제주 땅입니다.

공항을 나서서 동행한 친구들이 렌터카 수속을 하는 동안, 넓은 주차장 공터에서 바라보니 키 큰 야자수가 죽 늘어섰는데 아주 인상적이었습니다. '여기가 어디야? 말레이시아야? 동남아 어느 나라야?' 기분 좋은 낯섦-생소함이었습니다.

오늘은 시간이 어중간하여 어디 딱히 갈 데가 마땅찮으니 공항에서 가까운 러브랜드에 한 번 가보자고 합니다. 그러자 하고 48허 4842 소나타를 타고 출발하여 길을 가면서 사방을 둘러보니 46년 전과는 정말 隔世之感(격세지감)입니다.

도심을 빠져나와 한적한 길에 들어섰을 때, 아스라이 멀리 저녁노을을 받고 붉게 물든 눈 덮인 한라산이 보였습니다. '오, 한라산!'

그리고 러브랜드(Love Land)에 도착 하였습니다. 입장료가 9,000원입니다. '뭘 해 놓았길래 이리 비싸?' 하며 들어갔습니다. 관람로를 따라 들어선 러브랜드의 첫 작품이 '慾望(욕망-탐스러운 머리카락이 땅에 치렁치렁 닿았고-눈은 무엇인가 갈망하는 눈빛이고-입은 반쯤 벌리고-왼손은 젖가슴에-오른 손은 배꼽에-발끝은 다이빙대에 선 사람처럼 새끼발가락까지 바짝 긴장한 모습의 길이 9m 바로 누운 아름다운 알몸 여인상)' 입니다. 그 다음엔 갖가지 體位(체위)의 조각상-성생활에 도움을 준다는 약, 성인용품, 비디오 판매점-기발하고 발칙한 성생활 관련 조각-그림(조선 시대 1745년경 단원 김홍도의 춘화)-구조물 등을 아주 정성껏 잘 만들어 전시해 놓았습니다. 입장료 9,000원이 전혀 아깝지 않았습니다.

동행한 친구 말이 "러브랜드의 모든 작품의 공통점이 뭔지 알아?" 묻습니다. "뭐야?" "모든 작품에 작가 이름이 없다는 것!" 이라고 합니다. '맞어, 정말 그러합니다.' 그러나 그럼에도 불구하고 러브랜드를 만든 사람들은 도덕적-윤리적-사회적 가치 판단이 아니라, 하나님이 선물로 주신 인간의 性(성-sex) 그 자체를 있는 그대로 보여주고자 한 것 같습니다.

어느덧 저녁밥 먹을 시간, 제주시 동문시장 안에 허름한 식당에서 고등어구이로 저녁을 먹었는데 아주 맛있습니다. 고등어구이로 유명하다는 서울-양평 고등어구이 맛과는 질적으로 달랐습니다(7,000원). 굿스테이 호텔(3인-60,000원) 일박.

· 토마스 아퀴나스의 그 날 ·

토마스 아퀴나스(1224-1274)는 기독교 사상사를 통틀어 누구보다 이성적이고 합리적인 정신이 올곧은 사람이었습니다. 그의 〈신학대전〉은 중세시대에 쓰인 그 어느 저술보다 선명하고 정교한 논리적 구조물로써 해맑은 水晶(수정) 덩어리를 지상에서 하늘까지 쌓아 올린 거대한 聖殿(성전) 같은 것이었습니다. 그랬기에 그런 사람이 신비적 종교 체험을 하였으리라고는 짐작이 가지 않습니다.

그런 그가 1273년 12월 6일 수요일 성 니콜라스 축제일 아침, 놀라운 종교적 신비 체험(mystical forms of religious experience)을 하였습니다. 평소처럼 성 니콜라스 성당에서 축하 미사를 집전하고 있었는데 미사 중간에 그는 갑자기 무엇인가를 보고-듣고 큰 충격에 휩싸였습니다.

그 때 그는 저 유명한 〈신학대전〉 3부 고해성사 부분을 쓰고 있었는데, 그날 이후 그는 절필하였습니다(신학대전은 여기서 맺음하고 있다). 이를 안타깝게 여긴 그의 오랜 친구이자 비서인 레기날드가 어느 날 신중하게 물었습니다. "신부님, 당신이 하나님을 찬양하고 세상을 깨우치려고 시작한 그 같은 대작을 왜 치워두고 계십니까?"

아퀴나스는 "레기날드, 나는 더 이상 쓸 수 없네. 그날 아침 내가 성당 미사 중에 본 것과 내게 啓示(계시)된 것에 비교해 볼 때 내가 〈신학대전〉에 쓴 모든 것은 지푸라기에 불과하다는 것을 알았거든…" 이라고 하였습니다. 이것이 우리가 일고 있는 한 토마스 아퀴나스의 마지막 말입니다. 진해 오는 바에 의하면, 그 후 토마스 아퀴나스는 아무 말도 하지 아니하고 침묵 가운데 살았다고 합니다.

토마스 아퀴나스는 그날 하나님(The God)-존재 자체(ipsum esse)-진리 자체(ipsa veritas)-선 자체(ipsa bonitas)-아름다움 자체(ipsa pulchritudo)를 직접 만나뵙고, 그가 평생 열정을 쏟아왔고 수많은 사람을 경탄케 하였던 〈신학대전〉이 한갓 지푸라기에 불과 하였던 것입니다.

루돌프 오토는 이것을 "누미노제(numinose)"라고 하였습니다. 폴 틸리히는 이것을 "영원과 맞닿은 지금(The Eternal Now)"이라고 하였습니다. 나의 평생의 하루하루가 토마스 아퀴나스가 만난 그 날이기를-누미노제이기를-영원과 맞닿은 지금이기를 나의 하나님께 기도 올리는 이정수 목사

loneliness and Solitude(2)

본문 / 마14:23

1. 들어가는 이야기

웹스터 영어사전에 의하면 'loneliness'는 존재의 외로움-서글픔-섭섭함-쓸쓸함-허전함-허망함 등의 감정 상태(the quality or state of being lonely)를 의미합니다. 'solitude'는 스스로-자발적으로-참을 수 없는 열망으로 일상의 통속적 인간관계-잡다한 사회적 연결망을 단절하고 끊어버리고 한적한 곳에서 고요하게-견고하게 따로 혼자 있음 입니다(a condition of being apart from all human beings or of being cut off by wish or compulsion from one's usual associates).

2. 예수님은 어떻게 'solitude' 하셨는가?

* 광야(desert) 40일 금식 기도와 마귀의 시험(마4:1-11, 막1:12-13, 눅4:1-13) * 백성이 다 세례를 받을 때 예수도 세례를 받으시고 기도하실 때에 하늘이 열렸다(눅3:21) * 새벽 오히려 미명에 예수께서 일어나 나가 한적한 곳(a solitary place)으로 가서 거기서 기도 하셨다(막1:35, 눅4:42) * 예수께서 제자들과 함께 바다로 물러가셨다(막3:7) * 이때에 예수께서 기도하시러 산으로 가사 밤이 맞도록 하나님께 기도하셨다(눅6:12) * 예수께서 홀로 계셨다(막4:10) * 이에 배를 타고 따로 한적한 곳에 빈들에 가셨다(막6:32, 마14:13) * 무리를 작별하신 후에 따로 기도하시러 산으로 가셨다 저물매 예수는 홀로 뭍에 계셨다(막6:46-47) * 예수께서 그들을 떠나 다시 배를 타고 건너편으로 가셨다(막8:13) * 엿새 후에 예수께서 베드로와 야고보와 요한을 데리시고 따로 높은 산에 올라 가셨다(막9:2, 마17:1, 눅9:28) * 예수는 물러가사 한적한 곳(lonely place)에서 기도하시니라(눅5:16). * 예수께서 따로 기도하실 때에 제자들도 함께 있었다(눅9:18) * 겟세마네 동산에서 피눈물로 기도하셨다(막14:32-42) 다시 혼자 산으로 떠나가시니라(요6:15) 등.

위에 열거한 말씀들이 증거하고 있는 것이 무엇인가? 광야 40일 금식 기도와 겟세마네 동산의 기도와 같이 특별한 목적을 가지고 기록된 것을 뺀 나머지 기록들은 복음서 기자들이 "이것은 매우 특별한 사건이니까 꼭 기록해두어야겠다" 하는 의식을 가지고 기록한 것이 아니라, 그저 지나가는 평범한 예수님의 일상을 기록한 것입니다. 그런데 내가 보기에는 이런 비의도적 기록이야말로 예수님의 'solitude'를 진솔하게 잘 보여주고 있다고 생각합니다. 오늘 본문 말씀을 마음을 집중하여 진지하게 읽어보도록 합시다.

"무리를 보내신 후에 기도하러 따로 산에 올라가시다 저물매 거기 혼자 계시더라-After he had dismissed them, he went up on a mountainside by himself to pray. When evening came, he was there alone(마14:23)."

3. 우리는 과연 'solitude' 할 수 있는가?

첫째. 예수님은 자연의 침묵(the silence of nature)과 더불어 함께 계시면서, 나무-새-꽃-흙-날씨-바람-농사짓는 일-출렁이는 바다 등 자연을 어느 것 하나 허투루 보지 아니하시고 사랑하는 마음을 담아 눈여겨보시며 'solitude' 하셨습니다. 예수님의 비유와 말씀이 이를 잘 증거하고 있습니다. 공중의 새를 보라-들의 백합화를 보라-너희 눈을 들어 밭을 보라 희어져 추수하게 되었도다-가라지의 비유-씨 뿌리는 사람의 비유-몰래 조용히 자라는 씨앗의 비유 등등이 그러합니다.

나태주 시인(풀꽃)은 "자세히 보아야 예쁘다. 오래보아야 사랑스럽다. 너도 그렇다" 라고 하였습니다. 아, 우리들은 왜 이리 산만한가, 왜 이리 경망스러운가!

둘째. 예수님은 모세오경-선지자의 글-시편 등을 거룩한 독서를 통하여 하나님 말씀의 진정한 의미를 깊이 穿鑿(천착)하심으로 'solitude' 하셨습니다. 내가 율법이나 선지자를 폐하러 온 줄로 생각하지 말라 폐하러 온 것이 아니요 완전하게 하려 함이라(마5:17)-옛 사람에게 말한 바 살인-간음-헛맹세 등을 하지 말라 하는 말을 너희가 들었으나 나는 너희에게 이르노니 이리 이리 하라(마5:21-48)-예수께서 그 자라나신 곳 나사렛에 이르사 안식일에 늘 하시던 대로 회당에 들어가사 성경을 읽으려고 서시매 선지자 이사야의 글을 드리거늘 책을 펴서 이렇게 기록된 데를 찾으시니…(눅4:15-30) 등을 통하여 잘 알 수 있습니다.

텔레비전 드라마-뉴스-스포츠 등에는 달통하면서도, 일주일 내내 성경 한 줄도 읽지 않는 우리는 과연 'solitude' 할 수 있는가?

셋째. 앞에 열거한 말씀대로 예수님은 수시로 산-광야-빈들-바닷가-한적한 곳 등에서 혼자(alone) 계셨습니다. 우리는 여기서 본문 말씀을 다시 읽어야 합니다. "무리를 보내신 후에 기도하러 따로 산에 올라가시다 저물매 거기 혼자 계시더라-After he had dismissed them, he went up on a mountainside by himself to pray. When evening came, he was there alone(마14:23)".

예수님의 기도는 무엇 무엇 필요한 것을 줍시사 하는 간구가 아니었습니다. 이 생각 저 생각 떠오르는 대로 중얼거리는 것도 아니었습니다. 예수님의 기도는 하나님 앞에-하나님 안에-하나님과 더불어 침묵 가운데-고요하게-견고하게-홀로 있음 이었습니다.

'거기 혼자 계시더라-he was there alone' 이것이 진정한 'solitude' 이며-바로 여기가 '永遠(영원)과 맞닿는 자리-The Eternal Now' 입니다.

제7회 겨울여행-제주도(2)

12월 3일(화) 여행 둘째 날 아침, 호텔 주인이 소개한 '황가네 제주뚝배기' 집에서 우리 각자 주문한 갈치국-성게국-순두부를 나누어 먹었습니다.

곧 바로 모슬포항으로 직행하여 우리나라 최남단 마라도(8,000원)에 갔습니다(소요 시간 30분). 마라도는 한 바퀴 휘 돌아보는 데는 1-2시간이면 충분한 작은 섬입니다. "짜장면 시키신 분" 광고로 유명한 집에서 짜장면(6,000원) 먹고, 섬을 둘러보았는데 잘 다듬어 놓은 잔디-햇살에 반짝이는 남쪽 바다-하얀 등대-거북이 등 모양으로 지은 작고 아담한 성당-교회-절집을 보았습니다.

모슬포항을 떠나 우연히 이 근처에 있다는 제주추사관을 찾았는데 추사관 건물은 물론(2010년 제주특별자치도 건축문화대상을 받은 건물이다)-전시관의 내용-추사가 거주했던 집-주변 조경 등 모두 너무 훌륭하였습니다.

추사 김정희(1786-1856) 선생은 55세 되던 해 윤상도 옥사사건에 연루되어, 이 곳에서 8년 3개월 유배생활을 하면서 切齒腐心(절치부심: 부단한 노력과 성찰)-法古創新(법고창신: 옛 것을 본받고 새로움을 전개함)하여 우리나라 서예사에 빛나는 '秋史體(추사체)'를 완성하였습니다. 나는 추사기념도록(海國에 먹을 갈고-10,000원)을 샀습니다. 차후 누군가 제주에 오시거든 추사관은 꼭 둘러보실 것을 강권합니다!

제주로 돌아오는 길에 제주전쟁역사평화박물관을 둘러보았습니다. 일제가 제주도 양민을 무단 차출하여 땅속에 迷路形(미로형)으로 일제 최대 규모의 지하요새를 지었는데 그 규모가 대단하고-강제노역에 시달린 그 때 그분들의 고통-아픔을 생생하게 느낄 수 있었습니다.

이 박물관을 지은 이영근 씨의 아버지가 바로 그 시대에 2년 동안 땅속에서 노역에 시달린 분이었고, 이영근 씨는 아버지가 겪은 참혹한 역사적 사실을 널리 알려 전쟁의 비극-인간성의 말살-평화는 그냥 공짜로 지켜지는 것이 아님을 널리 알리기 위하여 전 재산을 들여 땅굴을 파고 이 박물관을 열었다고 합니다.

제주로 돌아와, 제주수협 건너편 현대갈치전문점에서 갈치조림(13,000원)으로 저녁 먹고, 아이존 호텔(3인 60,000원) 이박.

· 눈 덮인 한라산에 올라 ·

默默踏雪漢拏山頂(묵묵답설한라산정)
見太初虛空得不二(견태초허공득불이)

묵묵히 하얀 눈을 밟고 한라산정에 이르러, 하나님께서 창조하신 태초의 푸른 허공을 바라보고 天地人(천지인) 우리는 둘이 아닌 하나(그 날에는 내가 아버지 안에, 너희가 내 안에, 내가 너희 안에 있는 것을 너희가 알리라 나의 계명을 지키는 자라야 나를 사랑하는 자니 나를 사랑하는 자는 내 아버지께 사랑을 받을 것이요 나도 그를 사랑하여 그에게 나를 나타내리라 (요14:20-21) 하신 말씀을 받아 모시고 하산한 이정수 목사

Loneliness and Solitude(3)

본문 / 마14:23

1. 들어가는 이야기

"무리를 보내신 후에 기도하러 따로 산에 올라가시다 저물매 거기 혼자 계시더라-After he had dismissed them, he went up on a mountainside by himself to pray. When evening came, he was there alone(마14:23)".

2. 거기 혼자 계시더라-he was there alone(마14:23)

제주도 여행을 마치고 돌아오는 지하철역에서 우연히 정말 우연히 'solitude(하나님 앞에-하나님 안에-하나님과 더불어 침묵 가운데 고요하게-견고하게 홀로 있음)' 의 내적 정서를 잘 드러낸 강명숙의 시를 보았습니다.

〈들꽃〉
공평한 하늘 아래 하찮은 배역은 없다
비중이 아무리 작을지라도
각자는 수줍은 대로 신이 선택한 배우
가장자리에 놓여 호되게 짓밟히다가
세찬 바람 앞에 철썩 무릎을 꿇더라도
새벽이슬에 기어코 소생하고야마는
질기디질긴 생명
아파도 용케 참아내며
슬플 때 대신 울어주는
이리저리 흔들리며 피는 그대

'solitude' 는 각 사람이 처한 그 자리가 아무리 의미 없는 권태로운-괴로운-하찮은 실존이라 할지라도, 각자의 자리에 '거기 혼자 있는 것-he was there alone' 입니다. 나와 내 이웃 그리고 나의 상황에 대한 나의 느낌-생각-흐름을 비판-평가-판단-규정-비교-정죄-비난함이 없이 그냥 거기 있는 것-그냥 거기 존재하는 것입니다. 무의미-쓸 데 없는 시간 낭비-공허함-졸음-온갖 잡생각-重言復言(중언부언)하는 넋두리 등의 세찬 바람이 불어와 철썩 무릎 꿇고 짓밟히더라도, 성령의 도우심을 믿고 용케 참아내며 하나님 앞에-하나님 안에-하나님과 더불어 침묵 가운데 고요하게-견고하게-질기디 질기게-거기 혼자 있는 것이 'solitude' 입니다.

'solitude' 는 하루-한 달-일 년…어떤 일정한 기간 안에 성취되는 것이 아닙니다. 예수께서 평상시 수시로 '거기 혼자 계신 것' 처럼, 각 사람의 실존에 따라 이리저리 흔들리며 피어나고-자라나는 존재의 내적 성장입니다. 그렇게 각 사람의 실존-거기 혼자 있을 때-견딜 때-참아 낼 때-샘터에 물 고이듯, 그 누구도 빼앗아 갈 수 없는 존재의 의미-존재의 충만-존재의 기쁨이 솟아나기 시작합니다.

3. 각 사람의 존재 중심에서 솟아나는 'solitude' 의 내용은 무엇인가?

첫째. 각 사람이 각자의 실존에서 거기 혼자 있음으로 'solitude' 가 피어나고-자라나면, 어느 결정적 순간에 神聖(신성)의 중심(The divine center)-존재의 중심(innermost of being)에 이르게 됩니다. 아우구스티누스는 이 체험을 "내가 하나님 안에서 평안을 얻기 전에는 그 어느 것(재물-섹스-학문적 성취…)에서도 쉼-평안을 얻지 못하였나이다" 라고 하였습니다.

나는 이 평안이 바로 예수님의 평안이라고 이해합니다. "평안을 너희에게 끼치노니 곧 나의 평안을 너희에게 주노라 내가 너희에게 주는 것은 세상이 주는 것과 같지 아니 하니라 너희는 마음에 근심하지도 말고 두려워하지도 말라(요14:27)-이것을 너희에게 이르는 것은 너희로 내 안에서 평안을 누리게 하려 함이라 세상에서는 너희가 환난을 당하나 담대하라 내가 세상을 이기었노라(요16:33)".

둘째. 사람은 언제나 혼자이며-자신이 혼자라는 사실을 自覺(자각)하고 있습니다. 그것이 사람의 운명입니다. 이 운명은 하나님께서 사람에게만 주신 짐이며 영광입니다(It is his destiny to be alone and to be aware of it. Not even God can take the destiny away from him).

그러므로 각 사람이 각자의 실존 거기 혼자 있음으로 'solitude' 가 피어나고-자라나면, 혼자임에도 불구하고 외로운 혼자가 아닌 고요하고-견고한 존재의 홀로 있음을 경험할 수 있습니다(It is the experience of being alone but not lonely).

셋째. 또 다시 각 사람이 각자의 실존 거기 혼자 있음으로 'solitude' 가 피어나고-자라나면, 각 사람이 선 자리가 곧 거룩한 자리-신성한 자리가 됩니다.

모세는 40년 동안 미디안 광야에서 매일매일 양떼를 치며 살았습니다. 그런데 어느 날 타도 타지 아니하는 숲을 보았고, "하나님이 이르시되 이리로 가까이 오지 말라 네가 선 곳은 거룩한 땅이니 네 발에서 신을 벗으라(출3:5)" 하시는 음성을 들었습니다. 무슨 뜻인가? 40년 동안 매일매일 신발을 신고 돌아다니던 숲이었는데, 모세의 'solitude' 가 피어났을 때-자라났을 때, 그 숲은 거룩한 땅이 되고-신성한 땅이 되고-영원과 맞닿은 땅(The Eternal Now)이 되었다는 말씀입니다. 즉, 이 세상 모든 하찮은 것들 위에 하나님의 손길이 한 번 닿으면 그 하찮은 것들이 기적으로 변화한다는 것입니다(Everything is miraculous to man of faith insofar as it is touched by the hand of God!).

하찮은 나의 실존-아무 이룬 것 없는 내 인생-그저 부끄럽기만 내 삶에 하나님의 손길이 닿으면 이 세상 그 무엇도 부러울 것 없는 영원과 맞닿는 역사가 일어날 것을 나는 믿습니다. 너도 그러합니다. 그것이 'solitude' 의 신비입니다.

제7회 겨울여행-국립공원 한라산 종주(3)

12월 4일(수) 여행 셋째 날 아침, 함께 간 친구가 못 먹어 본 음식을 먹어보는 것이 여행의 핵심 중 하나라는 주장에 따라 '황가네 제주뚝배기' 집에서 제일 비싼 오분작탕(오분작이란 전복 사촌으로 제주 특산이란다-16,000원)을 먹었습니다.

제주도는 동서-73km, 남북-41km, 해안 일주-182km.

한라산 백록담(1,950m)에 오르는 길은 현재 2코스 밖에 없다.
관음사-탐라계곡-개미등-삼각봉 대피소-한라산 정상(8.7km-5시간)
성판악-속밭샘-사라오름 입구-진달래밭 대피소-한라산 정상(9.6km-4.5시간)

관음사 코스는 12시까지 삼각봉 대피소에 도착하지 못하면 통과 불가.
성판악 코스는 12시까지 진달래 대피소에 도착하지 못하면 통과 불가.
대피소 직원들이 12시 정각에 바리게이트를 치고 출입 통제.

아침 9시 15분 관음사 코스 주차장 출발-탐라계곡-개미등-삼각봉 대피소에 11시 55분에 도착하여, 아슬아슬하게 턱걸이로 간신히 통과-오후 1시 15분에 한라산 백록담 정상 도착(등산 산행시간-4시간)-하늘을 우러러 기도드리고-下山 시작하여-진달래밭 대피소에서 똥 누고-사라오름 입구-속밭샘-성판악 주차장 오후 4시 2분 21초 도착(하산 산행시간-2시간 47분 21초-동행한 친구 카메라 인증샷)-총 산행시간 6시간 47분 21초.

등산 안내판에 게시된 관음사-성판악 종주 시간 총 9시간 30분보다 2시간 43분 단축한 셈입니다. 은혜 가운데 한라산 종주 완료.

하산 하여, 쇠소깍-중문 대포 해안의 柱狀節理(주상절리-화산 작용으로 형성된 기둥 모양의 기묘한 해안 바위들-columner joint)를 둘러보고, 내일 성산 일출을 보기 위하여 오늘은 성산포에서 묵기로 하였습니다.

'봄가을' 의 젊은 여주인이 일본의 유명한 건축가 안도 타다오(安藤忠雄)가 설계한 건축물이 제주도에 3곳 있다는 사실을 알고 있다는 것-우리의 여행법이 관광버스 여행법과는 다르다 것을 다 이해한다는 것-총기 있는 눈빛이라는 것으로 우리 모두 '앞으로 이 집이 성산포에서 뜨겠구나' 하였습니다. 우리는 "다 이해합니다!" 라고 한 젊은 여주인의 대답으로 크게 웃었습니다. 그 이유는 밝힐 수 없음.

성산포 읍내, 젊고 예사롭지 않은 젊은 부부가 운영하는 해물음식점 '봄가을' 에서 소라-전복 회-해물탕으로 저녁 먹고, 낙원장(3인-40,000원) 삼박.

· 2013년 이정수 목사의 10대 사건 ·

2013년 마지막 주간입니다. 나로서는 올해 잊을 수 없는 사건들이 참 많았습니다.

※ 2013년 이정수 목사의 10대 사건

1. 말씀의 샘물 660호-693호까지 꾸준히 만들어 보낸 일.

2. 허심당 모임 변함없이 잘 모인 일.

3. 3월 10일부터 日記(일기)를 쓰기 시작한 일(지금도 계속 쓰고 있다).

4. 4월 8일 말씀의샘물 선교후원회 조직한 일(회장: 박영원 목사, 총무: 윤창현 목사, 이사: 손신철 목사, 조인서 목사, 김성준 목사).

5. 길동 양병원에서 직장-항문 수술 받은 일(5월 8일).

6. 내 아버지 고 이기장 장로님 별세하신 일(10월 24일).

7. 내 집에 난 불을 하나님의 은혜로 무사히 잘 끈 일(11월 21일).

8. 올 밭농사는 수술 관계로 너무 형편없다(상추-고추-토란으로 50점 정도).

9. 제7회 겨울여행-한라산 종주한 일(12월 2-6일).

10. 꾸준히 열심히 걸은 일.

내가 순수 우리말 중 참 좋아하는 말 하나는 '퉁치자' 는 말입니다. 사전적 의미로 '퉁친다' 는 말은 '무뚝뚝하고 퉁명스럽게 핀잔을 준다' 라는 의미지만, 우리가 평소 일상에서 '퉁친다, 퉁치자' 는 말은 '무슨 일이나 인간관계에 있어서 맺힌 것-미진한 것-쌍방 간에 무엇인가 2% 불만인 것들을 통합하고-합산해서-말끔하게 끝맺음 하자' 라는 뜻으로 사용됩니다. 우리 모두 2013년 일어난 크고 작은 일을 큰마음으로 '퉁치고' 갑오년 2014년을 맞이하시기를 간절히 기도하는 이정수 목사

Loneliness and Solitude(4)

본문 / 시62:1-2 마14:23

1. 들어가는 이야기

"나의 영혼이 잠잠히 하나님만 바람이여 나의 구원이 그에게서 나오는도다 오직 그만이 나의 반석이시요 나의 구원이시요 나의 요새이시니 내가 크게 흔들리지 아니하리로다-My soul finds rest in God alone; my salvation comes from him. He alone is my rock and my salvation; he is my fortress, I will never be shaken(시62:1-2). 무리를 보내신 후에 기도하러 따로 산에 올라가시다 저물매 거기 혼자 계시더라-After he had dismissed them, he went up on a mountainside by himself to pray. When evening came, he was there alone(마14:23)".

2. "저물매 거기 혼자 계시더라-When evening came, he was there alone"

(1) 2013년 12월 15일(일), 육군 56사단 노고산군인교회 성탄절 설교하러 가는 지하철 안-동두천 최전방부대 휴가병 두 명이 대화를 나눕니다.

A왈, "지난 번 휴가 때, 내 여동생(고3) 방에 들어가니 소주 냄새가 확 풍기는 거야, 너 뭐 하냐? 하니, 공부해 하는 거야, 넌 술 먹고 공부하냐? 하니, 왜? 술 먹고 공부하면 안 돼? 오빠가 나한테 보여준 게 뭐 있어? 나한테 해준 게 뭐 있냐고? 하더랍니다. 그래서 이걸 확! 하려다가 참았어, 사실 나도 고등학교 때 술 먹고 집에 가면 아버지가 뭐라고 하였을 때 '아이-시바…' 하였거든, 난 이미 망했으니까 이번 휴가 때 동생을 때려서라도 바른 길로 가도록 해야겠어, 사실 동생은 중학생 때만 해도 참 괜찮은 아이였는데 고등학교에 와서 나쁜 애들과 어울려서 그렇게 된 것이거든…" 합니다. B왈, "야, 초-중학교까지는 때려서 바로 잡을 수 있지만 고등학생이면 때려서 될 일이 아니래, 그러면 반항하고 더 삐뚜로 나간다더라…" 합니다. A와 B는 진지하게 대화를 나눕니다. A는 자신이 부닥친 삶의 실존 앞에 어찌할 줄 몰라 답답하고-분노하고-좌절하고 있었습니다.

(2) 어느 목사님이 고모님으로부터 "나처럼 전문 직종에서 일하던 6-70대 많은 사람들이 매달 나오는 연금으로 생활비 걱정은 없지만 실존적으로 고통 받고 있어, 여행도 가고-산에도 가고-친구도 만나고-골프도 치고-이런저런 일도 하지만 삶 자체가 재미없고-심심하고-공허하고-각종 의료 혜택으로 죽고 싶어도 죽어지지 않아 고민인 사람들이 너무 많아!" 하는 소리를 들었다고 합니다.

(3) 인터넷에서 어느 60대 부인이 한때 일류 대기업 이사였던 70대 남편을 위하여 '현제명의 고향생각 가사'를 알려달라는 부탁의 글을 보았습니다. (1)-(2)-(3) 모두 'Solitude'가 필요한 대목입니다.

3. 어떻게 'solitude' 하는가?

첫째. "저물매 거기 혼자 계시더라-When evening came, he was there alone" 이 말씀을 깊이 묵상합시다. '저물매-When evening came', 삶에는 남녀노소-빈부귀천과 아무 상관없이 '저물 때' 가 있습니다. 20대 팔팔한 대한민국 최전방 육군 장병에게도-남들 보기에는 아무 걱정할 것 없어 보이는 고액의 연금을 받는 사람들에게도-젊었을 때는 전 세계 구석구석을 뒤집고 다니던 사람에게도, 아무 예고 없이-어느 날 갑자기 안전하다고 생각했던 자기 자신의 삶을 뿌리부터 송두리째 흔들어 놓는 '저물 때' 가 있습니다. 그때 어이 하는가? 만사 퉁치고 그냥 '거기 혼자 있어야 합니다-he was there alone'.

둘째. 어떻게 '거기(there) 혼자-alone-홀로' 있는가?
각자의 자리에 '거기 혼자 있는 것-he was there alone' 입니다. 하나님 앞에-하나님 안에-하나님과 더불어 침묵 가운데 고요하게-견고하게-혼자-alone-홀로 존재하는 것(being)입니다.

다만, 나-내 이웃-내가 처한 상황에 대한 나의 느낌-생각-흐름을 비판-평가-판단-규정-비교-정죄-비난함이 없이-그냥 거기 존재하는 것입니다. 이 때 강조할 대목은 '이런 지경에 이른 자신의 실존에 대하여 비난함이 없이' 라는 것입니다. 왜? 자기를 비난하기 시작하면, 비난이 꼬리를 물고 이어져 홀로-alone-혼자로서 존재(being)하는 것이 아니라, 나의 생각(비난-좌절-실망-비교-정죄 등)이 이리저리-중언부언 하는 것이기 때문입니다. 명상가들에 의하면 '거기 혼자 있다' 는 것은 나 자신이 나 자신을 '그저, 내가 여기 존재하고 있구나!' 하고 지켜보는 것(seer)이라고 합니다.

셋째. 그렇게 홀로 있으면 무슨 뾰족한 수가 나오는가?
나옵니다!!! 누군가 "고요에 갇히면 외로움이다. 고요를 즐기면 기쁨이다-자유다-견고함이다!" 라고 하였습니다. 그냥, 그렇게 자기의 실존-거기 홀로 있는 것만으로 존재의 기쁨-존재의 충만-존재의 평안이 솟아나기 시작합니다.

왜, 어떻게, 그런 일이 일어날 수 있는가? 마치, 숯불 불고기+소주+담배 집에서 나온 사람과 정갈하고 그윽한 찻집에서 나온 사람의 몸에서 나오는 기운이 다른 것과 같습니다. '거기' 홀로 있으면, 하나님께서 존재의 신비를 볼 수 있는 神眼(신안)-靈眼(영안)-審美眼(심미안-an esthetic sense)을 열어주시기 때문입니다. 예수님과 바리새인의 논쟁(요8:12-59)의 결론-예수께서 이르시되 진실로 진실로 너희에게 이르노니 아브라함이 나기 전부터 내가 있느니라(요8:58) 하신 그 존재의 신비에 눈 뜨기 시작하기 때문입니다. '거기' 에서 하나님 앞에-하나님 안에-하나님과 더불어 침묵 가운데 고요하게-견고하게 혼자-alone-홀로 있는 것이 'solitude' 이며, 바로 그 자리가 영원과 맞닿은 자리(The Eternal Now)입니다.

제7회 겨울여행-제주도(4)

12월 5일(목) 여행 넷째 날, 아직 깜깜한 아침 6시 성산포 낙원장을 나서서 6시 40분 제법 가파른 오르막을 걸어 성산일출봉전망대(180m)에 도착하였습니다. 12월 5일 오늘 해 뜨는 시각은 오전 7시 21분. 쌀쌀한 寒氣(한기)를 참고 기다리는데 문득 동쪽 수평선이 붉게 달아오르더니 빨간 불덩이가 솟습니다. 수십 년 만에 보는 完璧(완벽)한 日出(일출)이었습니다. 壯觀(장관)!

下山(하산)하여 전복죽(10,000원)으로 아침 먹고, 안도 타다오(安藤忠雄-1995년 건축계의 노벨상인 프리츠거 상을 받은 일본 건축가)가 설계한 건축물이 2동 있다는 섭지코지로 갔습니다. 그 건축물은 하얀 등대가 있는 해안 절경을 배경으로 지어진 참 단순하고 인상적인 건축물이었습니다.

Glass House(고급 레스토랑-Mint).

Genius Loci(지니어스 로사이-명상전시관-나는 여기서 큰 감동을 받았다!)

그리고 안도 타다오의 세 번째 작품이 本態(본태)박물관 건물인데, 안도 타다오의 설계 건축물 자체가 전시된 내용물을 압도하고 있다는 느낌이었습니다. "아는 만큼 보인다" 라는 소리는 옳은 소리입니다.

우성식당(064-738-2878)의 된장찌개+고등어구이+갓 지은 밥은 참 일미였습니다.

이중섭 미술관의 전시 내용물(그림 8점)은 초라했으나, 서귀포시가 마련한 이중섭 공원과 이중섭 길은 '참 정성껏 만들었구나' 하는 느낌이었습니다.

한라산 백록담을 본 나에게 '산굼부리' 는 별 감흥을 주지 못했습니다. 입장료가 6,000원인데 3,000원이 딱 맞다는 것이 여기를 찾은 여러 관광객들의 평이었습니다.

새로운 것을 먹어보는 것이 여행의 멋이라는 동행한 친구의 강력 주장에 따라, 제주시 조천읍 고우니가든(말고기전문점)에서 말고기 회-무침-탕수육-갈비찜으로 저녁. 말고기 맛을 보았다는 데 의미가 있었고 이후로는 아니 먹을 것입니다.

여행 공동경비(비행기 왕복 7만 원+각자 30만 원)가 217,000원 초과 되었는데, 자비로운 내 좋은 친구가 한 턱 썼습니다. 우리는 크게 손뼉 치며 치하하였습니다. 아이존 호텔(3인-60,000원) 4박.

2013년 12월 6일 JINAIR LJ0310 편으로 귀가, 제7회 아주 멋진 겨울여행 끝.

· 2014년 새해 성묘 ·

2014년 1월 1일(수) 새해 아침,

찬물로 세수하고, 벌써 10년 넘게 애용하는 나이키 새까만 작은 배낭 메고 집을 나섰습니다. 8시 45분 버스로 문호리-양수역-망우역-思陵驛(사릉역) 하차.

누군가 유네스코 세계문화유산으로 지정된 조선왕릉 중 추천할만한 곳으로 동구릉-태릉-사릉을 꼽았습니다. 思陵(사릉)은 조선 6대 단종 妃 정순왕후의 능입니다. 사릉은 참 단아합니다. 올 봄 지하철로 여기 한 번 찾으시는 건 어떨까요? 사릉역에서 사릉까지 걸어서 약 30분.

내가 사릉역을 찾은 것은 사릉 때문이 아니라, 사릉에서 2km 남짓 떨어진 송능리 뒷산 영락교회 공원묘지 양지 바른 윗줄에 모신 할아버지-할머니(합장)-아버지-어머니(합장) 산소에 새해 성묘를 위해서입니다(영락공원묘지 오르는 길 왼편에 광해군 묘지가 있다. 누구나 출입 가능).

특히, 작년 10월 내 아버지 고 이기장 장로님 묘비-묘지석 제작 주문 후 찾아보질 못해서 어떻게 되었나? 둘러보기 위한 것인데, 영락석재사 사람들이 기대 이상으로 잘 만들어 주어 참 감사하였습니다. 맑고 찬바람 불고-하얀 눈 덮인 산소 앞에서 두 손 모으고 기도 드렸습니다.

"하늘에 계신 하나님 아버지, 예수님처럼 이정수도 하나님 앞에-하나님 안에-하나님과 더불어 침묵 가운데 고요하게-견고하게 혼자(alone) 있게 하옵소서 아멘"

하얀 눈 덮인 무수한 무덤 사이를 오래 걸어 내려오면서, "헛되고 헛되며 헛되고 헛되니 모든 것이 헛되도다-Vanity of vanities, saith the Preacher, vanity of vanities; all is vanity(전1:2)" 하신 전도자의 심원한 음성을 듣는 이정수 목사

보라, 내가 새 일을 행하리라! (사43:16-21)

본문 / 사43:16-21

1. 들어가는 이야기

2014년 첫 주일 아침, "보라, 내가 새 일을 행하리라 너희는 이전 일을 기억하지 말며 옛적 일을 생각하지 말라-Behold, I will do a new thing; now it shall spring forth; shall ye not know it? I will even make a way in the wilderness, and rivers in the desert" 하시는 하나님의 말씀을 들으시기 바랍니다.

너희는 이전 일을 기억하지 말며 옛적 일을 생각하지 말라. 보라, 내가 새 일을 행하리니 이제 나타낼 것이라 너희가 그것을 알지 못하겠느냐? 정녕히 내가 광야에 길과 사막에 강을 내리니 장차 들짐승 곧 시랑과 및 타조도 나를 존경할 것은 내가 광야에 물들을, 사막에 강들을 내어 내 백성, 나의 택한 자로 마시게 할 것임이라 이 백성은 내가 나를 위하여 지었나니 나의 찬송을 부르게 하려함이니라(사43:18-21).

보라, 날이 이르리니 내가 이스라엘 집과 유다 집에 새 언약을 맺으리라…내가 이스라엘 집과 맺을 언약은 이러하니 곧 내가 나의 법을 그들의 속에 두며 그들의 마음에 기록하여 나는 그들의 하나님이 되고 그들은 내 백성이 될 것이라 여호와의 말씀이니라 그들이 다시는 각기 이웃과 형제를 가리켜 이르기를 너는 여호와를 알라 하지 아니하리니 이는 작은 자로부터 큰 자까지 다 나를 알기 때문이라 내가 그들의 악행을 사하고 다시는 그 죄를 기억하지 아니하리라 여호와의 말씀이니라(렘31:31-34).

내가 그들에게 한 마음을 주고 그 속에 새 영을 주며 그 몸에서 돌 같은 마음을 제거하고 살처럼 부드러운 마음을 주어 내 율례를 따르며 내 규례를 지켜 행하게 하리니 그들은 내 백성이 되고 나는 그들의 하나님이 되리라 그러나 미운 것과 가증한 것을 마음으로 따르는 자는 내가 그 행위대로 그 머리에 갚으리라 나 주 여호와의 말이니라(겔11:19-21).

그런즉 누구든지 그리스도 안에 있으면 새로운 피조물이라 이전 것은 지나갔으니 보라 새것이 되었도다(고후5:17)-Therefore, if anyone is in Christ, he is a new creation; the old has gone, the new has come!

2. 이 모든 말씀이 무엇을 의미 하는가?

Be a new creation!
새로운 존재가 되라!

3. 새로워진다(?), 그게 무슨 소리인가?

첫째. 새로워진다는 것은 내 삶의 패러다임 차원을 바꾼다는 것입니다. 반칠환의 시 〈새해 첫 기적〉(전문)이 그 뜻을 잘 드러내고 있습니다.

황새는 날아서
말은 뛰어서
거북이는 걸어서
달팽이는 기어서
굼벵이는 굴렀는데
한 날 한 시 새해 첫날에 도착했다
바위는 앉은 채로 도착해 있었다

황새-말-거북이-달팽이-굼벵이는 각기 삶의 모양이 다르고 실존이 다릅니다. 사람도 황새-말-거북이-달팽이-굼벵이 같은 사람이 있습니다. 그런데 새해 첫날 한 날 한 시에 도착했습니다. 청마 유치환의 바위는 앉은 채로 이미 도착해 있었습니다. 무슨 뜻인가? 모양과 실존이 각양각색인 사람들-생물-바위까지도, 패러다임을 바꾸기로 결단하는 새해 첫날 한 날 한 시에 모두 도착했다는 말입니다.

둘째. 그러나 새해 첫날이 와도 그저 그게 그거 하는 사람들이 있습니다. 이스라엘 사람들이 그러하였습니다. 저들의 죄 때문에 나라가 망하고-포로로 사로 잡혀가게 되었는데도-할 수 없지 뭐-소를 죽이고 양을 잡아 고기를 먹고 포도주를 마시면서 내일 죽으리니 먹고 마시자(사22:13)-오라 내가 포도주를 가져오리라 우리가 독주를 잔뜩 마시자 내일도 오늘 같이 크게 넘치리라(사56:12) 하는 사람들이 있습니다. 이렇게 강퍅하고 自暴自棄(자포자기)한 사람들에게 예언자-사도는 하나님의 말씀을 선포합니다.

보라, 내가 새 일을 행하리라
보라, 내가 새 언약을 세우리라
보라, 내가 돌 같은 마음을 제거하고 부드러운 마음을 주리라
보라, 새 것이 되었도다

"내가 어찌 악인이 죽는 것을 조금인들 기뻐하랴 그가 돌이켜 그 길에서 떠나 사는 것을 어찌 기뻐하지 아니하겠느냐(겔18:23)" 하시는 말씀입니다. 제발 그리하지 말라, 예루살렘아 예루살렘아 통곡하시며(마23:37, 눅19:41-44)-사람에게 비시는 하나님의 호소이기도 합니다.

셋째. 새 일-새 언약-새 마음-새로운 존재는 어떻게 되는가?
이전 일을 기억하지 말며 옛적 일을 생각하지 말고(사42:18)-지금 우리 눈에 숨겨진 것을 보는(눅19:42) 것입니다. 하나님이 새롭게 행하신 '광야에 난 길-사막에 흐르는 강-황무지가 장미꽃 같이 피는 것' 을 보는(Behold!) 것입니다.

고전예화 694

정채봉의 첫 마음

1월 1일 아침에 찬물로 세수하면서
먹은 첫 마음으로 1년을 산다면,

학교에 입학하여 새 책을 앞에 놓고
하루 일과표를 짜던 영롱한 첫 마음으로 공부를 한다면,

사랑하는 사이가,
처음 눈을 맞던 날의 떨림으로
내내 계속된다면,

첫 출근하는 날,
신발 끈을 매면서 먹은 마음으로
직장 일을 한다면,

아팠다가 병이 나은 날의,
상쾌한 공기 속의 감사한 마음으로
몸을 돌본다면,

개업 날의 첫 마음으로 손님을 언제고
돈이 적으나, 밤이 늦으나
기쁨으로 맞는다면,

세례 성사를 받던 날의 빈 마음으로
눈물을 글썽이며 교회에 다닌다면,

나는 너, 너는 나라며 화해하던
그날의 일치가 가시지 않는다면,

여행을 떠나던 날,
차표를 끊던 가슴 뛰이 식지 않는다면,

이 사람은 그때가 언제이든지
늘 새 마음이기 때문에

바다로 향하는 냇물처럼
날마다 새로우며, 깊어지며 넓어진다

· 뽁뽁이 공사 ·

따르릉-아침 일찍 이준엽 목사로부터 전화가 왔습니다.

"뭐 합니까?"-"나, 지금 산에 갈려고 준비 중이다"-"그럼, 산에 갔다가 오후 3시까지는 집으로 돌아와 있어야 합니다"-"왜?"-"아무튼 오후 3시 이후에는 무조건 집에 있어야 한다니까요" 합니다- "OK!"

목소리에서 뭔가 좋은 일이 있으리라는 예감이 묻어납니다. 일찍 하산하여 3시 15분 정배리로 돌아와 기다렸습니다. 오후 4시 이준엽 목사가 무슨 비닐 두루마리를 잔뜩 짊어지고 왔습니다. '이게 뭐야?'

지난 주일 교인들과 자기네 하늘가족교회 창문에 뽁뽁이를 붙였는데 참 아늑해졌다고 합니다. 그리고 문득 '이제 본격적인 겨울 1월인데 허심당에 오는 당원들이 얼어 죽으면 아니 되겠다' 하는 생각이 들어 뽁뽁이를 사왔다고 합니다.

그리고 한다는 소리가 "붙이는 건 내가 붙일 테니, 형님은 아무 소리 말고 데모도 노릇이나 제대로 잘 하라" 합니다.

곧 바로 작업에 들어갔습니다. 이준엽 목사는 뽁뽁이를 창문 규격에 맞게 자르고 붙이는 십장-나는 데모도가 되어 거실 창문 8짝 앞뒤-서재 창문 8짝 앞뒤-들창 4짝-작은 방 창문 4짝 앞뒤-화장실 창문 2짝-베란다 창문 10개 중 6짝(뽁뽁이가 모자랐다)-베란다 벽에 박스 10개를 테이프로 붙였습니다. 장장 4시간 동안 허심당 창문이란 창문에 모두 뽁뽁이를 붙였습니다.

일 끝내고-청소하고-창문 모두 닫고-커피 한잔 마시는 느낌이 들문합니다.

전에 우리 할머니가 겨우살이 준비로 쌀 12가마+연탄 1,000장 들여 놓고- 도배하고-연탄을 넉넉하게 피워 뜨끈뜨끈한 아랫목에 앉아-김장 김치+만둣국으로 저녁을 자시면서 평안도 말로 "야, 이거 오늘 아주 들문하구만!" 하셨는데, 바로 그와 똑 같이 참으로 들문합니다. '그래, 바로 그 느낌이야'
정말 들문한 이정수 목사

시편 8:1-9의 인간관, 와우(1)

본문 / 시8:1-9

1. 들어가는 이야기

20세기 유럽 음악계의 황제라고 불리는 헤르베르트 폰 카라얀(Herbert von Karajan 1908~1989)은 晩年(만년)의 인터뷰에서, "이제까지 불멸의 음반을 많이 내셨는데 그 중 어느 것을 가장 최고라고 생각 하십니까?" 묻는 기자 질문에 아주 단호하게 "Nine, Nine...!" 하고, "나는 그 어느 음반도 좋아하지 않습니다. 다시 듣지도 않습니다. 내가 만약 다시 태어나 음악을 한다면 그런 음반은 결코 내지 않을 것입니다. 왜냐하면 나의 관점이 바뀌었기 때문입니다" 라고 하였습니다(이건 내가 UNITEL CLASSICA 채널에서 방영한 'Karajan, The Second Life' 에서 노인이 되어 아주 노쇠한 카라얀의 육성으로 직접 들은 소리다).

觀點(관점-a point of view)은 그렇게 중요합니다. 서양철학의 인간중심주의(anthropo-centricism)적 관점과 성경의 신중심주의(theocentric-anthropology)적 관점은 判異(판이)합니다. 전자의 결론은 허무주의요, 후자의 결론은 하나님 안의 자유-쉼-평화입니다. 시편 8편은 사람(에노쉬-벤 아담)에 대한 구약성서의 관점을 頂門一鍼(정문일침) 하는 말씀입니다.

2. 시편 8편 연구

여호와 우리 주여 주의 이름이 온 땅에 어찌 그리 아름다운지요 주의 영광이 하늘을 덮었나이다(1절) 주의 대적으로 말미암아 어린 아이들과 젖먹이들의 입으로 권능을 세우심이여 이는 원수들과 보복자들을 잠잠하게 하려 하심이니이다(2절) 주의 손가락으로 만드신 주의 하늘과 주께서 베풀어 두신 달과 별들을 내가 보오니(3절) 사람이 무엇이기에 주께서 그를 생각하시며 인자가 무엇이기에 주께서 그를 돌보시나이까(4절).

그러나(waw-와우)!

그를 하나님보다 조금 못하게 하시고 영화와 존귀로 관을 씌우셨나이다(5절) 주의 손으로 만드신 것을 다스리게 하시고 만물을 그의 발 아래 두셨으니(6절) 곧 모든 소와 양과 들짐승이며(7절) 공중의 새와 바다의 물고기와 바닷길에 다니는 것이니이다(8절) 여호와 우리 주여 주의 이름이 온 땅에 어찌 그리 아름다운지요(9절).

(1) 1-4절: 시편 기자는 하나님이 창조하신 우주 자연의 엄청나고-신묘막측한 驚異(경이)-神秘(신비)-莊嚴(장엄) 앞에 단독자로 선 사람의 허무성-연약성-소멸성-헛됨, 즉 "너는 흙이니 흙으로 돌아갈 것이니라(창3:19)" 하신 창2-3장(야훼문서-J)의 신학적 관점에서 사람을 보고 있습니다.

(2) 그러나-와우-waw: 우리말 성경에는 4절과 5절을 연결하는 접속사가 나타나지 않으나, 히브리 성경 원문에는 '와우-waw-그러나' 라는 접속사가 있습니다. 그런데 이 '와우-waw' 라는 접속사가 매우 중요합니다. 시편 기자는 전반부(1-4절)의 사람에 대한 어둡고 우울한 관점과 달리 후반부에서는 현격한 顚倒(전도)-轉移(전이)를 일으킵니다. 히브리어 접속사 '와우-waw' 는 단순한 '그러나' 가 아닌 주제의 급격한 전이를 예고하는 기능을 합니다. 즉, 창2-3장(너는 흙이니 흙으로 돌아가라)의 관점에서 창1:26-28 하나님의 형상대로 사람을 창조하심-이마고 데이-Imago Dei)의 관점으로 전환합니다.

(3) 5-9절: 시편 기자는 여기서 창1:26-28(제사문서-P)과 함께 사람을 하나님이 창조하신 모든 피조물을 다스리는 위임통치권을 부여받은 영화롭고 존귀한 존재로 그 관점을 전혀 달리하고 있습니다. 즉, "사람을 하나님보다 조금 못하게 하시고 영화와 존귀로 관을 씌우셨나이다(5절) 주의 손으로 만드신 것을 다스리게 하시고 만물을 그의 발아래 두셨도다(6절)" 라고 한 것입니다.

3. 시편 8편 기자의 구약성서적 관점에서 본 사람은 어떤 존재인가?

첫째. 구약성서는 희랍적 이분법(hellenistic dichotomy)으로 사람을 몸(소마 혹은 살크스)과 영혼(푸쉬케 혹은 프뉴마)으로 구분하지 않고, 사람을 흙(앗팔 민-하다마)과 하나님의 생기(뉘솨마)가 결합한 생명체(네페쉬-nephesh)-통전적으로 살아 있는 생명체 그 한 사람 그 자체를 온전한 사람으로 봅니다.

둘째. 사람은 창2-3장에서 보는 바와 같이 '흙-허무-연약-헛됨' 의 존재입니다. 그러므로 전도서 기자는 "헛되고 헛되며 헛되고 헛되니 모든 것이 헛되도다…내가 해 아래에서 행하는 모든 일을 보았노라 보라 모두 다 헛되어 바람을 잡으려는 것이로다(전1:2, 1:14)-우리의 연수가 칠십이요 강건하면 팔십이라도 그 년 수의 자랑은 수고와 슬픔뿐이요 신속히 가니 우리가 날아가나이다(시90:10)"- 실로 그러합니다. 그렇지 아니하다 할 사람 누가 있으리오?

셋째. '그러나-와우-waw' 사람은 존엄한 존재입니다. 하나님이 창조한 이 세상을 다스리는 위임통치권을 부여받은 존재이며, 그 모든 것들을 사랑할 줄 아는 존재입니다(사랑은 오래 참고 사랑은 온유하며…사랑은 자랑하지 아니하며…모든 것을 참으며 모든 것을 믿으며 모든 것을 바라며 모든 것을 견디느니라 고전 13장)-실로 그러합니다. 그렇지 아니하다 할 사람 누가 있으리오?

그러므로 한스 발터 볼프는 이것을 "하나님에 대한 예배와 찬양이 중단된 곳에서, 사람은 자신의 헛됨과 자신의 존엄성 사이에 일어나는 역설적 긴장으로 갈등하게 되며, 마침내 비인간으로 타락할 수 밖에 없다" 고 하였습니다(참고: 김이곤, 제13회 성서신학마당, 제3강 주의 이름이 온 땅에 어찌 그리 아름다운지요?).

고전예화 695 2014년 이정수 목사가 힘쓸 10가지 일

靑馬 갑오년 2014년 이정수 목사가 힘쓸 10가지 일을 계획하였습니다.

1. 2014년 달력을 물끄러미 바라보다가 문득 '내가 올해 몇 살이지?' 그리고 깜짝 놀랐습니다. 정말로! 그리하여 앞으로 '10년 후'를 의식하며 생활(건강-경제-공부-인간관계-목회 등)하기로 하였다.

2. 더욱 고귀하게-단순하게 산다(eine edle Einfalt unt eine stille Grosse!).

3. 爲人之學(위인지학-남에게 과시-자랑-잘 보이려는 공부) 아닌, 爲己之學(위기지학-나 자신이 참 사람 되기 위한 공부)에 힘쓴다.

4. Solitude(하나님 앞에, 하나님 안에, 하나님과 더불어 침묵 가운데 고요하게-견고하게 홀로 있음)에 힘쓴다.

5. 우리나라 국립공원 21곳(북한산-한라산-설악산-지리산-오대산-치악산-속리산- 계룡산-월악산-주왕산-소백산-덕유산-가야산-내장산-무등산-월출산-태안반도-변산반도-신안 다도해 해상-한려해상-경주) 중 未踏地(미답지-소백산, 가야산, 덕유산, 월출산, 내장산, 무등산) 踏査(답사) 한다.

6. 審美眼(심미안-a sense of beauty-an esthetic sense)을 기른다, 열심히!

7. 성경 30독 한다(현재 28독-10년 후 100독을 목표로).

8. 찬송가 10곡 외워 부른다(10년 후 100곡을 목표로).

9. 올 밭농사는 진짜 제대로 한다.

10. 治人事天莫若嗇, 嗇謂之重積德(치인사천막약색 색위지중적덕:사람을 보살피고 하늘을 잘 섬기는 데는 아낌보다 나은 것이 없다. 매사 아끼는 것이 곧 덕을 두텁게 쌓는 일이다), 그렇다고 窮狀(궁상)은 떨지 않는다.

사람이 마음으로 자기의 길을 계획할지라도 그의 걸음을 인도하시는 이는 여호와시니라(잠16:9)- 사람의 마음에는 많은 계획이 있어도 오직 여호와의 뜻만이 완전히 서리라(잠19:21), 아멘!

· 서혜부 탈장 ·

나는 기회 닿는 대로 걷습니다.

정배리-문호리-양수역 강변길(16km), 정배리-명달리-수입리 산길(18km), 양수역-부용리-목왕리-서후리-정배리 청량산 둘레길(17km)-검단산-옥산 등.

그런데 어느 날 오른 쪽 다리 사타구니가 볼록하게 튀어 나오고 몽글몽글한 알맹이가 만져지고 걷기가 좀 불편합니다. 그래서 '아, 내가 좀 무리하게 걸어서 가래토시(염파절염)가 생겼나보구나' 하고 15일 쯤 지난 후 하남 약국에 가서 "내가 가래토시가 생겼으니 약 좀 주십시오" 하니, 약사 말이 "가래토시를 우습게보면 안 됩니다. 햇살병원 내과에 가서 의사 처방을 받고 오세요" 합니다. 햇살병원 내과에 갔는데 의사가 척 보더니 "가래토시가 아닙니다. 脫腸(탈장)입니다. 외과로 가세요" 합니다.

'뭐? 탈장? 아이고 이건 또 무슨 날벼락이야!'

하릴 없이 곧 바로 길동 양병원으로 달려갔습니다. 진단 결과는 과연 탈장입니다.

'서혜부 탈장' 이랍니다.

서혜부 탈장(Inguinal Hernia).

탈상은 장기의 일부가 원래 있어야 할 자리에서 몸 안 조직의 약한 부분을 뚫고 몸의 다른 지역으로 삐져나온 것을 말합니다. 서혜부(샅 혹은 사타구니, groin) 탈장은 서혜부 관이 있는 복벽의 약한 지점을 통해 장의 일부가 삐져나오는 것입니다. 서혜부관은 사타구니 주위 고환-난소에서 생식기로 가는 복벽에 있는 통로 입니다. 서혜부 탈장은 여성보다 남성에게 10배 정도 많이 발생합니다. 남성 4명 중 1명이 일생 동안 탈장을 경험합니다. 특히 어린아이의 경우가 많습니다. 1월 13-16일, 3박 4일 양병원에 입원하여 수술 받고 퇴원하였습니다.

내가 병원에 입원 했다고 하면 '이번엔 또 뭐야?' 할까 봐 탈장 소리를 안 하려고 했습니다. 그런데 가만 생각해 보니 '내 좋은 친구들 중 누군가 탈장을 가래토시로 오해하고 늑장 부리다가 장염-장 부패로 이어져 큰일을 당할 수도 있겠구나' 하는 염려(50대 후반부터 많단다)로 부끄럼을 무릅쓰고 보고(報告) 하기로 한 이정수 목사

헛되고 헛되며 헛됨이여, 와우(2)

본문 / 전1:1-3, 12:8

1. 들어가는 이야기

우리는 지난 주일 시편 8편에 나타난 인간관을 통하여 "사람은 본질적으로 흙으로 지음 받은 존재이기 때문에 흙으로 돌아 갈 수밖에 없는 헛되고-유한하고-무익한 존재인 동시에, 하나님이 창조하신 온 우주만물을 다스릴 수 있는 위임통치권을 부여받은 고귀하고 존귀한 존재" 라는 사실을 묵상한 바 있습니다.

내가 전에 연세대학교에서 구약성서 신학을 공부할 때 3월 첫 학기 첫 시간에 교수님으로부터 "유대인들은 전통적으로 새해 첫 주 동안 가정에서 전도서를 깊이 읽고 묵상하는데, 이는 시편 8편과 연관이 있는 것 같다" 라는 소리를 들은 적이 있습니다. 매우 의미심장한 전통이라고 생각합니다.

2. 이상하고 발칙한 책-전도서

전도서는 그 구조부터 다른 성경책과는 특이합니다. 전도서는 1:1절에 편집자가 나타나 "다윗의 아들 예루살렘 왕 전도자의 말씀이라" 즉, "이제부터 전도자로부터 직접 말씀을 듣겠습니다" 라고 소개합니다. 그리고 독자로 하여금 1:2-12:8절까지 전도자 자신의 말씀을 듣게 합니다. 그리고 전도자의 말씀이 끝난 후 전12:9부터 다시 편집자가 나타나 전12:14로 전도서를 매듭짓고 있습니다.

* 하벨 하발림 하콜 하벨(habel habalim hakol habel 전1:2 히브리 원어)

* 전도자가 가로되 헛되고 헛되며 헛되고 헛되니 모든 것이 헛되도다 사람이 해 아래서 수고하는 모든 수고가 자기에게 무엇이 유익한고?-Vanity of vanities, saith the Preacher, vanity of vanities; all is vanity. What profit hath a man of all his labour which he taketh under the sun?(전1:2-3)-전도자의 첫 말씀.

*전도자가 가로되 헛되고 헛되도다 모든 것이 헛되도다-Vanity of vanities, saith the preacher; all is vanity(전12:8)-전도자의 마지막 말씀.

그런데 여기서 우리가 주목하여 보고자 하는 것은 전1:2의 전도자 자신의 첫 말씀과 전12:8절 전도자 자신의 마지막 말씀이 문자 그대로 똑같다는 점입니다. 전도자는 徹頭徹尾(철두철미-첫 머리부터 마지막 꼬리까지)해 아래 사는 사람들의 모든 삶-수고 자체를 하벨(habel)-헛됨-虛中之虛(허중지허)-useless-meaningless(쓸모없음-의미 없음)으로 보았습니다. 구약성서 전체 흐름으로 볼 때 전도자의 이 같은 말씀은 매우 이상하고 발칙한 말씀들입니다.

3. 헛되고 헛되며 헛됨이여, 그러나 와우-waw!

첫째. 전도서1:2절 '하벨 하발림 핫콜 하벨' 에서 헛되다고 번역된 히브리어 '하벨(habel)' 이란 말을 우리말 성경은 '헛됨', 영어 성경은 KJV-Vanity(덧없음, 무상함, 허무함 등), NIV-Meaningless(의미 없음), GNB-Useless(무용함, 쓸모없음), 중국어 성경은 凡事 虛中之虛 虛中之虛 皆屬於虛(범사 허중지허 허중지허 개속어허-무릇 사람의 모든 일이 헛되고 헛되도다)라고 번역하였습니다.

또한 공허함(emptiness)-무익함(futility)이라고 번역할 수도 있지만, 보다 히브리적 의미에서 '하벨' 이라는 말은 잠깐 있다가 공중으로 흩어져 흔적도 없이 사라지는 '안개(fog)-증기(vapor)-숨(breath)' 과 같은 것을 말합니다.

둘째. 이 세상 모든 존재의 헛되고 헛되며 헛됨이여!

전도자는 해 아래 존재하는 사람이 하는 일을 자기 자신의 삶의 경험을 간증하며 증거합니다. 지혜-지식을 더하는 것(전1:17)-술-여자-처-첩-사업-돈-종-금-은-궁전-호화로운 별장-왕 노릇-많은 재물을 후손에 남김-뛰어난 학벌-무엇인가 이루려고 잠을 자지 아니하고 애쓰는 모든 수고와 고뇌(전2:1-26) 등등 이 모든 것이 "바람을 잡으려는 것과 같이 헛되고 헛되며 헛되고 헛되도다" 라고 하십니다.

내가 전에 어떤 일류 기업의 임원이 기러기 아빠로 사는 것을 보았습니다. 학벌-돈-명예 무엇 하나 부족한 것이 없는 사람이었습니다. 그러나 얼마 후 보니 그 사람은 아내와 이혼-아이들과 관계 불편-몸의 질병 등으로 고통 받고 있었습니다. 그야말로 그의 모든 수고가 바람을 잡으려는 것이었습니다.

셋째. 그러나-와우(waw)!

전도자는 그림에도 불구하고 "그러나 와우!" 하십니다. 해 아래 모든 사람의 삶이 이처럼 헛되고 헛되며 헛된 것이 사실이다. "그러나-와우!" 라고 하신 것입니다.

하나님께서 행하시는 모든 것은 영원히 있을 것이라 그 위에 더 할 수도 없고 그것에서 덜 할 수도 없나니 하나님이 이같이 행하심은 사람들이 그의 앞에서 경외하게 하려 하심인 줄을 내가 알았도다(전3:14)-꿈이 많으면 헛된 일들이 많아지고 말이 많아도 그러하니 오직 너는 하나님을 경외할지니라(전5:7)-너는 이것도 잡으며 저것에서도 네 손을 놓지 아니하는 것이 좋으니 하나님을 경외하는 자는 이 모든 일에서 벗어날 것임이니라(전7:18)-죄인은 백 번이나 악을 행하고도 장수하거니와 또한 내가 아노니 하나님을 경외하여 그를 경외하는 자들은 잘 될 것이요(전8:12)-일의 결국을 다 들었으니 하나님을 경외하고 그의 명령들을 지킬지어다 이것이 모든 사람의 본분이니라(전12:13). 즉, 해 아래 존재하는 사람들의 모든 삶은 헛되고 헛되며 헛되다. '그러나-와우!' 하나님을 경외하는 사람은 존재의 헛됨 가운데 존재의 충만을 얻을 수 있다고 하신 것입니다. 虛中之充滿(허중지충만)-곧 헛된 존재의 텅빈 충만!

고전예화 696

이상하고 발칙한 책-전도서

전도서는 참 이상한 책입니다(a strange book). 전통주의자들의 눈에는 아주 발칙한 책이기도 합니다. 왜냐하면 전도서에는 佛家(불가)의 空(공)-道家(도가)의 無爲自然(무위자연)-儒家(유가)의 中庸(중용)사상과 類似(유사)한 말씀들이 여러 가지 모양으로 많이 기록되어 있기 때문입니다(1:2-11, 2:11, 2:17, 3:1-9, 5:8, 7:15-18, 8:14-17, 9:1, 9:11-12, 12:7-8 등). 몇 가지 예를 들면,

전 1:2-11은 불가의 色卽是空 空卽是色(색즉시공 공즉시색)과 상응하고, 전8:16-17은 도가의 言者無知 知者無言(언자무지 지자무언)과 상응하고, 전7:15-18은 유가의 中庸(중용)과 상응합니다.

그러므로 유대 랍비들이 얌니야 회의(Council of Jamnia-AD 90년경)에서 수많은 유대전승 문서 가운데 구약의 정경을 결정할 때 힐렐 학파 사람들은 전도서를 "거룩한 손을 더럽히는 책"이라고 혹평하며 정경 채택을 반대하였으나, 샴마이 학파 사람들의 적극 지지로 전도서가 간신히 구약정경에 포함될 수 있었습니다.

우리말 성경 傳道書(전도서)의 히브리 원명은 코헬렛-Koheleth(모인 사람들에게 말씀을 전하는 사람)-코헬렛의 70인 번역은 에클레시아스테스(회중 앞에서 말하는 사람)-영어는 에클레지에스티스(Ecclesiastes)-한국, 중국, 일본은 傳道書(전도서-도를 전하는 사람)라고 하였습니다.

그리고 전도서 글 중의 코헬렛을 우리말 성경은 '전도자'라고 번역하였으나, 영어 성경 KJV-The Preacher(설교자), NIV-Teacher(교사), GNB-Philosopher(철학자) 등으로 번역하고 있습니다.

전통 신학적 용어를 사용하는 성경의 다른 책들과는 아주 특이하게 코헬렛(전도자)은 회의론자-염세주의자-불가지론자-인본주의자-허무주의자-쾌락주의자-무도덕주의자와 비슷한 용어를 많이 사용하고 있기 때문에 힐렐 학파 사람들이 전도서를 경전으로 받아들이는 것을 반대하였던 것입니다.

전도서는 그 모든 이상하고 발칙한 사상을 포함하고 있음에도 불구하고 전도서의 가장 중심 사상은 다섯 차례에 걸쳐 "오직 하나님을 경외하라(3:14, 5:7, 7:18, 8:12-13, 12:13)" 고 강조함으로써 구약의 제사전승-예언전승-지혜전승에 깊이 닻을 내리고 있기 때문에 구약정경으로 인정받을 수 있었던 것입니다.

(참고: '삶, 지혜, 경외의 책 전도서', 〈그 말씀〉, 두란노, 1995. 7월호.)

· 회갑잔치 회복을 위하여 ·

2014년 1월 31일 甲午年 설날입니다.
올해는 1954년 甲午生 靑馬 말띠들이 회갑을 맞는 해입니다.

우리 허심당원들은 몇 년 전부터 매년 회갑을 맞는 친구에게 3돈 금반지를 해주고 축하하는 모임을 가지고 있습니다. 얼마나 기쁘고 즐거운지 모릅니다. 올해는 청마가 넷이나 되니 벌써 마음이 흐뭇합니다.

며칠 전 유니텔 클래시카 채널에서 다니엘 바렌보임-(베토벤 피아노 콘체르토 No.3 연주), 베를린 필하모니 협연, 지휘-쥬빈 메타, 현재 유럽 음악계 피아노 연주자이자 지휘자로 유명한 다니엘 바렌보임의 2012년 70회 생일 축하공연을 보았습니다.

연주가 끝나자, 객석의 온 청중들이 만면에 미소를 짓고 기립 박수하며 "해피 버스데이 투 유…" 합창하고-여성 연주자들이 빨간 장미 한 송이씩 들고 바렌보임에게 건네며 축하 키스를 하였습니다. 참 감동적인 광경이었습니다. 우리 교회에서 목사님의 회갑 날 이런 멋진 잔치가 열리는 전통을 세운다면 얼마나 좋을까? 생각하였습니다.

요즈음은 회갑진치가 사라지는-이니, 이미 사라진 세대입니다. 나는 이 점이 매우 못 마땅합니다. 회갑은 한 사람이 태어나 60년 일 갑자를 무사히 살아온 날을 축하하는 것인데, 100세 시대 운운하며 한 사람 일생의 획을 긋는 큰 날을 세상 풍조에 부화뇌동하여 해외여행이다 뭐다 시시껄렁한 물질적 보상으로 대체하는 가족들의 의식도 천박하기 이를 데 없고 더욱이 그런 처사를 묵묵부답으로 용인하는 본인에게도 문제 있다고 생각합니다.

나는 차제에 올해 회갑을 맞는 내 좋은 친구들에게 드릴 말씀이 있습니다. 하나, 경제적 유무를 떠나 커피 한 잔을 시켜 놓고라도 좋은 사람들을 불러 모아 평생 잊을 수 없는 회갑 잔치를 열어라. 둘, 회갑 날 전에 미리미리 자신의 건강 상태를 점검하고 대책을 세워라. 셋, 회갑 이후부터 하나님이 부르시는 그 날까지 나만이 할 수 있는 특별한 한 가지 일을 作心(작심)하고 매진하라.

갑오년 회갑 맞는 내 좋은 靑馬 친구들의 만수무강을 축원하는 이정수 목사

헛되고 헛되며 헛됨이여, 와우(3)

본문 / 전1:2-3, 12:8

1. 들어가는 이야기

헛되고 헛되며 헛되고 헛되니 모든 것이 헛되도다 사람이 해 아래서 수고하는 모든 수고가 자기에게 무엇이 유익한고?-Vanity of vanities, saith the Preacher, vanity of vanities; all is vanity. What profit hath a man of all his labour which he taketh under the sun?(전1:2-3). 사람의 삶에 대한 전도자의 기본 입장은 어디까지나 '하벨(헛됨)' 입니다. '그러나 와우!' 전도자는 사람들에게 진지하게-절절하게-간곡하게 "네 삶을 즐겁게 살아라-Enjoy life!" 라고 하십니다.

2. Enjoy Life-네 삶을 즐겁게 살아라!

* 사람이 먹고 마시며 수고하는 가운데서 심령으로 낙을 누리게 하는 것보다 나은 것이 없나니 내가 이것도 본즉 하나님의 손에서 나는 것이로다(전2:24).

* 사람마다 먹고 마시는 것과 수고함으로 낙을 누리는 것이 하나님의 선물인 줄을 또한 알았도다(3:13)…그러므로 내 소견에는 사람이 자기 일에 즐거워하는 것보다 나은 것이 없나니 이는 그의 분복이라 그 신후사(身後事)를 보게 하려고 저를 도로 데리고 올 자가 누구이랴(전3:22).

* 사람이 하나님의 주신 바 그 일평생에 먹고 마시며 해 아래서 수고하는 모든 수고 중에서 낙을 누리는 것이 선하고 아름다움을 내가 보았나니 이것이 그의 분복(分福)이로다 어떤 사람에게든지 하나님이 재물과 부요를 주사 능히 누리게 하시며 분복을 받아 수고함으로 즐거워하게 하신 것은 하나님의 선물이라(전5:18).

" 이에 내가 희락(the enjoyment of life)을 칭찬하노니 이는 사람이 먹고 마시고 즐거워하는 것보다 해 아래서 나은 것이 없음이라 하나님이 사람으로 해 아래서 살게 하신 날 동안 수고하는 중에 이것이 항상 함께 있을 것이니라(전8:15).

* 너는 가서 기쁨으로 네 식물을 먹고 즐거운 마음으로 네 포도주를 마실지어다 이는 하나님이 너의 하는 일을 벌써 기쁘게 받으셨음이니라 네 의복을 항상 희게 하며 네 머리에 향 기름을 그치지 않게 할지니라 네 헛된 평생의 모든 날 곧 하나님이 해 아래서 네게 주신 모든 헛된 날에 사랑하는 아내와 함께 즐겁게 살지어다(Enjoy life with your wife, whom you love, all the days of this meaningless life that God has given you under the sun--all your meaningless days. For this is your lot in life and in your toilsome labor under the sun) 이는 네가 일평생에 해 아래서 수고하고 얻은 네 몫이니라 무릇 네 손이 일을 당하는 대로 힘을 다하여 할지어다 네가 장차 들어갈 음부에는 일도 없고 계획도 없고 지식도 없고 지혜도 없음이니라(전9:7-10).

3. 해 아래 모든 존재의 헛됨이여, 그러나-와우(waw) 텅빈 충만!

첫째. 전도자의 첫 말씀은 헛됨(전1:2)이고, 마지막 말씀도 헛됨(전12:8)입니다. 전도자의 기본 입장은 해 아래 이 세상 모든 존재-두두물물-삼라만상은 물론이고 사람의 수고 · 노력 · 애씀 등등 인생 자체도 모두 헛되다-심지어 미친 짓이라고 하십니다(모든 사람의 결국이 일반인 그것은 해 아래서 모든 일 중에 악한 것이니 곧 인생의 마음에 악이 가득하여 평생에 미친 마음을 품다가 후에는 죽은 자에게로 돌아가는 것이라(전9:3).

그리고 한편으로는 앞에 열거한 말씀들처럼 Enjoy Life!-네 삶을 기뻐하라-네 심령을 만족하게 하라-네 인생을 즐겁게 누리라 하십니다. 모순-자가당착-말장난 같은 소리로 들립니다. 헛된 삶이 어떻게 기쁠 수 있는가? 헛된 삶에 어떻게 만족할 수 있는가? 그런데 전도자는 "그러나-와우!" 그럴 수 있다고 하십니다.

둘째. 우리는 도대체 그게 말이나 되는 소리냐? 어떻게 가능한가 물을 때, 전도자는 말씀합니다. 해 아래 모든 존재의 애씀-작용-노력-수고 등 그것 자체는 문자 그대로 '하벨-헛됨-안개-수증기-숨-무익한 것' 이다. 그러나 그 존재가 하나님을 경외할 때-하나님을 두려워 할 때-하나님을 인정하고 마음으로 받아 모실 때, 그 존재가 해 아래 행하는 모든 수고는 헛되나 그 존재 자체는 하나님의 생기(the breath)로 충만함을 받을 수 있다고 하신 것입니다.

곧 '텅빈 충만' 입니다. 어떤 존재가 만들어내는 작용-수고-업적-애씀-피-눈물-땀 등등은 결국 헛되다. '그러나-와우-waw' 그 존재가 하나님을 경외할 때, 그 존재의 모든 작용은 헛되어 텅 비었으나 그 존재 자체는 기쁨-즐거움-넉넉함으로 충만할 수 있다는 것입니다. 찬송가 438장이 바로 그것입니다.

"내 영혼이 은총 입어 중한 죄 짐 벗고 보니 슬픔 많은 이 세상도 천국으로 화하도다. 높은 산이 거친 들이 초막이나 궁궐이나 내 주 예수 모신 곳이 그 어디나 하늘나라. 할렐루야 찬양하세 내 모든 죄 사함 받고 주예수와 동행하니 그 어디나 하늘나라" 하나님의 은총이지 나의 수고-노력-애씀-업적이 아니라는 고백입니다.

셋째. 그러므로 전도자는 "네 헛된 평생의 모든 날 곧 하나님이 해 아래서 네게 주신 모든 헛된 날에 사랑하는 아내와 함께 즐겁게 살지어다" 라고 하신 것입니다.

네 헛된 평생-네게 주신 모든 헛된 날에 사랑하는 가족과 즐겁게 살지어다! 네 평생은 헛되다 '그러나-와우-waw' 너라는 존재는 존재의 기쁨-존재의 자유-존재의 평화-존재의 넉넉함으로 넘칠 수 있다는 말씀입니다. 곧 텅빈 충만!

고전예화 697

발칙하나 아름다운 책-전도서

전도서는 참 발칙하고 아름답고 난해한 책입니다.

헛되고 헛되며 헛되고 헛되니 모든 것이 헛되도다 사람이 해 아래서 수고하는 모든 수고가 자기에게 무엇이 유익한고?-Vanity of vanities, saith the Preacher, vanity of vanities; all is vanity. What profit hath a man of all his labour which he taketh under the sun?(전1:2-3) 라고 하시고,

또 한편으로는,

사람이 먹고 마시고 수고하는 가운데 심령으로 낙을 누리는 것보다 나은 것이 없다(전2:2)-사람마다 먹고 마시고 수고함으로 낙을 누리는 것이 하나님의 선물이라(전5:18)-사람이 그 일평생에 먹고 마시며 해 아래서 수고하는 모든 수고 중에 낙을 누리는 것이 아름답도다(전5:18)-사람이 먹고 마시고 즐거워하는 것보다 해 아래서 나은 것이 없도다(전8:15)-네 평생의 모든 날 곧 하나님이 해 아래서 네게 주신 모든 헛된 날에 사랑하는 아내와 즐겁게 살지어다 이는 네가 해 아래서 수고하고 얻은 네 몫이니라(전9:9) 하십니다.

앞에서는, "해 아래 사람이 하는 모든 수고가 헛되다" 하시고, 뒤에서는 "사람이 행하는 모든 수고로 먹고 마시며 즐겁게 사는 것이 하나님의 선물이요 하나님이 각 사람에게 주신 복"이라고 하십니다. 참 이상하고 난해 합니다.

그런데 말씀을 준비하면서 기도하는 가운데 전도서 말씀을 자꾸자꾸 집중하여 읽어보니 난해하긴 난해한데, 뭔가 알 듯 알 듯 감이 밀려옵니다.

그게 무엇인가?

바다를 보자. 바다에서 부서지는 파도 하나하나는 별 의미가 없다. 헛되다. 그러나 그 파도 하나하나가 사라지면 결국 바다도 다시 있지 아니하다. 그러므로 하나의 파도에 불과한 각 사람의 일평생도 소중하다. 하나의 파도라고 할 수 있는 우리들 각 사람의 삶은 혹 그것이 해변가 모래사장에 밀려오는 잔잔하고 작은 파도든, 혹 산을 삼킬만한 어마어마한 파도든 하나님으로부터 받은 선물이요 각 사람의 분량대로 받은 복의 몫이다. 이것을 깨닫고 내 손이 당하는 대로 힘을 다하여 살아가는 것이 각 사람의 본분이다(전9:10, 12:12-13).

다른 사람은 몰라도 나는 전도서의 난해함을 이렇게 이해하고 은혜 받았습니다.

· 잘 먹고 잘 마시는 법 ·

설은 잘 쇠셨습니까?
설에 무엇을 먹고 마시고 누리고 즐기고 Enjoy 하셨습니까?

우리 시대 사람들이 "잘 먹고-마셨다" 라고 하였을 때 그 말 속에는 무엇인가 기름진 珍羞盛饌(진수성찬)에다 조금은 질탕하게 약간 퇴폐적 분위기에서 먹고 마시고 놀았다 하는 의미가 깔려 있습니다.

그런데 옛 사람들이 "잘 먹고-마셨다" 라고 하였을 때 그 말의 의미는 좀 달랐던 것 같습니다. 古之聖王制爲飮食之法 日 足以充虛繼氣 强股肱 耳目聰明 卽止(고지성왕제위음식지법 왈 족이충허계기 강고굉 이목총명 즉지)-옛 성인은 사람이 음식을 먹고 마시는 것에 대하여 규범을 제정하셨는데, 허기진 배를 채워 기운을 이어가고-팔과 다리에 힘을 북돋우고-눈과 귀로 밝게 볼 수 있는 정도에서 멈추게 하였다고 하였으니 말입니다.

秋史 金正喜(1786-1856)는 71세 때 과천 봉은사 주련에 다음과 같이 썼습니다.

大烹豆腐瓜薑菜(대팽두부과강채-두부, 오이, 생강, 나물을 자글자글 끓여)
高會夫妻兒女孫(고회부처아녀손-최고의 잔치는 이렇게 온 가족이 함께 먹는 자리)

此爲村夫子第一樂上樂 雖腰間斗大黃金印 食前方丈 侍妾數百 能享有此味者幾人 爲古農者 七十一果 秋史書(차위촌부자제일락상락 수요간두대황금인 식전방장 시첩수백 능향유차미자기인 위고농자 칠십일과 추사서)

이런 자리가 시골 사람의 으뜸가는 누림이요 즐거움이다. 비록 허리에 커다란 황금 인장을 차고, 운동장처럼 넓은 밥상에, 수백 명 여종들이 시중을 든다고 하여도 능히 이 맛을 누리고-즐길 줄 아는 사람이 얼마나 되겠는가? - 옛부터 농사를 지어 온 사람들을 위하여 71년을 산 추사 김정희 쓰다

에피쿠로스 왈 "무엇을 먹고 마실까? 생각하기에 앞서 누구와 함께 먹고 마실까? 신중하게 생각하라. 내 좋은 사람 없이 아무 때나 아무하고나 먹고 마시는 것은 개나 돼지나 하는 짓이다" '옳은 소리야' 하는 이정수 목사

헛되고 헛되며 헛됨이여, 와우(4)

본문 / 전1:2-3, 전12:8

1. 들어가는 이야기

전도자는 해 아래 사람이 살면서 행하는 모든 수고(work)-그 수고가 산을 옮기고 땅을 뒤집는 제아무리 대단한 것이라고 할지라도 하벨-Vanity-헛됨-무익함이라고 하셨습니다. 사실, 각 사람이 자기 자신의 수고와 履歷(이력)을 돌아보면 스스로 수긍할 수밖에 없을 것입니다. 당시에는 대단한 것 같았지만 이제 보면 별 거 아닙니다. 그러므로 전도자는 각 사람의 救援(구원-salvation)-永生(영생)-존재의 충만-존재의 평화-존재의 자유-the eternal now-the eternal life-텅빈 충만은 각 사람의 수고-애씀-업적-노력으로부터 오는 것이 아니라, "오직 하나님을 경외 하는 것(3:14, 5:7, 7:18, 8:12-13, 12:13)으로부터 온다" 고 하신 것입니다.

그리고 곧 이어 전도자는 '그러나 와우-waw' 그럼에도 불구하고 사람의 수고는 고귀하고-의미 있고-필요하다고 하십니다. 왜? 사람이 수고(work)하지 아니하면 이 세상에서 먹고 마시고 즐길 수 없기 때문입니다. 사람이 먹고 마시고 즐기지 못하면 사람은 죽습니다. 존재할 수 없습니다. 존재하지 못한다면 救援(구원)-존재의 기쁨-존재의 충만을 얻을 수 없기 때문입니다. 즉, 해 아래 사람의 모든 수고-애씀-업적은 헛되다. '그러나-와우-waw' 사람이 존재하기 위해서는 사람의 수고가 필요하다(전2:24, 3:13, 5:18, 8:15, 9:7-10)는 것입니다. 역설이요 모순이지만 진리입니다. 진리는 모순을 초월합니다!

2. 사람의 수고는 헛되다 '그러나-와우-waw' 사람의 수고는 숭고한 것입니다

전도자가 "사람이 수고함으로 먹고 마시고 즐겁게 사는 것이 하나님의 선물이요 하나님이 네게 주신 분복-몫"이라고 말씀하신 대목(전2:24, 3:13, 5:18, 8:15, 9:7-10) 들을 깊이 천천히 묵상합시다.

여기서 전도자가 하시는 말씀은 "헛되다 그러므로 삶을 즐기라-Enjoy Life 하라" 는 것이 아닙니다. "헛되다 그러나 삶을 즐기라-Enjoy Life" 라고 하신 것입니다. 즉, "헛된 인생, 그러므로 먹고 마시고 즐기자"가 아니라, "헛된 인생, 그러나 먹고 마시고 즐겁게 건강하게 존재하여 하나님을 경외함으로 존재의 충만을 이루자"는 것입니다.

'그러므로' 와 '그러나' 는 차원이 다릅니다. "나는 학벌-배경-미모-재물 등등이 없다 그러므로 나는 이렇게 살고 있다"는 것과 "나는 학벌-배경-미모-재물 등등이 없다 그러나 나는 이렇게 살고 있다"는 것은 전혀 차원이 다릅니다.

3. 전도자는 '헛되나 결코 헛되지 않은 수고(work)'를 어떻게 하라고 하시는가?

첫째. 전도서에는 "먹고 마시고 즐겁게 살라(전2:24, 3:13, 5:18, 8:15, 9:7-10)" 하시는 말씀이 다섯 군데나 나옵니다. 그런데 이 말씀들 모두 한결같이 "네가 수고(labor-work)함으로 얻은 것으로 먹고-마시고-즐거워하라"고 하십니다. 철저히 성서적 전통 위에 서 있는 말씀입니다.

* 너는 종신토록 수고하여야 그 소산을 먹으리라(창3:16-19) * 네가 네 손이 수고한대로 먹을 것이라 네가 복되고 형통하리로다(시128:2) * 오늘 포도원에 가서 일하라(마21:28) * 내 아버지께서 이제까지 일하시니 나도 일하노라(요5:17) * 도적질하는 자는 다시 도적질하지 말고 돌이켜 빈궁한 자에게 구제할 것이 있기 위하여 제 손으로 수고하여 선한 일을 하라(엡4:28) * 형제들아 우리가 양식을 값없이 먹지 않고 오직 수고하고 애써 주야로 일함은 너희 아무에게도 누를 끼치지 아니하려 함이라…누구든지 일하기 싫어하거든 먹지도 말게 하라…주 예수 그리스도 안에서 종용히 일하여 자기 양식을 먹으라 하노라(살후3:6-12).

둘째. 전도자는 "자기 일에 즐거워하는 것보다 나은 것이 없다-there is nothing better for a man than to enjoy his work(전3:22)"고 하십니다. 이 얼마나 놀라운 말씀인가! 현대 심리학자들은 "자기 적성-소질-좋아하는 일을 해야 성공 확률도 높고 행복감도 높다"고 합니다만, 전도자는 이미 수천 년 전에 이 점을 밝히 말씀 하셨습니다. 공자님도 "知之者 不如好之者 好之者 不如樂之者(지지자 불여호지자 호지자 불여낙지자:무엇인가에 대하여 앎을 가진 사람은 그 앎을 좋아하는 사람만 못하고, 그 앎을 좋아하는 사람은 그 앎을 즐거워하는 사람만 못하다"고 하였습니다(참고: 〈말씀의 샘물〉 제8권 제476호).

셋째. 전도자는 "무릇 네 손이 당하는 대로 힘을 다하여 일할 지어다-Whatever your hand finds to do, do it with all your might(전9:10)" 라고 하십니다.

* 만군의 여호와의 熱心(열심)이 이 일을 이루시리라(사9:7) * 내가 20년 동안 낮에는 더위를 무릅쓰고 밤에는 추위를 당하며 눈 붙일 겨를 없이 지내었나이다(창31:40) * 한 손으로 일하고 한 손으로는 병기를 잡고 잘 때에도 옷을 벗지 아니하고 물을 길으러 갈 때에도 기계를 잡았었느니라(느4:15-23) * 예수께서 집에 들어가시니 무리가 다시 모이므로 식사할 겨를도 없는지라(막3:20, 막6:30-31) * 맡은 자에게 구할 것은 충성이니라(고전4:2) * 이 모든 일에 전심전력하여 너의 진보를 모든 사람에게 나타나게 하라(딤전4:15).

"힘을 다하여 수고하라(do it with all your might)" 하신 말씀은 현대적으로 말하면 지극정성-성심성의-전심전력-고객만족-고객감동-고객졸도의 수준으로 일하라는 것입니다(참고: 〈말씀의 샘물〉 제8권 제477호).

2014년 새해 운수풀이

새해가 되면 많은 사람들이 심각하게 혹은 재미삼아 토정비결-일년운수-길흉화복이 어떠한가? 하여 주역 풀이-점-관상-팔자풀이-무당-점쟁이를 찾습니다.

鄭나라에 季咸(계함)이라는 놀라운 觀相家(관상가)-무당이 있어 사람의 生死-興亡盛衰-吉凶禍福(생사-흥망성쇠-길흉화복)을 연월일시까지 지적하여 알아맞히기를 거의 신과 같았습니다. 壺子(호자)의 제자 列子(열자)는 이를 보고 탄복하였습니다. 그리고 스승께 가서 고하기를 "지금까지 스승의 도가 지극하다 여겼는데 그보다 더한 것이 있더이다" 하며 계함의 신통술을 아뢰었습니다.

그러자 스승은 열자에게 "그를 불러 나의 관상을 좀 보게 하라" 하였습니다. 계함이 스승를 만나보고 열자에게 이르기를 "당신 스승은 며칠 내로 죽을 것"이라 하였습니다. 스승은 다음 날 "다시 관상을 보라" 하였습니다. 계함은 스승의 관상을 보고 열자에게 "당신 스승은 나를 만나 다행히 연명할 수 있게 되었소" 하였습니다. 스승은 다음 날 "다시 관상을 보라" 하였습니다. 스승의 관상을 보고난 계함은 열자에게 "당신 스승의 관상은 고르지 않아 볼 때마다 다르다. 내일 아침 밝은 기운이 왕성할 때 다시 한 번 보겠다"고 하였습니다. 다음 날 아침 스승을 본 계함은 정신이 몽롱하여 인사도 없이 도망하였습니다.

스승은 열자에게 말하였습니다. "첫째 날, 나는 그에게 地文(지문-만물이 움츠러든 한 겨울의 땅의 모양)을 보여주었다. 둘째 날, 나는 그에게 天壤(천양-땅이 봄 기운을 받아 소생하는 모양)을 보였다. 셋째 날, 나는 그에게 太沖莫勝(태충막승-움직이나 고요하고, 고요하나 움직이는 정중동의 기운)을 보였다. 넷째 날, 나는 그에게 爲無爲(위무위-도에 순응하여 나의 인위적인 작동을 멈춘 모양)를 보였다" 고 하였습니다(〈장자〉, 내편, 應帝王(응제왕), 제7, 을유문화사, 71-73쪽)

무슨 뜻인가?
無爲自然(무위자연)에 맡겨 悠悠自適(유유자적)-逍遙遊(소요유-집착이 없이 마음을 비우고 흐름에 맡기고 노님) 하는 사람에게 제 아무리 귀신같은 토정비결-주역풀이-무당-관상쟁이도 그 사람의 흔적을 알 수 없다는 뜻입니다.

하물며, 천지만물을 창조하신 하나님의 뜻에 따라 사는 사람을 그 무엇이 범접할 수 있겠는가? 그러므로 시편 기자는 "내가 하나님을 의지하여 그 말씀을 찬송하며 여호와를 의지하여 그 말씀을 찬송하리이다 내가 하나님을 의지하였은즉 두려워 아니하리니 사람이 내게 어찌 할꼬?(시56:10-11)" 하였던 것입니다.

· 총회기도학교 ·

2월 4일(화) 아침, 부산 사는 임대식 목사와 정배리에서 25km 떨어진 경기도 가평군 설악면 설곡산 다일공동체 별관에서 열리는 '총회 국내선교부 주관-제98회 총회기도학교(회비-150,000원)' 에 옵저버로 참석하였습니다.

영성훈련의 개요 및 지교회 적용과제-이경용 목사(광교소망교회)
다양한 기도-김현태 목사(생명의 강-어노인팅 선교회)
기독교 역사 속에 나타난 기도전통과 유형-최대형 원장(영성형성아카데미)
영성기도-복음서와 함께 하는 기도-최승기 교수(호남신학대학교)
말씀 묵상기도 및 기도일지 작성-오방식 교수(장로회신학대학교)

총회기도학교 취지는 그 동안 열심히 기도하는 한국교회의 기도(새벽 기도-철야 기도-통성 기도-금식 기도-기도원 기도 등)가 개인, 가족, 지교회의 기복 기도로 치우친 경향이 없지 않다. 그러므로 2000년 기독교 전통 속에 있는 기도 전통과 유형을 살피고, 예수 기도-찬양 기도-침묵 기도-자유 기도-치유 기도-말씀묵상 기도-복음서와 함께하는 기도 등 보다 다양한 기도 훈련과 실제를 통하여 한국교회의 영성(Spirituality)을 振作(진작) 시키는 것입니다.

기도란 무엇인가?
(1) 기도는 사람과 하나님 사이의 양방향 대화이다.
(2) 기도는 영혼의 호흡이다.
(3) 기도는 온 우주에 충만한 하늘 창고를 여는 열쇠이다.
(4) 기도는 하나님의 능력의 바다-발전소와 연결하는 파이프-電線(전선)이다.
(5) 기도는 하나님과 직통하는 핫 라인-안테나-나침반이다 .
(6) 기도는 약한 나를 金城鐵壁(금성철벽)이신 하나님께 딱 붙이는 접착제다.
(7) Pray is conscious relationship with God(기도는 하나님과 나 사이의 친밀한 관계를 맑고 투명한 의식으로 알아차리고 자각 하는 것이다).

최근 몇 년 동안 명절-연말연시-연휴 때마다 모든 모임을 사양하고 아무 데도 가지 아니하고 나 홀로 정배리 집에서 칩거하니 그 묘미가 특별하였다. 2014년 설날 연휴(1월 30-2월 2일) 나흘 동안도 그리하였다. 내 좋은 친구들도 이 묘미를 맛보시기를 은밀히 권하는 허심당주 이정수 목사

헛되고 헛되며 헛됨이여, 와우(5)

본문 / 전6:1-6, 9:7-10

1. 들어가는 이야기

전도자는 "해 아래 사람의 모든 수고는 헛되다, 그러나-와우-waw 네 손으로 수고하여 얻은 것으로 먹고-마시고-즐겁게 사는 것이 각 사람에게 주신 하나님의 선물이며 복의 몫이다. 각 사람은 그 선물-그 복을 겸손히 받아들이고 누리며(Enjoy Life) 존재하는 동안 하나님을 경외하고-예수를 나의 구주 삼고 지금-여기-오늘-이 땅에서 참 구원-영생-존재의 기쁨-존재의 평화-존재의 자유-존재의 넉넉함-존재의 영광-텅빈 충만-The Eternal Now에 이를 수 있다"고 하셨습니다.

찬송가 288장 가사(특히 3절!)가 이 이 말씀을 잘 대변하고 있습니다.

(1절) 예수를 나의 구주 삼고 성령과 피로써 거듭나니 이 세상에서 내 영혼이 하늘의 영광 누리도다
(2절) 온전히 주께 맡긴 내 영 사랑의 음성을 듣는 중에 천사들 왕래 하는 것과 하늘의 영광 보리로다
(3절) 주 안에 기쁨 누림으로 마음의 풍랑이 잔잔하니 세상과 나는 간 곳 없고 구속한 주만 보이도다

(후렴)
이것이 나의 간증이요 이것이 나의 찬송일세
나 사는 동안 끊임없이 구주를 찬송하리로다

2. 네 삶을 누리라-즐기라-Enjoy Your Life!

내가 해 아래서 한 가지 폐단(弊端) 있는 것을 보았나니 이는 사람에게 중한 것이라 어떤 사람은 그 심령의 모든 소원에 부족함이 없어 재물과 부요와 존귀를 하나님께 받았으나 능히 누리게 하심을 얻지 못하였으므로 다른 사람이 누리나니 이것도 헛되어 악한 병이로다(God gives a man wealth, possessions and honor, so that he lacks nothing his heart desires, but God does not enable him to enjoy them, and a stranger enjoys them instead. This is meaningless, a grievous evil) 사람이 비록 일백 자녀를 낳고 또 장수하여 사는 날이 많을지라도 그 심령에 낙이 족하지 못하고 또 그 몸이 매장되지 못하면 나는 이르기를 낙태된 자가 저보다 낫다 하노니 낙태된 자는 헛되이 왔다가 어두운 중에 가매 그 이름이 어두움에 덮이니 햇빛을 보지 못하고 알지 못하나 이가 저보다 평안함이라 저가 비록 천 년의 갑절을 산다 할지라도 낙을 누리지 못하면 마침내 다 한곳으로 돌아가는 것뿐이 아니냐(전6:1-7).

참으로 아멘입니다!

3. 삶을 어떻게 누리는가-즐기는가-Enjoy 하는가?

첫째. 살아 있는 모든 존재의 가장 소중한 즐거움은 먹고 마시는 즐거움입니다. 전도자는 각 사람의 수고와 받은 복의 분량대로 먹고 마시라고 하십니다. 그런데 무엇을 어떻게 먹고 마시는가? 하는 게 문제입니다. 전도자는 각 사람의 취향에 따라 천차만별이니 무엇이라고 규정한 바는 없습니다. 그러나 한 가지 분명한 것은 빈부귀천을 떠나 각 사람이 먹고 마시는 것이 그 사람의 몸과 정신을 망가뜨리는 것이 되어서는 아니 될 것입니다. 그런데 각 사람의 실생활에서 이것이 그리 만만한 문제가 아닙니다.

오늘 우리는 무엇을 먹고 무엇을 마시는 것이 좋고 나쁜 지 너무 잘 알면서도 스스로 제 몸과 정신을 망가뜨리는 음식을 먹고 마시므로 과체중-소화기관 이상-심각한 스트레스 등으로 고통 받고-돈 들이고-갖가지 질병으로 헐떡거리고 삽니다. 2014년 靑馬年 갈기 휘날리며 광야를 달리는 야생마처럼 생생하게 살 수 있도록 먹고 마시는 일에 각 사람이 특단의 조치를 강구하여야 할 것입니다.

둘째. 전도자는 재물-학벌-부요-존귀-일백 자녀-장수하는 사람이라도 그 마음에 樂(낙)-즐거움-기쁨을 누리지(Enjoy) 못한다면 그 모든 것이 무슨 소용인가? 차라리 낙태된 자가 저보다 낫다(전6:1-6)고 잘라 말씀하십니다. 우리 주변에 보면 잔뜩 쌓아 놓고도 주머니 졸라매고-궁상을 떨고-조잡스럽게-쩨쩨하게-오금을 펴지 못하고 사는 사람이 얼마나 많습니까? 그리 살지 말라는 말씀입니다.

요즈음은 돈이 있고 없고를 떠나, 농가주택에 목공소를 차린 사람-산에 오르는 사람-지하철로 천안에서 종로 3가에 와서 천도교 수운회관에서 공짜 점심 먹고 도서관에서 책 한 권 읽고 가는 노인-한국의 옛길을 걷는 사람-약초 캐는 사람-음악 듣는 사람-책 읽는 사람-대중교통으로 여행하는 사람-사진 찍는 사람-붓글씨 쓰는 사람-매주 복지 시설에 나가 자원 봉사하는 사람-글 쓰는 사람-산사를 찾아 명상하는 사람-음식 만드는 사람-수석 모으는 사람-매주 기도원에 가는 사람-분재하는 사람 등등이 있습니다. 이런 사람들이 하는 일은 각양각색이나 공통점은 그 일을 단발성 심심풀이가 아니라, 1년-5년-10년-20년…꾸준히 한다는 점-그 일을 전문가 수준으로 한다는 점-또한 이렇게 삶을 누리고-즐기고-Enjoy 하는 데는 돈이 별로 들지 않는다는 점입니다.

셋째. 삶을 누리고-즐기고-Enjoy 하는 데는 무엇보다 審美眼(심미안-a sense of beauty)-아름다움을 느끼고 볼 줄 아는 감각-知人之鑑(지인지감-사람을 보는 감수성) 등이 필요합니다. 산-강-별-꽃-돌-바다-하늘-음악-책 그리고 사람의 아름다움을 보고 느끼고 즐기는 감각 말입니다. 어떤 의미에서 審美眼(심미안)은 內密(내밀)한 종교적 감각이라고 할 수 있습니다. 그러므로 찬송가 288장 작사자 F.J.Crosby는 "이 세상에서 내 영혼이 하늘의 영광 누리도다-세상과 나는 간 곳 없고 구속한 주만 보이도다" 라고 하였고, 서산대사는 "今聞一聲鷄 丈夫能事畢(금문일성계 장부능사필-한낮 닭 우는 소리에 홀연히 천지만물의 오묘한 조화를 낱낱이 꿰뚫어 보고 대장부 할 일을 마쳤노라"고 한 것입니다. 심미안으로 보고 들었다는 소식입니다.

Piano Man

내가 사는 정배리에 찾아오는 내 좋은 친구들 중에는 가다오다 가끔 카페 '마고'에 들러 커피를 마시는데 커피 맛이 괜찮다고 하는 소리를 들었습니다. 정배리에서 걸어서 한 시간(5km) 쯤 떨어진 도장리에 있는 '마고'는 어느 교회에 다니는 젊은 부부가 운영하고 있다는데 정작 나는 한 번도 가본 적이 없습니다.

그러다 작년 12월 12일(목) 눈 많이 내리는 날, 양수역에서부터–북한강 칼바람 부는 강변–문호리–정배리까지 17km를 걸어오다가 춥고 다리도 아파 '좀 쉬어가야겠다' 하고 이 집에 들렀습니다.

통나무로 지은 실내–페치카에 타닥거리며 타는 굵은 장작–나지막하게 흐르는 팝송과 크리스마스 캐럴을 들으며–조금 진한 따끈한 아메리카노 커피를 한 잔 마셨습니다. 온 몸이 훈훈합니다.

그렇게 쉬고 난 후 이제는 가야할 때, 카운터에서 계산을 하는데 스피커에서 마침 내가 참 좋아하는 빌리 조엘(Billy Joel)의 'Piano Man'이 흐르기 시작합니다. 내가 "참 좋은 노래네요. 나는 이 노래 참 좋아합니다" 하니, 주인아줌마가 "눈도 내리는데 다 듣고 가시지요" 합니다. "아니, 됐습니다. 음악이 흐를 때 가야지요, 가면서 듣지요" 하고 나왔습니다.

카페를 나와 다시 걷기 시작하였습니다.

따뜻한 데 있다가 밖으로 나오니 춥고 날은 벌써 어둑어둑해졌습니다. 여전히 눈은 내리고–여전히 바람은 찬데 'Piano Man'의 선율이 계속 따라옵니다. 카페에서 들리던 잔잔한 음악 소리로 볼 때 들리지 않아야 할 거리쯤 왔는데도 라– 라– 라– 라– 라– 하는 빌리 조엘의 介潔(개결–꼿꼿하고 깔끔하다)한 목소리가 끊어질 듯 끊어질 듯 눈바람을 뚫고 이어집니다. 이상하네?

이상한 게 아니었습니다.
주인아줌마가 볼륨을 높인 겁니다.

눈 때문에 눈 내린다고 칼바람 부는 북한강변길 17km를 걸은 이정수 목사,
통나무 카페 '마고'의 페치카–음악–커피,
가시는 길 Piano Man 끝까지 들으시라고 볼륨 높인 아줌마 마음,

아름다움이란 이런 거 아닌가?
내가 아는 '아름다움'이란 이런 겁니다!

· 나를 존귀하게 만들어 주는 것은? ·

며칠 전 양수리에 새로 생긴 김명자낙지집에서 낙지덮밥(8,000원)을 먹고 커피 한 잔 마시는데 내 좋은 친구가 "이봐 水波(수파), 지금까지 살면서 자네의 모든 실수와 허물이 무엇으로 덮어진 줄 알어?" 합니다. "아니, 생뚱맞게 그게 무슨 소리야?" 하니, "자네 같이 희한한 성질을 가진 사람을 친구들이 그냥 한 수 봐주고 대충 넘어가는 이유가 뭔지 아느냐? 이 말이야!"

찔리는 바 없지 않아 "이봐, 그게 정말 무슨 소리야?" 재차 물으니 "그게 다 〈말씀의 샘물〉 덕분인 줄 알라는 말이야! 잘 됐든 잘 못 됐든 말씀의 샘물을 매 주 꼬박꼬박 만들어 보내니까 사람들이 그 정성을 가상히 여겨 대충 봐주는 거라고, 알았어?" 합니다. 충격이었습니다. 그리고 가만히 나 자신을 돌아보니, '과연 그러하구나!' 인정하지 않을 수 없었습니다.

걷기(walking)에는 여러 모양이 있습니다.
緩步(완보: 천천히 걷기)-시간 당 2-2.5km
散步(산보: 산책 걷기) -시간 당 3-3.5km
速步(속보: 빠르게 걷기)-시간 당 5-5.5km
强步(강보: 급하게 걷기)-시간 당 6-7.5km
競步(경보: 시합 걷기) -시간 당 15km

걷기에 비하자면, 내가 말씀의 샘물 제700호까지 써 온 그 동안은 주로 속보-강보 수준이었습니다. 앞으로는 완보-산보 수준으로 나가야겠다 생각하고 있습니다. 왜? 히말라야로 치면 7,000m 고지에 올라왔으니 숨 고르기를 좀 하는 게 좋겠다는 느낌 때문입니다. 그러나 '에베레스트(8,850m-885호)까지는 무조건 올라간다' 하는 다짐에는 변함이 없습니다.

옛글에 貴其所以貴者貴(귀기소이귀자귀: 자신을 존귀한 존재로 만들어주는 것이 무엇인지 알고 그것을 소중히 여기는 자는 존귀함을 잃지 않는다.) 즉, 자신을 존귀한 존재로 만들어 주는 것이란 자기가 모시는 임금-교회-직장일 수도 있고, 친구일 수도 있고, 자신만이 가진 재능-돈일 수도 있다. 그런데 많은 사람들이 자신을 존귀한 존재로 만들어주는 그것을 소홀히 혹은 잊고 산다. 좋은 친구 덕분에 나를 존귀한 존재로 만들어주는 것은 〈말씀의 샘물〉인 것을 깨달은 이정수 목사

審美眼(심미안)-A Sense of Beauty (1)

본문 / 전6:1-7

1. 들어가는 이야기

立春之節(입춘지절)입니다. 하나님의 天地運行(천지운행) 질서에 따라 춥고-어둡고-움츠러들었던 하늘-땅-사람들 속에 봄의 기운이 움직이기 시작하였습니다. 새 풀 옷-하얀 구름 너울-진주 이슬-꽃다발 가슴에 안고 봄 처녀가 오십니다.

성경은 "하나님이 주신 삶을 기쁘게-즐겁게-누릴지어다" 라고 하십니다. 2014년 오고 계시는 이 찬란한 봄에 한 번 가고 다시 아니 오는 우리 인생-우리 삶을 어떻게 즐겁고-기쁘게-누릴 것인가? 하는 이 중차대한 문제를 묵상하는 가운데 은혜를 나누고자 합니다.

2. 사람에게 매우 심각한 한 가지 弊端(폐단-좋지 않은 경향이나 해로운 현상)

* 내가 해 아래서 한 가지 폐단(弊端)이 있는 것을 보았나니 이는 사람에게 중한 것이라 어떤 사람은 그 심령의 모든 소원에 부족함이 없어 재물과 부요와 존귀를 하나님께 받았으나 능히 누리게 하심을 얻지 못하였으므로 다른 사람이 누리나니 이것도 헛되어 악한 병이로다(I have seen another evil under the sun, and it weighs heavily on men: God gives a man wealth, possessions and honor, so that he lacks nothing his heart desires, but God does not enable him to enjoy-power-capacity them, and a stranger enjoys them instead. This is meaningless, a grievous evil) 사람이 비록 일백 자녀를 낳고 또 장수하여 사는 날이 많을지라도 그 심령에 낙이 족하지 못하고 또 그 몸이 매장되지 못하면 나는 이르기를 낙태된 자가 저보다 낫다 하노니 낙태된 자는 헛되이 왔다가 어두운 중에 가매 그 이름이 어두움에 덮이니 햇빛을 보지 못하고 알지 못하나 이가 저보다 평안함이라 저가 비록 천 년의 갑절을 산다 할지라도 낙을 누리지 못하면 마침내 다 한곳으로 돌아가는 것뿐이 아니냐(전6:1-7).

전도자는 사람이 하나님으로부터 모든 재물(wealth)-부요(possessions)-존귀(honor)를 받고도 그 귀중한 자기의 삶을 즐겁게-기쁘게-누릴 줄 모르는 것은 심각한 弊端(폐단)-evil(악한 것)이라고 하십니다. 그렇게 사는 사람은 저가 비록 천년의 갑절을 산다고 할지라도 없었던 것만도 못하다. 차라리 낙태된 자-태어나지 않은 것이 더 나앗으리라고 하십니다. 아, 이 얼마나 驚天動地(경천동지-하늘이 놀라고 땅이 진동하는 모양)하는 꾸짖음이요, 골수를 쪼개는 무서운 책망인가!

"그에게서 그 한 달란트를 빼앗아 열 달란트를 가진 자에게 주어라 그리고 저 악한 종을 바깥 어두운 곳으로 내치라(마25:28)" 하시는 말씀 아닌가! 그런데 왜, 사람들이 삶을 기쁘게-즐겁게-누리지 못하는가? 각 사람이 받은 그 모든 것을 누릴만한 능력(ability)-힘(power)-역량(capacity)이 없거나 모자라기 때문입니다.

3. 삶을 즐겁게-기쁘게-누리는 능력-힘-역량은 어디로부터 오는가?

첫째. 삶을 즐겁게-기쁘게-누리는 힘은 배움에서 옵니다. 사람이 삶을 즐겁게-기쁘게-누리는 데는 두 차원이 있습니다. 하나는 형이하학적-육체적 차원(먹고-마시고-배설하는 즐거움)이고, 다른 하나는 형이상학적-마음-정신-영적-정서적-감정적-심미적 차원입니다. 이 두 차원은 優劣(우열)이 없습니다. 똑같이 중요합니다. 사람은 떡 없이 살 수 없고, 떡만으로도 살 수 없는 존재이기 때문입니다. 이 세상 모든 생명 가진 존재에게 먹고 마시는 형이하학적-육체적 즐거움은 사람이나 짐승이나 生而知之(생이지지-본능으로 안다) 합니다. 그러나 형이상학적-영적-정신적 즐거움은 배워야 합니다.

그러므로 성경은 "이스라엘아 들으라(쉐마 이스라엘!), 우리 하나님 여호와는 오직 유일한 여호와이시니 너는 마음을 다하고 뜻을 다하고 힘을 다하여 네 하나님 여호와를 사랑하라 오늘 내가 네게 명하는 이 말씀을 너는 마음에 새기고 네 자녀에게 부지런히 가르치며 집-길-누워 있을 때-일어날 때 이 말씀을 강론할 것이며 너는 또 그것을 네 손목에 네 미간에 붙여 표로 삼고 또 네 집 문설주와 바깥문에 기록할지니라(신4-9)" 하신 것입니다. 즉, 하나님 말씀을 지극정성으로 배우고 익혀야 각 사람이 받은 삶을 즐기고-누리고-기쁘게 살 수 있다는 말씀입니다.

둘째. 삶을 보는 눈-삶에 대한 패러다임의 變化(변화)에서 옵니다. 이 세상 모든 종교(기독교-불교-힌두교-도교-유교-철학 사상 등)의 가르침이 무엇입니까? 각 종교의 논리-제도-형식-방법-영성 분위기 등은 다릅니다만, 그 핵심은 "단 하나! 삶을 보는 지금 너의 觀點(관점-view point)을 바꾸라!" 는 것입니다.

셋째. 삶을 즐겁게-기쁘게-누릴 수 있는 또 하나의 힘-능력-역량은 審美眼(심미안-a sense of beauty)-아름다움을 보고-듣고-느끼고-감격-감동-감사하는 법-미학적 지능을 배우고 啓發(계발)하는 데서 나옵니다.

하버드 교육심리학자 하워드 가드너는 다중지능이론에서 사람의 지능을 음악지능(Musical-intelligence)-신체+운동지능(Bodily-Kinesthetic)-논리+수학지능(Logical-Mathematical)-언어지능(Linguistic)-공간지능(Spatial)-대인관계지능(Interpersonal)-자기이해지능(Intrapersonal)-자연탐구지능(Naturalist)-실존적 지능(Existential) 등이라고 하였습니다. 이에 대하여 정신분석+명상법을 결합한 종합심리요법(psychosynthesis)의 세계적 전문가 이탈리아 피에로 페루치는 미학적 지능(Aesthetic Intelligence-심미안-아름다움을 보는 능력)이 빠져서는 아니 된다고 하였습니다. 다음은 심미안을 노래한 조동진의 '행복한 사람' 입니다.

울고 있나요? 당신은 울고 있나요, 아- 그러나 당신은 행복한 사람 아직도 남은 별 찾을 수 있는 그렇게 아름다운 두 눈이 있으니

외로운 가요? 당신은 외로운 가요, 아- 그러나 당신은 행복한 사람 아직도 바람결 느낄 수 있는 그렇게 아름다운 그 마음 있으니

사천읍교회 초청 신대원 77기 모임(1)

2월 17일(월), 오늘은 경남 사천읍교회 초청 장로회신학대학원 77기 모임이 있는 날. 아침 7시 정배리를 떠나-문호리-양수리-구리역으로 가서-박청자-백채윤-한정혜-김춘근-임병근 목사님들과 함께 김광식 총무님 차로 10시 10분 출발-오후 2시 30분 사천읍교회(김세봉 목사님 시무)에 도착.

일만 평 대지 언덕 위에 지하 2층-지상 5층으로 새로 지은 사천읍교회는 사천 들판에 우뚝 서있었습니다. 본당-소예배실-어린이 집-식당 모든 시설이 깨끗하고 쓸모있게 잘 지었습니다. 그 중 내가 눈여겨보고 '이건 참 잘했다' 생각한 것은 3층 전체를 초-중-고 주일학교 학생들이 선생님과 그룹별로 모여 자유롭게 활동할 수 있는 아담한 공간을 많이 만들어 두었다는 점입니다.

또 하나 특별한 것은, 1902년 창립하여 112년 역사를 지닌 교회답게 교회역사박물관을 설치하여 초대 한국교회 모습과 사천읍교회 역사를 일목요연하게 볼 수 있도록 잘 정리하여 전시하고 있다는 점입니다.

목사님-사모님들 30여 명이 공식적인 예배-회의 마치고, 마침 내리는 겨울 봄비를 맞으며 사천읍에서 제일 유명한 초밥-알밥 집에 가서 사천읍교회 장로님들이 준비한 융숭한 대접을 받고 참 감사하였습니다.

숙소는 삼천포 해변 언덕 전망 좋은 모텔로 갔는데, 깜깜한 밤이고 비가 많이 내리는 터라 방 배정에 우왕좌왕 이리저리 혼란을 겪고 있는데 모텔 직원이 나더러 "205호실로 가세요" 합니다. 205호에 입실하여 옷 벗고-세수하고-커피 한 잔 끓여 마시고-비 내리는 밤바다를 무심히 내다보며 한참을 앉았는데 아무도 문 두드리는 소리 없이 조용합니다. 獨守空房(독수공방) 하다 잠들었습니다.

자리에 누워 '어째 방이 좀 춥네?-삼천포는 남쪽이라 난방을 아니 하나? 그런가?' 한기가 더하여지는지라 벗었던 옷을 다시 주워 입고 잤는데, 아침에 보니 하얀 시트 위에 놓인 하얀 전기요 스위치가 내 눈에는 아니 보인 것입니다.

그런데 이 모텔 방에 놓인 그릇에 무슨 글이 적혀 있습니다. 뭔가?

COSMOS

'But if I could understand what you are, root and all, and all in all, I should know what God and man is'

FLOWER ON THE HILLS

· 한정혜 목사님 고맙습니다 ·

신대원 77기 모임 이틀째 아침, 버스 옆 자리에 앉은 한정혜 목사님에게 어제 저녁 삼천포 모텔 205호실 플라스틱 그릇에 새겨진 영어 문장 메모한 것을 보여주며, "뭔지는 모르지만 무슨 시 같은데 멋있지 않은가?" 물었습니다. "오, 이거 유명한 시야, 내가 좋아하는 영 시집에 있는 건데…" 합니다. "오, 그래요? 그럼 나중에 이메일로 보내주십시오" 하였습니다.

Flower in the Crannied Wall – Alfred Lord Tennyson(한정혜 역)

Flower in the crannied wall,
I pluck you out of the crannies;
Hold you here, root and all, in my hand,
Little Flower – but if I could understand
What you are, root and all, and all in all,
I should know what God and Man is.

벼랑 틈 새 핀 꽃
갈라진 벼랑 틈에서 널 뽑아들었다
여기 내 손에 뿌리째 놓여있는 너
우주의 모든 것이 그대로 남겨 있는 작은 꽃 한 송이
그러나 널 이해할 수 있다면
뿌리부터 통째로 널 알 수 있다면
하나님과 인간이 무엇인지도 알 수 있으련만.

(참고: 알프레드 로드 테니슨(1809-1892)-19세기 영국의 계관시인. 빅토리아 여왕으로부터 남작 작위 받음)

사천 바닷가 흔들리는 버스 안에서 영어 문장 단 한 줄을 보고 누구의 詩인지 척 알아보고 아름답게 번역까지 하여 이메일로 보내주신 한정혜 목사님께 진심으로 감사드립니다. 한편, "너는 처처에 奇人達士(기인달사)-隱逸高手(은일고수)-才子佳人(재자가인)이 숨어 있음을 잊지 말라!" 하신 스승님의 가르침을 새삼 떠올린 이정수 목사

審美眼(심미안)-A Sense of Beauty (2)

본문 / 전11:7, 시119:18

1. 들어가는 이야기

* 빛은 실로 아름다운 것이라 눈으로 해를 보는 것이 즐거운 일이로다-Light is sweet, and it pleases the eyes to see the sun(전11:7) * 건축자의 버린 돌이 집 모퉁이의 머릿돌이 되었나니 이는 여호와의 행하신 것이요 우리 눈에 기이한 바로다-The stone the builders rejected has become the capstone; the LORD has done this, and it is marvelous in our eyes(시118:22-23) * 내 눈을 열어서 주의 율법에서 놀라운 것을 보게 하소서-Open my eyes that I may see wonderful things in your law(시119:18).

2. 심미안-아름다움을 보는 능력-미학적 지능(aethetic Intelligence)이란?

하나님께서 우리 각 사람에게 주신 삶을 즐겁게-기쁘게 누리려면, 쉐마 이스라엘(신6:4-9)과 함께 꼭 필요한 것이 미학적 지능(aesthetic Intelligence)-심미안-아름다움을 아름다움으로 보고-듣고-느끼고-말할 수 있는 능력입니다. 아름답다-아름다움(beauty)이라는 말은 '아, 좋다-good이야-끝내준다-기쁘다-즐겁다-멋있다-대단하다-예쁘다-굉장하다-기이하다-놀랍다-nice-great-wonderful-sweet-pretty-joy-marvelous, 그리고 사랑은 아름다워라(Love is a many splendored thing)라고 하는 표현에서 보듯 존재론적 의미도 함축하고 있습니다.

아, 참 아름답구나-고거 참 예쁘네-야, 멋있다-아, 좋다-오, 대단하네-이걸 다 너 혼자 했다는 게 정말이야?-오, 그 노래 참 좋네-이 커피 참 맛있네! 하고 나도 몰래 놀라고 웃음 지은 적이 있습니까? 그런데 그게 언제입니까? 요즈음은 그런 아름다움을 경험한 일이 별로 없었습니까? 놀랄 일도 없고-웃을 일도 없고-아름답다고 느낀 적도 없습니까? 그렇다면 기쁘고-즐겁고-낙을 누리는 삶이 아니지요. 그런 놀라움-감탄-웃음이 있어야 삶을 즐겁고-기쁘고-누리는 것 아닌가요?

아름다움을 보는 능력-심미안-미학적 지능이란 일상생활에서 크고 작은 그런 감동-감격-감사-감탄이 發顯(발현)되는 빈도-정도-가능성이 얼마나 되는가 하는 것입니다. 아름다움을 만나고-느끼는 것이 존재론적 체험입니다. 학자들이 말하는 표현은 다양하나 그 속뜻은 하나라고 생각합니다.

뿌리 경험(Root Experience)-절정 경험(Peak or Plateau Experience-에이브럼 매슬로)-몰입의 경험(flow Experience-칙센트미하이)-궁극적 은총 경험(Ultimate Boon Experience)-존재 바탕의 경험(Depth Experience)-거룩한 존재 경험(Numinous Experience-mysterium tremendum et fascinans)-아하! 경험(aha experience)-영원과 맞닿는 체험(Eternal-now experience) 등 말입니다.

3. 심미안-아름다움을 보는 능력은 啓發(계발)될 수 있는가?

첫째. 아름다움을 보는 능력은 사람의 DNA에 각인되어 있습니다. 영국 런던 대학교-이탈리아 파르마 대학교 연구팀은 실시간으로 뇌의 활동을 보여주는 '브레인 이미징' 이란 신기술로 아름다움-미학적 경험은 대뇌피질 전두엽의 반응으로 일어나는 현상이라고 밝힌 바 있습니다. 사람들에게 고대 그리스의 황금비율로 조각한 '도리페로 像' 을 보여주었을 때와 찌그러진 조각상을 보여주었을 때 뇌의 이 부분이 확연히 다른 반응을 보였던 것입니다. 즉, 하워드 가드너가 제창한 다중지능이론의 여러 지능과 같이 미학적 지능-심미안-아름다움을 볼 수 있는 능력도 성장-발전-계발할 수 있다는 것입니다.

둘째. 우리는 심미안-아름다움을 보는 능력-미학적 지능을 과소평가하고 있습니다. 왜?

(1) 시대가 변했다는 것을 알아차리지 못하고 살기 때문입니다. 보릿고개가 엄존하던 시대에는 "사람은 오직 떡만 있으면 살 수 있다" 였습니다. 그러나 보릿고개가 사라진 우리 시대에는 "사람은 떡만으로 살 수 없다" 입니다. 우리 시대에 와서 아름다움을 보는 능력은 선택사항이 아닌 필수사항이 되었습니다. 돈 없는 건 참아도 재미없는 건 못 참는 시대-집보다 멋진 자동차를 선호하는 시대-여우하고는 살아도 곰하고는 못 사는 시대가 된 것입니다.

(2) 아름다움을 보는 능력은 예술가-여유 있는 사람-교양 있는 엘리트-끼 있는 사람 등이나 필요한 것이지 우리들 보통 사람은 그저 있는 대로 사는 것이라는 오해 때문입니다. 아름다움을 보는 능력에는 어떤 이론-규칙-규범이 없습니다. 누구나 지금 그 모습 그대로 자기만의 아름다움을 보는 능력을 계발할 수 있습니다.

(3) 아름다움을 보는 능력은 그럭저럭 되는대로 사는데 저절로 생겨나는 것이 아닙니다. 이 세상 모든 일이 그러하듯이 아름다움을 볼 수 있는 능력을 계발하기로 결심-관심-연습-훈련하여야 합니다(참고: 피에로 페루치, 윤소영 역, 〈아름다움은 힘이 세다〉, 웅진지식하우스).

셋째. 본문에서 시편 기자는 *내 눈을 열어서 주의 율법에서 놀라운 것을 보게 하소서-Open my eyes that I may see wonderful things in your law(시119:18)" 라고 하셨습니다. 엘리사가 기도하여 가로되 "여호와여 원컨대 저의 눈을 열어서 보게 하옵소서 하니 여호와께서 그 사환 게하시의 눈을 여시매 저가 보니 불말과 불병거가 산에 가득하여 엘리사를 둘렀더라(왕하6:17)" 하셨습니다. 바울 사도가 다메섹에서 예수님을 만나 뵙고 아나니아에게 안수 받았을 때 "즉시 사울의 눈에서 비늘 같은 것이 벗어져 다시 보게 된지라(행8:18)" 하셨습니다. 우리가 아름다움을 보지 못하는 것은 우리 눈이 나의 我執(아집)-선입관-고정관념-慾心(욕심)-근심-걱정-불안-염려-두려움의 비늘로 덮여 있기 때문입니다. 내 눈의 비늘을 벗겨 주소서-나의 눈을 열어 아름다움을 보게 하소서 간절히 기도할 일입니다.

사천읍교회 초청 신대원 77기 모임(2)

2월 18(화) 아침 8시 모텔 앞 전원 집합.
사천읍 복국 집에서 따끈하고 시원한 복국으로 아침 식사.

삼천포화력발전소 견학 150m 높이 아질아질한 화력발전소(6동 중 하나) 시설 꼭대기 전망실에서 홍보실장님의 설명을 들었습니다. 그런데 이 어마어마한 시설을 관리하는 직원이 '단 한 사람!' 이라는 소리에 "그래? 정말이야? 아! 대단하네!" 하였습니다.

고성 공룡박물관-상족암 관광해변 용암층 바위 위에 새겨진 공룡 발자국이 있는 상족암은 공룡 발자국이지만 이곳 지형이 규모는 작으나 변산반도 채석강과 같이 시루떡을 층층이 쌓아 놓은 깔끔한 모양이라 보기 좋았습니다.

점심 시간-우리 77기 동기회 회장 곽군용 회장님이 미국 보스턴에 박사학위 받으러 가느라고 이번 모임에 부득이 불참하게 되어 미안하다며 보내 온 금일봉으로 오늘 점심을 내는 것이라고 합니다. 충분한 산책 후 남해군에서 직영하는 횟집 촌을 둘러보고-사천시 풍어횟집(이 집에 제비가 금반지를 물어다 주었단다)에서 어부 아저씨가 오늘 아침 잡아온 싱싱한 생선회와 지리탕으로 점심.

나는 어느 날인가부터 회를 별로 아니 좋아합니다. 서울 수족관에서 주둥이 허옇게 헐고 빌빌거리는 생선회는 회라고 할 수 없기 때문입니다. 그런데 이 어부집 회는 정말 오랜만에 맛보는 회다운 회였습니다. 진짜 회!

항공우주박물관 탐방: 인구 12만 명의 사천시(경남 사천+삼천포)는 우리나라 한국항공우주산업주식회사를 중심으로 관련 산업이 밀집되어 있다고 합니다. 사천읍교회 집사님 안내로 항공우주박물관을 둘러보았습니다. 나는 여기 박물관 앞마당에 전시된 실물 B29 비행기와 C-124-C 비행기 안에 들어가 보았는데 정말 대단하였습니다.

오후 5시 사천읍교회로 原點回歸(원점회귀)하여 헤어져야 할 시간, 모두들 이번 일박이일의 모임은 너무 유익하고-재미있고-알찼다고 異口同聲(이구동성)입니다. 신대원 77기 우리 모두는 이렇게 귀한 모임을 기획-진행한 곽군용 회장-윤창현 부회장-김광식 총무-김세봉 서기 등 임원진에게, 그리고 귀한 선물을 주신 전중식 목사님(더 멀리 더욱 넓게, 그래서 하늘까지), 배재욱 교수님(에베소의 교회론)에게 깊은 감사를 표하였습니다. 특히, 김세봉 목사님의 名案內(명안내)는 일품이었습니다.

· 고 김신일 목사님을 애도함 ·

2014년 3월 3일 점심 때,
연세대학교 신과대학 동기회 장일명 총무로부터 전화가 왔습니다.

우리 동기 김신일 목사 3월 3일 새벽 소천!
내 좋은 친구 김신일 목사(1949년 생)
대구 경북 중-고등학교
연세대학교 신과대학 1969학번
장로회신학대학원 79기
경북 안강제일교회 건축
서울 행복한교회 건축 하고 담임목사로 시무 중

유가족: 사모님-딸-아들.

연세 세브란스 영안실 601호,
弔問(조문) 후 약사 출신 사모님 말씀이 이러합니다.

"오늘 3월 3일 오전 5시 새벽기도 인도하러 나가시다가, 내 손을 잡으며 '여보, 나 좀 이상 해!' 하고는 내 손을 잡은 채 10초 만에 돌아가셨어요" 하십니다.

나와 김신일 목사는 1969년 연세대 신과대학 입학 동기-장로회신학대학원(나는 77기-김 목사는 79기) 졸업 후 지금까지 각별히 친한 친구였습니다.

어디를 가나 분위기 메이커로-성격 좋고-화통하고-담대하고-옷 잘 입는 멋쟁이고-두 교회를 건축할 만큼 매사에 의욕적이고-집에서는 사모에게 항상 존댓말을 사용하던 자상한 사람이었습니다.

그저 茫然自失(망연자실)하고 있는 이정수 목사

審美眼(심미안)-A Sense of Beauty(3)

본문 / 전11:7, 시119:18

1. 들어가는 이야기

오늘은 2014년 3월 2일, 3월 첫 주일 아침입니다. 올 겨울이 예년보다 따뜻했다고 하지만 내가 사는 이 곳 양평 정배리 허심당은 꽃샘바람이 오락가락합니다. 뒷마당에는 이적 눈-얼음이 쌓여 있습니다. 어느 시인이 "March is march(3월은 행진하는 달이로다!)" 라고 하였습니다. 꽃샘바람이 불지만 문자 그대로 꽃 피는 게 샘나서 부는 바람일 뿐입니다.

이 3월(March)에 하나님께서 문자로 기록하신 聖經(성경)의 놀라움-아름다움은 골방과 책상에서, 하나님께서 지으신 天地自然經(천지자연경)의 놀라움-아름다움은 산-바다-들판에서 보기 위하여 봄옷 갈아입고 'march(행진)' 할 때입니다.

* 내 눈을 열어서 주의 율법에서 놀라운 것을 보게 하소서-Open my eyes that I may see wonderful things in your law(시119:18).

* 내 눈을 열어서 주가 창조하신 우주(나 자신-하늘-땅-사람)에서 놀라운 것을 보게 하소서-Open my eyes that may see wonderful things in your universe.

2. 삶을 즐겁게-기쁘게-누리며 잘 산다는 것이 무엇인가?

우리는 나 자신은 물론 내 자녀들-친척들-친구들-교회 성도들-이웃들-그리고 이 세상 모든 사람들이 잘 살기를 원합니다. 이 시간 우리 모두 '주님께서 가르쳐주신 기도' 를 주문처럼 외우지 말고, 뜻을 묵상하면서 합심하여 기도드립시다.

왜? '주님이 가르쳐주신 기도' 야말로 사람이 이 땅에서 잘 살려면 하나님께 무엇을 구할 것인가를 簡明直節(간명직절)하게 일러주신 기도이기 때문입니다. 오늘 우리는 '잘 산다' 는 말을 자본주의 사회의 시민답게 경제적 능력-가치-풍요-예금 통장을 기준으로 생각합니다. 그러나 '주님이 가르쳐주신 기도' 에서 잘 산다는 것은 각 사람의 형이하학적(육체적 건강-일용할 양식)-형이상학적(영적 건강-죄-용서-시험-악 등) 필요를 하나님께 구할 것을 가르치고 있습니다.

삶을 즐겁게-기쁘게-누리며 잘 산다는 것은 단순히 경제적인 측면만이 아니라, 정신-정서-품위-교양-문화적으로-도덕적으로-임종에 이를 때까지 아름답게 잘 사는 것입니다. 그리하여 사람이 태어날 때 태어나는 사람은 울고, 주변 사람들은 웃고-사람이 죽을 때 죽는 사람은 웃고, 주변 사람은 우는 것이 잘 사는 것입니다. 즉, 잘 산다는 것은 '아름답게 먹고-아름답게 행동하고-아름답게 죽는 것입니다(Well-Being and beautifully and justly and well-dying are all one-thing)' 그러므로 우리 각 사람에게 심미안-아름다움을 보는 능력이 절대 필요한 것입니다.

3. 심미안-아름다움을 보는 능력-미학적 지능의 전개과정은 어떠한가?

첫째. 本能的(본능적) 심미안 단계입니다. 하나님께서 창조하신 모든 생명체(사람+생물)는 맛있는 음식–멋있는 것(옷–자동차–집–영화–책–음악–여행지 등)–香氣(향기)–깨끗한 것 등은 가까이 하고, 이와 반대로 두려움–공포–위태로움–더러움–짜증나는 것–惡臭(악취) 등 아름답지 않은 것은 피합니다.

실험(1) 아름다운 여성이 자동차 고장으로 길가에 서 있을 때, 많은 사람들이 차를 세우고 돌봐주는 것을 보았습니다(안 아름다운 경우는 아니었다). 실험(2) 낯을 가리는 어린 아기(아름다운 사람에게는 잘 안기더라). 실험(3) 보기 좋은 떡 앞에 사람들이 많이 모이더라. 실험(4) 역사 속에 보이는 허다한 미남미인계 등.

둘째. 意識的(의식적) 심미안 단계입니다. 심미안은 각 사람이 '심미안을 길러야겠다!' 하는 의식을 가지고 연습–훈련–단련함으로 증진 됩니다. 심미안 훈련 받은 사람과 받지 않은 사람은 판이하게 다릅니다. 보통 '審美眼(심미안–a sense of beauty)' 이라 하면, 예술가(음악–미술–무용–문학 등)–의상, 자동차, 가구 디자이너–커피 바리스타–와인 소믈리에–향수 調香士(조향사) 등 예술성을 요구하는 사람들에게 필요한 것이라 생각합니다만, 아닙니다! 이 세상 25,000가지 직종에 종사하며 일상 생활하는 모든 사람들에게 필요합니다.

집에서 설거지 할 때, 구두를 닦을 때, 집안을 정리할 때, 아이들 옷을 고를 때, 귀한 사람에게 음식을 대접할 때, 산을 오를 때, 커피를 마실 때, 사람을 만날 때, 여행 가서 숙소–음식점을 정할 때 등등 이 세상 모든 일상생활에 심미안–아름다움을 보는 능력–미학적 지능이 필요합니다. 나는 심미안을 가진 사람이 마련 해 준 음식–여행지–숙소–음악–그림–영화 등등은 뭔가 다르고–기분 좋고–멋있고–맛있고–즐겁습니다. 그러나 "나는 아니 그리하다. 아무 데서나 자면 되고–아무 거나 먹으면 되고–그 커피가 그 커피…그게 다 그거지 뭐 별로 다른 것 없던데…" 하는 사람도 있습니다. 나는 그렇게 말씀하시는 분들을 아주 잘 이해합니다. "뭘, 잘 이해한다는 거야?" 그런 분은 심미안 훈련을 아니 받은 사람, 나는 심미안 훈련을 통하여 이제야 심미안이 실눈만큼 열린 사람이라는 사실!

셋째. 肉化(육화)된 심미안 단계입니다.

자세히 보아야 예쁘다. 오래 보아야 예쁘다. 너도 그렇다.

이름을 알고 나면 이웃이 된다. 색깔을 알고 나면 친구가 된다.
모양까지 알고 나면 연인이 된다.
아, 이것은 비밀이다. – 나태주, 〈풀잎〉 1. 2. 全文.

국립공원 가야산 종주기

2월 19일(수), 나는 신대원 77기 동기들과 사천읍교회에서 헤어진 후 윤창현 목사 차로 고령터미널에 하차, 해인사 행 버스로 오후 7시 20분 해인사 寺下村(사하촌) 치인리에 도착. 가야산 가든식당에서 산채백반(8,000원)으로 저녁 먹고-밝고 깨끗한 88장여관(30,000원)에 묵었습니다.

솔직히 말해서 내가 77 동기 모임에 참석한 데는 숨은 목적이 하나 있었습니다. 그것은 '국립공원 가야산(1,433m) 종주' 입니다. 나는 우리나라 국립공원 21곳 중 아직 답사하지 못한 산이 가야산-무등산-월출산-덕유산-내장산-소백산 등 6곳인데, 가야산이 돌아오는 길목이라 이 기회에 오르기로 마음먹었던 것입니다.

2월 20일(목), 조금 쌀쌀한 가야산 아침 바람을 맞으며 해인사 옆으로 난 등산길로 가야산을 올랐습니다. 치인 주차장에서 해인사 용탑선원까지 1km-여기부터 상왕봉까지 산행거리 4km, 산행 시간 2시간 30분.

가야산은 며칠 전 내린 눈으로 산행 들머리부터 파란 山竹(산죽) 이파리마다 하얀 눈이 소복이 쌓여 있습니다. 해인사에서 2km 지점까지는 평탄하고-그 다음 1.5km는 좀 가파르고-정상 상왕봉 바로 아래 0.5km는 아주 가파릅니다. 이 지점을 통과하는데 눈이 무릎 이상으로 쌓여 있어 힘들었습니다. 그러나 이 지점에서 내려다보니 하얀 눈을 이고 수수만만 아득히 이어진 疊疊山山(첩첩산산)-순결한 氷花(빙화)-순백의 눈 숲은 絶境(절경) 그 자체!

가야산 정상을 통칭 상왕봉이라고 하는데 정확하게 말하면, 상왕봉에는 700m쯤 거리를 두고 2개의 봉우리가 있습니다. 하나는 牛頭峰(우두봉-1,430m)-또 하나는 七佛峰(1,433m)으로 각각 돌비석이 서 있습니다.

우두봉에서 北向(북향)하여 기도드리고-칠불봉에 이르러 사천읍교회에서 배낭에 갈무리해두었던 약과+감귤+비스킷으로 요기하고, 칠불봉-서성재-아기자기하고 기묘한 바위로 이어진 만물상-백운동탐방지원센터(산행거리 4.5km-산행시간 2시간 40분)-가야 방향으로 하산하였습니다.

가야에서 오후 6시 40분 버스로 대구 서부 터미널-택시로 대구 북부 터미널-오후 9시 10분 안동 버스 터미널 도착-양평행 기차가 새벽 2시라 하여, 하는 수 없이 안동역 앞 갈비골목에서 한우정식(12,000원)으로 저녁 먹고-아로마모텔(35,000원-참 깨끗하고 단정하다)에서 몸 씻고-77동기 모임 덕분에 어렵사리 무사히 가야산 국립공원 답사하였다는 성취감과 함께 무등산-월출산-소백산-내장산-덕유산 산신령들에게 조만간 만나자고 통화하고 잡스런 꿈 없이 깊은 잠에 들었습니다.

2월 21일(금), 오전 7시 35분 안동역 출발-오전 11시 양수역 도착.

· 小窓多明 使我坐久(소창다명 사아좌구) ·

小窓多明(소창다명: 창호지 바른 작은 창문으로 햇살이 들어)
使我坐久(사아좌구: 노란 장판 비추는 그 햇빛 보느라 오래 앉아 있었네)

어느 봄날 아침,
한 선비가 새벽에 일어나 이부자리 개고-세수하고-방 쓸고-마당 빗질하고-朝飯(조반)들고-단정히 앉아 글을 읽고 있는데, 동편으로 난 작은 창호지 문으로 햇살이 들어 노란 장판을 비추고 있는 것을 보았습니다. 그 빛이 너무 맑고 깨끗해 넋 잃고 한참이나 들여다보았다는 소감을 단출하게 적은 글입니다.

나는 이것이 審美眼(심미안-a sense of beauty)이라고 생각합니다. 우리 시대에 이런 소리하면 "뭐가 어쩌고 어째? 바쁘고 바쁜 이 아침에 소창다명 사아좌구? 웃기는 소리하고 자빠졌네!" 할 것입니다. 그러합니다. 웃기는 소리입니다. 그러나 그것이 심미안인 것만은 사실입니다.

심미안은 별 생각 없이 한가하고 널널한 차원에서 오는 것이 아닙니다. 삶의 순간순간마다 그 사람의 실존이 느끼는 새파랗게 벼린 칼끝 같은 感性(감성)에서 나오는 것입니다. 高臺廣室(고대광실)에 늘어지게 자빠져 자다 일어난 사람은 큰 창호지 문짝으로 들어온 햇살이 운동장 같이 넓은 방을 大窓太明(대창대명)하게 비추더라도 그 입에서 나오는 소리는 "야, 눈 부셔 문 닫어!" 하지 "오, 大窓多明(대창다명) 하도다!" 하는 소리는 나오지 아니 합니다. 시간에 쫓기는 사람은 새벽이 아니라, 아침-한낮-한 밤에도 쫓기는 건 매 일반입니다.

小窓多明 使我坐久(소창다명 사아좌구)!
審美眼(심미안-a sense of beauty)이 없으면 나올 수 없는 소리입니다.

지난 겨울 추운 어느 날 밤, 맑고 차가운 하늘에 노란 달이 떴습니다. 추워서 밖으로 나가지는 못하고 덧옷 입고 커튼 살짝 걷고 밤새도록 달을 보았다는 한정혜 목사가 본 달이 심미안으로 본 달이 아니겠는가 하는 이정수 목사

審美眼(심미안)-A Sense of Beauty(4)

본문 / 전11:7, 시119:18

1. 들어가는 이야기

* 내 눈을 열어서 주의 율법에서 놀라운 것을 보게 하소서-Open my eyes that I may see wonderful things in your law(시119:18) * 빛은 실로 아름다운 것이라 눈으로 해를 보는 것이 즐거운 일이로다-Truly the light is sweet, and a pleasant thing it is for the eyes to behold the sun(전11:7).

2. 사람은 심미적 존재이고-심미적 존재이어야 합니다

혹시, 圓(원-동그라미)과 정사각형 안에 알몸의 남자가 두 팔을 벌리고 두 발은 모으고-두 팔은 체조 선수처럼 어깨 높이로 다리도 그 만큼 벌린 모습의 그림을 보신 적이 있습니까? 이 소묘 작품은 레오나르도 다 빈치가 고대 로마 건축가 비트루비우스의 건축 10서(De architectura) 3장 신전 건축 편에서 "신전은 인체 비례에 따라 지어야 한다"는 글을 읽고 實測(실측)하여 그렸다는 유명한 인체비례도(Canon of Proportions) 혹은 비트루비우스적 인간(Vitruvian Man) 입니다.

이 인체비례도 소묘 작품이 그토록 유명한 것은 이 세상에 直立(직립)으로 태어난 각 사람은 누구나 모든 空間(공간)을 上下前後左右(상하전후좌우)를 바라볼 수 있다. 공간을 그렇게 볼 수 있다는 것은 보는 주체인 각 사람이 공간의 중심이 된다는 뜻이며, 동시에 하늘과 땅-온 우주의 모든 변화를 주체적으로 인식-판단-결정할 수 있는 소우주적 존재(micro universe)라는 사실을 상징하고 있기 때문입니다. 동양적으로 말하면, 각 사람은 天上天下唯我獨尊(천상천하유아독존)-天地之間 萬物之衆 唯人最貴(천지지간 만물지중 유인최귀-하늘과 땅에 있는 만물 중에 사람이 가장 귀한 존재다)라는 말입니다.

우리는 흔히 "OK?", "OK!" 라고 합니다. "좋아?", "좋아!", "됐어?", "됐어!" 라는 뜻으로 통합니다. 그런데 이 'OK' 라는 말은 원래 그리스 뱃사람들이 쓰던 '올라 칼라(Ola Kala-모든 것이 아름답다)' 의 단축형이라고 합니다. '모든 것이 아름답다' 가 '모든 것이 다 잘 됐다-OK' 로 변화한 것입니다.

사람은 원래 아름다움을 볼 수 있는 심미적 존재입니다. OK?, OK!
그런데 먹고 살기-욕심-근심-걱정-불안-바쁜 현대 사회 시스템 등 때문에 심미안을 잃고 삽니다. 심미안은 회복 되어야 합니다.

OK?, OK!

3. 심미안-아름다움을 보는 능력-미학적 지능의 유익이 무엇인가?

첫째. 심미안이 열리면 성경을 달고 오묘한 말씀으로 읽는 유익이 있습니다. 시편 기자는 "주의 말씀의 맛이 내게 어찌 그리 단지요 내 입에 꿀보다 더 다니이다(시119:103)" 라고 하셨습니다. 우리 믿는 사람들 가운데는 "평생에 신구약 성경을 한 번이라도 통독해야 할텐데…" 하시는 분들이 있을 줄 압니다. 그러나 현실적으로 소설-역사-에세이-신문-영화-드라마 등은 재미있게 날밤을 새워가며 달게 열심히 읽으면서 성경은 읽지 아니 합니다. "꿀보다 더 달다"는 성경을 왜 읽지 아니 하는가? 성경을 읽는 심미안이 열리지 않았기 때문입니다.

내가 반복해서 제일 많이 읽은 책은 '나관중의 〈삼국지연의〉(10번)' 입니다. 성경은 이제까지 28번 읽었습니다. 처음에는 목사라는 의무감 때문에 읽었습니다. 그러던 것이 나중에는 재미있어서 내 입에 달아서 읽었습니다. 내 아버지는 평생 50번쯤 성경을 읽으셨는데, 하시는 말씀이 "야, 성경이 정말 참 재밌어!" 입니다. 성경을 읽는 심미안이 열린 것입니다(참고: 말씀의 샘물 352-353-354호).

둘째. 심미안이 열리면 日日是好日(일일시호일-아니 좋은 날이 없음)하여, 해 나는 날은 해 나는 대로 좋고-비 오시는 날은 비 오시는 대로 좋고-날이면 날마다 즐겁고-기쁘게-누리는 유익이 있습니다. 심미안이 열리면, '벌거벗은 임금님' 을 '벌거벗은 임금님' 으로 볼 수 없게 하는 문화적-사회적-심리적 고정관념-선입관-전이해-거짓된 소문에서 벗어나 '벌거벗은 임금님' 을 '벌거벗은 임금님' 으로 똑바로 볼 수 있는 자유를 얻습니다.

그 자유가 나의 존재 자체-지금 내 모습 이대로가 가장 아름다운 존재-특별한 존재-천하에 하나 밖에 없는 귀중한 존재인 것을 자각하게 합니다. 두려움이 사라집니다-통찰력이 생깁니다-생생하게 살아 있음을 느낍니다-나 자신을 재발견하는 힘이 생깁니다. 그리고 자각한-깨어난-눈뜬-변화된 자기 주체성을 가지고 이웃-자연-사회-우주-하나님과 새로운 관계를 맺고 살기 시작합니다. 예를 들면, 심리적 주종관계에서 대등한 관계로-말도 못 붙이던 누군가에게 자유롭게 말할 수 있는 관계로-허무했던 세상에서 의미 충만한 생생한 세상으로-무서운 여호와 하나님에서 사랑의 하나님 아버지 관계로 등등.

셋째. 심미안이 열리면, 보고-듣고-느끼는 것 모두를 전혀 새로운 각도, 입체적 시각, 창조적 관점으로 보고-듣고-느낄 수 있는 유익이 있습니다. 보이지 않던 것이 보이고-들리지 않던 것이 들리고-느끼지 못 했던 것을 느낍니다. 그러므로 시편 기자는 이 신비를 "하늘이 하나님의 영광을 선포하고 궁창이 그의 손으로 하신 일을 나타내는도다 날은 날에게 말하고 밤은 밤에게 지식을 전하니 언어도 없고 말씀도 없으며 들리는 소리도 없으나 그의 소리가 온 땅에 통하고 그의 말씀이 세상 끝까지 이르도다(시19:1-4)" 라고 하신 것입니다. OK?

2014년 때 이른 賞春(상춘-꽃구경)

3월 4일(화) 오전 10시 팔당역 앞 집합.

지난 겨울 꽃 피면 만나자던 약속대로 하영호 목사-삼척의료원 박찬병 원장-소설가 이희복 씨의 하얀 그랜저로 부산행.

부산으로 내려가다 경북 구미시 선산 읍내 대한곱창집에서 점심.

대룡마을(부산광역시 기장군 장안읍 오리-예술인들이 농촌주택에 입주하여 작품 활동하는 마을)에서 임대식 목사-정희영 사모와 만나 함께 탐방-아직 꽃이 피지 않아 썰렁. 그리고 차로 15분 떨어진 거리에 있는 경북 울산광역시 울주군 외고산 옹기마을 옹기박물관 탐방.

大邊(대변-큰 바닷가)-바다횟집에서 저녁 먹고, 정희영 사모님 형부의 厚意(후의)로 해운대 한화콘도에서 일박.

3월 5일(수) 오전 7시-한화콘도 사우나(7,000원)-해운대 미포 할매복국집 참복 · 까치복 · 졸복 · 밀복 중 제일 저렴한 은복지리(8,000원)로 아침 먹고-부산 사하구 감천문화마을 탐방-평화의 집 현판 '평화: 다른 생각을 존중해 주는 것이다!'

낙동강변, 경남 양산시 원동면 원리 순매원의 매화-홍매화는 半開(반개) 상태라 흥취가 별로였으나, 유유히 흐르는 낙동강의 물줄기가 오히려 볼 만하였습니다.

양산 시내 가야밀면집-밀면(7,000원)에서 점심 먹고-정희영 사모님이 정성껏 싸준 선물을 받아 싣고-오후 7시 양평군으로 돌아와-하영호 목사님 지평 망미리 집에서 솜씨 좋은 하영호표 카레 밥으로 저녁 먹고-각자 집으로 귀가.

총평: 이번 賞春(상춘-꽃구경)은 시기적으로 좀 이르고 꽃샘바람으로 쌀쌀했다. 외고산 옹기마을 옹기 박물관과 부산 감천문화마을은 한두 시간 쓱- 둘러보는 곳이 아니다. 심미안으로 천천히 하루 종일 보고-듣고-느끼고-묵상하여야 할 곳이다.

점심을 고속도로 휴게소가 아니라 선산에서 고속도로를 빠져나와 1967년에 문을 열었다는 선산 읍내 대한곱창집(054-481-2970)에서 먹은 것은 아주 탁월한 선택이었다. 차후 다른 지역을 여행할 때도 그렇게 하는 것이 좋겠다.

6명이 여행하다보니 각자 다양한 시각-성격대로 보는지라 재미있고-견문을 넓히는 데 유익하였고 무엇보다 여행 분담금이 줄어들어 큰 보탬이 되었다. 이번 여행 경비는 각자 130,000원이었다. 우리 모두 초청해 주신 임대식 목사님-정희영 사모님-팀장으로 수고하신 하영호 목사님께 감사한다.

· 백운봉 산행 ·

얼마 전 기독교신문 보도를 보니 우리나라 은행을 먹여 살리는 것이 한국교회가 은행에 갖다 바치는 이자라고 합니다(매년 약 2조가 된단다). 지난 번 사천에서 77기 동기회 때 들으니 우리 동기들 가운데도 교회를 새로 건축하고 은행에 매달 내야 하는 적지 않은 이자 때문에 교회가 많은 스트레스를 받고 있다고 들었습니다. 그런 소리를 듣고 "정말 힘들겠네!" 하였더니, 김세봉 목사님 왈 "빚(debt) 가운데 걸어가지만 빛(light) 가운데 걸어가야지요!"하는 바람에 모두들 이자 걱정을 잠시 잊고 한바탕 웃었습니다.

하기사 나에게도 매달 중순 농협에서 '26일은 대출금 이자 날입니다' 문자가 오는 판이니, '은행이자로부터 자유로운 사람이 얼마나 될까?' 하는 생각이 들었습니다. 그러나 그럼에도 불구하고 김 목사님 말대로 "빚(debt) 가운데 살아가지만 빛(light) 가운데 행하여야 하지 않겠는가!" 하는 것이 나의 소신입니다. 그래서 나는 찬란한 빛으로 충만한 산-산-산…으로 갑니다.

3월 15일(토) 내 좋은 친구와 용문산(1,157m-삿갓봉-장군봉-함왕봉…) 줄기가 내려와 양평 새수골 용문산휴양림 뒤에 파라마운트 영화사 로고로 사용되고 있는 스위스 마터호른(4,478m)의 정삼각형 꼭짓점처럼 뾰족 솟아 맺음하고 있는 白雲峰(백운봉-940m)에 올랐습니다.

아직 꽃은 없고 양지바른 곳에 푸릇푸릇 풀이 지리고-나무마다 물이 올라 이제 곧 꽃 피울 준비를 하고 있습니다. 능선을 걸으며 듣는 松濤活聲(송도활성-파도 소리 같이 솨- 솨- 부는 솔숲의 바람소리)은 가슴 시원케 하고-頂上(정상)의 파란 虛空(허공)-縱橫無盡(종횡무진) 부는 세찬 바람에 펄럭이는 태극기는 "모두 다 나와 이제 저 남쪽 산 넘어 오시는 봄 처녀를 맞으라!" 합니다.

萬叡松風清入骨 虛窓月色白通神(만예송풍청입골 허창월색백통신: 골짜기에 가득한 솔바람 소리 뼈 속까지 사무치고, 빈 창에 비친 밝은 달빛 혼백에 스며든다), 이 대목에서 박주산채 곁들인다면 그냥 바로 신선 아니겠는가 하는 이정수 목사

審美眼(심미안)-A Sense of Beauty(5)

본문 / 시119:18

1. 들어가는 이야기

심미안은 숨어 있는-아니 보이는-가려진 아름다움을 찾아내서 그 아름다움에 감동-감격-감사하는 마음의 눈[眼]입니다. 종달새 알을 보고 종달새 노래를 듣는 것-냄새나고 질퍽질퍽한 검은 현실에서 눈을 들어 보석처럼 영롱한 별을 보는 것-고뇌를 넘어 환희를 보는 것입니다.

* 내 눈을 열어서 주의 율법에서 놀라운 것을 보게 하소서-Open my eyes that I may see wonderful things in your law(시119:18).

* 내 눈을 열어서 주가 창조하신 우주(나 자신-하늘-땅-사람)에서 놀라운 것을 보게 하소서-Open my eyes that may see wonderful things in your universe.

2. 심미안(아름다움을 보는 능력)을 기르는 기본 마음가짐 셋

(1) 아침 해가 돋을 때 만물 신선하여라 나도 세상 지낼 때 햇빛 되게 하소서
새로 오는 광음을 보람 있게 보내고 주의 일을 행할 때 햇빛 되게 하소서
한 번 가고 안 오는 빠른 광음 지날 때 귀한 시간 바쳐서 햇빛 되게 하소서
밤낮 주를 위하여 몸과 맘을 드리고 주의 사랑 나타내 햇빛 되게 하소서
주여 나를 도우사 세월 허송 않고서 어둔 세상 지낼 때 햇빛 되게 하소서

(2) 下橫山灘頭望金華山(하횡산탄두망금화산)
山思江情不負伊(산사강정부부이)
雨姿晴態總成奇(우자청태총성기)
閉門覓句非詩法(폐문멱구비시법)
只是征行自有詩(지시정행자유시)- 南宋 楊萬里

산과 강은 사람을 속이지 않느니
비오는 날은 비오는 날대로 맑은 날은 맑은 날대로 그 자태가 기이하다
문 닫고 방구석에 들어 앉아 시를 짓는다는 것은 옳은 일이 아니다
길 떠나 두루 다니다보면 시는 저절로 이루어진다

(3) 나태주의 〈풀잎(1, 2)〉
자세히 보아야 예쁘다. 오래 보아야 예쁘다. 너도 그렇다.

이름을 알고 나면 이웃이 된다. 색깔을 알고 나면 친구가 된다.
모양까지 알고 나면 연인이 된다. 아, 이것은 비밀이다.

3. 지극히 단순한 심미안(a sense of beauty) 훈련을 위한 몇 가지 제안

첫째. 심미안(a sense of beauty)을 '길러야겠다 하는 마음-意識(의식)' 가지고 自然(자연)을 대하는 것입니다. 樂聖(악성) 베토벤은 "나의 모든 음악은 자연으로부터 나온다"고 하였습니다.

이제 후로는 어디를 가든 自然(자연)-하늘의 움직임-땅 속의 움직임-하늘에 있는 것(해-달-별-구름-바람…)-땅에 있는 것(산-들-강-숲-나무-꽃-그 안에 사는 눈에 보이는 사람, 짐승, 새, 벌레, 눈에 보이지 않는 모든 목숨 붙이들…)-물속에 있는 것(파도-물의 흐름-각종 물고기-깊은 바다 속에 사는 생명체들…)을 그저 건성으로 대할 것이 아니라, 심미안 의식을 품고 자세히 오래 사랑하는 마음으로 잘 살펴보도록 합시다.

둘째. '심미안을 길러야겠다 하는 마음-意識(의식)' 을 가지고, 예술의 전당-인사동-지방자치단체에서 개최하는 민속놀이 · 꽃 · 나비 · 예술 등의 축제-음악회-미술전람회-조각전시회-무용발표회-특별한 주제를 가지고 세운 박물관… 등을 찾아가서 사랑하는 마음을 품고 자세히 오래도록 보도록 합시다.

나는 '유니텔 클래시카(unitel classica-주로 유럽 연주회 방송)' 와 '예술tv Arte(주로 우리나라 연주회 방송)' 를 가끔 봅니다. 유니텔 방송은 음악회 시작 직전 연주자들의 악기 조율-지휘자 등장-연주-연주회가 끝난 후 청중의 박수 환호-이에 답례하는 지휘자와 연주자들의 모습을 끝까지 다 보여줍니다. 반면에 아르떼 방송은 去頭截尾(거두절미-생선 대가리와 꼬리를 무쇠 칼로 탁 짜르듯…)하고, '지휘자 입장-연주 그리고 끝' 입니다. 나는 '이건 뭔가 크게 잘못되었다' 고 생각합니다.

왜냐하면 음악회에서 오케스트라 연주자들이 지휘자와 함께 몇 달 동안 心血(심혈-심장의 피)을 기울여 연습한 위대한 작곡자들의 음악을 연주하고 마지막 악장 마지막 소절 짠- 짠- 짠-! 끝낸 순간 지휘자-연주자 그리고 청중들의 얼굴에 번지는 그 환한 미소와 순수한 환호가 오히려 더 큰 아름다운 예술이기 때문입니다. 심미안을 기르기로 한 사람이라면 연주가 끝난 후 바로 이 장면을 유심히 보아야 합니다. 연주가 끝나자마자 자리를 뜨는 것은 실례가 아니라 모욕-싸가지 입니다.

셋째. '심미안을 길러야겠다 하는 마음-意識(의식)' 을 가지고, 내가 지금 만나고 있는 사람(남편-아내-아이들-친구들-혹 우연히 만난 사람들 모두)을 사랑하는 마음을 품고 자세히 오래도록 지켜보도록 합시다.

好而知其惡 惡而知其美者 天下鮮矣(호이지기악 악이지기미자 천하선의: 좋아하면서도 그가 가진 나쁜 점도 밝히 알고, 싫어하면서도 그가 가진 좋은 점을 밝히 아는 사람은 천하에 드물다-〈禮記〉고 하였습니다. 심미안을 밝히 떠야만 知人之監(지인지감-사람을 밝히 알아보는 감각)할 수 있습니다.

어떤 作別(작별)

밭일 하는데 전화벨이 울립니다. 한참 만에 전화를 받으니 인병국 목사입니다. 인 목사는 내가 1990-1992년 하남시 감북동 부활장애인교회 시무할 때 서울남노회에서 만난 목사님입니다. 인 목사는 중국-북한 선교 주제로 박사학위를 받고-책도 여러 권 냈고- 이 분야 전문가로 많은 활동을 하고 있습니다(북한선교 관계로 임대식 목사와도 잘 안다). 목사?-박사학위?-선교 전문가?-책? 그런 거 다 제쳐두고 인 목사는 한 마디로 정말 드물게 보는 '信實(신실)한 사람!' 입니다.

"아, 참 오랜만이네. 웬 일이야?" "작별 인사하려고 전화 했어" "왜, 어디 가?" "응, 의사가 앞으로 두 달 남았대" 합니다. "그게 무슨 소리야?"… 이런저런 얘기가 오가고 내가 하는 소리가 "작별 인사하려면 만나서 손잡고 악수도 하고 기도도 하고 그래야지 전화로 작별이 돼? 일간 내 갈께!" 하였습니다.

7월 1일(화) 이광오 목사와 함께 잠실 김지태 치과에 들러 왼쪽 어금니 뽑고-남미 수리남 선교사로 수고하다 지난 달 귀국하여 고덕동 경희의료원에 입원하고 있는 임동진 목사(구안와사-안면신경마비증)-사모님을 심방하고-신광자 사모님(서후리가 고향으로 정배리를 잘 안다) 차로 인 목사네 집으로 갔습니다.

인 목사는 3년 전 방광암으로 수술-방사선 치료 받고-회복 되었다고 생각하였는데, 어느 날인가부터 대퇴골-엉치뼈 부위가 아파서 병원에 갔더니 MRI 검사로는 아무 징후가 없는데 통증이 계속되어 살점을 채취하여 정밀 검사하니 방광암이 대퇴골-간 등으로 전이 되었다는 것입니다. 그리고 의사로부터 앞으로 2달-방사선 치료를 받으면 6개월이라는 판정을 받았다고 합니다.

인 목사는 하나님께서 부르시면 죽으면 죽으리라 하는 마음으로 더 이상 연명 치료는 받지 않기로 하였다고 하며, 가정-교회-재정 문제 등등을 담담하게 이야기 하였습니다. 그러나 하나님께로부터 받은 선교 사명-한국교회 문제를 풀어가는 데 꼭 필요한 깨달음을 받았는데 이것으로 一助(일조)를 하고 싶으니 아버지 얼마 동안이라도 살려 주세요!-아버지 오줌 좀 시원하게 누고 싶어요!-아버지 아프지 않게 해 주세요! 라고 기도하고 있다고 하였습니다.

내가 "기도하자!" 하니, 인 목사가 엉치뼈에 손을 얹고 기도하여 달라고 하였습니다. 이광오 목사에게 "먼저 기도하시라!" 하니, 이광오 목사가 참으로 눈물 나는 간절한 기도요 인 목사와 꼭 닮은 '신실한 기도' 를 드렸습니다. 인 목사님-사모님-나 모두 감동하고 성령의 큰 위로를 받았습니다(정말 오랜만에 들어보는 진짜 기도였다!).

자리에서 일어서자 인 목사 曰 "혹시 부고를 들으면, 조의금 같은 것은 필요 없으니 꼭 와서 기도해줘!" 합니다. 그렇게 담담한 작별 인사를 마쳤습니다!

· 일하고 먹는 밥은 참 맛있다 ·

3월 20일(목) 한두 방울 빗방울 떨어지는 날, 문호리 하나로 마트에서 닭볶음용 하림 닭 한 마리 사 들고 오랜만에 이광오 목사가 왔습니다. 우리는 1967년 영락교회 고등부 시절부터 친구니까 47년 친구가 되는 셈이지요.

두 주 전에 닥터비료 배달 트럭이 와서 비료 23포를 아래 밭에 내려놓았습니다. 작년엔 50포였는데, 서종면의 전업농부를 중심으로 비료를 배급한다는 정책 때문에 우리 같이 비전업농부는 해당 사항 없게 된 것입니다. 그래도 사람 좋은 우리 동네 유 반장님의 배려로 나는 23포대를 받은 겁니다.

그나저나 올 밭농사는 제대로 지으리라 마음은 먹었지만 날씨도 그렇고 꽃샘바람이 쉬 멎지를 않아, 아래 밭+앞마당에 쌓여 있는 옥수수대+돼지감자대+건초 더미+각종 지저분한 것들을 치우긴 치워야 하는데…다음 날…다음 날…하고 미루고 있었지만 내 속은 영 껄쩍지근하였습니다.

이광오 목사는 가평 농부의 아들 출신이라 농사는 프로급입니다. 하여, "이광오 목사, 오늘 아래 위 밭 정리 좀하고 점심 해 먹세!" 하니 "OK!" 하였습니다. 우리 둘이 팔 걷어붙이고 두어 시간 이곳저곳 쌓여 있던 것들을 밭 한 가운데 모아 놓고 불을 놓으니 마침 부는 꽃샘바람에 활- 활- 활- 다 태우고 나니 밭과 마당이 말끔 합니다. 껄쩍지근하던 내 마음도 시원하기 그지없습니다.

우리 동네 정배리 논에서 난 쌀로 무쇠솥에 하얀 이밥 짓고 닭볶음+김장김치로 점심을 먹었습니다. 일하고 먹는 밥은 참 맛있습니다. 밥 먹으며 이광오 목사가 하는 소리가 "오늘 아침 날씨도 우중충하고 기분도 좋지 않았는데 이렇게 일하고 밥 먹고 커피 마시니 마음이 아주 밝아졌다"고 합니다.

하나님의 말씀은 참으로 아멘이로다! "두 사람이 한 사람보다 나음은 그들이 수고함으로 좋은 상을 얻을 것임이라…또 두 사람이 함께 누우면 따뜻하거니와 한 사람이면 어찌 따뜻하랴 한 사람이면 패하겠거니와 두 사람이면 맞설 수 있나니 세 겹줄은 쉽게 끊어지지 아니하느니라(전4:9-12)" 아-----멘! 하는 이정수 목사

審美眼(심미안)-A Sense of Beauty(6)

본문 / 전11:7, 시119:18

1. 들어가는 이야기

나는 最上(최상)-最高(최고)-至高無比(지고무비)의 審美眼(심미안-아름다움을 보는 능력-미학적 지능-Aesthetic Intelligence)은 살아계신 하나님을 뵙는 것이라고 생각합니다. 왜? 내가 사는 동안 내가 하는 모든 일이 사람의 눈으로 보기에 그것이 아무리 하찮은 일이라 할지라도 하나님의 손길이 한 번 닿으면 그 모든 것이 기적의 원천이 되기 때문입니다-Everything is miraculous to man of faith insofar as it is touched by the hand of God!

그러므로 호세아 선지자는 우리가 여호와를 알자 힘써 여호와를 알자 그의 나오심은 새벽 빛같이 일정하니 비와 같이 땅을 적시는 늦은 비와 같이 우리에게 임하시리라(호6:3) 하셨습니다.

2. 아무런 언어-말씀-소리도 없이 숨어 계시는 하나님(Deus Abconditus)

하늘이 하나님의 영광을 선포하고 궁창이 그의 손으로 하신 일을 나타내는도다 날은 날에게 말하고 밤은 밤에게 지식을 전하니 언어도 없고 말씀도 없으며 들리는 소리도 없으나 그의 소리가 온 땅에 통하고 그의 말씀이 세상 끝까지 이르도다 하나님이 해를 위하여 하늘에 장막을 베푸셨도다…나의 반석이시요 나의 구속자이신 여호와여 내 입의 말과 마음의 묵상이 주님 앞에 열납되기를 원하나이다.

The heavens declare the glory of God; the skies proclaim the work of his hands. Day after day they pour forth speech; night after night they display knowledge. There is no speech or language where their voice is not heard. Their voice goes out into all the earth, their words to the ends of the world. In the heavens he has pitched a tent for the sun......Let the words of my mouth, and the meditation of my heart, be acceptable in thy sight, O LORD, my strength, and my redeemer(시19:1-14).

본문 시편19:1-14 말씀은 천지창조(The Creation of Heaven and Earth)-우주(Cosmos)-자연(Nature) 속에 깃든 하나님의 성품-하나님의 손길-하나님의 음성을 신비-장엄하게 찬양하고 있습니다. 바울 사도는 이것을 "이는 하나님을 알 만한 것이 저희 속에 보임이라 하나님께서 이를 저희에게 보이셨느니라 창세로부터 그의 보이지 아니하는 것들 곧 그의 영원하신 능력과 신성이 그 만드신 만물에 분명히 보여 알게 하셨나니 그러므로 저희가 핑계치 못할지니라(롬1:19-20)-그러나 내가 말하노니 저희가 이미 다 들은 바 아니냐? 그 소리가 온 땅에 퍼졌고 그 말씀이 땅 끝까지 이르렀도다 하였느니라(롬10:18)" 라고 하셨습니다.

3. 심미안이란 우주-자연-마음속에 깃든 하나님의 마음-말씀을 보는 것입니다

첫째. 하나님은 캄캄한 어둠 속에 숨어 계신 하나님(Deus Abconditus)이십니다. 그 숨어 계신 하나님을 발견하는 것이 심미안입니다.

* 모세가 하나님이 계신 암흑(the thick darkness)으로 가까이 가니라(출20:20) * 하나님이 흑암으로 그 숨는 곳을 삼으사 장막같이 자기를 두르게 하심이여 곧 물의 흑암과 공중의 빽빽한 구름으로 그리하시도다(시18:11) * 그때에 솔로몬이 가로되 여호와께서 캄캄한 데 계시겠다 말씀 하셨사오나 내가 여기 주께서 영원히 거하실 처소를 건축하였나이다(대상8:12, 대하6:1) * 구원자 이스라엘의 하나님이여 진실로 주는 스스로 숨어 계시는 하나님이시니이다(사45:15).

有存先天地(유존선천지: 하늘과 땅이 생겨나기 이전에 한 분 하나님이 계시니) 無形本寂寥(무형본적요: 본래 형상이 없고 어둠-침묵 가운데 고요히 계시어) 不逐四時造(불축사시조: 춘하추동을 지으셨으나 그에 매이지 않으시니) 能爲萬像主(능위만상주: 능히 만물의 주인이 되시는도다).

둘째. 심미안으로 레마(Rhema)의 말씀을 보는 것입니다. '말씀(the word)' 이란 말은 희랍어 로고스(logos)와 레마(rhema)라는 단어를 번역한 말입니다. 이 두 단어는 모두 말씀이란 의미를 가지고 있으나 개념적으로 조금 다릅니다. 로고스(logos)는 모든 사람들이 일반적으로 읽는 성경 말씀입니다. 레마(rhema)는 성경을 읽는 중 오직 나에게만 아름다움-은혜-감격-감동-떨림-용기-충격-감사-깨달음으로 부닥쳐오는 나만의 실존적 말씀을 의미합니다.

성경을 백 번 읽었더라도 레마(rhema)의 말씀을 발견하지 못 하였다면 성경에 대한 지식은 늘었을지 모르나 성경 말씀의 핵심은 얻지 못한 것입니다. "너희가 내 앞에 보이러 오니 그것을 누가 너희에게 요구하였느뇨 내 마당만 밟을 뿐이니라(사1:12)" 라고 한 이사야 선지자의 말씀과 같습니다. 畵龍(화룡)하였으나, 點睛(점정-용의 눈알) 하지 못한 것입니다.

셋째. 각 사람 자기 자신이 바로 소우주(micro universe)인 것을 보는 것입니다. 나 자신 속에 깃든 하나님의 음성-하나님의 손길-하나님의 말씀-나 자신의 아름다움을 발견하는 것이 천상천하 최고의 심미안입니다.

캄캄한 어둠 속에 숨어 계신 하나님(deus abconditus)의 언어는 침묵입니다. 언어도 없고-말씀도 없고-들리는 소리도 없는 하나님의 말씀을 듣는 길(the way)은 오직 침묵 기도뿐입니다. 침묵 기도를 통하여 자기 자신의 존재의 바탕-존재의 근원-존재의 궁극적 실체를 꿰뚫어 볼 수 있습니다. 그것을 審美眼(심미안)-慧眼(혜안)-靈眼(영안)-은혜 충만-텅빈 충만이라고 합니다. 바라기는 우리 각 사람이 지극정성으로 드리는 침묵 기도를 통하여 나 자신과 온 세상에 차고 넘치는 아름다움을 발견하는 심미안이 활짝 열리기를 예수님의 이름으로 축원합니다!

聖化(Sanctification)

“많은 사람이 모여서 문 앞까지도 들어설 자리가 없게 되었는데 예수께서 그들에게 도를 말씀하시더니(막2:2)” 라고 하였습니다. 예수 그리스도의 道입니다.

신학적으로 ‘새로운 존재됨’ 에는 보통 삼중적 의미가 있다고 설명합니다. 의인됨(Justification)-성화됨(Sanctification)-하나님께 영광돌림(Glorification)입니다. 사실 이 세 가지는 서로 따로 따로 있는 것도 아니고, 무슨 급수 따듯이 한 단계 한 단계 올라가는 과정도 아닙니다. 예수 그리스도를 믿고 구원 받은 사람에게 이 세 가지 요소가 거의 동시적으로 일어날 수도 있습니다. 이 신앙 사건은 예수 그리스도를 만난 그 사람 자체를 통째로 변화시키는 혁명적 전환입니다. 그러나 설명의 편의를 위하여 새로운 존재됨의 내용을 말로 구별하여 설명해 보려고 하는 것뿐입니다.

의인됨(Justification)은 예수 그리스도를 만나 새로운 존재됨을 깨닫고 삶의 방향을 완전히 전환하는 의식의 내적 변화이고, 성화됨(Sanctification)은 일상의 삶에서 그 사람의 성격-성품-습관-생각-행동이 예수 그리스도적으로 바뀌는 영적 훈련의 과정이며, 하나님께 영광 돌림(Glorification)은 의인됨과 성화됨의 결과 자연히 드러나는 새로운 존재된 사람의 내적-외적 전존재의 실존이라고 하겠습니다.

頓悟雖道人(돈오수도인: 도를 깨치면 누구나 도인이라 할 수 있다)
多生習氣深(다생습기심: 그러나 오랫동안 찌든 버릇 벗겨지지 않아)
風定波尙湧(풍정파상용: 바람은 그쳤어도 물결은 여전히 출렁이듯)
理現念猶侵(이현념유침: 이치는 깨달았다 하나 옛 버릇 여전하다)

기독교의 도를 듣고-믿고-깨우치면, 누구나 그리스도인이라 할 수 있습니다. 그러나 예수님을 영접하기 전에 오랫동안 내 멋대로 생활하던 죄의 습관-악한 생각과 행동이 예수 믿는 순간 싹-없어지는 것은 아닙니다.

태풍이 불어 바다 물결이 요동칩니다. 그런데 태풍이 그쳤습니다. 바람이 멈췄어도 물결은 여전히 높이 출렁거립니다. 예수님을 영접하고-새로운 존재로서 敬天愛人(경천애인-하나님 사랑+이웃 사랑)하여야 한다는 이치는 뚜렷이 깨달았으나 일상에서 실천하기가 쉽지 않으니 매일매일 精進(정진)하는 것-도를 닦는 것이 필요하다는 소리입니다. 그것을 일컬어 聖化(성화-Sanctification)라고 합니다.

· 씨감자 여섯 이랑 ·

꽃 피는 봄 4월입니다.
요즈음 정배리 우리 동네는 올 논밭 농사 준비로 바쁩니다.

농사법에는 3가지가 있습니다.
무기농 농사법-농약+화학비료를 모두 사용하는 농사법.
무농약 농사법-농약은 뿌리지 않으나 화학비료는 사용하는 농사법.
유기농 농사법-농약은 물론 화학비료도 사용하지 않는 농사법.

우리 동네는 대부분 무농약 농법입니다. 나는 유기농 농법으로 밭을 일구기로 하였습니다. 비닐도 깔지 않기로 하였습니다. 사람들 말이 여름에 풀을 잡으려면 비닐을 깔아야 풀도 잡고 열매도 실하게 열린다고 하지만, 3년 전에 비닐을 깔았다가 땅만 파면 비닐 조각이 날리는 것을 보고 '이건 아니다' 한 것입니다.

3월 27일(목) 아래-윗밭에 유기농 닥터비료 25포대를 뿌렸습니다.

4월 1일(화) 우리 동네 유중근 반장님이 아래 밭을 갈아 주었습니다. 내가 준비한 닭백숙 안주로 막걸리 한 잔 하면서 유 반장님 하는 소리가 "밭만 갈면 뭘 해 풀 투성이로 만들어 놓는 걸, 작년에는 무슨 수술을 해서 그렇다 치고 올해 또 풀 투성이로 만들어 놓으면 앞으로는 안 갈아줄 거야!" 합니다(3년 전부터 양평 정형외과에서 일주일에 한 번씩 물리 치료를 받고 있는 반장님 다리 때문에 동네 사람 모두들 걱정이다).

4월 2일(수) 내일 비 오신다는 말을 듣고, 오후 4시에 서둘러 양평군에서 지원하는 씨감자(15,000원)를 15m 길이 여섯 이랑에 심었습니다.

4월 3일(목) 하루 종일 제법 많은 봄비가 내리십니다. 땅 속의 씨감자들이 참 좋아하리라 생각합니다. 徵兆(징조)가 좋습니다.

지난 주에 시험 삼아 정배리 집에서부터 명달리-노문리-수입리-문호리 버스 종점까지 25km, 남한강변 길 10km, 유명산 길 10km를 걸었는데 '이상 무' 하는 내 다리에 감사하며, 때를 얻든지 못 얻든지 무조건 걷기로 한 이정수 목사

審美眼(심미안)-A Sense of Beauty(7)

본문 / 눅24:1-53, 요14:21

1. 들어가는 이야기

그 동안 심미안을 주제로 말씀을 드렸는데 달력을 보니 마침 4월 20일이 부활주일입니다. 차제에 심미안으로 보는 부활절을 묵상함으로 은혜를 나누고자 합니다. 나는 審美眼(심미안)-開眼(개안)-靈眼(영안)-慧眼(혜안)-心眼(심안)-智眼(지안)-마음의 눈(the eyes of heart)-깨달음-깨어있음-아름다움을 보는 능력-귀한 것을 귀한 것으로 보는 능력-미학적 지능(Aesthetic Intelligence) 등등의 표현은 모두 同族語群(동족어군)에 속한다고 생각합니다.

2. 우리 모두 오늘 본문 말씀을 깊이 熟讀(숙독) 하시기를 원합니다

그 날에는 내가 아버지 안에, 너희가 내 안에, 내가 너희 안에 있는 것을 너희가 알리라 나의 계명을 지키는 자라야 나를 사랑하는 자니 나를 사랑하는 자는 내 아버지께 사랑을 받을 것이요 나도 그를 사랑하여 그에게 나를 나타내리라-Whoever has my commands and obeys them, he is the one who loves me. He who loves me will be loved by my Father, and I too will love him and show myself to him(요14:20-21).

그 날에 그들 중 둘이 예루살렘에서 이십오 리 되는 엠마오라 하는 마을로 가면서 이 모든 일을 서로 이야기하더라 그들이 서로 이야기하며 문의할 때에 예수께서 가까이 이르러 그들과 동행하시나 그들의 눈이 가리어져서 그인 줄 알아보지 못하거늘(but they were kept from recognizing him)…그들과 함께 음식 잡수실 때에 떡을 가지사 축사하시고 떼어 그들에게 주시니 그들의 눈이 밝아져 그인 줄 알아보더니 예수는 그들에게 보이지 아니하시는지라(Then their eyes were opened and they recognized him, and he disappeared from their sight) 저희가 서로 말하되 길에서 우리에게 말씀하시고 우리에게 성경을 풀어 주실 때에 우리 속에서 마음이 뜨겁지 아니하더냐 하고(눅24:1-53).

우리 주 예수 그리스도의 하나님, 영광의 아버지께서 지혜와 계시의 정신을 너희에게 주사 하나님을 알게 하시고 너희 마음의 눈(the eyes of your heart)을 밝히사 그의 부르심의 소망이 무엇이며 성도 안에서 그 기업의 영광의 풍성이 무엇이며 그의 힘의 강력으로 역사하심을 따라 믿는 우리에게 베푸신 능력의 지극히 크심이 어떤 것을 너희로 알게 하시기를 구하노라(엡1:17-19).

본문 말씀의 중심 단어: 그에게 나를 나타내리라(요14:21)-그들의 눈이 가리어져 그인 줄 알아보지 못하거늘(눅24:16)-축사 하시고 떡을 떼어 그들에게 주시니 그들의 눈이 밝아져 그 인줄 알아보더니 예수는 그들에게 보이지 아니하는지라(눅24:31)-너희 마음의 눈을 밝히사(엡1:18).

3. 靈眼(영안)-심미안-마음의 눈은 어떻게 열리는가?

첫째. 예수님의 계명(하나님 사랑+사람 사랑)을 잘 지켜 행하는 사람을 "하나님도-예수님도 그런 사람을 사랑하시고 그에게 나를 나타내리라(요14:21)" 하셨습니다. "나를 나타내리라(I will show myself to him)" 이 얼마나 미묘하고 오묘하고 신비한 말씀인가!

사랑 없는 사람+사랑하지 않는 사람+사랑을 모르는 사람에게는 "나를 나타내지 아니하리라" 하시는 말씀입니다. 즉, 길이요 진리요 생명이신 예수님을 만나뵈올 수 있는 영안-심미안-마음의 눈은 결코 열리지 않는다는 말씀입니다.

둘째. 본문에 보면 "이에 모세와 및 모든 선지자의 글로 시작하여 모든 성경에 쓴바 자기에 관한 것을 자세히 설명하시니라(눅24:27)…저희가 서로 말하되 길에서 우리에게 말씀하시고 우리에게 성경을 풀어 주실 때에 우리 속에서 마음이 뜨겁지 아니하더냐(24:32)…또 이르시되 내가 너희와 함께 있을 때에 너희에게 말한 바 곧 모세의 율법과 선지자의 글과 시편에 나를 가리켜 기록된 모든 것이 이루어져야 하리라 한 말이 이것이라 하시고 이에 저희 마음을 열어 성경을 깨닫게 하셨다(눅24:44-45)" 라고 하셨습니다.

즉, 성경을 깊이 묵상-연구-詳考(상고)할 때 성령께서 그 마음을 뜨겁게 하시어(our hearts burning within us) 영안-심미안-마음의 눈이 열리게 하십니다.

셋째. 본문에 보면, "곧 그 시로 일어나 예루살렘에 돌아가 보니 열한 사도와 및 그와 함께한 자들이 모여 있어 말하기를 주께서 과연 살아나시고 시몬에게 나타나셨다 하는지라 두 사람도 길에서 된 일과 예수께서 떡을 떼심으로 자기들에게 알려지신 것을 말하더라(눅24:33-35)-너희는 이 모든 일의 증인이라 볼지어다 내가 내 아버지의 약속하신 것을 너희에게 보내리니 너희는 위로부터 능력을 입히울 때까지 이 성에 유하라 하시니라(눅24:48-49)" 하셨습니다.

즉, 성령의 능력으로 부활하신 주님과 같이 식사함-말씀을 풀어주심-부활하신 예수님 손의 못 자국을 만져봄 등등 이 모양 저 모양으로 각 사람이 받은 성령의 은사를 한 마음으로 모여서-간증하고-나눌 때 영안-심미안-마음의 눈이 열렸던 것입니다. 흩어졌던 사도들-엠마오로 가던 두 제자-그리고 한 두 사람이 각자의 집에서 모여서-간증하고-나누다가, 때(카이로스)가 되어 오순절에 마가의 다락방에 모인 120문도에게 성령께서 임재한 결과가 바로 초대 교회의 태동입니다.

이와 같은 교회의 전개과정(모임-간증-나눔-성령의 임재-교회)은 2000년이 지난 오늘-지금-우리 가운데에도 여전히 有效(유효)합니다.

순수의식(pure consciousness)

* 프로이트는 정신의 체계를 '意識(의식-또렷이 생각하는 의식)-前意識(전의식-희미한 긴가민가하는 의식)-無意識(무의식-문자 그대로 생각이 전혀 나지 않는 없을 無 의식)' 세 가지로 보았다.

의식(consciousness)은 일상의 깨어 있는 상태로써 이성적 · 합리적 · 현실적인 정신 체계이다. 전의식-혹은 잠재의식(subconsciousness, coconsciousness)은 의식되기 이전의 정신 체계로서 무의식을 걸러서 의식 쪽으로 보내는 역할을 행하는 정신 체계이다. 무의식(unconsciousness, involuntariness)은 의식되지 않은 것으로서 정신 과정의 대부분을 차지하는 무의식적-본능적 충동의 체계이다.

* 제8식 아뢰야식(阿賴耶識-eighth consciousness): 산스크리트어 알라야 비즈냐나의 漢文(한문) 표기이며, 漢文譯(한문역)은 本識(본식)이다. 초기 불교는 마음(mind)-의식(consciousness)을 眼耳鼻舌身意(안이비설신의-보고-듣고-냄새 맡고-맛보고-감촉하고-생각하는 것) 등 6식(六識)으로 이루어져 있다고 보았으나, 대승불교 유식유가행파는 6식 외에 이보다 더 深層(심층)의 의식인 제7식 말나식, 그리고 의식의 근본인 제8식 아뢰야식으로 구성되어 있다고 본다. 불교는 제8식 아뢰야식(root consciousness, base consciousness, causal consciousness)이 소우주인 각 사람의 마음-의식의 근원이며-대우주의 근본이라고 본다.

* 집단무의식: 칼 구스타프 융(Carl Gustav Jung 1875-1961)의 이론으로 융은 마음-의식-인격을 의식과 무의식으로 나누고, 무의식은 개인적 무의식, 집단적 무의식으로 나누어 생각했다. 집단무의식은 전혀 의식되는 일이 없는 것이지만 각 사람의 마음을 무의식적으로 지배하고 있으며, 종족적으로 유전된 것으로써 개인적 경험을 초월한 것이다. 집단무의식은 무의식의 한 부분으로서 누구에게나 공통되는 일반적인 내용을 담고 있다.

즉, 개인 무의식이 어떤 개인이 어릴 때부터 쌓아온 의식적인 경험이 무의식 속에 억압됨으로써 그 사람의 생각 · 감정 · 행동에 영향을 주는 것이라면, 집단무의식은 인류의 조상이 경험했던 의식이 쌓인 것으로서 모든 사람들에게 공통된 정신의 바탕이며 경향이라는 것이다. 옛 사람들의 의식적 경험은 象徵(상징)을 통해 집단무의식으로 전승된다. 그래서 융은 신화-전설-민담을 집단무의식의 지혜의 보고이며 원형(archetypes)으로 보았다. 여기서 原形(원형-archetypes)이란 집단무의식의 구조적-보편적-집단적-선험적인 心象(심상)을 말한다.

이로 보건대, 의식-전의식-무의식-아뢰야식-집단무의식 등 표현은 다르지만 각 사람의 마음(ming)-意識(의식)-精神(정신)의 근본을 이루는 그 무엇이 있다는 것이다. 이것을 순수의식-우주의식-초월의식(pure consciousness-cosmic consciousness-transcendental consciousness)이라고 부르기도 한다.

· 어? 내 집 앞마당의 우람한 적목련 ·

4월 4일(금) 비 개인 봄날 아침.

이준엽 목사로부터 전화가 왔습니다. "형님, 산에 갑시다. 11시 30분까지 정배리로 가겠습니다. 오늘은 어느 산입니까?"

OK! 오늘은 북한강변 가평군 사기막골 禾也山(화야산-755m)이다!

사기막골 주차장에서 화야산 정상까지 4.8km. 오랜 만에 오르는 화야산은 산행하는 사람이 거의 없어 흐르는 냇물 소리 외에는 고요하고 적막합니다.

정상 1km 앞둔 삼거리에서 전에는 항상 오른쪽 길로 올랐는데, 오늘은 왼쪽 길로 오르기로 하였습니다. 무척 가파릅니다. 바위 벼랑입니다. 앞장선 나는 하늘이 빤히 보이는 능선을 목표로 바위-가시덤불-낙엽더미-나뭇가지에 긁히면서 앞으로-앞으로-앞으로 '오직 直進(직진)!' 이었습니다.

화야산 꼭대기에 올라 北向(북향)하여 기도드리고, 이 목사가 싸온 bapuri-밥푸리 김밥 2줄(8,000원)+귤을 나누어 먹었습니다. 산에서 먹는 밥은 '아, 참 맛있다!'

盡日尋春不見春(진일심춘불견춘: 진종일 봄을 찾아다녔으나 만나지 못했다)
芒鞋遍路隴頭雲(망혜편로농두운: 언덕 위 구름 보며 짚신이 닳도록 다녔다)
歸來笑然梅花臭(귀래소연매화취: 집에 돌아와 매화 향기에 문득 웃음이 난다)
春在枝頭已十分(춘재지두이십분: 봄은 이미 내 집 마당에 완연 하였다)

북한강변-사기막골-화야산에 매화-벚꽃-산벚꽃-수양벚꽃-개나리-목련이 흐드러지게 피었습니다. 어디 어디 유명 관광지 벚꽃보다 나는 여기 북한강 물길 따라 화사하게 핀 벚꽃이 더 좋습니다.

그런데 오늘 아침 동편에 뜬 해를 향하여 두 팔 벌리고 우람하게 서 있는 내 집 앞마당 왼편 구석에 滿開(만개)한 赤木蓮(적목련)을 보았습니다. 그리고 내가 하루 종일 북한강변-화야산 일대를 두루 돌아다녔어도 이렇게 큰 적목련은 보지 못했다는 걸 오늘 아침에야 문득 알아보는 이정수 목사

五旬節(오순절-Pentecost)

본문 / 출23:15-16, 행2:1-47

1. 들어가는 이야기

敎會曆(교회력)으로 볼 때 부활절(2014. 4월 20일) 후 오십 일 되는 날을 오순절 혹은 성령강림절(2014년 6월 8일)이라고도 합니다. 오순절은 기독교가 유대교로부터 分立(분립) 되는 날이며, 성령강림으로 교회(에클레시아)가 태동한 날이며, 구약시대(율법)에서 신약시대(은혜)로 새로운 지평이 열린 의미심장한 날입니다. 오늘은 오순절의 의미를 묵상하는 가운데 은혜를 나누려고 합니다.

2. 오순절(the day of Pentecost)이라는 명칭 문제

너희 중 모든 남자는 일 년 삼차 곧 무교절과 칠칠절과 초막절에 네 하나님 여호와의 택하신 곳에서 여호와께 보이되 공수로 여호와께 보이지 말고 각 사람이 네 하나님 여호와의 주신 복을 따라 그 힘대로 물건을 드릴지니라(신16:16-17, 출23:14-16).

오순절 날(the day of Pentecost)이 이미 이르매 그들이 다 같이 한 곳에 모였더니 홀연히 하늘로부터 급하고 강한 바람 같은 소리가 있어 그들이 앉은 온 집에 가득하며 마치 불의 혀처럼 갈라지는 것들이 그들에게 보여 각 사람 위에 하나씩 임하여 있더니 그들이 다 성령의 충만함을 받고 성령이 말하게 하심을 따라 다른 언어들로 말하기를 시작하니라…믿는 사람이 다 함께 있어 모든 물건을 서로 통용하고 또 재산과 소유를 팔아 각 사람의 필요를 따라 나눠 주며 날마다 마음을 같이하여 성전에 모이기를 힘쓰고 집에서 떡을 떼며 기쁨과 순전한 마음으로 음식을 먹고 하나님을 찬미하며 또 온 백성에게 칭송을 받으니 주께서 구원 받는 사람을 날마다 더하게 하시니라(행2:1-47).

구약성서에서 하나님은 이스라엘 백성에게 3대 절기를 지킬 것을 명하셨습니다.
유월절(the LORD'S Passover)=무교절(the Feast of Unleavened Bread),
맥추절(the Feast of Harvest with the firstfruits)=칠칠절(the Feast of Weeks).
수장절(the Feast of Ingathering)=초막절(the Feast of Tabernacles).

오순절-유월절-무교절 후 오십 일 되는 날입니다. 구약성경은 이 날을 맥추절-칠칠절이라고 命名(명명)하고 있습니다. 그러나 구약성경 어디에도 '오순절(the day of pentecost)' 이란 명칭은 없습니다. 학자들은 신구약 중간시대(BC 400-AD 100)를 지나는 동안 맥추절-칠칠절이라는 말보다 당시 희랍-로마 문화 영향으로 이 날을 사회 일반 사람들이 통상적으로 오순절(the day of Pentecost)이라 부르지 않았을까? 추측 합니다.

3. 五旬節(오순절-the day of Pentecost)에 무슨 일이 일어났는가?

첫째. 예수님은 십자가 죽음 이전에 제자들에게 "내가 아버지께로서 너희에게 보낼 보혜사 곧 아버지께로서 나오시는 진리의 성령이 오실 때에 그가 나를 증거하실 것(요14:16, 14:26, 15:26, 16:9)" 이라고 성령강림을 약속하셨습니다. 부활하신 후에도 제자들에게 "볼지어다 내가 내 아버지의 약속하신 것을 너희에게 보내리니 너희는 위로부터 능력을 입히울 때까지 이 성에 유하라(눅24:49)" 하심으로 성령강림을 약속 하셨습니다.

제자들은 그 약속의 말씀을 믿고-사모하고-모여서-목숨을 걸고 지켰습니다.

둘째. 오순절 날 마가의 다락방에 모인 120 제자들은 예수님의 성령강림 약속에 대한 확실한 응답을 받았습니다. 성령강림의 內的(내적)-實存的(실존적) 증거를 받은 것입니다.

오순절 날이 이미 이르매 저희가 다 같이 한 곳에 모였더니 홀연히 하늘로부터 급하고 강한 바람 같은 소리가 있어 저희 앉은 온 집에 가득하며 불의 혀같이 갈라지는 것이 저희에게 보여 각 사람 위에 임하여 있더니 저희가 다 성령의 충만함을 받고 성령이 말하게 하심을 따라 다른 방언으로 말하기를 시작하니라(행2:1-4).

나는 성령강림을 증거하는 이 기록 중 "저희가 한 곳에 모였다-저희 각 사람 위에 임하셨다-성령이 말하게 하심을 따라 다른 방언으로 말하였다" 하는 대목에서 큰 은혜를 받았습니다. 즉, 저희가 한 곳(one place)에 모였다는 사실-일반적인 무리로써 '저희' 가 아니라 '저희 각 사람(on each of them)' 이라는 사실-성령은 방언(other tongues as the Spirit enabled them)으로 말하게 하신다는 사실.

셋째. 행2:42-47 말씀은 성령강림의 外的(외적)-사회적 증거입니다.

저희가 사도의 가르침을 받아 서로 교제하며 떡을 떼며 기도하기를 전혀 힘쓰니라 사람마다 두려워하는데 사도들로 인하여 기사와 표적이 많이 나타나니 믿는 사람이 다 함께 있어 모든 물건을 서로 통용하고 또 재산과 소유를 팔아 각 사람의 필요를 따라 나눠 주고 날마다 마음을 같이 하여 성전에 모이기를 힘쓰고 집에서 떡을 떼며 기쁨과 순전한 마음으로 음식을 먹고 하나님을 찬미하며 또 온 백성에게 칭송을 받으니 주께서 구원받는 사람을 날마다 더하게 하시니라(행2:42-47).

나는 전에 이 말씀을 '초대교회의 모습-원시공산사회의 모습-운명공동체의 모습-이사야 선지자가 예언한 새 하늘과 새 땅의 현실적 모습(사11:6-9, 65:17-25)' 이라는 등등의 신학적 해석을 들었습니다. 옳은 말입니다. 여기에 동양적 해석을 하나 덧붙이면 이것이 바로 大同社會(대동사회)가 아닌가 생각합니다.

大同社會(대동사회)

우리나라에는 대동굿-대동계-대동두레-대동놀이-대동세상 등 '大同(대동)' 이란 말을 많이 씁니다. 그런데 '大同(대동-크게 같다)' 이란 말의 참 의미와 그 출전은 아리송합니다. 차제에 알아두고 싶습니다(출전: 〈禮記(예기)〉-예운편).

昔者 仲尼與於蜡賓 事畢 出遊於觀之上 喟然而嘆 仲尼之嘆 蓋嘆魯也 言偃 在側 日 君子何嘆 孔子日 大道之行也 與三代之英 丘未之逮也 而有志焉 大道之行也 天下爲公 選賢與能 講信脩睦 故 人 不獨親其親 不獨子其子 使老有所終 壯有所用 幼有所壯 矜寡孤獨廢疾者 皆有所養 男有分 女有歸 貨惡其棄於地也 不必藏於己 力惡其不出於身也 不必爲己 是故 謀閉而不興 盜竊亂賊 而不作 故 外戶而不閉 是謂大同

석자 중니여어사빈 사필 출유어관지상 위연이탄 중니지탄 개탄노야 언언 재측 왈 군자하탄 공자왈 대도지행야 여삼대지영 구미지체야 이유지언 대도지행야 천하위공 선현여능 강신수목 고 인 부독친기친 부독자기자 사로유소종 장유소용 유유소장 긍과고독폐질자 개유소양 남유분 여유귀 화악기기어지야 불필장어기 역악기불출어신야 불필위기 시고 모폐이불흥 도절난적 이부작 고 외호이불폐 시위대동

옛날 공자께서 국가의 제사에 귀빈으로 참석하셨다가, 제사가 끝난 후 밖으로 나오시어 이리저리 둘러보시다가 깊이 탄식하셨는데 이는 노나라의 현재 상황을 탄식한 것이었다. 마침 옆에서 모시던 언언이 "군자께서 어찌 탄식하십니까?" 물었다. 공자 왈 "나는 大道(대도)가 행해졌을 때의 일과 하-은-주 3대의 사정을 직접 보지는 못했으나 그 시대의 기록이 남아 있어 그 시대를 추측할 수는 있다."

그 시대에는 천하가 모든 사람들의 것(天下爲公)이어서 어질고 능력 있는 사람을 뽑아서 모든 백성들에게 믿음을 가르치고 화목하게 살았다. 그러므로 그 시대에는 내 부모-내 자식만 부모자식으로 여기지 아니하고, 늙은이는 평안하게 일생을 마칠 수 있도록 돌보았고-장정들은 모두 맡은 일이 있었고-어린아이는 건강하게 잘 자랄 수 있었다. 과부-홀아비-고아-병든 자를 불쌍히 여겨 다 봉양하였다. 남자들은 다 직업이 있었고-여자들은 시집가서 돌아볼 가정이 있었다.

그 시대에는 재물을 헛되이 낭비하는 것은 미워하였으나, 자기만을 위하여 쌓아 두지는 않았다. 불로소득으로 먹고 노는 것은 미워하였으나, 자기만을 위하여 일하지는 않았다. 이런 까닭에 간사한 꾀가 통용될 수 없었고-도적질하거나-난을 일으킬 수가 없었다. 그래서 사람들은 밤에 잘 때에도 문을 닫아걸지 않았다. 그런 시대를 일컬어 大同(대동)이라고 한다.

·爲之 則難者亦易矣(위지 즉난자역이의)·

작년 2013년 11월 21일 정배리 허심당에 불이 났다고 보고 드린 바 있습니다. 오늘이 2014년 4월 19일이니 불난 지 5개월이 지났습니다. 평소 허심당에는 찾아오는 사람도 별로 없고 찾아온대야 모두 집안 식구 같은 사람들이라 불에 그슬린 자리가 보기에 별로 이지만 대충 치우고 그런대로 지냈습니다. '도배를 해야겠구나' 하는 생각이야 있었지요. 양수리 지물포에 가서 물어보니 7평 규모 방을 도배하는데 재료비+인건비=3-40만 원이 든다고 하는 바람에 '돈도 없고, 나 혼자 할 수도 없는 일이니 언젠가 친구들 불러다가 해야지…' 하고 그냥저냥 지냈습니다.

그런데 4월 어느 날 내 좋은 친구가 찾아와 하는 소리가 "벚꽃-목련-자두꽃 피는 이 찬란한 4월에 허심당주의 居所(거소)가 이게 뭔가? 소동파 왈 군자의 거소는 高臺廣室(고대광실)이 아니어도 좋다. 비단 옷이 아니어도 좋다. 고기반찬이 아니어도 좋다. 그러나 군자의 집에 대나무 없다면 그것은 군자의 居所라 할 수 없다 하였는데, 돈 때문에 불에 그슬린 을씨년한 방안에 살다니 쯧-쯧-쯧…" 합니다. 可使食無肉 不可居無竹 無肉令人瘦 無竹令人俗-(蘇東坡 - 〈於潛僧綠筠軒〉 中)

그 소리에 大悟覺醒(대오각성)!

4월 15일(화) 아침 일찍 양수리 지물포에 가서 벽지+풀을 사다 놓고, '이 거실을 나 혼자 다 할 수는 없는 노릇이니 불에 그슬린 벽만 하자!' 하고, 불에 그슬린 벽면만 닦아내고-풀을 풀고-벽지를 모양대로 자르고 도배를 시작하였습니다. 밤 늦게 겨우 끝내고 잠자리에 들었는데 몸의 온 마디가 쑤셨습니다. 4월 16일(수) 아침에 보니 이건 아닙니다. 아무래도 맞은 편 벽은 해야겠습니다. 다시 양수리에 가서 모자란 벽지와 풀을 사다가 하루 종일 도배를 하였습니다. 4월 17일(목) 아침에 보니 이건 또 아닙니다. 또 하루 종일 도배를 하였습니다. '이것으로 정말, 정말 끝이다!' 하고 잠자리에 들었습니다. 다음날 4월 18일(금) 아침에 보니 아직 끝이 아닙니다. 군자는 홀로 있을 때-남이 보지 않을 때 삼가한다(君子必愼獨也)고 하지 않았는가! 하는 수 없이 냉장고-씽크대 뒤 아니 보이는 벽도 하루 종일 도배하고 마침내 일을 마쳤습니다. 아-!

天下事有難易乎 爲之 則難者亦易矣 不爲 則易者亦難矣(천하사유난이호 위지 즉난자역이의 불위 즉이자역난의: 세상일에 쉽고 어려운 일이 있겠는가? 하기로 작정하고 달려들면 어려운 일도 쉬워지고, 못한다고 생각하면 쉬운 일도 어렵기 그지 없다-팽단숙) 그러하다 하는 이정수 목사

교회에 대한 묵상(행2:1-47)

본문 / 행2:1-47, 사56:7

1. 들어가는 이야기

오순절(Pentecost) 마가의 다락방에 모인 120문도에게 예수님께서 약속하신 성령께서 강림하심으로 태동한 교회(敎會-에클레시아-ekklesia-키리케-kyrike-부름 받은 사람들의 모임)는 그날 이후 2000년 동안 오늘 날까지(그리고 주님 다시 오시는 그날까지) 온 인류의 구원을 위한 길(the way)-진리(the truth)-생명(the life)의 빛을 비추는 등대로 우뚝 서 있습니다. 오늘은 교회에 대한 이미지(image)를 점검하고 묵상하는 가운데 은혜를 나누고자 합니다.

한 가지 참고로 말씀 드리면, 일상에서 가톨릭 신자는 '성당에 간다' 하고, 개신교 교인은 '교회에 간다' 고 합니다만, 우리나라에서는 교회나 성당이나 모두 '교회' 라고 부릅니다. 그러나 유럽-미국에서는 '교회'를 지칭하는 용어가 전혀 다릅니다. 개신교 측은 희랍어 kyrike(주님께 속한 공동체)에서 나온 말로 영어 church-독일어 Kirche-스웨덴어 kyrka 등으로 지칭하고, 로마 가톨릭 측은 희랍어 ekklesia(부름 받은 사람들의 모임)에서 나온 말로 라틴어 ecclesia-스페인어 iglesia-불어 eglise-이태리어 chiesa 등으로 지칭합니다.

종교개혁 당시 개신교 개혁가들(특히 루터)이 가톨릭과 구별하기 위하여 kyrike(키리케-주님께 속한 공동체로써의 교회)라는 개념을, 로마 가톨릭은 ekklesia(에클레시아-부름 받은 보편적 교회)라는 개념을 강조한 것입니다.

2. 'kyrike' 라 부르든 'ekklesia' 라 부르든 교회란 무엇인가?

(1) 교회는 하나님의 집(the house of God)이며, 진리의 기둥과 터입니다.

-만일 내가 지체하면 너로 하여금 하나님의 집에서 어떻게 행하여야 할지를 알게 하려 함이니 이 집은 살아 계신 하나님의 교회요 진리의 기둥과 터니라- But if I tarry long, that thou mayest know how thou oughtest to behave thyself in the house of God, which is the church of the living God, the pillar and ground of the truth 딤전3:15).

(2) 교회는 예수 그리스도의 몸이며-예수 그리스도는 교회의 머리이며-교회에 속한 우리는 신앙공동체-운명공동체입니다. 그리스도를 만물 위에 교회의 머리로 삼으셨느니라 교회는 그의 몸이니 만물 안에서 만물을 충만하게 하시는 이의 충만함이니라 (엡1:22-23). 우리는 그 몸의 지체임이라-For we are members of his body, of his flesh, and of his bones (엡5:30).

(3) 교회는 만민이 기도하는 집(a house of prayer)입니다.

* 내가 그를 나의 성산으로 인도하여 기도하는 내 집에서 그들을 기쁘게 할 것이며 그들의 번제와 희생은 나의 단에서 기꺼이 받게 되리니 이는 내 집은 만민의 기도하는 집이라 일컬음이 될 것임이라-these I will bring to my holy mountain and give them joy in my house of prayer. Their burnt offerings and sacrifices will be accepted on my altar; for my house will be called a house of prayer for all nations(사56:7).

* 저에게 이르시되 네가 내 앞에서 기도하며 간구함을 내가 들었은즉 내가 너의 건축한 이 전을 거룩하게 구별하여 나의 이름을 영영히 그곳에 두며 나의 눈과 나의 마음이 항상 거기 있으리라-The LORD said to him: "I have heard the prayer and plea you have made before me; I have consecrated this temple, which you have built, by putting my Name there forever. My eyes and my heart will always be there(왕상9:3).

(4) 교회는 함께 떡을 떼는 성찬공동체-친교공동체-사랑공동체입니다.

성경에는 "함께 떡(bread)을 뗀다(행2:42, 고전11:20-34)" 하는 말씀이 아주-아주-아주 많이 나옵니다. 우리나라 사람들은 家族(가족)이나 집안사람을 食口(식구-먹을 食+입 口=한 솥밥을 같이 먹는 사람)라고도 합니다. 그리고 아주-아주-아주 가장 친한 사람을 소개할 때 "우리는 한 솥밥 먹는 사이"라고 합니다. 우리 시대나-성경 시대나-이 세상 모든 사람이 그러합니다.

'함께 떡을 뗀다-食口(식구)-한 솥밥' 모두 같은 뜻입니다. 친하다는 것입니다-좋다는 것입니다-통한다는 것입니다-기쁘다는 것입니다. 나는 오염되고 천박하고 너무나 흔해빠져서 너덜너덜해진 '사랑(love)' 이라는 말을 사용하고 싶지 않지만, '사랑' 태초의 순수 그 의미대로 결국 사랑한다! 는 말입니다.

(5) 교회는 증인공동체-선교공동체-하나님 나라의 전초기지(Missio Dei) 입니다.

-예수께서 나아와 일러 가라사대 하늘과 땅의 모든 권세를 내게 주셨으니 그러므로 너희는 가서 모든 족속으로 제자를 삼아 아버지와 아들과 성령의 이름으로 세례를 주고 내가 너희에게 분부한 모든 것을 가르쳐 지키게 하라 볼지어다 내가 세상 끝날 때까지 너희와 항상 함께 있으리라 하시니라(마28:18-20).

3. 마치는 이야기

교회에 대한 오늘의 묵상을 정리하면, 교회(ekklesia-kyrike)는 이 세상에서 Kerygma(케리그마-복음선포)-Eucharist(유카리스트-성찬)-Didake(디다케-도덕, 윤리, 교훈, 지혜의 가르침)-Koinonia(코이노니아-함께 떡을 뗌, 사랑의 나눔)-Diakonia(디아코니아-섬김, 봉사, 발 씻음…) 등을 주님 오시는 그 날까지 誠實(성실)하게 修行(수행-practice) 해야 하는 부름 받은 공동체입니다.

小康社會(소강사회)

토마스 모어(1478-1535)가 지상낙원으로 묘사한 책 〈유토피아(utopia)〉는 그 제목 자체가 아이러니컬합니다. 'utopia' 는 희랍어 '없다(ou)+장소(topos)' 입니다. 즉, '이 세상 그 어디에도 없는 곳' 이라는 뜻입니다. 大同社會(대동사회)도 이 세상 그 어디에도 없는 동양의 유토피아(utopia)입니다. 그러므로 〈禮記〉의 '예운편' 에서는 '대동사회' 보다는 못해도 그런대로 살만한 세상을 큰 건강[大同]이 아닌 작은 건강[小康]이라는 뜻에서 '小康社會(소강사회)' 라고 하였습니다.

今 大道旣隱 天下爲家 各親其親 各子其子 貨力爲己 大人 世及以爲禮 城郭溝池以爲固 禮義以爲紀 以正君臣 以篤父子 以睦兄第 以和夫婦 以設制度 以立田里 以賢勇知 以功爲己 故 謀用是作 而兵由此起 禹湯文武成王周公 由此其選也 此六君子者 未有不謹於禮者也 以著其義 以考其信 著有過 刑仁講讓 示民有常 如有不由此者 在執者去 衆 以爲殃 是謂小康

금 대도기은 천하위가 각친기친 각자기자 화력위기 대인 세급이위례 성곽구지이위고 예의이위기 이정군신 이독부자 이목형제 이화부부 이설제도 이립전리 이현용지 이공위기 고 모용시작 이병유차기 우탕문무성왕주공 유차기선야 차육군자자 미유불근어예자야 이저기의 이고기신 저유과 형인강양 시민유상 여유불유차자 재집자거 중 이위앙 시위소강

내가(공자)가 살고 있는 지금 시대는 대도가 이미 사라졌다. 천하를 자기 것으로 만들고, 자기 부모만을 부모로 여기고 자기 자식만을 자식으로 여기고, 재물과 힘을 자기만을 위하여 사용하게 되었다. 천자나 제후들은 세습을 당연한 것으로 알고-성곽과 해자를 파서 굳게 지키고-예의를 벼리로 삼아 군주와 신하 사이를 바로잡고-아버지와 아들 사이를 돈독하게 하고-형제 사이를 화목하게 하고-부부 사이를 화합 하도록 한다.

그러나 천하가 모든 사람을 위한 천하(天下爲公)가 아니라, 천하를 자기 것으로 만드는 시대(天下爲家)가 되었으므로, 간사한 꾀가 여기에서 일어나게 되었고-전쟁도 여기에서 일어나게 되었다. 大道(대도)는 사라졌으나 다행스럽게도 우왕-탕왕-무왕-성왕-주공이 예로써 좋은 정치를 하였다. 이 여섯 군자 가운데 예로써 삼가 하지 않은 이가 없었다. 예로써 의를 드러냈으며-예로써 그 믿음을 이루었으며-예로써 그 허물을 드러냈으며-예로써 법을 어질게 하였으며-예로써 겸양을 가르쳐 백성들에게 떳떳함이 있도록 하였다. 만약 이 예를 따르지 않는 자가 있으면 백성들이 재앙으로 여겨 비록 천자라 할지라도 버림을 받았다. 이를 이르러 '小康(소강)' 이라 한다(참고: 이덕일, 〈정도전과 그의 시대〉, 옥당).

· 아, 세월호 아이들 ·

나는 평소 텔레비전을 거의 보지 않습니다. 4월 16일(수) 벽지와 풀을 사러 10시쯤 버스로 양수리로 가는데 스마트 폰이 울립니다. 뭔가? 들여다보니 '안산 단원고 수학여행 학생들 탄 인천-제주행 세월호 침몰. 학생들 전원 구조' 인터넷 DAUM에서 보낸 매시지입니다. '오호, 큰일날 뻔했구나. 아이고, 구조 됐다니 다행이네.' 하였습니다. 그리고 집으로 돌아와 다시 도배 작업에 골몰 하였습니다.

도배 하다가 잠깐 밖에 나갔더니 누군가 세월호에 탄 사람들, 그리고 단원고 학생들 다 죽게 됐다고 합니다. '아니, 학생들은 다 구조 됐다고 하던데 무슨 소리야?' 하니, 그게 아니랍니다. 그래서 부리나케 집으로 돌아와 텔레비전을 켜보니 우리 모두 본 바대로입니다.

차갑고-위험한 진도 앞바다 맹골수로, 구조-수색 작업에 해경-민간 잠수부-맹골도 주민 어선 등 많은 사람들이 참여 하였으나 이미 우리들 마음속으로 짐작한 그대로 단 한 건의 기적도 없었습니다.

물론, 또 이런 참사가 없도록 잘-잘 못을 따져야겠지요. 하지만 심히 답답합니다. 일이 손에 잡히지 않습니다.

그러나 그림에도 불구하고 옛글에 哀而不傷 樂而不淫(에이불상 낙이불음: 너무나 참혹하여 슬프기 한량없으나 그 슬픔으로 인하여 회복할 수 없을 만큼 마음에 치명적인 상처를 입어서는 아니 되며, 즐겁다고 하여 방탕함에 이르러서는 아니 된다)라고 한 소리를 기억하여야 할 것입니다.

얼마든지 살릴 수 있는 기회를 저 놈들의 무책임-죄악-미련함-책임 전가 때문에, 아무 준비도 없이 갑자기 뒤집어진 배 안에서, 배 밑바닥이 천장이 되고-점점 차오르는 차가운 바닷물로 서서히 다가오는 죽음의 공포와 고통 속에 숨진 아이들-승객들의 영혼을 아버지 손에 부탁하나이다. 아, 할 말 없는 이정수 목사

교회는 만민이 기도하는 집(The House of Prayer)

본문 / 행2:42, 행6:1-6

1. 들어가는 이야기

지난 주일, 오순절(Pentecost) 성령강림으로 태동한 기독교 교회의 존재 이미지(image)를 살펴보았습니다. 케리그마(복음선포)-디다케(교훈-가르침)-유카리스트(성찬)-코이노니아(친교)-디아코니아(봉사-헌신) 등입니다. 그런데 이 모든 교회의 존재 이미지를 흔들리지 않도록 붙들어주는 교회의 基礎(기초-foundation)가 무엇인가? 그것은 교회는 만민이 기도하는 집이라는 사실입니다.

2. 祈禱(기도-prayer)는 각 사람과 교회의 존재 바탕입니다

초대교회 태동 때의 상황을 기록한 사도행전 2장-6장을 보면, 초대교회의 성도들은 케리그마-디다케-유카리스트-코이노니아-디아코니아에 앞서 오로지 기도 하였습니다. 사도들은 더욱 더 기도와 복음사역에 전무 하였습니다. 이 대목에서도 사도들은 말씀 사역과 기도가 아니라, 기도와 말씀 사역이라 함으로써 기도 하는 것을 말씀 사역보다 앞세웠습니다. 왜? 기도는 인간 실존의 첫 출발점이기 때문입니다. 기도 다음에 말씀 사역-성찬-봉사-친교…등등이 있다고 한 것입니다.

즉, 기도가 받쳐주지 않는 말씀 사역-성찬-봉사-친교…는 모래 위에 세운 집-비 없는 구름-주인 없는 잔치와 같기 때문입니다.

그들이 사도의 가르침을 받아 서로 교제하고 떡을 떼며 오로지 기도하기를 힘쓰니라(They devoted themselves to the apostles' teaching and to the fellowship, to the breaking of bread and to prayer) 사람마다 두려워하는데 사도들로 말미암아 기사와 표적이 많이 나타나니 믿는 사람이 다 함께 있어 모든 물건을 서로 통용하고 또 재산과 소유를 팔아 각 사람의 필요를 따라 나눠 주며 날마다 마음을 같이하여 성전에 모이기를 힘쓰고 집에서 떡을 떼며 기쁨과 순전한 마음으로 음식을 먹고 하나님을 찬미하며 또 온 백성에게 칭송을 받으니 주께서 구원 받는 사람을 날마다 더하게 하시니라(행 2:42-47).

그때에 제자가 더 많아졌는데 헬라파 유대인들이 자기의 과부들이 매일의 구제에 빠지므로 히브리파 사람을 원망하니 열두 사도가 모든 제자를 불러 이르되 우리가 하나님의 말씀을 제쳐 놓고 접대를 일삼는 것이 마땅하지 아니하니 형제들아 너희 가운데서 성령과 지혜가 충만하여 칭찬 받는 사람 일곱을 택하라 우리가 이 일을 그들에게 맡기고 우리는 오로지 기도하는 일과 말씀 사역에 힘쓰리라(and will give our attention to prayer and the ministry of the word) 하니 온 무리가 이 말을 기뻐하여 믿음과 성령이 충만한 사람 스데반과 또 빌립과 브로고로와 니가노르와 디몬과 바메나와 유대교에 입교했던 안디옥 사람 니골라를 택하여 사도들 앞에 세우니 사도들이 기도하고 그들에게 안수하니라(행6:1-6).

3. 祈禱(기도-prayer)에 대한 默想(묵상)?

첫째. 기도에 대한 定義(정의)-기도란 무엇인가? (1) 기도는 사람과 하나님 사이의 양방향 대화이다 (2) 기도는 영혼의 호흡이다 (3) 기도는 온 우주에 충만한 하늘 창고를 여는 열쇠이다 (4) 기도는 하나님의 능력의 바다-발전소와 연결하는 파이프-電線(전선)이다 (5) 기도는 하나님과 직통하는 핫 라인-안테나-나침반이다 (6) 기도는 약한 나를 金城鐵壁(금성철벽)이신 하나님께 딱 붙이는 접착제다 (7) Pray is conscious relationship with God(기도는 하나님과 나 사이의 친밀한 관계를 맑고 투명한 의식으로 알아차리고 자각 하는 것이다).

즉, 각 사람이 자기 삶에서 무슨 일을 하든 그 일을 하면서 하나님을 의식하면서 한다면 그 상태가 곧 기도라고 한 것입니다. 밥을 먹으면서-다른 사람과 이야기를 나누면서-산을 오르면서-아기를 돌보면서-목욕을 하면서도 하나님을 의식하고 있다면 그것이 곧 기도라는 뜻이지요.

둘째. 기도는 각 시대-각 문화-각 종교-각 사람의 실존적 상황에 따라 다양할 수밖에 없습니다. 그리고 기도에는 잘 하는 기도-못 하는 기도라는 것이 없습니다. 수준 높은 기도-수준 낮은 기도라는 것도 없습니다. 왜? 하나님은 철없는 어린아이의 단순-소박-직설적인 기도, 인생의 複雜多難(복잡다난)-辛苦(신고)-艱難(간난)-乏絕(핍절)을 호소하는 절박한 기도, 철학적-우주적-至高純粹(지고순수)한 문제로 고뇌하는 성인현자의 기도를 차별 없이 들으시고 기도드리는 각 사람의 형편에 맞게 응답하시는 분이기 때문입니다.

그러나 편의상 기도의 형태를 '소원 기도(Reflexive Prayer)-묵상 기도(Meditative Prayer)-관상 기도(Contemplative prayer)'로 구별하는 것뿐입니다(참고: 〈말씀의 샘물〉 제10권 595-596-597호).

셋째. 힘차게 생동하는 목회를 하고 있는 한 친구를 만났습니다. 그 친구의 말을 요약하면, (1) 우리 통합측 목사와 교인은 수준이 높고-젊잖고-이성적이다. 그래서 절박한 상황에서 조차 기도도 그렇게 한다. 큰 소리로 울부짖는 기도가 없다. (2) 나는 교회에서 간절한-울부짖는-가슴 밑바닥에서부터 피를 토하는 예레미야의 기도(렘29:12-13)를 가르치고 나부터 그렇게 기도한다. 움츠러들었던 사람들이 생생하게 살아나기 시작했다. (3) 그랬더니 저들이 하나님을 만나더라. 지금 우리 교회 안에 성령의 능력-힘-에너지가 넘실대고-흘러넘치고 있다.

그러합니다. 우리 교회의 기도에는 수준 높은 기도-천박한 기도-교양 있는 기도-무식한 기도-품위 있는 기도-소원 기도-묵상 기도-관상 기도…등이 모두 있습니다. 다른 이의 기도를 판단-비난-평가할 일이 아닙니다. 다만, 나의 상황에 맞는 기도를 眞心(진심)으로-진심으로-진심으로 드릴 뿐입니다.

고전예화 709 산 頂上에서 北向하고 드리는 나의 기도

나는 오래 전부터 작은 산이든 큰 산이든 산꼭대기에 오르면 北向(북향)하고 하늘에 계신 우리 하나님 아버지께 기도드립니다.

나는 "하늘에 계신 우리 아버지!" 라고 간절한 마음으로 부르며 시작하는 주님이 가르쳐주신 기도가 참 좋습니다. 그래서 먼저 주기도문을 천천히 한 절 한 절 뜻을 깊이 생각하면서 기도드립니다. 그리고 나의 실존을 기도드립니다.

하늘에 계신 우리 아버지,
예수님께서 때때로 기도하러 산에 가셔서 하나님 앞에-하나님 안에-하나님과 더불어 홀로 계셨던 것처럼(solitude), 이정수도 오늘 이처럼 때때로 산에 올라 하나님 앞에-하나님 안에-하나님과 더불어 침묵 가운데 고요하게-견고하게 홀로 있게 하옵소서(solitude).

하늘에 계신 우리 아버지,
고귀한 단순성과 위대한 침묵 가운데, 나 자신-나의 상황-내 이웃의 상황에 대한 나의 느낌-생각-흐름을 비판-판단-비난-평가-同一視(동일시)함이 없이 깨어서(mindfulness) 시편 42편의 기도와 같이 나 자신(myself)을 수동적으로 고요히 지켜보게 하옵소서. 그리고 느헤미야가 그리하였듯이(느 2:1-5) 그 모든 상황에 대하여 올바르게-넉넉하게-자연스럽게 대처할 수 있는 지혜를 주옵소서.

하늘에 계신 우리 아버지,
이정수의 가정을 지켜주옵소서. 아내-혜원-형원에게 건강의 복-저들이 처한 삶을 담대하게 살 수 있는 용기의 복-상황에 합당한 지혜의 복을 주옵소서. 그리고 허심당원들과 내 좋은 친구들을 지켜주옵소서. 저들의 건강을 지켜주시고-하늘에 속한 신령한 복과 땅의 기름진 것으로 채워주시어, 상호간에 기쁜 소식이 끊이지 않게 하옵소서.

하늘에 계신 우리 아버지,
말씀의 샘물을 힘을 다하여 정성껏 만들게 하옵소서. 게으르지 말게 하시고-낙심하지 말게 하시고-피곤치 않게 하옵소서. 그리하여 말씀의 샘물을 만드는 사람이나 읽는 사람에게 구만 리 창공을 비상하는 독수리의 눈을 허락하옵소서.

그리고 특별히 부탁 받은 기도-중보기도-성령께서 기도의 문을 열어주시는 대로 기도드리고, 끝으로 다시 주님이 가르쳐주신 기도를 드리고 축복기도로 마칩니다.

· 고 이봉희 권사님 장례집례 ·

부산 거제리 김치과를 운영하면서 살던 고모부(87세)-고모(82세)가 2012년부터 김홍일-미진-미령-미리-미현 1남 4녀 중 아들네 집 서울 사당동 근처에서 잠시 머물다가, 두 분이 양평군 지평요양원에 들어가셨는데 4월 23일(수) 내 고모 이봉희 권사님이 뇌출혈 재발로 소천하시어 흑석동 중앙대병원 영안실에 모시고 이정수 목사가 장례예배를 집례하였습니다.

4월 24일(목) 오후 2시-현대상조회 직원들이 시신을 깨끗이 씻고-수의를 입히고-편안한 모습의 얼굴만 드러내도록 한 후, 온 가족이 둘러 선 가운데-입관예배를 드렸습니다. 50대 딸 자식들이 울며 흐느끼며 하는 소리가 "엄마, 미안해요. 참 고마웠어요. 엄마, 정말 미안해요. 정말 고마웠어요…" 합니다. 이 말 외에 무슨 할 말이 더 있겠는가!(고모는 자식들이 정말 고마워할 만한 삶을 살았다. 특히, 집안의 관제탑 역할을 탁월하게 잘 했다).

4월 25일(금)-빈소에서 밤을 지내고 오전 4시 30분 발인예배(기도는 맏사위 함해노회 부산제일교회 이호림 시무장로) 드리고, 오전 5시 30분 캐딜락 운구차에 관을 모시고, 벽제 화장장으로 갔습니다. 오전 7시-18번 火口(화구) 담당 직원에게 관을 인계하고-2층 가족대기실에서 하관예배 드린 후, 온 가족과 조문객이 둘러 앉아 화장이 끝날 때까지 찬송하였습니다(이 대목이 참 좋았다!).

그렇게 1시간쯤 지난 후 화구 앞으로 가니 모든 것이 다 타고 말간 뼛조각 몇 개-화장장 직원이 이것을 분쇄기에 넣으니 1-2분 만에 300g 정도의 하얀 뼛가루만 남았습니다. 이를 도자기 유골함에 담아-벽제 화장장에서 15km 떨어진 서울시립승화원 2층 유골함 안치실에 모셨습니다. 그리고 1층 종교 예식 시설로 내려와 마지막 송별예배를 드리고 모든 장례예식을 마쳤습니다. 나는 이 땅에서 82년 열심히 살다가 마지막 남긴 '300g 뼛가루' 를 보면서 참으로 느낀 바 많았습니다!

나는 이번 장례예배에서 마음이 담기지 않은 상투적인 소리는 모두 빼고 오직 한 말씀 "육의 몸이 있은즉 또 영의 몸도 있느니라-If there is a natural body, there is also a spiritual body(고전 15:44)" 만을 선포하였습니다. 돌아오는 차 안 20대 조카 천동은 왈 "목사님이 요점만 잘 말씀 하셨네요!" 합니다. 모두에게 나의 뜻이 통했다는 걸로 알아들은 이정수 목사

청년아, 네 마음이 가는 대로 살아라(전11:7-12:8)

본문 / 전11:7-12:8

1. 들어가는 이야기

5월 셋째 주일은 청년주일 입니다(대한민국 정부는 오월 셋째 월요일을 성년의 날로 지키고 있다). 전11:7-12:8 말씀을 중심으로 우리 교회 청년들과 청년 됨의 의미를 묵상하는 가운데 은혜를 나누고자 합니다.

본문(전11:7-12:8)은 청년들에게 주신 말씀입니다. 본문을 여기에 다 기록할 수 없는 노릇이니, 간절히 바라기는 개역-공동번역-영어번역 등으로 찬찬히 꼼꼼하게 숙독하시기 바랍니다. 특히, 청년들!

2. 본문(전11:7-12:8) 중 특별히 전11:8절에 대한 본문 연구

* 청년이여 네 어린 때를 즐거워하며 네 청년의 날들을 마음에 기뻐하여 마음에 원하는 길들과 네 눈이 보는 대로 행하라 그러나 하나님이 이 모든 일로 말미암아 너를 심판하실 줄 알라-Be happy, young man, while you are young, and let your heart give you joy in the days of your youth. Follow the ways of your heart and whatever your eyes see, but know that for all these things God will bring you to judgment(전11:9).

본문 전11:9절에는 4가지 명령문이 나옵니다.

(1) 네 어린 때를 즐거워하라(Be happy)-네가 지금 젊다는 그 사실 하나만으로도 너는 너무 충분히 즐거울 수 있다는 사실을 깨닫고 살아라.

(2) 네 청년의 날들을 마음에 기뻐하라(let your heart give you joy in the days of your youth)-너의 마음에 기쁨을 주어라. 혹시 지금 네가 처한 실존 상황이 비록 기뻐(joy)할 수 없는 경우라고 할지라도 기뻐하라는 것입니다. 왜? 너는 젊은 청년이다-주눅 들지 말라. 앞으로 얼마든지 극복할 수 있는 기회가 있다. 네 안에는 젊음의 힘-에너자-열정이 있기 때문이다.

(3) 네 마음에 원하는 길들과 네 눈이 보는 대로 행하라(Follow the ways of your heart and whatever your eyes see)-부모형제, 네가 속한 집단 등 다른 사람의 기대에 副應(부응)하는 삶을 살지 말라. 附和雷同(부화뇌동-자기 주관이 없이 다른 사람의 기대와 의견에 따라 이리저리 흔들림)하지 말라. 누구-누구처럼 살지 말라. 맑은 정신으로-굳건한 주관을 가지고-너의 현실을 직시하고-때로 힘들어 비틀거릴지라도 네 마음에 원하는 길-네 눈에 옳다고 생각하는 그 길-네가 좋아하는 그 길이 무엇이든지 그 길로 과감하게-꿋꿋하게-뚜벅뚜벅 가라는 것입니다.

문제는 마지막 명령입니다. (4) 그러나 하나님이 이 모든 일로 너를 심판하실 줄 알라(but know that for all these things God will bring you to judgment)-여기 "심판하실 줄 알라" 라는 말씀을 오해하지 말아야 합니다. 여기 '심판' 이라는 말은 앞에 청년들의 자유-기쁨-도전과 감투정신 (1)-(2)-(3)을 억누르고-겁주고-감시하고-경고하고-위축 시키려는 말씀이 아닙니다.

'심판' 이라는 말은 논리적으로도 맞지 않습니다. 청년들에게 실컷 (1)-(2)-(3)으로 그 마음과 영혼을 高揚(고양)시켜 놓고, (4)에서 "심판할 테니 조심해!" 하는 것은 語不成說(어불성설)이기 때문입니다. 아니 그러합니까?

여기 '심판(judgement)' 으로 번역된 히브리 원문 '미쉬파트' 는 원래 이 세상에서 약하고 억울한 사람을 구원함으로써 정의와 공의를 실현한다는 뜻입니다. 본문에서 '미쉬파트' 는 청년들의 자유-기쁨-도전정신을 억압-경고-감시하려는 의도로 사용된 말이 아니라, 하나님께서 청년들에게 내리신 (1)-(2)-(3)의 명령을 청년들이 과연 공의-정의롭게 그대로 잘 修行(수행) 하였는가? 하지 못했는가? 하나님이 점검하실 줄 알라는 의미로 사용된 말입니다. 따라서 여기서는 '심판(judgement)' 이라는 번역 보다는 '점검-확인-지켜보심' 이라는 번역이 더 타당합니다.

그러므로 계명대학교 구약학교수 정중호는 전11:9을 다음과 같이 번역하였습니다.
나는 그의 번역이 마음에 듭니다(정중호, '삶을 기쁨으로 살아가라', 〈그 말씀〉-두란노, 1995. 7월호. 145-146쪽).

청년들이여, 네 젊음을 즐거워하라!
젊은 시절에 네 마음으로 네 자신을 기쁘게 만들어라!
네 마음이 원하며 네 눈이 바라보는 길을 걸어가라!
그리고 또한 하나님이 이 모든 일들에 관하여
네가 과연 그렇게 살고 있는지 너를 점검하시리라는 것을 명심하라!

3. 청년이 본문의 세 가지 명령 (1)-(2)-(3)을 수행하려면, 전제조건(3A)이 필요 합니다

왜? 아무 준비 없이 자기 마음이 원하는 대로-자기 눈이 바라보는 대로 갈 수도 없고, 설령 간다 해도 몇 걸음 못가서 왕따 당하거나, 퇴출당하거나, 심하면 사회에서 격리 당하기 십상이기 때문입니다. 3A란 무엇인가?

첫째. Ability(능력)-싹수 있는 청년이 되어야 합니다.
둘째. Attitude(예절)-싸가지 있는 청년이 되어야 합니다.
셋째. Appearance(외모)-꼬라지 있는 청년이 되어야 합니다.

고전예화 710

신부님들이 목사님들께 감사하는 이유

고모님 장례를 치르는 동안 어떤 교인으로부터 충격이라면 충격이라 할 만한 소리를 들었습니다.

그는 모태신앙으로 성장하였고 탄탄한 중소기업 사장입니다. 그는 시내 큰 교회에 다니다가 교회 분쟁으로 교회가 시끄럽고 하도 말이 많아, 좀 조용히 교회 생활을 하고 싶어 어느 작은 교회에 나갔더니 몇 주 되지 않아서 목사님이 이런저런 요구 사항을 늘어놓는 통에 신앙생활을 아니 할 수는 없고 하여 하는 수 없이 좀 멀지만 이웃 도시 큰 교회로 옮겼다고 합니다.

그리고 하는 소리가 요즈음 가톨릭 신부님들이 개신교 목사님들께 깊이 감사드리고 있다. 10년 전 가톨릭 인구가 200만 정도였는데 지금은 500만이 웃돈다고 한다. 그 이유?

(1) 개신교 교회는 敬虔美(경건미)가 없다. 교회에 가면 분위기 자체가 시끄럽고-번잡하고-목사님들의 말씀이 너무 가볍다. 기독교 텔레비전을 보면 목사님들이 온통 개그맨이다. 입만 벌리면 하나님이고, 논리성이 떨어지거나 말이 막히면 아멘 하라고 외치고-시도 때도 없이 할렐루야로 모면한다 등등이다.

함께 듣고 있던 음악에 조예가 깊은 어느 교인은 이 대목에서 "교회 강단에서까지 기초도 없는 드러머가 드럼을 두드려대는 것은 정말 소음의 극치다-찬양 인도자의 진지성 없는 어설픈 멘트도 괴롭기 그지없다. 제발 멈춰 달라." 고 하였다.

(2) 개신교 교회는 돈 이야기를 해도 너무 많이 한다. 십일조-선교비-건축헌금은 물론이고 별별 헌금이 다 있다.

(3) 개신교 교회는 구속이 너무 심하다. 일요일은 아침부터 저녁까지-수요 예배-금요 철야기도회-새벽기도회-특별 새벽기도회-구역장 모임-구역예배-성경공부-또 뭐다 뭐다 모임이 너무 많다. 이 외에 하라는 것도 많고-술 먹지 말라-담배 피지 말라-제사도 지내지 말라는 등등 하지 말라는 것도 너무 많아 직장생활하는 사회인으로서 참으로 감당하기 힘들다.

그리하여 가톨릭에서는 개신교 교회에서 하고 있는 (1)-(2)-(3)만 아니 하면 저절로 신자가 늘어나니 가톨릭 신부님들이 기독교 목사님들께 감사하다는 것입니다. 그리고 내가 개신교 교회 목사이니 답을 하라고 합니다.

이정수 목사는 무어라 딱히 할 말이 없었지만 망령되이 하나님을 찾지 아니 하였습니다. 다만, 오랜 침묵 끝에 "음, 그러한가!…" 하였습니다.

· 싹수-싸가지-꼬라지 ·

이종선이 〈멀리 가려면 함께 가라〉에서 요즈음 청년들 사이에 사람을 평가하는 준거 틀(Frame of reference)을 젊은이들 말로 '싹수-싸가지-꼬라지' 라고 한답니다. '참 재미있는 우리말 표현이구나' 생각하여 청년주일을 맞아 청년이 갖추어야 할 덕목을 청년들이 쓰는 말로 표현하여 보았습니다.

차제에 싹수-싸가지-꼬라지를 증진 시켜주는 책들을 소개합니다.

채정호, 〈옵티미스트〉, 매일경제신문사.
전옥표, 〈빅픽처(Big Picture)를 그려라〉, 비즈니스북스.
짐 콜린스, 〈좋은 기업을 넘어 위대한 기업으로〉, 김영사.
이종선, 〈멀리 가려면 함께 가라〉, 갤리온.
체스터필드, 〈아들에게 보내는 편지〉, 동해.
발타자르 그라시안, 〈성공을 위해 밑줄 긋고 싶은 말들〉, 예가.
리차드 바크, 〈갈매기의 꿈〉.
황농문, 〈몰입〉, 랜덤하우스.

나는 우리 아이들에게 이 가운데 우선 이것만은 꼭 읽어두라고 강권하고 싶은 책은 '채정호의 〈옵티미스트〉' 입니다. 왜? 사람 사는 집은 모양-시설-편리성보다 가장 우선인 것이 '언덕 위의 남향집' 이어야 하듯, 사람이 일생을 살아가는데 기본 출발은 그 마음 바탕이 밝고-맑고-긍정적이어야 하기 때문입니다.

그 다음으로 '전옥표의 〈빅픽처를 그려라〉-짐 콜린스의 〈좋은 기업에서 위대한 기업으로〉' 를 권하고 싶습니다. 이 찬란한 5월에 이상 3권의 책은 청년의 때 갈 길을 잘 안내하는 성능이 우수한 좋은 나침반이 되어 주리라 생각합니다.

엥겔지수가 높아진 나는 요즈음 좀 괴롭다. 다섯 자리를 맴도는 통장인데, 어? 여섯 자리다. 뭐야? '5월 9일 이혜원-이형원 100,000' 이라 인자되어 있다. '아, 내 딸-내 아들은 싹수-싸가지-꼬라지 있는 청년이구나' 하는 이정수 목사

싹수(Ability-능력) 있는 청년(전11:7-12:8)

본문 / 전11:7-12:8

1. 들어가는 이야기

본문(전11:7-12:8) 중 전11:9을 다함께 읽겠습니다. 청년이여 네 어린 때를 즐거워하며 네 청년의 날들을 마음에 기뻐하여 마음에 원하는 길들과 네 눈이 보는 대로 행하라 그러나 하나님이 이 모든 일로 말미암아 너를 심판하실 줄 알라-Be happy, young man, while you are young, and let your heart give you joy in the days of your youth. Follow the ways of your heart and whatever your eyes see, but know that for all these things God will bring you to judgement(전11:9).

시인 천상병은 "바람에게도 길이 있다-때론 강하게 때론 약하게 함부로 부는 바람인 줄 알아도 아니다! 그런 것이 아니다! 보이지 않는 길을 바람은 용케 찾아간다. 바람 길은 사통팔달(四通八達)이다. 나는 비로소 나의 길을 가는데 바람은 바람 길을 간다. 길은 언제나 어디에나 있다." 라고 하였습니다.

시인은 마지막 연에서 "나는 비로소 나의 길을 간다…길은 언제나 어디에나 있다"고 하였습니다. 아닙니다. 그런 것이 아닙니다. 길은 언제나 어디에나 있는 것이 아닙니다. 시인은 서울대 상대-문학비평가-동백림사건으로 감옥생활-고문 등등 싹수가 있었습니다. 시인이 "나는 비로소 나의 길을 간다"고 할 수 있는 것은 싹수가 있었기 때문입니다. 싹수(Ability-능력-실력) 없는 사람은 갈 길이 없습니다.

2. 이 세상은 엄격하게-정확하게 싹수(Ability-능력)를 봅니다

우리는 청년-신입생-초보자-신참-면접-맞선-신고식 등을 통하여 흔히 "싹수가 있다-싹수가 없다-싹수가 보인다-싹수가 노랗다-싹수가 글렀다-될성부른 나무는 떡잎부터 알아본다…" 등등으로 말합니다.

싹수(Ability-능력)란? 이 세상의 1차-2차-3차 산업-종교-정치-군사-의료-음악-미술-스포츠-관광-서비스-각종 학문 등등 25,000여 종의 직업 그 어느 분야에서든지 먹고 살아 남을 수 있는 생물학적-물리적 생존능력을 말합니다. 그래서 탈무드는 "자식에게 먹고 살 수 있는 기술을 가르치지 않는 것은 자식을 도적놈으로 만드는 것이다" 라고 하였습니다.

그리고 또 하나 싹수(Ability-능력)란? 각 사람이 자신의 삶을 의미-보람-책임-행복한 삶(to live-to live well-to live better)이 되도록 하는 철학적-정신적-종교적 존재능력을 말합니다. 먹고 사는 생존문제가 어느 정도 해결된 현대사회에서 존재능력 문제는 더욱 더 중요하고-심각한 문제로 擡頭(대두) 되고 있습니다.

3. 싹수(Ability) 있는 청년은 어떤 청년인가?

첫째. 옛 글에 物有本末 事有終始 知所先後 則近道矣(물유본말 사유종시 지소선후 즉근도의: 이 세상 모든 일에는 근본이 되는 것과 지엽이 되는 것-먼저 할 일과 나중에 할 일이 있다. 근본과 지엽-처음과 나중의 순서를 안다면 도에 가깝다고 할 수 있다)라고 하였습니다.

많은 청년들이 말합니다. 하나님께서 내가 이 세상 사는 동안 오직 나만이 할 수 있고, 오직 나만이 해야 할 일을 맡기셨다고 들었습니다. 그런데 "하나님께서 나에게 맡기셨다는 그 일, 나만이 할 수 있다는 그 일이 도대체 무엇인지 모르겠다!"고 합니다. 모세-출애굽, 링컨-노예해방, 사마천-史記, 이순신-왜적필살, 인간승리, KBS 강연 100도 C 등에 나오는 사람들은 저들이 할 일이 분명하였는데 내게는 그런 일이 없다고 합니다. 그래서 답답하다고 합니다.

왜, 알 수 없는가? 그것은 顚倒夢想(전도몽상)-앞뒤가 뒤바뀐 생각 때문입니다. 즉, 내게 맡겨진 일을 발견하면 그 일에 목숨 걸겠다! 그런데 그 일을 발견하지 못했다 그러므로 답답하다고 합니다. 그게 아닙니다. 순서가 틀린 겁니다. 먼저 내 마음에 들고 말고를 떠나 내게 부닥친 이 일, 저 일을 무조건 열심히 하다 보니 내가 할 일이 무엇인지 어렴풋이 알게 되었다. 그래서 그 일에 목숨을 걸고 살았다. 그리고 돌이켜보니 그 일이 '하나님께서 내게 맡기신 일' 인 줄 비로소 깨닫게 되었다는 것이 '하나님께서 내게 맡기신 일' 을 발견하는 바른 순서입니다.

둘째. 'Give and Take' 냐? 'Take and Give' 냐? 많은 청년들이 성공을 원합니다. 그러나 많은 청년들이 성공하지 못하고 있습니다. 왜? 순서가 틀렸기 때문입니다. 인간관계는 'Give and Take' 라고 말합니다. 그것이 순서입니다. 성공하는 사람들은 이 순서를 철저히 잘 지킵니다. 그러나 성공하지 못하는 사람들은 이 순서를 무시하거나 오히려 거꾸로 먼저 'take' 하려고 하고, 주는 것은 'take' 한 만큼 그것도 마지못해 겨우 합니다.

진지하게 나 자신을 돌아보아야 합니다. 나는 가족-친구-교회-회사-고객-조직 등에게 Give and Take 하는가? Take and Give 하는가? 우리 속담에 '퍼주고 망한 장사 없다' 고 하였습니다. 성경은 주는 것이 받는 것보다 복이 있다(행20:35) 그리고 성경은 오히려 한 걸음 더 나아가 자비량하라고 하십니다. 먼저 주는 것은 황금 씨앗! 자비량 하는 것은 다이아몬드 씨앗! 이라는 말씀입니다.

셋째. 去去去中知 行行行中覺(거거거중지 행행행중각: 가고 가고 가다 보면 알게 되고, 행하고 행하고 행하다 보면 깨닫게 된다)입니다. 감자가 싹이 나고-잎이 나고-열매입니다. 어린아이가 기고-서고-걷고-뜁니다. Boys be Ambitious!-꿈-야망 있어야지요. 그러나 꿈은 어디까지나 지극히 작은 씨앗입니다. 싹이 나야 하고-잎이 나야 합니다. 그래서 청년은 싹수(Ability-능력) 있는 청년이 되어야 한다는 말입니다. 그게 순서입니다. 자연에 飛躍(비약)은 없습니다.

고전예화 711

己所不欲 勿施於人(기소불욕 물시어인)

〈논어〉 안연편에서는 仲弓(중궁)에게, 위공령편에서는 子貢(자공)에게 하신 공자의 유명한 말씀이 있습니다. 己所不欲 勿施於人(기소불욕 물시어인: 네가 하고 싶지 않은 일을 남에게 시키지 말라).

탈무드 이야기. 훌륭한 가문의 젊은이가 랍비 힐렐을 찾아와 "당신이 만약 내가 한쪽 다리로 서있는 동안 탈무드의 핵심을 한 마디로 설명하여 준다면 제자가 되겠습니다" 라고 하였습니다. 랍비 힐렐 왈 "네가 하고 싶지 않은 일을 남에게 시키지 말라. 이것이 탈무드의 핵심이네" 라고 하였습니다.

부정적 표현의 이 귀한 가르침을 우리 예수님은 적극적 표현으로 "그러므로 무엇이든지 남에게 대접을 받고자 하는 대로 너희도 남을 대접하라 이것이 율법이요 선지자니라(마7:12)" 하셨습니다. 사람들은 이 말씀을 황금률(Golden Rule)이라고 부릅니다.

직장에서 부하들이 상사로부터 가장 듣기 싫어하는 소리는?

"그거 하나도 제대로 할 능력이 안 돼?"
"그것도 몰라? 말이 안 통하네."
"당신이 하는 일이 뭐가 있어?"
"그 따위로 할 거면 회사 때려치워."
"아직 그것도 못해? 경력이 아깝다 아까워."

직장에서 상사들이 부하로부터 가장 듣기 싫어하는 소리는?

"제가 왜 이걸 해야 하죠?"
"그렇게 하시면 안 됩니다. 요즘엔 그렇게 안 해요."
"그 정도 밖에 안 되세요? 실망입니다."
"이제 은퇴하실 때 된 거 아닙니까?"
"(한심한 듯)놔 두세요, 그냥 제가 하겠습니다."

싹수(Ability-능력) 있는 청년은 이런 소리는 할 줄 모릅니다. 오히려 내가 듣기 좋은 소리를 다른 사람에게 알맞게 자연스럽게 할 줄 압니다.

· 고동산 종주 ·

5월 6일(화) 내 좋은 친구와 양평군 수입리 벽계천에서 고동산(600m)에 올랐습니다. 이 길은 처음인데 가보니 별로입니다. 구관이 명관이듯 북한강 삼회2리 사기막골로 오르는 것이 정답입니다.

[참고: 북한강 신청평대교 동편에 솟은 뾰루봉(709m). 뾰루봉 오르는 산행거리 약 3.5km-뾰루봉에서 화야산(755m)까지 4.7km, 화야산에서 고동산(600m)까지 3.5km, 고동산에서 하산 거리 약 2.5km. 뾰루봉-화야산-고동산 종주 산행거리 약 14km-산행시간 약 6시간. 나는 몇 번 종주 하였는데, 일단 능선에 오르면 산행 내내 북한강 풍광이 참 좋다].

고동산 정상 바로 아래 전망대가 있는데 사방이 탁 트여 동으로 용문산-유명산-중미산 줄기, 남으로 경춘고속도로-유유히 흐르는 북한강, 서편으로 천마산-축령산…아득한 첩첩산산이 참 멋집니다.

고동산 오르는 길에서 방목 하는 염소 떼를 만나고, 정상에서 기도 드리고, 하산 길인데 아래쪽에서 개 짖는 소리가 들립니다. '어? 이건 또 뭐야?' 하고 얼른 배낭에서 삼단봉을 꺼내 들었습니다. 한 사람이 지날만한 좁은 외길인데 개 줄도 매지 않은 진돗개 두 마리가 앞에 서고 아줌마 둘이 뒤따라 오는데, 개들은 우리를 보고 사납게 짖어댑니다. 아줌마들 하는 소리가 "괜찮아요. 이 개들은 안 물어요" 합니다. 지금 당장 흰 이빨을 드러내고 덤벼들 태세인데 "괜찮다, 안 문다"는 소리만 연발합니다. 상황 판단에 기민한 친구가 "아줌마, 빨리 개를 붙잡아요!" 일갈하니 그제야 쪼그려 앉아 개들을 불러 모아 개 목걸이를 붙잡고 계속 "괜찮아요, 이 개들은 안 물어요"합니다. 다행히 별일 없이 지나쳤지만, 좁은 산길에서 사람도 놀라고-개도 놀란 터라 하마터면 큰 불상사가 일어날 뻔하였습니다.

나는 시골 길을 걷거나 산길에서 염소-오소리-개-뱀 등을 만나 아주 황당한 경우를 몇 번 당한 후로 배낭에 삼단봉을 넣고 다닙니다. 有備無患(유비무환)!

오늘 아침 문득, '율리우스 카이사르의 文章(문장)은 시대의 유행을 따르는 법 없이 언제나 대리석에 새겨 넣은 것처럼 견고 하였다' 하는 말이 생각나 먼 산 보며 잠시 묵상한 이정수 목사

싸가지(Attitude-태도) 있는 청년(전11:7-12:8)

본문 / 전11:7-12:8

1. 들어가는 이야기

청년이여 네 어린 때를 즐거워하며 네 청년의 날들을 마음에 기뻐하여 마음에 원하는 길들과 네 눈이 보는 대로 행하라 그러나 하나님이 이 모든 일로 말미암아 너를 심판하실 줄 알라-Be happy, young man, while you are young, and let your heart give you joy in the days of your youth. Follow the ways of your heart and whatever your eyes see, but know that for all these things God will bring you to judgment(전11:9).

너희는 주 안에서 성도들의 합당한 예절로 그를 영접하고 무엇이든지 그에게 소용되는 바를 도와줄지니 이는 그가 여러 사람과 나의 보호자가 되었음이라(롬16:2)-그들이 나와 너희 마음을 시원하게 하였으니 그러므로 너희는 이런 사람들을 알아주라(고전16:18).

2. 싸가지(Attitude-태도)가 무엇인가?

싸가지-(1) 국어대사전: 마음이나 마음의 생각을 낮추어 부르는 말이 소갈머리다. 싸가지는 소갈머리를 낮추어 부르는 말이다. (2) 인터넷 사전-어원은 마음이나 생각을 뜻하는 속(넌 속도 좋아, 넌 속도 없니? 등) 이라는 단어에 접미사 '~아지' 가 붙은 '속아지' 이다. 접미사 '~아지' 는 짐승의 어린 새끼(송아지-강아지-망아지 등) 혹은 목을 卑下(비하)할 때 목-목아지-모가지로 쓰인다. '싸가지' 도 속아지-쏘가지-싸가지로 변화된 말이다. '싸가지 없는 놈' 은 속없는 놈이고, 싸가지 있는 놈은 '속있는 놈' 이라는 소리 이다.

요즈음 용법으로 '싸가지' 는 태도-예절-경우-품위-격조-Attitude(사람이나 물건에 대한 마음가짐이나 태도)-manner(사람이나 물건을 대하는 방식, 말투) 등을 의미 합니다. 쉽게 말해서, 싸가지 없다는 것은 유난히 이기적인 놈-선배에게 버릇없이 구는 놈-급할 때 쏙 빠지는 놈-낼 줄 모르고 맨날 얻어먹는 놈-만나기만 하면 징징대는 놈-듣지는 아니 하고 제 말만 지껄이는 놈-은근히 저 잘났다고 폼 잡는 놈-배려할 줄 모르는 놈-상황 파악이 제대로 안 되는 놈 등등이고, 싸가지 있다는 것은 이와 정반대로 행동하는 분입니다.

공자 왈 克己復禮爲仁 非禮勿視 非禮勿聽 非禮勿言 非禮勿動(극기복례위인 비례물시 비례물청 비례물언 비례물동-자기를 극복하여 예로 돌아가는 것이 인을 구하는 방법이니라. 그러므로 예가 아니면 보지 말고, 예가 아니면 듣지 말고, 예가 아니면 말하지 말고, 예가 아니면 행동하지 말라-〈논어〉 안연편)이라고 하였습니다. 아무튼, 東方禮儀之國(동방예의지국)인 우리 한국사회에서 싸가지는 인간관계의 예절-예의-태도(attitude)와 관계되는 말이라고 생각 됩니다.

3. 싸가지(Attitude-태도) 있는 청년은 어떤 청년인가?

첫째. $E=mc^2$. 이 세상 모든 존재는 善(선)이든 惡(악)이든 간에 에너지-氣(기)를 가지고 있습니다. 靑年(청년-푸른 나이)은 문자 그대로 오월 하늘처럼 맑고 푸른 에너지-기운-浩然之氣(호연지기)를 기르고 가슴에 품고, 사람을 만나고-공부하고-일하는 때입니다. 푸른 기운이 흘러넘치는 청년이 싸가지 있는 청년입니다.

참고: $E=mc^2$(에너지-질량의 동등성 : mass-energy equivalence). 이 세상 모든 존재는 에너지와 질량을 가진다. 모든 질량은 그에 상당하는 에너지를 가지고 있으며, 모든 에너지는 그에 상당하는 질량을 가지고 있다. 1905년 알베르트 아인슈타인이 특수상대성이론에서 이 관계를 '$E=mc^2$' 라고 하였다(E=에너지, m=질량, c=진공 속의 빛의 속도).

둘째. 예의-Attitude 바른 청년입니다. 모든 인간관계에서 예의는 조용한 그림자-듣기 좋은 배경음악 역할을 합니다. 예의 바른 몸가짐은 그 하나만으로도 사람들로부터 사랑받고 신사-숙녀라는 평판을 듣습니다. 반대로 무례하다는 평판을 받으면 경멸당하고 아무도 가까이 하려 않습니다. 傲慢(오만-건방지고 거만함)에서 비롯한 무례함은 용서하기 어렵고, 淺薄(천박-말과 행동이 상스러움)에서 비롯한 무례는 심한 불쾌감을 줍니다.

다른 사람과 허물없이 지낸다고 하여 버릇없이 구는 사이가 되면 아니 됩니다. 별은 사람 곁에 가까이 오지 않기 때문에 언제나 그 빛을 잃지 않습니다. 상대방이 윗사람이면 예절을 잃고, 아랫사람이면 위엄을 잃게 됩니다. 더구나 어리석고 예의를 모르는 속된 사람과는 결코 허물없이 지내서는 아니 됩니다.

呑舟之魚 陸處則不勝螻蟻(탄주지어 육처즉불승루의-배를 삼킬만한 큰 물고기라도 육지에 오르면 땅강아지나 개미를 당하지 못한다)라고 하였습니다. 그러므로 환영 받고 싶다면 초대받은 곳에만 가야합니다. 초대받지 않은 모임에 얼굴을 내미는 것은 도중에 자리를 뜨는 것과 마찬가지로 무례한 짓입니다.

셋째. 싸움-분쟁-다툼에서 正攻法(정공법)으로 임하는 청년입니다. 비열한 수단으로 상대방을 공격해서는 아니 됩니다. 아무리 화가 나더라도 금지된 무기를 쓰지 말아야 합니다. 이혼이나 절교 등으로 인간관계가 깨어졌을 때에도 친하게 지낸 시절에 알고 있었던 상대방의 비리-약점을 무기 삼아 적이 된 상대방을 공격하지 말아야 합니다. 일찍이 자기를 믿고 의지했던 신뢰를 악용해서는 아니 됩니다.

왜? 너는 이웃과 다투거든 변론만 하고 남의 은밀한 일은 누설하지 말라 듣는 자가 너를 꾸짖을 터이요 또 네게 대한 악평이 네게서 떠나지 아니할까 두려우니라(잠25:9-10) 하셨기 때문입니다. 옛글에 君子交絕不出惡聲(군자교절불출악성: 군자는 절교하더라도 악한 말은 하지 않는다) 이라고 하였습니다. 아무리 옳은 일이라도 예의가 뒷받침해주지 않으면 싸가지 없는 놈이 됩니다.

싸가지 있는 청년은 강으로 간다

강

당신이 얼마나 외로운지, 얼마나 괴로운지
미쳐버리고 싶은지 미쳐지지 않는지
나한테 토로하지 말라
심장의 벌레에 대해 옷장의 나방에 대해
찬장의 거미줄에 대해 터지는 복장에 대해
나한테 침도 피도 튀기지 말라
인생의 어깃장에 대해 저미는 애간장에 대해
빠개질 것 같은 머리에 대해 치사함에 대해
웃겼고, 웃기고, 웃길 몰골에 대해
차라리 강에 가서 말하라
당신이 직접
강에 가서 말하란 말이다.

강가에서는 우리
눈도 마주치지 말자.

– 황인숙 시집, 〈자명한 산책〉, 문학과 지성사, 2003.

A 왈
나의 입장에서 이해해 주고, 그 뜻을 왜곡하지 않을 사람은 이 세상에 열 명이 채 되지 않는다. 나의 아내, 부모님, 형제, 가장 친한 친구 한두 명. 나머지 사람들은 누구나 자기 방식대로 생각하고 판단하고 나를 받아들인다.

B 왈
너는 행복한 녀석이야, 그만 하면 됐지 뭘 더 바란단 말이냐?
나를 받아들이는 사람의 목록에 아내, 부모님, 형제, 가장 친한 친구도 포함시킬 수 없는 사람도 있단 말이다. "나한테 토로하지 말라"는 시인의 말이 아니어도 나도 이제 더 이상 토로할 사람이 없다는 것을 깨달을 만큼 철이 들었다. '직접 강에 가서' 말하고 싶기도 하지만 강은 너무 멀고, 영화 〈화양연화〉에서 앙코르와트 사원의 오래된 돌 틈에 이야기를 남기고 흙으로 막았던 양조위처럼 이곳(인터넷 댓글)에 몇 줄 이야기로 끄적이고 말 뿐.

C 왈
그래, 너와 눈도 마주치지 아니하고 나는 직접 그 멀리 있는 강으로 갔다. 그리고 잡초 무성한 강 언덕 길로 돌아오는 길, 영원과 맞닿아 있는 너의 눈을 보았다.

· 오, 비가 오십니다 ·

요즈음 우리 정배리 농사꾼들은 심각한 상태는 아니지만, 모두들 "모내기할 볍씨가 잘 자라려면 비가 좀 와줘야 하는데, 비가 안 와서 슬슬 걱정 되네…" 하는 참인데, 마침 맞게 4월 26일(토) 저녁부터 비가 오십니다. 참 반갑습니다. 비가 오시니 그간 밭에서 집 마당에서 간혹 들리던 개구리 소리가 오늘부터 온 들판에서 본격적으로 합창을 시작하였습니다. 개구리 합창이 참 듣기 좋습니다.

전통 순두부찌개로 점심 먹고 거실에 앉아 커피 마시며 '〈옛 그림 보는 법〉, 허균, 돌베개'를 읽고 있는데, 무엇인가 새까만 것이 창문 앞을 휙- 지나갑니다. 까치는 아니고, 뭔가? 일어나 내다보니 제비 두 마리가 새까만 날개를 쫙 펴고 갈아엎은 밭 위를 정말 제비처럼 낮게 나르고 있습니다. 오, 제비야, 오랜만이다!

일어난 김에 4월 2일 심은 감자-상추가 며칠 전까지도 싹을 내지 않았는데 어떻게 됐나? 살펴보러 내려갔더니, 고모 장례 지낸 그 2-3일 사이 꼼짝 않던 놈들이 파란 싹을 틔웠습니다. "하나님의 나라는 사람이 씨를 땅에 뿌림과 같으니 그가 밤낮 자고 깨고 하는 중에 씨가 나서 자라되 어떻게 그리 되는지를 알지 못하느니라" (막4:26-27) 하신 그대로입니다. 감자는 그 새 한 뼘이나 자랐습니다. 오매, 기특하고 반갑고 고마운 거!

王維(왕유) - 終南別業(종남별업-종남산 별채에서 내가 하는 특별한 일)
中歲頗好道(중세파호도: 중년에 자못 도를 좋아하여)
晩家南山陲 (만가남산수: 종남산 기슭에 때늦게 별채를 지어 놓고)
興來每獨往(흥래매독왕: 흥이 일면 매번 나 홀로 찾아가는데)
勝事空自知(승사공자지: 이 좋은 일 그저 나 혼자만 알고 있네)
行到水窮處(행도수궁처: 길 가다 물길 끝난 곳에 이르면)
坐看雲起時(좌간운기시: 조용히 앉아 구름 이는 모양 바라보다가)
偶然値林叟 (우연치림수: 우연히 산골 노인을 만나면)
談笑無還期(담소무환기: 이런 저런 이야기 나누느라 돌아갈 줄 모르네)

5월 1일(목) 아주 맑음. 아침 일찍 일어나 빨래하여 널고-밭두둑 만들어 고추 모종 98포기 심고-물 주고-풀 뽑고-몸 씻고-무쇠솥 밥+조기 두 마리 구어 저녁 먹고-기도드리고-아무 생각 없이 두 발 뻗고 잠자는 이정수 목사

꼬라지(Appearance-외모) 있는 청년(전11:7-12:8)

본문 / 전11:7-12:8

1. 들어가는 이야기

청년이여 네 어린 때를 즐거워하며 네 청년의 날들을 마음에 기뻐하여 마음에 원하는 길들과 네 눈이 보는 대로 행하라 그러나 하나님이 이 모든 일로 말미암아 너를 심판하실 줄 알라-Be happy, young man, while you are young, and let your heart give you joy in the days of your youth. Follow the ways of your heart and whatever your eyes see, but know that for all these things God will bring you to judgment(전11:9).

낮에와 같이 단정히 행하고(behave decently) 방탕하거나 술 취하지 말며 음란하거나 호색하지 말며 다투거나 시기하지 말고 오직 주 예수 그리스도로 옷 입고 정욕을 위하여 육신의 일을 도모하지 말라(롬13:13-14). 또 너희에게 명한 것 같이 조용히 자기 일을 하고 너희 손으로 일하기를 힘쓰라 이는 외인에 대하여 단정히 행하고(win the respect of outsiders) 또한 아무 궁핍함이 없게 하려 함이라(살전4:11-12). 그러므로 감독은 책망할 것이 없으며 한 아내의 남편이 되며 절제하며 신중하며 단정(temperate)하며 나그네를 대접하며 가르치기를 잘하며(딤전3:2). 이와 같이 집사들도 단정(worthy of respect)하고 일구이언을 하지 아니하고 술에 인박이지 아니하고 더러운 이를 탐하지 아니하고(딤전3:8). 여자들도 이와 같이 단정(worthy of respect)하고 참소하지 말며 절제하며 모든 일에 충성된 자라야 할지니라(딤전3:11).

2. 꼬라지(Appearance-외모)란 무엇인가?

국어대사전-端正(단정)하다: 사람의 차림새-모양-태도가 흐트러짐이 없이 깔끔하고 반듯하다. 어떤 장소나 물건이 깨끗이 정리되어 가지런하다.

개역성경에서 단정이라고 번역한 말을 영어에서는 'decent-respect-temperate' 등으로 번역했는데 그 뜻은 사람이나 집의 모양이 알맞은-호감을 주는-아담한-온화한-예의 바른-점잖은-친절한… 등등의 의미를 포함한 말이다.

닮은꼴이라고 할 때 꼴의 낮춤말이 꼬락서니이다. 꼬락서니는 사람의 모습이나 행색을 낮추어 부르는 말이다. 꼬락서니의 낮춤말이 꼬라지이다. 꼬라지는 전라도 말로 성깔-거친 성질 등을 의미하기도 한다. 꼬라지에서 꼬장 부린다(남의 일을 방해하려는 공연한 심술)는 말이 온 것이 아닐까? 추측한다.

아무튼, 청년들이 이 시대에 사람을 평가하는 준거의 틀을 표현하는 말이 한자로는 能力(능력)-禮節(예절)-外貌(외모)로, 영어로는 Ability-Attitude-Appearance로, 우리말로는 싹수-싸가지-꼬라지로 표현하였다는 것이 재미있고 유쾌합니다.

3. 꼬라지(Appearance-외모) 있는 청년은 어떤 청년인가?

첫째. 시편 기자는 "내가 주께 감사하옴은 나를 지으심이 신묘막측하심이라 주의 행사가 기이함을 내 영혼이 잘 아나이다(시139:14)" 라고 하였습니다. 우리 동양에서는 身體髮膚受之父母 不敢毁傷孝之始也(신체발부수지부모 불감훼상효지시야: 몸-터럭-피부는 부모님으로부터 받은 것이니, 상처나지 않도록 하는 것이 효도의 시작)라고 하였습니다. 사람은 누구나 하늘이 주신 내 몸을 죽는 날까지 건강하고 아름답게 保全(보전)하여야 합니다. 특히 청년은 더욱 그러합니다. 나는 여기서 건강십계-물을 마셔라-걸어라-충분히 자라-무얼 먹어라-무얼 먹지 말라…등등의 중요하지만 이미 잔소리가 되어버린 소리를 하려는 것이 아닙니다.

청년들이여! 귀를 씻고 들으시기 바랍니다. 돈-명예-애인-성공…그 모든 것보다 네 몸이 더욱 귀중하다는 것을 각골명심하라. 아, 어떻게 해야 우리 청년들이 내 몸의 귀중함을 覺性(각성)하여 일상생활에서 내 몸을 최우선순위에 놓고 살아가게 할 수 있을까? 심히 안타깝고-답답하도다!

둘째. 우리 속담에 '집과 여자는 가꾸기 나름' 이라고 하였습니다. 여기 남자가 빠진 것은 남자가 가꾸다니 쪼잔하게시리-남자는 가꾸지 않는 것이 남자다운 거야 하는 뜻에서 뺀 것이 아닙니다. 오히려 남자가 가꾸는 것은 너무나 당연했기 때문에 빠진 것입니다.

장덕궁 왕세자의 저소인 농궁 선성삭과 관물헌 뒤에 왕세사가 쉬는 징자 잎에 디딤돌이 한 줄 아닌 두 줄로 깔려 있습니다. 왜, 두 줄인가? 그것은 왕세자의 품위 있는 팔자걸음 연습장이었기 때문입니다. 이처럼 속담이 만들어지던 조선사회에서 남자는 身言書判(신언서판: 건강한 몸과 풍위 있는 행동거지 만들기-교양 있는 말투-文史哲 공부-판단력)을 날 때부터 죽을 때까지 매일매일 가꾸었습니다. 오늘 우리 시대 남녀 청년들도 외적 꼬라지-내적 꼬라지를 잘 가꾸어야 합니다.

셋째. 내가 맡은 일을 확실하게 완성 시키는 것도 그 일을 통하여 다른 사람 앞에 나를 보여줄 수 있는 훌륭한 꼬라지(appearance)입니다. 무슨 일이든지 대충하지 말고 시간이 걸리더라도 철저히 매듭지어야 합니다. 그것이 가장 빠른 길입니다. 당장 모면하기 위하여 대강 해치운 일은 순식간에 원래 상태로 돌아갑니다. 잠시 후 '아, 그때 확실히 해둘 걸!" 후회하게 됩니다.

사람들은 흠없이 완성된 것-확실하게 성사시킨 사람만을 기억하고 "오, 일을 참 꼼꼼히 잘 했네" 하고 감사 합니다. 대충한 것-대충한 사람에게는 "일을 하려면 제대로 하지 이게 뭐야!" 합니다. 일다운 일을 하는 데는 당연히 시간이 드는 법입니다. 훌륭한 꼬라지(Appearance)를 만드는 데도 당연히 시간이 많이 듭니다!

고전예화 713 꼬라지 있는 청년은 겉모습에도 신경 쓴다

사람들은 말합니다. "겉모습보다 속이 꽉 차야 한다"고. 맞는 소리지만 반만 맞는 소리입니다. 속을 갈고 닦는 것처럼 겉모습도 갈고 닦아야 합니다. 사람들은 사물의 속을 보는 것이 아니라 겉을 봅니다. 대부분의 사람들은 보이지 않는 것을 볼 줄 아는 심미안이 없는 것이 현실입니다. 또한 사람들은 거짓과 사이비가 판치는 세상에서 오직 겉모습만 보고 판단할 수밖에 없고, 속이 겉모습과 다르다고 할지라도 별반 신경을 쓰지 않습니다.

훌륭한 내면-꽉찬 속-재능-실력-능력을 가진 사람이 다른 사람들 눈앞에 그것들을 드러내지 않으면 사람들은 알 수 없습니다. 속이 꽉찬 사람이라도 그에 어울리는 겉모습을 보여주지 못하면 사람들의 인정을 받을 수 없습니다.

그러나 모든 사람들의 눈길을 끌려고 하여서는 아니 됩니다. 만약 그런 사실이나 의도가 알려지면 아무리 탁월한 능력을 가졌더라도 사람들은 의심하게 되고 결국에는 사이비로 오해 받고 퇴출-외면 당하게 됩니다. 미인이 미인 티를 내면 꼴불견이듯 의식적으로 다른 사람의 관심을 끌려고 하는 기발한 말과 행동을 하는 것은 오히려 크나큰 역효과를 낼 뿐입니다.

빈센트 반 고흐의 그림은 오늘날 세계 최고가로 거래되고 있습니다. 그러나 고흐 생전 그의 그림은 단 한 점이 팔렸을 뿐 그는 경제적으로 매우 비참한 삶을 살다 갔습니다. 예술지능은 천재였으나-사회적응 지능은 수준 미달이었습니다. 심히 안타깝지만 사람들은 그를 비운의 천재 혹은 시대를 잘못 타고난 천재라고 합니다.

꼬라지(Appearance) 있는 청년은 속도 갈고 닦지만, 겉모습도 갈고 닦습니다. 타협하라-적당히 살라-현실적으로 살라 하는 상투적 소리가 아닙니다. 中庸(중용)을 지켜야 한다는 말입니다.

공자 왈 人皆曰予知 擇乎中庸而不能期月守也(인개왈여지 택호중용이불능기월수야: 사람들은 모두 자신은 지혜롭다고 말하지만, 중용을 택하여 한 달 동안이라도 지켜내지 못하느니라) 라고 한 中庸(중용) 말입니다.

그러므로 전도자는 "지나치게 의인이 되지 말며 지나치게 지혜자도 되지 말라 어찌하여 스스로 패망케 하겠느냐 지나치게 악인이 되지 말며 우매자도 되지 말라 어찌하여 기한 전에 죽으려느냐(전 7:16-17)" 하신 것입니다.

· 한 권의 책을 백 번 읽어라 ·

'인터넷 YES24' 에서 '自己啓發書(자기계발서)' 라고 치면 CEO가 되는 법-시간관리법-조직관리법-프레젠테이션 잘 하는 법-설득하는 법-말 잘 하는 법-옷 잘 입는 법-심지어 잡담 잘 하는 법 등등 무수한, 정말 무수한 책이 소개되어 있습니다.

이런 자기계발서들의 기본 공통점은 '이 사회에서 성공하고 싶다면 자기가 원하는 자기 모습을 마음속에 확실히 그려야 한다!' 는 것입니다. 즉, 성공한 사람들은 그런 긍정적 자기 이미지를 끊임없이 자기 암시화하여 이를 습관화하여, 깨어 있을 때든지-잠잘 때든지 그것을 위해 노력하고, 마침내 무의식까지 발동하여 자기가 마음속에 그린 그 모습을 이룰 수 있었다는 것입니다.

우리 가운데 많은 청년들이 이런 종류의 책들을 많이 읽었으리라 생각합니다. 그리고 느낀 소감은 '뭐야, 뻔한 소리 아냐? 그 소리가 그 소리잖아?' 합니다. 왜, 그런가? 우리 청년들은 그런 책에서 무엇인가 자기에게 꼭 맞는 어떤 기발한 방법을 기대하기 때문입니다.

이 세상에 한나라 張良(장량)이 얻었다는 황석공의 秘書(비서) 같은 것은 없습니다. 성공한 사람들이 읽은 도서목록이나 우리 청년들이 읽는 도서목록이나 대동소이합니다. 그럼에도 불구하고 대다수의 청년들이 무슨 秘書(비서)만을 찾아다니다보니, 유명하다-베스트셀러다 하는 책을 읽고는 '그게 그거네!' 하는 것입니다.

이에 대하여 오구라 히로시 〈서른과 마흔 사이〉는 참 유익한 제안을 하였습니다. "청년 때 100권의 책을 읽는 것도 좋지만, 1권의 책을 백 번 읽으라"는 것입니다. 비서를 찾아 이 책 저 책 기웃거리는 것보다, 讀書百遍意自顯(독서백편의자현: 한 권의 책을 백 번 읽으면 그 뜻이 자연히 드러난다)의 방법이 옳다는 것이지요. 자기계발서 분야에서 좋은 책이라고 정평이 난 책 단 한 권 말입니다.

5월 23일(금) 허성환-임대식-조승철 목사 등과 양평군 강상면 모새골(임영수 목사 상주)에 가서 묵상하고 돌아왔습니다. 지형적으로 맨 꼭대기 언덕 위에 아주 작게 그러나 지극정성으로 지은 예배당이 참 인상 깊은 이정수 목사

청년의 때, 너의 창조주를 기억하라(전11:7-12:8)

본문 / 전11:7-12:8

1. 들어가는 이야기

"오, 청년이여, 인생은 너 자신을 찾는 것이 아니다. 인생은 너 자신을 창조하는 것이다(Life isn't about finding yourself. Life is about creating yourself! -조지 버나드 쇼)" 라는 말을 명심할 일입니다.

2. 본문을 천천히 묵상하며 읽겠습니다

빛은 실로 아름다운 것이라 눈으로 해를 보는 것이 즐거운 일이로다…너는 청년의 때에 너의 창조주를 기억하라 곧 곤고한 날이 이르기 전에, 나는 아무 낙이 없다고 할 해들이 가깝기 전에 해와 빛과 달과 별들이 어둡기 전에, 비 뒤에 구름이 다시 일어나기 전에 그리하라-Remember your Creator in the days of your youth, before the days of trouble come and the years approach when you will say, "I find no pleasure in them"-before the sun and the light and the moon and the stars grow dark, and the clouds return after the rain.

그런 날에는 집을 지키는 자들이 떨 것이며: 손과 발이 떤다는 것입니다.
힘 있는 자들이 구부러질 것이며: 허리가 굽는다는 것입니다.
맷돌질하는 자들이 적음으로 그칠 것이며: 이가 다 빠진다는 것입니다.
창들로 내다보는 자가 어두워질 것이며: 눈이 어두워진다는 것입니다.
길거리 문들이 닫혀질 것이며: 귀가 잘 들리지 않는다는 것입니다.
새의 소리를 인하여 일어날 것이며: 늙으면 새벽잠이 없어진다는 것입니다.
음악하는 여자들은 다 쇠할 것이며: 팽팽했던 목소리가 축 처진다는 말입니다.
높은 곳을 두려워할 것이며: 늙으면 높은 곳이 두려워진다는 것입니다.
길거리에서는 놀랄 것이며: 늙으면 길거리 다니기도 무서워진다는 것입니다.
살구나무가 꽃이 필 것이며: 백발이 된다는 것입니다.
메뚜기도 짐이 될 것이며: 기력이 없어 제 몸조차 짐스러워 진다는 것입니다.
원욕이 그치리니: 만사가 귀찮고 무엇인가 하고 싶은 일이 없어진다는 것입니다.
은줄이 풀리고: 탄력 있던 근육들이 다 풀어진다는 것입니다.
금그릇이 깨어지고: 머리가 잘 돌아가지 않는다는 것입니다(기억력 쇠퇴-치매).
항아리가 샘 곁에서 깨어지고 바퀴가 우물 위에서 깨어지고 : 물 길러 갈 힘도, 물을 길어 낼 힘도 없어진다. 스스로 일상생활을 영위할 여력이 없어진다는 말입니다. 노인요양원에 계신 분들처럼 된다는 것입니다.

그리하여 흙은 여전히 땅으로 돌아가고 신은 그 주신 하나님께로 돌아가기 전에 기억하라 전도자가 가로되 헛되고 헛되도다 모든 것이 헛되도다(전11:7-12:8).

3. 청년의 때, 너의 창조주를 기억하라. 무슨 뜻인가?

첫째. 자유와 책임을 기억하라는 것입니다. 로버트 프로스트가 〈가지 않은 길(The Road not Taken)〉에서 절묘하게 표현 하였듯이 선택할 수 있는 자유와 책임을 기억하라는 말입니다. 빅터 프랭클은 "미국 동부 해안에 자유의 여신상이 있다면, 미국 서부 해안에는 책임의 여신상이 있어야 할 것"이라고 하였습니다.

전도자는 "청년이여 네 어린 때를 즐거워하며 네 청년의 날들을 마음에 기뻐하여 마음에 원하는 길들과 네 눈이 보는 대로 행하라(전11:9)"고 하십니다. 예수님도"그 정죄는 이것이니 곧 빛이 세상에 왔으되 사람들이 자기 행위가 악하므로 빛보다 어둠을 더 사랑한 것이니라(요3:19)" 하셨습니다. 청년이여, 이제 길은 언제나 어디에나 있습니다. 신앙생활-직업-결혼-친구-취미 등등 선택은 자유입니다. 그러나 선택의 자유에는 엄중한 책임이 따른다는 것을 기억해야 합니다.

둘째. 忍耐(인내)를 기억하라는 것입니다. 〈마시멜로 이야기〉(호아킴 데 포사다)에 보면, (1) 선생님이 네 살된 아이들 10명을 한 방에 모아두고 마시멜로 하나씩 주었다-(2) 먹고-아니 먹는 것은 자유다 그러나 선생님이 15분 후에 돌아올 것(어른에게는 2시간에 해당되는 시간)인데 그때까지 먹지 않은 아이에게는 마시멜로를 하나 더 주겠다-(3) 아이들의 반응은 제 각각이었다. 결국 두 아이가 마시멜로를 하나 더 받았다-(4) 그 후 마시멜로를 하나 더 받은 아이들을 추적하여 보니 인생의 성공자가 압도적으로 많았다. 미켈란젤로는 이것을 "天才(천재)는 영원한 忍耐(인내)"라고 하였습니다.

셋째. 늙음-죽음을 기억하라(Memento Mori)는 것입니다. 얼마 전 양평군 양서면 대심리 남한강-상심리교회 주변 풍광을 둘러보다가, 노인복지시설 양평시니어센터를 방문하였습니다. 시설은 참 깨끗하였습니다. 그곳에 계신 노인들을 보니, 안쓰럽기 그지없습니다(아무 원욕이 없는 퀭한 눈-쭈글쭈글한 주름-앙상하게 야윈 몸-있는 집 노인은 좀 나으나, 대부분 노인에게는 자녀들도 거의 찾아오지 않는단다…). "너는 청년의 때에 너의 창조주를 기억하라 곧 곤고한 날이 이르기 전에, 나는 아무 낙이 없다고 할 해들이 가깝기 전에 그리하라" 하신 말씀이 너무나 현실적으로 다가왔습니다.

常恐秋節至 焜黃華葉衰 百川東到海 何時復西歸 少壯不努力 老大徒傷悲(상공추절지 혼황화엽쇠 백천동도해 하시복서귀 소장불노력 노대도상비: 꽃 지고 잎 누렇게 시드는 가을이 되면, 내 마음에 항상 두려운 생각이 든다. 모든 강물이 동해로 흘러드는데 다시 서쪽으로 돌아와 흐를 날이 그 언제런가? 젊은 시절 힘쓰지 않으면 늙었을 때 뒤따르는 크나 큰 슬픔과 비애를 어찌 감당하겠는가!)

고전예화 714 로버트 프로스트-가지 않은 길

가지 않은 길 (The Road not Taken)

Two roads diverged in a yellow wood,
And sorry I could not travel both
And be one traveler, long I stood
And looked down one as far as I could
To where it bent in the undergrowth;

Then took the other, as just as fair,
And having perhaps the better claim,
Because it was grassy and wanted wear;
Though as for that the passing there
Had worn them really about the same,

And both that morning equally lay
In leaves no step had trodden black.
Oh, I kept the first for another day!
Yet knowing how way leads on to way,
I doubted if I should ever come back.

I shall be telling this with a sigh
Somewhere ages and ages hence:
Two roads diverged in a wood, and I-
I took the one less traveled by,
And that has made all the difference.

노랗게 물든 숲 속에 두 갈래 길이 있었습니다. 나는 나그네 몸으로 두 길을 다 가볼 수 없어 아쉬운 마음으로 그곳에 서서 한쪽 길이 덤불 속으로 감돌아간 끝까지 한참을 그렇게 바라보았습니다. 그리고는 다른 쪽 길을 택했습니다. 먼저 길에 못지않게 아름답고 어쩌면 더 나은 듯도 싶었습니다. 사람들이 밟은 흔적은 비슷했지만 풀이 더 무성하고 사람의 발길을 기다리는 듯해서였습니다.

그날 아침 두 길은 모두 아직 발자국에 더렵혀지지 않은 낙엽에 덮여 있었습니다.
저 길은 다른 날로 미루리라 생각했습니다. 길은 길로 이어지는 것이기에 다시 돌아오기 어려우리라 알고 있었지만. 먼- 훗날 어디에선가 나는 한숨 쉬며 이야기 할 것입니다. "숲 속에 두 갈래 길이 있었습니다. 나는 사람이 덜 다닌 길을 택했지요, 그리고 그것이 내 인생을 이처럼 바꿔 놓은 것입니다" 라고 -로버트 프로스트(Robert Frost, 1875-1963)

· 귀한 인연이기를··· ·

6월 9일(월) 나와 방성모 목사가 태백 가는 길, 영월–석항–녹전–상동을 지나 매봉산 아래 이젠 낡아버린 휴게소에서 맥심 커피 한 잔 마시는데, 유리 탁자 아래 작자의 이름도 없이 〈귀한 因緣(인연) 이기를···〉 이라는 시를 보았습니다.

이 세상을 살아가다 힘든 일 있어 위로 받고 싶을 때
그 누군가가 당신이기를
그리고 나이기를
이 세상 살아가다 기쁜 일 있어 자랑하고 싶은 때
그 누군가가 당신이기를
그리고 나이기를
이 세상 다 하는 날까지
내게 가장 소중한 친구
내게 가장 미더운 친구
내게 가장 따뜻한 친구라고
자신 있게 말할 수 있는 이가 당신이기를
그리고 나이기를
이 세상 다 하는 날까지
서로에게 위안을 주는
서로에게 행복을 주는 따뜻함으로 기억되는 이가 당신이기를
그리고 나이기를
지금, 당신과 나의 인연이
그런 인연이기를···

방성모 목사와 나는 1981년 신학대학원 77기 입학 동기지만 한 달 전까지만 해도 아무런 왕래–대화–관계가 없이 지냈습니다. 그러다가 윤창현 목사를 촉매로 6월 3일 방 목사가 내 집에 왔고–마침 그날 망가진 내 컴퓨터를 방 목사가 6월 7일 고쳐 가지고 다시 내 집에 왔고···그렇게 나와 방 목사의 인연이 시작되었습니다. 입학 동기로 33년 동안 나와 방 목사 사이에 프레레스적 우정 충만은 전혀 없었으나, 어느 날 갑자기 핌프레미적 우정 충만이 열린 것입니다. 시의 마지막 글처럼 '지금, 당신과 나의 인연이 그런 인연이기를···' 기원하는 이정수 목사

From Ribbon To Re-born(요3:1-15)

본문 / 요3:1-15

1. 들어가는 이야기

6월은 報勳(보훈)의 달입니다. 올해는 先烈(선열)들과 세월호 희생자들을 위하여 6월뿐 아니라, 일년 내내 노란 리본을 달아야겠습니다. 내 신학교 동기 목포 정명여자중학교 윤삼열 목사님이 신대원 77홈페이지(www.Good.com.)에 올린 설교문을 우리 모두 깊이 묵상-靈讀(영독)하기를 원합니다.

2. 노란 리본의 유래

⑴ 영국내전(1642~1651년) 때 크롬웰이 이끄는 영국 의회 청교도 철기대가 노란 리본과 허리띠를 착용하고 왕당파와의 전장에 나간 데서 유래되었다고 합니다.

그 후 미국에서는 전쟁터에 나간 병사, 인질 또는 포로로 잡혀간 사람의 조속한 무사 귀환을 바라는 뜻으로 사용되었고, 특히 베트남전(1965~1973년)으로 포로가 되거나 행방불명된 사람들을 찾기 위한 캠페인으로 노란 리본을 사용하였습니다.

⑵ 한편, George Norton이 작곡한 〈노란 목도리를 맨 여인(Round her neck she wore a yellow ribbon)〉, 1949년 She wore a yellow ribbon이라는 존 웨인 주연의 영화, 1972년 어윈 레빈이 작곡하고 L.러셀 브라운이 작사하여 1973년에 토니 올랜도와 던(Tony Orlando & Dawn)이 발표한 'Tie a Yellow Ribbon Round The Old Oak Tree(오래된 떡갈나무에 노란 리본을 달아주세요)' 라는 노래로 노란 리본은 더욱 유행하게 됐다고 볼 수 있습니다.

이 노래는 1900년대 초에 3년 여 동안 감옥에서 생활하다 나온 사람이 뉴욕에서 플로리다 주를 향해 가던 버스 안에서 일어났던 실화를 바탕으로 하고 있습니다. 수감 생활을 마친 죄수가 아내에게 아직도 자기를 사랑하고 받아준다면 마을 어귀의 떡갈나무에 노란 리본을 매달아달라고 편지를 보냈습니다. 그리고 리본이 없으면 마을을 그냥 지나치겠다고 했습니다. 가슴 졸임 속에 마침내 마을 어귀에 닿았을 때 나뭇가지마다 매달린 노란 리본을 보고 버스 속 승객들이 먼저 환호했다는 내용입니다.

그 후 1971년경에 뉴욕 포스트의 피트 해밀이라는 칼럼니스트가 이 이야기를 재구성해서 'Going Home(귀향)' 이라는 글로 신문에 발표했고, 다음 해 리더스 다이제스트에 게재되었습니다. 우리나라에서는 '오천석, 단편모음집, 〈노란손수건〉, 샘터' 로 널리 알려지게 되었습니다. 이 노래와 작품으로 노란 리본은 '어떤 사람을 그리워하고 기다린다는 상징' 이 되었습니다(참고: 〈말씀의 샘물〉 제1권, 고전예화 35. 노란손수건, 152쪽).

(3) 노란 리본에 대한 역사는 이어집니다. 미국에서는 1979년 미국인들이 이란 주재 미국대사관에서 인질로 억류된 사건-1990년대 걸프전-2003년 이라크 전쟁 때 파병된 군인들을 노란 리본으로 기억하고자 했습니다. 우리나라에서도 여러 차례 노란 리본 달기 운동이 있었습니다. 2005년 납북동포의 무사귀환-2007년 아프간 피랍자들의 무사귀환-2008년 세계아동학대예방의 날-2009년 5월 노무현 전 대통령의 서거 때 등입니다. 이후 노란 리본의 영향을 받아 진정한 양심을 찾자는 그린 리본, 낙태를 반대하는 하얀 리본, 사이버 세계 시민들의 기본권을 보장하고 자유 발언과 정보 공유-새로운 미디어에 대한 책임 의식을 고취하자는 캠페인을 상징하는 파란 리본이 등장하기도 합니다.

3. From Ribbon To Re-born

(1) 노란 리본은 온 국민의 간절한 열망을 담은 희망입니다. 영국 청교도 전쟁-미국 남북전쟁-베트남-이라크, 우리나라의 6 · 25-베트남-이라크 파병 병사-세월호 실종자들의 무사귀환을 염원하는 것입니다. 어떤 이들은 희망 拷問(고문)이라고 하지만, 우리의 염원은 이번 세월호 참상의 실종자들의 무사귀환보다 더 크게 무너져 내린 신뢰와 절망적 상황을 이겨내려는 몸부림으로의 희망이며 염원입니다.

(2) 노란 리본은 용서와 화해입니다. 덮어버리자는 것이 아닙니다. 따질 것은 따지고 책임질 것은 책임지게 해야 합니다. 그리고 잊지 말아야 합니다. 다시는 그런 일이 반복되어서는 안 되기 때문입니다. Tie a Yellow Ribbon Round The Old Oak Tree(귀향)의 노랫말처럼 노란 리본은 용서와 화해입니다.

(3) 노란 리본은 생명운동입니다. 〈꽃들에게 희망을〉에서 애벌레가 모든 고통을 이겨내고 나비가 되듯, 움직이지 못하는 달걀이 삐약삐약 움직이는 노란 병아리가 되듯 하는 생명운동입니다. 방사능 핵시설의 상징색도 노랑입니다. 주의하라는 의미도 있지만 에너지의 상징입니다. 어린이 통학차도 노랑입니다. 안전과 보호를 의미합니다. 노랑은 생기발랄함과 화사함의 표현입니다. 그러므로 노란 리본은 생명존중이며, 지켜주지 못해 미안하다(지못미)는 이중적 의미의 표현입니다.

(4) 리본(ribbon)은 리본(Re-born)이어야 합니다. 리본은 장식이 아니라 간절함의 표출입니다. 특히 노란 리본은 우리 각 사람이 거듭나서 새롭게 개혁하고 갱신하는 운동의 실마리가 되어야 한다는 상징입니다. 우리의 슬픔과 분노와 절망이 감정으로 그치지 않고 회개에 이르러야 합니다. 그 회개는 새로운 삶, 새로운 질서를 탄생시킵니다. 그래서 노란 리본은 스스로를 갈고 닦고 허물을 벗는 아름다운 행위를 이룰 수 있는 가치 있는 꿈입니다. 바라기는 이번 일을 계기로 'From Ribbon To Re-born' 으로 다시 태어나야 합니다. 정신도, 의식도, 신앙도 다시 한 번 점검하고 죽음 같은 절망에서 다시 태어나는 온 국민과 겨레와 나라가 되기를 소망하며 마음속 노란 리본을 단단히 매달았으면 좋겠습니다.

(참고: 윤삼열 목사님이 올린 설교 전문은 감동적이었습니다. 지면 관계로 요약할 수밖에 없었습니다. 그러나 깊은 靈讀(영독)으로 큰 은혜 받으셨으리라 믿습니다).

국립공원 소백산 종주

신학대학원 77기 동기 방성모 목사가 태백 윤창현 목사네 상장중앙교회에 새벽-수요기도회 인도하러 간다는 소식을 듣고 동행하기로 하였습니다. 왜? 국립공원 소백산을 오르기 위해서입니다.

나는 소백산에 두 차례나 올랐었는데 그때마다 겨울 날씨-동행한 친구들 사정으로 소백산 정상 비로봉(1,439.5m)을 눈앞에 두고 하산하였습니다.

6월 10일(화) 새벽기도회 마치고 방 목사 차로 경북 풍기 희방사로 직행.
9시 40분 희방사 출발-천문대(제2연화봉)-제1연화봉-천동삼거리-비로봉-비로사-삼가리 주차장 오후 4시 도착. 산행거리-14.7km, 산행시간-6시간 20분.

소백산 비로봉은 좀 특이 했습니다. 희방사에서 제1연화봉까지는 가파른데, 제1연화봉에서 비로봉 가는 길 4.3km는 평탄한 능선 길입니다. 야생화가 지천이고 몽골 고원의 초장 같은 푸른 고원 지대를 걷는 것 같습니다.

보통 정상 아래는 아주 가파른 법인데 천동삼거리에서 완만한 언덕길 계단 800m 걸으니 그냥 1,439.5m 비로봉 정상입니다. 싱겁다고 할까? 기대 밖으로 너무 완만해서 이상하다는 느낌을 받았습니다. 그리고 오늘 소백산 산행은 안개가 짙어 주변 경관이 아무 것도 보이지 않아 좀 섭섭했습니다.

하산 하니 방성모 목사가 주차장 음식점에 앉아 있습니다. 산채나물 부침개를 먹으며 소백산 산행 보고 드리고, 풍기로 이동하여 서부냉면 집에서 냉면 한 그릇 먹고 태백으로 되돌아왔습니다.

그 동안 두 차례나 실패했던 소백산 비로봉을 오름으로 우리나라 국립공원 21곳 중 17곳을 답사하였다는 성취감으로 기분 좋았습니다. 이제 남은 곳은 모두 전라도 땅에 있는 영암 월출산 천황봉(809m)-광주 무등산(1,186m)-정읍 내장사 신선봉(763m)과 백양사 상왕봉(741m)-무주구천동 덕유산 향적봉(1,614m)입니다.

나는 그 동안 '한국의 국립공원을 천천히 기회 닿는 대로 올라가겠다' 하는 패러다임이었습니다. 그런데 오늘 소백산을 내려오다 문득 '아니다! 기회를 만들어서라도 속히 올라가야겠다' 하는 패러다임으로 바꿨습니다.
왜? 잘 하면 〈말씀의 샘물〉 제11권 출판할 때 '이정수 목사 한국의 국립공원 21곳 踏査畢(답사필)'이라고 내 좋은 친구들에게 報告(보고) 드리고 싶어서입니다.

· 허심당 뽕나무 오디 ·

내가 사는 허심당 앞마당에는 삼국지 유비네 집 누상촌 뽕나무 같이, 무성한 잎을 펼치고 있는 이-삼백년 된 뽕나무 한 그루가 있습니다. 그 동안 매년 오디가 열리고 떨어져도 吾不關焉(오불관언-나하고는 상관없는 일)이었습니다. 오히려 수돗가 주변을 지저분하고-새까맣게 만드는 오디가 귀찮기까지 하였습니다.

그러다가 삼년 전인가? 누군가 허심당에 왔다가 뽕나무 오디를 보고 “아니, 하나님이 꽁짜로 주신 이 귀한 오디를 매년 그냥 내버렸다니 아깝고 아깝도다!” 하는 소리를 듣고 작년부터 오디를 줍기 시작하였습니다.

작년에 보니 오디는 5월 말부터 떨어지기 시작하여 6월 중순까지 떨어집니다. 올해는 뽕나무 아래를 말갛게 쓸고 고르고 비닐을 깔았습니다. 아침에 마당에 나가면 새까맣게 오디가 떨어져 있습니다. 커다란 그릇에 하나씩-하나씩 오디를 줍고-흙을 털고-물에 씻어-냉동실에 넣어두었다가, 누군가 찾아오면 아무 것도 줄 것 없는 나는 오디를 한 봉지 싸 줍니다.

그리고 요구르트-우유-설탕-꿀을 넣어 갈아 마시면 좋다는 소리를 들었지만, 나는 그런 거 하나도 안 넣고 믹서기에 오디를 듬뿍 넣고 그대로 갈아 마십니다. 담담한 맛이 참 좋습니다.

인터넷 설명을 보니, 오디는 당뇨-피부-고혈압-면역력 증진 등에 좋다고 합니다. 그런데 문제가 있습니다. 무슨 문제? 오디 줍는 苦役(고역)입니다. 2리터들이 그릇에 오디를 가득 채우려면 1-2시간쯤 쪼그리고 앉아 엎드려 주워야 하는데 허리-다리가 보통 아픈 게 아닙니다. “네가 흙으로 돌아갈 때까지 얼굴에 땀을 흘려야 먹을 것을 먹으리니 네가 그것에서 취함을 입었음이라 너는 흙이니 흙으로 돌아갈 것이니라 하시니라(창3:19)” 그러합니다. 하늘은 오디를 내고, 나는 허리-다리 아픈 거 참고 땀 흘려 오디를 주워 먹고 사는 수밖에!

고추-감자-고구마 밭의 잡풀은 적어도 사흘에 한 번은 김을 매주어야 한다는 걸 알게 된 후로, 현재까지는 그런대로 잘 하고 있는 이정수 목사

성령강림주일(행2:1-4)

본문 / 요4:24

1. 들어가는 이야기

오늘(6월 8일 주일)은 성령강림주일입니다. 교회력으로 오늘부터 11월 30일 대강절 前(전) 24번의 주일을 성령강림 후 첫째 주일, 둘째 주일…등으로 이름하고 있습니다. 그러므로 앞으로 몇 주 동안 성부-성자-성령 삼위일체 하나님 가운데 성령 하나님에 대하여 묵상하는 가운데 은혜를 나누고자 합니다.

2. 성령-聖靈-Holy Spirit-루아흐 카도쉬(히브리어)-프뉴마 하기오스(희랍어)?

The Interpreter' s Dictionary of The Bible 'Holy Spirit' 항목에 의하면, 성령은 구약에서 하나님께서 그의 백성과 관련하여 해결해야 할 문제가 있을 때 하나님이 그 일을 위하여 특별히 선택한 어떤 개인에게 부어주시는 강함(strength)-용기(courage)-지혜(wisdom)-지식(knowledge) 등 신비한 능력(The mysterious power of God), 어떤 특정한 개인에게 자신을 현현하시는 하나님의 임재-하나님의 사람들에게 주시는 특별한 재능-달란트 등을 의미합니다.

즉, 구약의 모세, 여호수아 같은 지도자들-삼손 · 기드온 같은 사사들-엘리야 · 엘리사 · 아모스 · 호세아 · 이사야 · 에스겔 등과 같은 에언자들-성막 · 성전 · 제사에 필요한 器物(기물)을 만드는 재능-성전에서 음악 · 찬양 · 시 짓는 재능-그리고 자연에 대한 하나님의 간섭(바로에게 내린 재앙, 홍해를 가르심, 시내산의 현현-해를 멈추심) 등을 말합니다.

신약에서는 예수 그리스도의 사역(the work of Christ)을 통하여 일어나는 교회 안의 모든 작용(operation-복음 전파 · 교회 공동체 · 간증 · 순교 · 방언 · 치유 · 기적 등), 그리고 성도들이 교회의 머리로써 영광 받으신 그리스도를 경배하고 묵상하는 것 등을 의미합니다.

우리말 聖靈(성령)을 뜻하는 '히브리어 루아흐 카도쉬-희랍어 프뉴마 하기오스' 에서 '루아흐(히)-프뉴마(희)' 의 원래 의미는 '바람, 폭풍, 숨, 활력, 생명의 근원' 입니다. 그러므로 성령을 원래적 의미로 이름 한다면 '인격을 가지신 거룩한 바람' 이라고 불러도 좋을 것입니다. 즉, 성령은 인격을 가지신 분입니다. 성령은 그리스 철학자 파르메니데스가 말하는 一者(일자-The One)-Cosmic Power(우주적 힘)-Inner Vitality(내적 생명력) 같은 비인격적인 神(신), 어떤 신비한 힘, 초능력이 아닙니다. 이 땅에 발붙이고 살고 있는 우리 사람과 知性-感情-意志(지정의)로 통하는 분입니다. 그러므로 성경은 "성령 하나님은 우리 사람을 위하여 끊임없이 말씀하시고-근심하시고-탄식하시고-도우시고-간구하시는 분(요4:24, 요14:26, 롬8:26, 계2:7)" 이라고 증거 하십니다.

3. 성령 하나님의 가장 크신 役事(역사-Work) 세 가지?

첫째. 성령께서 성부 하나님 곁에 계시어 천지창조 하신 일입니다. 태초에 하나님이 천지를 창조하시니라 땅이 혼돈하고 공허하며 흑암이 깊음 위에 있고 하나님의 신은 수면에 운행하시니라-In the beginning God created the heaven and the earth. And the earth was without form, and void; and darkness was upon the face of the deep. And the Spirit of God moved upon the face of the waters(창1:1-2).

여호와께서 그 조화의 시작 곧 태초에 일하시기 전에 나를 가지셨으며 만세 전부터 상고부터 땅이 생기기 전부터 내가 세움을 입었나니 아직 바다가 생기지 아니하였고 큰 샘들이 있기 전에 내가 이미 났으며 산이 세우심을 입기 전에 언덕이 생기기 전에 내가 이미 났으니 하나님이 아직 땅도 들도 세상 진토의 근원도 짓지 아니하셨을 때에라 그가 하늘을 지으시며 궁창으로 해면에 두르실 때에 내가 거기 있었고 그가 위로 구름 하늘을 견고하게 하시며 바다의 샘들을 힘있게 하시며 바다의 한계를 정하여 물로 명령을 거스리지 못하게 하시며 또 땅의 기초를 정하실 때에 내가 그 곁에 있어서 창조자가 되어 날마다 그 기뻐하신 바가 되었으며 항상 그 앞에서 즐거워하였으며 사람이 거처할 땅에서 즐거워하며 인자들을 기뻐하였었느니라(잠8:22-32).

둘째. 성령께서 예수께 임하시어 예수께서 그리스도-메시야 되심입니다.
"당신이 그리스도십니까?" 묻는 세례 요한의 제자들(눅7:17-23)에게 예수님은 눅4:18-21의 말씀이 그대로 응하였다는 사실을 상기 시켜 주셨습니다.

꼭, 눅4:18-21 그리고 눅7:17-23을 깊이-깊이-깊이 숙독하시기 바랍니다.

셋째. 성령께서 오순절에 마가의 다락방에 임하시어 교회를 세우심입니다.
오순절 날이 이미 이르매 저희가 다 같이 한 곳에 모였더니 홀연히 하늘로부터 급하고 강한 바람 같은 소리가 있어 저희 앉은 온 집에 가득하며 불의 혀같이 갈라지는 것이 저희에게 보여 각 사람 위에 임하여 있더니 저희가 다 성령의 충만함을 받고 성령이 말하게 하심을 따라 다른 방언으로 말하기를 시작하니라(행2:1-47).

성령강림주일을 맞아 성령 하나님을 묵상하는 중 성령께서 나에게 물으시기를 "이정수 목사야, 너는 신구약성경 가운데 내가 가장 신비하고-놀랍고-사람에게 기쁜 소식이 되는 큰 일(The Great Work)을 이룬 것이 무엇이라고 생각하느냐?" 하시는 물음을 주셨습니다. 그 물음에 대한 나의 깨달음이 천지창조-예수께서 그리스도 되심- 예수 그리스도의 몸 된 교회를 세우심입니다!

국립공원 월출산 종주

6월 16일(월) 이준엽 목사의 속 깊은 配慮(배려)로 양수리를 떠나 오후 5시 전라남도 영암군 국립공원 월출산(809m) 아래 천황사 도착, 산장식당-여관에서 망둥이 탕(7,000원)+홍어무침(20,000원)으로 저녁 먹고 하룻밤(40,000원) 묵었습니다.

6월 17일(화) 새벽 4시 깨어보니 주룩주룩 비가 내립니다. 다시 자리에 누워 '아침이 되면 날이 개이겠지' 하였습니다. 아침 7시 웬걸 빗발이 더욱 거셉니다. '아하, 오늘 산행은 틀렸구나, 안타까운 일이로다!' 하고, 식당에서 돼지국밥을 먹고 났는데 비가 주춤 합니다. '그래, 여기까지 힘들게 왔는데 비 좀 온다고 작파할 수 있는가, 올라가자!' 하고 천황사에서 도갑사로 이동하여 우산 받쳐 들고 산을 오르기 시작하였습니다(도갑사 앞 400년 묵은 팽나무가 볼 만하였다).

산을 오르는 동안 간간이 부슬부슬 내리던 비가 산 능선 억새밭에 도착하니 비바람이 되어 세차게 몰아칩니다. 시야가 7-8m이고 티셔츠 차림이라 춥고 떨립니다(저체온이 될까 걱정이었다!). 체온을 올리려면 열심히 걷는 수밖에 없습니다. 비를 쫄딱 맞으면서 열심히 오르는 동안 발아래 있어야 할 드넓은 영암 들판은 구름 속에 가려 아무 것도 보이지 않았습니다.

그야말로 無主空山(무주공산), 月出山 天皇峰(월출산 청황봉-809m) 도착-北向(북향)하여 기도드리고-벌벌 떨면서 두유+오렌지로 요기한 후-구름+안개+비바람으로 시야가 거의 제로 상태라 사자봉-구름다리-천황사 코스 이정표를 보지 못하여 밋밋한 바람폭포-천황사 코스로 下山(하산)하였습니다. 대한민국에서 제일 높은 곳에 매달려 있다는 구름다리를 건너지 못한 것이 못내 아쉽습니다.

아무 것도 보지 못하고 내려가는 우리가 안쓰러웠는지 월출산 산신령이 雨雲霧(우운무-비-구름-안개)로 신묘막측한 월출산 秘境(비경)을 펼쳐주어 너무 고마웠습니다. 그야말로 山思江情不負伊 雨姿晴態總成奇(산사강정부부이 우자청태총성기: 산과 강은 사람을 속이지 않느니, 맑은 날은 맑은 날대로, 비오는 날은 비오는 날대로 그 자태가 기이하다) 였습니다.

월출산 등산길은 藝鄕(예향)답게 참 단정하고 운치 있고 돌 하나 놓인 것에도 정성이 깃들어 있었습니다. 산행거리: 9km-산행시간: 6시간.

영암 콜택시로 천황사에서 도갑사로 이동(15,000원)-영암온천 사우나-광주 무등산 증심사 앞에서 닭볶음(25,000원)으로 밥 먹고-원효사 앞 황토모텔(35,000원)에서 2박. 6월 18일(수) 오후 1시 정배리로 무사히 歸家(귀가).

· 씨앗 값은 건져야지··· ·

5월 20일(화), 아침에 아래 감자밭 김매려고 마당에 나섰는데 淸香自遠(청향자원-맑은 향기가 스스로 멀리 간다)입니다. 목련-자두꽃-매화-벚꽃 등 꽃이 다 져서 꽃향기 날 데가 없는데 웬 향기인가? 찬찬히 둘러보니 무성한 목련 잎사귀에 가려 보이지 않았던 하얀 찔레꽃 향기입니다. 신선한 아침 공기를 타고 흐르는 찔레꽃 향기가 이처럼 좋은 건지 예전엔 정말 미처 몰랐습니다!

올해는 밭농사 제대로 한다!
나의 다짐이 作心三日(작심삼일)이 아니라, 4월-6월 지금까지 현재진행형이라 나 스스로 기특합니다. 어제 버스에서 만난 동네 아주머니가 "감자밭이 참 깔끔하데요, 그렇게 해야 알이 실하게 열려요. 그래서 씨앗 값은 건져야지요. 그리고 비닐 안 깐 것 참 잘했어요. 비닐을 깔면 감자 맛이 심심해요" 합니다.

비닐 안 깐 것을 알아주는 사람이 있다는 것, 그리고 오, 참 씨앗 값!
나는 이제까지 씨앗-모종 값 생각을 하지 아니 하였는데, '과연 프로 농사꾼은 다르구나' 하고, 올해 나의 씨앗-모종 값을 계산해 보았습니다. 씨감자(15,000원)-고추모종(25,000원)-고구마줄기(14,000원)-토란(15,000원)-비트, 토마토, 가지 모종(15,000원)-상추, 열무, 시금치 씨앗(9,000원) 등 합계 94,000원입니다.

모종과 씨앗을 하루에 일괄 구매한 것이 아니라, 생각날 때-모종 가게 앞을 지날 때 그때그때 이것저것 사다 심어서 돈 계산을 안 해 봤는데, 이렇게 찬찬히 계산해 보니 씨앗-모종 값이 장난이 아닙니다.

올해는 밭농사 제대로 한다! 그래서 감자-고구마-고추-상추 팔아서 씨앗 값은 건져야겠구나! 하는 생각이 들었지만, 곧 "너 자신을 알라!" 하는 말이 뒤따랐습니다. 하기사, '팔기는 누구한테 뭘 팔아? 나 먹을 꺼나 있으면 다행이고, 정말 제대로 열매가 맺으면 가끔 찾아오는 내 좋은 친구들에게 허심당주 작품을 한 봉지씩 싸줄 만큼만 돼도 다행이지…' 하였습니다.

4월 2일 뿌린 상추 씨앗에서 발아한 상추 모종보다 작은 연초록 새끼 상추 솎아서 흙 씻어내고 간장+식초+들기름으로 무친 거 잡숴 보셨는가? 하는 이정수 목사

聖靈充滿(성령충만)이란 무엇인가?(눅4:1-2, 행2:1-4)

본문 / 눅1:1-2, 행2:1-4, 엡5:17-18

1. 들어가는 이야기

예수께서 성령의 충만(프레레스)함을 입어 요단강에서 돌아오사 광야에서 사십 일 동안 성령에게 이끌리시며 마귀에게 시험을 받으시더라(눅1:1-2). 그들이 다 성령의 충만(핌프레미)함을 받고 성령이 말하게 하심을 따라 다른 언어들로 말하기를 시작하니라(행2:3-4).

오늘은 성령충만의 의미를 묵상하는 가운데 은혜를 나누고자 합니다.

2. 희랍어 프레레스(preles)와 핌프레미(pimpremi)에 대한 이해

⑴ 신약성경은 희랍어로 씌어졌습니다. 희랍어 '프레레스'와 '핌프레미'라는 말은 둘 다 '충만하다-가득하다-넘친다-완전하다-온전하다-무겁다-때가 이르렀다-모자람이 없이 완전하다-filled-full' 등의 의미를 가진 말입니다. 그러므로 우리말 성경은 프레레스와 핌프레미를 모두 충만이라고 번역하였습니다. 그러나 프레레스와 핌프레미의 희랍어 原義(원의)-뉘앙스는 상당히 다릅니다. 특별히, 누가복음-사도행전은 프레레스와 필프레미를 명확히 구별하여 사용하고 있습니다.

⑵ 누가복음-사도행전에서 '프레레스(충만)' 用例(용례): 눅4:1-예수께서 성령의 충만함을 입어 요단강에서 돌아오사 광야에서 사십 일 동안 성령에게 이끌리시며…, 행6:3-형제들아 너희 가운데서 성령과 지혜가 충만하여 칭찬 듣는 사람 일곱을 택하라, 행6:5-온 무리가 이 말을 기뻐하여 믿음과 성령이 충만한 사람…, 행7:55-스데반이 성령이 충만하여…, 행11:24-바나바는 착한 사람이요 성령과 믿음이 충만한 자라… 등입니다. 여기서 성령충만의 충만은 희랍어 '프레레스'입니다.

⑶ 누가복음-사도행전에서 '핌프레미(충만)' 用例(용례): 눅1:15-모태로부터 성령의 충만함을 받아…, 눅1:41-엘리사벳이 성령의 충만함을 입어…, 눅1:67-그 부친 사가랴가 성령의 충만함을 입어 예언하여 가로되…, 행2:4-저희가 다 성령의 충만함을 받고 성령이 말하게 하심을 따라 다른 방언으로 말하기를 시작하니라, 행4:8-이에 베드로가 성령이 충만하여 가로되 백성의 관원과 장로들아…, 행4:31-빌기를 다하매 모인 곳이 진동하더니 무리가 다 성령이 충만하여 담대히 하나님의 말씀을 전하니라, 행9:17-아나니아가 가로되 형제 사울아…성령으로 충만하게 하신다 하니…, 행13:9-바울이라고 하는 사울이 성령이 충만하여 그를 주목하고… 등입니다. 여기서 성령충만의 충만은 희랍어 '핌프레미'입니다.

3. 프레레스-성령충만과 핌프레미-성령충만은 어떻게 다른가?

첫째. 누가-사도행전은 어떤 사람의 인격-내적 경건이 매일 매일의 일상에서 점진적으로-꾸준히-계속적으로 성장하여(gradual-static-continual work)그리스도의 장성한 분량에까지 이르러 충만해지는 것을 말할 때 '프레레스(충만)' 라는 말을 사용하였습니다.

지난 주 태백 상장중앙교회 집사님이 운영하는 아이빈스 커피전문점에 갔다가 'Fall in Dutch-coffee(1초에 한 방울씩 떨어지는 커피 방울을 모아 놓은 커피)' 한 병을 선물로 받았습니다. 바로 그렇게 Drop by Drop-한 방울 한 방울-날마다 날마다-조금씩 조금씩 성령의 인도하심에 순종하여 인격이 온전케 되는 충만입니다(Be perfect personality under the guiding of the Holy Sprit).

둘째. 누가-사도행전은 어떤 돌발적인 긴박한 위기 상황-사람의 힘으로 어찌할 수 없는 역경-성령 하나님의 직접적 간섭이 꼭 필요한 경우에 일어난 성령충만을 말할 때는 '핌프레미(충만)' 라는 말을 사용하였습니다.

'프레레스-충만' 이 평소의 점진적 충만이라면, '핌프레미-충만' 은 다급하고-다이나믹한-위기 상황의 해소(solution of a certain crisis)를 위하여 성령 하나님이 직접 개입하여 충만케 하시는 충만입니다. 즉, 프레레스-충만은 일상생활에서 점진적으로 점점 聖化(성화-santification) 되는 충만이며, 핌프레미-충만은 성령 하나님의 절대주권(the sovereignty of the Holy Spirit) 아래 제한된 기간 동안-일시적으로-간헐적으로 눈사태처럼 突出(돌출)하는 충만입니다.

오순절 마가의 다락방-다메섹 도상에서 바울 사도의 회심-庭園(정원)에서 "낮에와 같이 단정히 행하고 방탕하거나 술 취하지 말며 음란하거나 호색하지 말며 다투거나 시기하지 말고 오직 주 예수 그리스도로 옷 입고 정욕을 위하여 육신의 일을 도모하지 말라(롬13:13-14)" 하시는 말씀에 회심한 아우구스티누스-올더스게이트 스트리트에서 열린 신앙집회에서 성령충만을 받은 감리교회 존 웨슬리 등의 경우가 핌프레미-성령충만입니다.

셋째. 프레레스 성령충만이든-핌프레미 성령충만이든 성경이 말씀하는 성령충만은 어떤 심리적-정신적 황홀경이나 신비 체험(ecstasy experience)이 아닙니다. 성경은 그런 것을 엄격히 경계하고 있습니다(만군의 여호와 이스라엘의 하나님께서 이와 같이 말하노라 너희 중에 있는 선지자들에게와 점쟁이에게 미혹되지 말며 너희가 꾼 꿈도 곧이듣고 믿지 말라 (렘29:8).

성경의 성령충만은 성령 하나님의 引導(인도) 안에서, 자기 자신과 가정-이웃-교회-직장-사회적 상황에 가장 적합한 대처 능력-올바른 지혜가 밝아지고-충만해지는 것을 의미합니다.

국립공원 덕유산 종주

7월 28일(월) 오전 11시, 궂은 날씨에 방성모 목사 차로 정배리를 떠나 저녁나절에 무주 도착. 민물고기 매운탕으로 유명하다는 금강식당(빠가사리-40,000원)에서 저녁 먹고, 이슬비 내리는 무주 대림천 옆 깨끗한 모텔(50,000원)에서 일박.

7월 29일(화) 무주구천동 삼공매표소 주차장 앞 식당에서 황태해장국+더덕구이(30,000원)로 아침 먹고, 나는 德裕山(덕유산) 향적봉으로-방 목사는 무주리조트 곤돌라로 설천봉(상제루) 방향으로 각각 흩어져 오르기로 하였습니다. 白蓮寺 가는 길(6km)은 옆으로 시원한 냇물이 철-철-철- 흐르고-평탄하고-짙푸른 숲길이라 산책+명상하기 좋은 길이었습니다. 백련사는 고즈넉한 분지에 아담하고 깨끗한 절집이라 이름 그대로 푸른 숲 한가운데 핀 하얀 연꽃 모양이었습니다.

백련사에서 향적봉까지 2.5km. 가파르기는 하지만 키 작은 산죽+참나리+샛노란 나리+동자꽃+나는 이름도 모르는 예쁜 갖가지 야생화들이 줄곧 피어 있어 보기에 참 좋았습니다(야생화 공부를 좀 해야겠다는 생각이 절로 들어 사진을 찍어 두었다). 향적봉 정상(1,614m)에서 北向하고 정성으로 기도 드리고 빵 한 조각+치즈+더덕구이 남은 것으로 요기한 후, 이정표를 보니 향적봉에서 남덕유산-영각사 매표소까지(14.8km)는 너무 멀어 다음을 기약하기로 하고, 오늘은 향적봉-백암봉(송계삼거리)까지(2.1km)-횡경재(3.2km)-송계사(3km)로 내려가기로 하였습니다.

향적봉-백암봉 사이의 無主空山(무주공산) 2.1km는 파란 하늘+뭉게구름+울긋불긋 갖가지 야생화+疊疊靑山(첩첩청산)으로 정말 너무나 아름다웠습니다.

비상사태 발생! 횡경재에서 송계사 계곡으로 내려오는 오후 5시 즈음, 아직 해는 있다지만 날이 흐리고-계곡이라 해가 들지 않아 어두컴컴하고-오가는 사람 아무도 없고-나의 눈이 좋지 않아 두 번이나 길을 잃었습니다. '어, 큰일 났네, 어떻게 하지?' 더럭 두려움이 밀려오기 시작하였습니다. 그러니 빨리 내려가야 한다는 강박감에 발길이 빨라지고-그러다가 넘어지고-두려움이 점점 커졌습니다. 그 때 '이건, 아니다!' 하는 깨달음이 왔습니다. 그 순간 나는 동작 그만! 하고 편편한 돌 위에 자리 깔고 단정하게 앉아 하나님께 천천히-간절하게-한참 동안 기도 드렸습니다. 그리고 신발 끈, 배낭, 바지춤 고쳐 매고-모자 푹 눌러 쓰고-새까만 막대기 단단히 쥐고-두 발로 덕유산 산길을 한 발자국 한 발자국 견고하게 밟고 오후 6시 30분 무사히 하산 하였습니다. 산행거리:16.8km 산행시간: 8시간 30분. 송계사 주차장에서 방성모 목사와 만났습니다. 참, 반가웠습니다!

덕유산-88올림픽도로-광주 충장로 젊음의 거리에서 낙지볶음(40,000원)-광주역 근처 모텔촌(30,000원)에서 이박.

· 요즈음 허심당원들이 읽는 책 ·

나는 매월 모이는 허심당 사람들에게 내가 읽고 좋다고 생각하는 책을 예스24에 주문하였다가 모이는 날 나눠 줍니다. 다음은 그동안 나눠 읽은 책입니다.

〈서양 문명을 읽는 코드-神〉, 김용규, (주)휴머니스트.
〈백만장자의 마지막 질문〉, 김용규, (주)휴머니스트.
〈낭만의 길 야만의 길〉, 이종헌, 소울메이트.
〈空(공)〉, 이현주 목사, 샨티.
〈작은 집을 권하다〉, 다카무라 토요마, 오근영 역, 책읽는수요일.
〈세계 최고의 인재들은 왜 기본에 충실할까〉, 도스까 다카마사, 비즈니스북.
〈클래식-모짜르트와 베토벤만 아는 당신을 위하여〉, 김수영, 나무수.
〈이백천의 음악여행〉, 나미북스.
〈낭독은 입문학이다〉, 김보경, 현자의 마을.
〈1인 기업이 갑이다〉, 윤석일, 북포스.

감사하게도 내가 추천하여 나눠주는 책 중에는 가격이 좀 비싸다 싶은 것도 있지만 모두들 두 말 아니하고 접수합니다. 이번에 허심당 사람들이 특별히 "좋았다!" 고 평한 책은 〈백만장자의 마지막 질문〉(25,000원)-〈낭만의 길 야만의 길〉(19,500원)-〈작은 집을 권하다〉(10,800원) 등입니다. 희한한 것은 그 책들 모두 별 다섯 받은 책들이었습니다.

특별히 "좋았다!" 하는 소리를 듣지 못한 책도 내가 보기에는 괜찮은 책이라고 생각합니다. 〈空(공)〉은 이현주 목사의 영성 묵상 시집인데 다는 아니지만 가끔 번갯불 같은 통찰이 번쩍하여 좋았습니다. 〈이백천의 음악여행〉은 우리나라 팝송-대중가요 역사를 미8군 쇼 무대부터 세시봉-청개구리집-르시랑스-대학가요제-열린음악회-K팝스 시대까지 1933년 생인 저자 이백천의 평생 현장 경험을 바탕으로 요약 정리한 것이라 이 분야에 관심 있는 사람에게는 일독을 권할 만합니다.

다니엘 바렌보임 피아노 반주-난장이고 팔꿈치에 겨우 매달린 조막손을 가진 토마스 콰스도프(Thoma Qasthoff, 1958년 생)의 슈베르트 겨울 나그네(Winterreise) 24곡 완창 연주를 끝까지 듣고 참으로 큰 감동에 잠긴 이정수 목사

성령과 죄(sin)(롬8:1-31)

본문 / 롬8:1-39

1. 들어가는 이야기

오늘 아침 말씀 묵상에 앞서 찬송가 268장(죄에서 자유를 얻게 함은) 가사를 깊이 기도하는 마음을 품고 다 함께 찬양하기를 원합니다.

만일 너희 속에 하나님의 영이 거하시면 너희가 육신에 있지 아니하고 영에 있나니 누구든지 그리스도의 영이 없으면 그리스도의 사람이 아니라 또 그리스도께서 너희 안에 계시면 몸은 죄로 말미암아 죽은 것이나 영은 의로 말미암아 살아 있는 것이니라…성령이 친히 우리의 영과 더불어 우리가 하나님의 자녀인 것을 증언하시나니 우리가 알거니와 하나님을 사랑하는 자 곧 그의 뜻대로 부르심을 입은 자들에게는 모든 것이 합력하여 선을 이루느니라(롬8:1-39).

그러므로 내가 너희에게 알리노니 하나님의 영으로 말하는 자는 누구든지 예수를 저주할 자라 하지 아니하고 또 성령으로 아니하고는 누구든지 예수를 주시라 할 수 없느니라(고전12:3). 너희가 아들이므로 하나님이 그 아들의 영을 우리 마음 가운데 보내사 아빠 아버지라 부르게 하셨느니라(갈4:6). 누구든지 주의 이름을 부르는 자는 구원을 받으리라 하였느니라(행2:21).

2. 죄(sin)란 무엇인가?

罪(죄)란? 히브리어로 하타(hata)-아원-페샤 등이며, 그 의미는 하나님의 기준에 미달됨-표적을 맞추지 못함-빗나감-탈선-왜곡-반항-대항-거역-행악-불의-불법입니다. 이 말의 희랍어 상당어는 하마르티아(hamartia)-아디키아(adikia), 영어로는 fail-miss-sin 등입니다. 도스토옙스키 〈죄와 벌〉은 죄를 러시아어 프레스투플래니예(prestuplenie-인간으로서 넘지 말아야할 경계를 넘다)라고 하였습니다.

우리는 보통 罪惡(죄악)이라고 합니다만 정확하게 말하면 죄와 악은 조금 다릅니다. 죄는 사람이 심리적-종교적-존재론적으로 마음속에 품는 부정-거부-배척의 태도이며(신학적으로 인간의 이러한 태생적 경향을 Original Sin-원죄라고 한다), 악은 죄의 결과 그 뒤를 필연적으로 따라오는 윤리적-도덕적-법률적 악행입니다.

켄터베리 대주교 안젤무스는 하나님을 "최고 본질-최고 생명-최고 이성-최고 행복-최고 정의-최고 지혜-최고 眞-최고 善-최고 美-최고 不死性-최고 복락-최고 영원성-최고 권능-최고 일자" 라고 하였습니다. 죄란 바로 그 존재의 바탕-존재의 근원-존재 하는 모든 것의 최고이신 하나님에 대하여 등 돌리고-하나님과 동등되려 하고-하나님을 무시하고-하나님은 없다 하고-인간으로서 넘지 말아야 할 경계를 넘어서는 삶의 태도입니다(창3:5, 시10:4, 시14:1-4, 시53:1-4, 롬1:17-32, 약1:15, 롬6:23).

3. "하나님이 없다" 하는 인간의 존재론적 죄의 결과가 무엇인가?

첫째. 하나님이 없다 하는 존재론적 죄의 결과는 "육신의 일을 도모하는 것뿐입니다(롬13:14), 곧 음행-더러운 것-호색-우상-원수 맺는 것-분쟁-시기-분냄-당 짓는 것-분리 함-투기-술 취함-방탕-자신을 방탕에 방임함-마음이 굳어짐-헛된 말-거짓" 등등입니다(갈5:17-21, 엡4:17-19, 엡4:25-5:8).

예수님은 이것을 "내 안에 거하라…나는 포도나무요 너희는 가지니 저가 내 안에 내가 저 안에 있으면 이 사람은 과실을 많이 맺나니 나를 떠나서는 너희가 아무 것도 할 수 없음이라(요15:4-6)" 하셨습니다. 바울 사도는 이것을 "너희가 그때에 무슨 열매를 얻었느냐 이제는 너희가 그 일을 부끄러워하나니 이는 그 마지막이 사망임이라 그러나 이제는 너희가 죄로부터 해방되고 하나님께 종이 되어 거룩함에 이르는 열매를 맺었으니 그 마지막은 영생이라 죄의 삯은 사망이요 하나님의 은사는 그리스도 예수 우리 주 안에 있는 영생이니라(롬6:21-23)" 하셨습니다. 여기서 열매 없음-死亡(사망)이란 말은 헛살았다-아무런 의미 없는 삶-바람에 나는 겨와 같은 삶-가치 없는 삶-허무한 삶이란 뜻입니다.

둘째. 죄의 극치인 20세기와 21세기 현재에도 진행 중인 제노사이드(genocide-종족 집단학살)를 보면, 스탈린 치하 러시아에서 2,000만 명-히틀러 치하에서 1,000만 명-아르메니아-북 수단-우간다-부룬디-인도네시아-베트남-중국(문화혁명)-캄보디아 킬링 필드-불과 10년 전 발칸 반도의 보스니아-코소보-크로아티아-세르비아 등지에서 수십-수백-수천-수백만 명의 사람들이 하나님이 없다고 하는 사상을 가진 사람들의 죄 때문에 무참하게 목숨을 잃었고-잃고 있습니다.

우리나라도 전혀 예외가 아닙니다. 36년 일제 치하에서, 1950-1953년 한국전쟁에서 우리의 친척-집안 중에 직접 무차별 집단학살을 당한 사람들이 많이 있습니다. 더욱이 지금-여기-현재 대한민국은 언제 6 · 25-연평도 무차별 폭격과 같은 집단학살이 남북 상호 간에 일어날지 모르는 극히 위험한 땅입니다(참고: 현재 북한의 요덕 수용소의 경우 등). 이 극악무도한-더 이상 사람이라 할 수 없는 이 비극의 근원이 무엇인가? 하나님이 없다 하는 인간의 존재론적 죄 때문입니다.

셋째. 어이 할 것인가? 이미 올 데까지 다 왔고, 이 지경에 이르렀으니 할 수 없다. "내일 죽으리니 먹고 마시자(사22:12-14, 고전15:32)" 하는 사람들이 있습니다. 우리 가운데도 그런 사람이 있을는지 모릅니다. 그러나 여기, 잠깐, 죽을 땐 죽더라도 성령 하나님의 부드럽고 간절한 음성을 한 번 들으시기 바랍니다.

반어법으로 표현된 돌아오라 하시는 하나님의 간절한 부름(암4:6, 8, 9, 10, 11)-배역한 자식들아 돌아오라(렘3:22)-나 주 여호와가 말하노라 내가 어찌 악인의 죽는 것을 조금인들 기뻐하랴 그가 돌이켜 그 길에서 떠나서 사는 것을 어찌 기뻐하지 아니하겠느냐(겔18:23)-내게로 오라(마11:28)…바로 이 음성을 듣고-믿고-죄에서 돌이켜 하나님께로 돌아오는 것이 救援(구원)-Justification입니다.

국립공원 무등산 종주

無等山(무등산-1,187m)은 전라남도-광주광역시에서 1972년 도립공원으로 지정하였는데, 2012년 12월 27일 국립공원으로 승격된 산으로, 정상은 천왕봉(1,187m)이나 1966년 이래 공군 군사시설이 주둔하고 있어 일반인은 서석대(1,100m)까지만 출입이 가능한 산입니다. 현재 우리나라 21곳 국립공원 중 막내입니다.

7월 29일(화) 어제 무주 덕유산에 오르고-밤늦게 광주까지 운전하느라고 피곤하였지만 나와 방성모 목사는 국립공원 無等山(무등산)에 오른다는 설렘으로 아침 6시 깔끔하게 일어나, 모텔 앞 식당에서 순두부찌개(7,000원)로 아침 먹고 출발. 무등산 원효사 앞 주차장에 차 세우고(3,000원)-나는 김밥 한 줄 배낭에 넣고 무등산 옛길-木橋(목교)-전망대-서석대 방향으로, 방 목사는 조금 올라가다가 내려가겠다며 평평한 임도 방향으로 흩어져 올라갔습니다.

전망대쯤 이르렀는데 방 목사로부터 전화가 왔습니다. “이 목사 어디야?”, “전망대 거의 다 왔어”, “방 목사는 어디야?”, “여기 750고지인데, 나는 여기서 내려갈래” 합니다. 내가 하는 소리가 “이봐, 이왕 온 거 앞으로 팔-팔-팔- 하게 살려면 888고지까지는 올라와야지!” 하였습니다(888고지가 바로 전망대다). 그 후 30분쯤 후 우리는 서석대 웅장한 바위 병풍 아래 전망대에서 만났습니다. 그리고 마지막 남은 500m 깔딱 고개를 넘어 마침내 서석대에 올랐습니다.

서석대에서 만난 문화재해설가 아저씨들이 방성모 목사를 보더니, “아니, 웬일로 양복에다 신사화를 신고 여기까지 왔습니까?” 합니다. 서석대는 볼 만했다!

서석대에서-입석대-장불재로 내려와 방 목사가 걸어온 임도(5.6km)를 걷는데 날씨도 덥고, 배도 고프고-목도 마릅니다. 그런데 방 목사가 이제 조금만 더 가면 바위에서 나는 샘물이 있는데 물맛이 기가 막히다는 겁니다. 샘터에 도달하여 김밥 한 줄 꺼내어 정확하게 반으로 나누고, 그 기막힌 샘물을 마셨습니다(이 샘물을 마시면서 나는 속으로 말씀의 샘물 맛도 이래야 하는데…하였다).

하산하여 만평식당에서 파전+도토리묵(25,000원) 먹으며 오늘 산행을 돌아보았습니다. 방 목사 왈 “나 오늘 30년 만에 처음 13km 걸었어. 그것도 등산화 아닌 구두 신고 양복 입고 말이야…평생 못 잊을 거야, 아무튼 참 좋았어!” 합니다. 산행거리: 13km, 산행시간: 5시간. 밤 11시 정배리 귀가. 방 목사에게 큰 감사!

이번 산행에서 방 목사로부터 들은 이야기 중 “제주 기생들이 교회 건물 지을 돈을 대고-대구 불교신도회 신도들이 교회 비품을 대 주어 교회를 지었다는 이야기(게다가 이 교회 목사님은 딸이 평생 소원이라고 하소연 하는 바람에 하는 수 없이 벤츠를 타고 다닌단다)”가 단연 압권이었습니다.

· 눈물 나는 기도 ·

그간 사정이 있어 두 주일 동안 밭을 돌보지 못했더니 밭이 荒蕪(황무-사람이 돌보지 않아 거칠고 쓸모없음)까지는 아니지만, 누가 봐도 '요즈음 밭주인이 밭을 돌보지 않는구나!' 하는 정도가 되었습니다. 농작물은 주인의 발자국 소리 듣고 자란다는 소리가 정말 빈말이 아닙니다. 돌보지 않았다는 표가 딱 납니다.

며칠 전 부산 사는 임대식 목사가 동두천 김진홍 목사가 운영하는 금식수도원(3박 4일-250,000원) 가는 길에 허심당에 들렀습니다. 점심을 준비하느라 밭에 나가 상추-고추를 따고 감자를 좀 캤는데 알이 실합니다. 임 목사가 한 나절 감자 밭 김맨 공으로 감자 한 봉지 싸주었습니다. 이제 한 열흘만 잘 돌보아주면 씨감자(15,000원) 값은 너끈히 건질 듯합니다.

요즈음 만나는 사람마다 쇠고기-돼지고기-닭고기-깡통 소시지-맵고-짜고-자극성 있는 음식은 무조건 먹지 말아야 한다고 난리 치는 통에 다들 그렇다는데 나도 그래야지 하고 살았습니다. 그러다 보니 급할 때 먹을 반찬이 없습니다.

그래서 '이건 뭔가 아니다' 싶어 어제(6월 28일) 11시 버스로 모처럼 정말 모처럼 양평 장에 갔습니다. 장날은 사람들로 여전합니다. 단골 반찬가게 아줌마가 몇 번씩이나 "아니, 그 동안 어디 갔었어요? 정말 오랜만이네요" 반색 합니다.

오징어 젓갈(6,000원)+깻잎(4,000원)을 사서 배낭에 넣고, 이리저리 장 구경을 하는데, 청년 둘이 리어카 위에 커다란 스테인리스 대야에 미나리+무채+홍어를 시뻘겋게 버무리면서 한 접시에 일금 10,000원이랍니다(kbs인가 sbs인가 양평 장 소개에 나왔다고 한다). 덤도 한 주먹 줍니다. 그럴 듯합니다. OK!

2시 40분 양평 버스로 정배리로 돌아와 따뜻한 이밥+홍어무침+오징어 젓갈+깻잎+된장찌개+고추+상추로 늦은 점심을 먹었습니다. 아주 맛있습니다. 그리고 이렇게 좋은 음식을 주신 하나님께 참 감사드립니다. 맨날 하는 陳腐(진부)한 기도인가? 常套的(상투적)인가? 입에 발린 소리인가? 요즈음 나에게는 이 기도가 전혀 진부하지도-상투적이지도-입에 발린 소리도 아닌, 참으로 눈물 나는 진정한 기도가 되고 있는 이정수 목사

성령과 사랑(요일4:7-13)

본문 / 요15:13-14, 요일4:7-13, 고전13:4-7

1. 들어가는 이야기

오늘 아침 말씀 묵상에 앞서 본문 말씀에 곡을 붙인 '김두완 작곡, 서로 사랑하자' 를 다함께 찬양하기를 원합니다.

* 예수님 말씀-사람이 친구를 위하여 자기 목숨을 버리면 이에서 더 큰 사랑이 없나니 너희가 나의 명하는 대로 행하면 곧 나의 친구라(요15:13-14).

* 사도 요한 말씀-사랑하는 자들아 우리가 서로 사랑하자 사랑은 하나님께 속한 것이니 사랑하는 자마다 하나님께로 나서 하나님을 알고 사랑하지 아니하는 자는 하나님을 알지 못하나니 이는 하나님은 사랑이심이라…사랑하는 자들아 하나님이 이같이 우리를 사랑하셨은즉 우리도 서로 사랑하는 것이 마땅하도다 어느 때나 하나님을 본 사람이 없으되 만일 우리가 서로 사랑하면 하나님이 우리 안에 거하시고 그의 사랑이 우리 안에 온전히 이루느니라 그의 성령을 우리에게 주시므로 우리가 그 안에 거하고 그가 우리 안에 거하시는 줄을 아느니라(요일4:7-13).

* 사도 바울 말씀-사랑은 오래 참고 사랑은 온유하며 시기하지 아니하며 사랑은 자랑하지 아니하며 교만하지 아니하며 무례히 행하지 아니하며 자기의 유익을 구하지 아니하며 성내지 아니하며 악한 것을 생각하지 아니하며 불의를 기뻐하지 아니하며 진리와 함께 기뻐하고 모든 것을 참으며 모든 것을 믿으며 모든 것을 바라며 모든 것을 견디느니라(고전13:4-7).

2. 성령 받은 사람들의 삶의 태도는 근본적으로 사랑입니다

폴 틸리히는 "누군가 나에게 기독교 진리를 한 마디로 말하라고 한다면, 나는 새로운 존재 됨-The New Being(갈6:15)이라고 답할 것입니다" 라고 하였습니다.

신학적으로 '새로운 존재 됨' 에는 보통 3단계가 있다고 설명 합니다. 1단계. 사람이 복음을 전해 듣고-예수님을 믿고-영접하고-죄 사함 받는 것을 말하는데, 이것을 부르심-회개-하나님의 자녀됨-중생-以信稱義(이신칭의-믿음으로 의롭게 됨)-Calling-Conversion-Adaption-Regeneration-Justification 등으로 표현 합니다. 이 단계가 가장 중요합니다. 왜? 1단계가 없으면 당연히 2-3단계가 있을 수 없기 때문입니다. 2단계. 일상생활에서 거룩한 삶(聖化-성화)을 사는 것(Sanctification). 3단계. 자기 자신의 전존재로 하나님께 영광 돌리는 것(Glorification).

그런데 예수님-사도 요한-바울 사도는 이 3단계를 하나로 꿰뚫는 것이 성령께서 부어주시는 사랑의 힘이라고 하셨습니다.

3. 성령께서 부어주시는 사랑의 힘은 어떻게 나타나는가?

첫째. 성령의 사랑은 명명백백합니다. 성령의 役事(역사)에 낮과 밤이 있겠습니까마는 성경을 보면 성령의 역사가 주로 대낮에 크게 나타났습니다. 예수님의 세례 때 비둘기 같이 임하신 성령-오순절 마가의 다락방-베드로의 설교-사도 바울의 다메섹 회심-고넬료의 집-스데반, 구스 내시를 만난 빌립 등등이 그러합니다.

어느 목사님이 "혹 밤에 성령님의 음성을 들었다면, 내일 아침 태양이 환히 떠올랐을 때 다시 한 번 들려주옵소서 라고 기도하라" 하였습니다. 일리 있는 소리입니다. 시퍼렇게 날 선 작두 위를 맨발로 밟고 춤추는 巫女(무녀)-그리스 델포이 신전의 신탁을 전하는 여사제-주문을 외며 점괘를 전하는 점쟁이 등등은 나중에 자기가 무슨 말을 했는지 모릅니다만 성령 받은 사람들은 애매몽롱하지 아니 하고 명명백백합니다. 담대합니다. 그러므로 예수님께서 "또 너희가 나를 인하여 총독들과 임금들 앞에 끌려가리니…어떻게 또는 무엇을 말할까 염려치 말라 그때에 무슨 말할 것을 주시리니 말하는 이는 너희가 아니라 너희 속에서 말씀하시는 자 곧 너희 아버지의 성령이시니라(마10:18-20)" 하신 것입니다.

둘째. 성령의 사랑은 이웃의 필요에 대하여 민감한 심미안을 열어주십니다. 사도행전은 이것을 "믿는 사람이 다 함께 있어 모든 물건을 서로 통용하고 또 재산과 소유를 팔아 각 사람의 필요를 따라 나눠 주고 날마다 마음을 같이 하여 성전에 모이기를 힘쓰고 집에서 떡을 떼며 기쁨과 순전한 마음으로 음식을 먹고 하나님을 찬미하며 또 온 백성에게 칭송을 받으니 주께서 구원받는 사람을 날마다 더하게 하시니라(행2:44-47)" 라고 기록 하고 있습니다. 이 얼마나 놀라운가!

"사랑하면 알게 되고 알게 되면 보이나니, 그때 보이는 것은 전과 같지 않으리라" 고 하였습니다. 참으로 옳은 말입니다. 성령의 사랑은 이웃을 사랑하게 하시고-차마 말로 표현하지 못 하는 내 이웃의 필요를 알게 하시고-그 필요를 위하여 기도하게 하시고-그 필요에 따라 通用(통용)하고-채워주고-나누게 하십니다.

셋째. 성령의 사랑은 무엇보다도 나를 자유(존재의 충만)케 하십니다. 너희가 내 말에 거하면 참 내 제자가 되고 진리를 알지니 진리가 너희를 자유케 하리라(요8:31-32)-주는 영이시니 주의 영이 계신 곳에는 자유함이 있느니라(고후3:17)-그리스도께서 우리로 자유케 하려고 자유를 주셨으니 그러므로 굳세게 서서 다시는 종의 멍에를 메지 말라(갈5:1)-누가 우리를 그리스도의 사랑에서 끊으리요 환난이나 곤고나 핍박이나 기근이나 적신이나 위협이나 칼이랴 그러나 이 모든 일에 우리를 사랑하시는 이로 말미암아 우리가 넉넉히 이기느니라 내가 확신하노니 사망이나 생명이나 천사들이나 권세자들이나 능력이나 높음이나 깊음이나 다른 아무 피조물이라도 우리를 우리 주 그리스도 예수 안에 있는 하나님의 사랑에서 끊을 수 없으리라(롬8:28-39) 하시는 그 자유 말입니다! 존재의 충만!

국립공원 내장산 종주

8월 7일(목) 12시 35분 용산–백양사 호남선 무궁화호(19,000원)로 오후 4시 30분 비 내리는 백양사역에 도착. 택시(14,000원)로 백양사 寺下村(사하촌)에서 비빔밥(8,000원)으로 저녁 먹고 산장여관(30,000원)에서 일박.

8월 8일(금) 아침 7시, 백양사–약사암–영천약수(여기다 약사여래 불당을 새로 지었다)–백학봉(등산길 공사로 중간에 되돌아왔다)–그래서 다시 백양사–운문암(여기서 길을 잘못 들어 탐방로 아닌 산속 오솔길 2km)–묘지(장흥고씨광석여사지묘)–헬기장–상왕봉(741m)–능선사거리–몽계폭포–남창주차장. 산행 중 비가 오지 않아 참 다행이었습니다. 산행거리: 약 13km. 산행시간: 8시간

마침 장마라 20m 몽계폭포가 참 웅장하였습니다.

남창주차장–버스로 백양사역–버스로 정읍역–오후 6시 15분 정읍–용산 무궁화호 입석(16,000원)–지하철로 양수역 9시–택시(20,000원)로 정배리 허심당으로 귀가.

8월 15일(금) 22시 05분 용산–정읍 호남선 무궁화호(18,000원)로 01시 32분 정읍 도착–택시(4,000원)로 심야영업 집에서 국수 한 그릇(5,000원)–택시(20,000원)로 오전 2시 내장사 寺下村(사하촌) 모텔(40,000원) 일박.

8월 16일(토) 아침 6시 모텔 출발–내장사 일주문–전망대–燕子峰(연자봉)–여기서 길을 잘못 들어 장군봉–다시 연자봉–내장산 정상 神仙峰(신선봉–763m)–까치봉–금선계곡–내장사 일주문. 산행거리: 11km. 산행시간: 6시간.

15시 50분 정읍–용산 무궁화호 입석(16,000원)–종로 2가–회기역 10시 31분 지하철 막차–졸다가 양수역 아닌 양평역 하차–택시(26,000원)로 정배리 귀가.

백양사 가는 길 커다란 전나무 아래 백양사 운문선원 조실 西翁(서옹–1912–2003) 스님의 참 맑은 시 한 수를 보았습니다.

雲門日永無人之(운문일영무인지: 운문의 해는 긴데 찾아오는 사람 하나 없고)
猶有殘春半落花(유유잔춘반낙화: 꽃이 반이나 졌지만 아직 봄빛이 남아 있네)
一飛白鶴千年寂(일비백학천년적: 백학이 한 번 나래를 펴니 천년이 고요하고)
細細松風送紫霞(세세송풍송자하: 세미한 솔바람에 노을 더욱 붉구나)

이렇게 이정수 목사는 한국 국립공원 21곳 답사를 畢(필–마칠 필)하였습니다.

· 마음의 평정을 구하는 기도(serenity prayer) ·

축하합니다! 도중에 작파하지 아니하고 큰 산 넘어 무사히 下山하듯, 마지막 章(장)까지 오신 것을 축하합니다. 그리고 정말 진심으로 감사드립니다!!!

이제, 라인홀트 니버(Karl Paul Reinhold Niebuhr)의 평정을 위한 기도(Serenity Prayer)를 묵상하면서 〈말씀의 샘물〉 제11권을 닫으려고 합니다.

하늘에 계신 우리 아버지여, 삶에서 우리가 어찌할 수 없는 것은 겸손히 받아들일 수 있는 마음의 평정을 주소서, 그러나 우리가 바꿀 수 있는 것은 과감하게 바꿀 수 있는 용기를 주소서, 그리고 어찌할 수 없는 것과 바꿀 수 있는 것-이 둘 사이의 차이를 분명히 구별 할 수 있는 지혜를 주소서.

하루하루-순간순간을 온전히 살고-온전히 누리게 하소서, 평화로 인도하는 길은 고통의 길인 것을 받아들이게 하시고, 죄로 물든 이 세상 나의 뜻대로가 아니라 주님처럼 있는 그대로 받아들이게 하소서, 주님의 뜻에 순전한 마음으로 순종할 때, 주님께서 이 모든 것을 바로 세우실 것을 믿게 하소서, 이 땅에서는 사리에 맞는 행복을-천국에서는 다함없는 복락을 누리게 하소서. 아멘!

O God and Heavenly Father, Grant to me the serenity of mind to accept that which cannot be changed; the courage to change that which can be changed, and the wisdom to know the one from the other.

Living one day at a time; Enjoying one moment at a time; Accepting hardships as the pathway to peace; Taking, as He did, this sinful world as it is, not as I would have it; Trusting that He will make all things right If I surrender to His Will; So that I may be reasonably happy in this life And supremely happy with Him Forever and ever in the next. Amen.

子曰 同聲相應 同氣相求 水流濕 火就燥 雲從龍 風從虎(자왈 동성상응 동기상구 수류습 화취조 운종룡 풍종호: 공자 이르기를 같은 소리끼리 서로 응하고-같은 기운끼리 서로 짝을 찾는 법-물은 습한 곳으로-불은 마른 곳으로 나가듯-구름은 용을 따르고-바람은 범을 좇는다)고 하였습니다. 말씀의 샘물을 만든 사람이나 읽는 사람이나 同聲相應 同氣相求 하는 사람들이기를...........이정수 목사

성령을 소멸치 말라(살전5:19)

본문 / 살전5:19

1. 들어가는 이야기

오늘 이 찬란한 주일 아침 '고형원 작곡, 오소서 진리의 성령님-부흥2000!' 을 다 함께 힘차게 박수치며 찬양하기를 원합니다.

오소서 진리의 성령님 이 땅 흔들며 임하소서
거짓과 탐욕 죄악에 무너진 우리 가슴 정케 하소서
오소서 은혜의 성령님 하늘 가르고 임하소서
거룩한 불꽃 하늘로서 임하사
타오르게 하소서 주 영광 위해
부흥의 불길 타오르게 하소서
진리의 말씀 이 땅 새롭게 하소서
은혜의 강물 흐르게 하소서
성령의 바람 이 땅 가득 불어와
흰옷 입은 주의 순결한 백성
주의 영광 위해 이제 일어나
열방을 치유하며 행진하는 영광의 그 날을 주소서!

2. 성경은 "성령을 모독-훼방-거역-근심-소멸하지 말라" 하십니다!

* 누구든지 말로 인자를 거역하면 사하심을 받으려니와 성령을 모독(blasphemy)하는 자는 사하심을 받지 못하리라(눅12:10).

* 그러므로 내가 너희에게 이르노니 사람의 모든 죄와 훼방은 사하심을 얻되 성령을 훼방하는 것(the blasphemy against the Spirit)은 사하심을 얻지 못하겠고 또 누구든지 말로 인자를 거역하면 사하심을 얻되 누구든지 말로 성령을 거역하면(speaks against the Holy Spirit) 이 세상과 오는 세상에도 사하심을 얻지 못하리라(마12:31-32).

* 내가 진실로 너희에게 이르노니 사람의 모든 죄와 무릇 훼방하는 훼방은 사하심을 얻되 누구든지 성령을 훼방하는 자는 사하심을 영원히 얻지 못하고 영원한 죄(guilty of an eternal sin)에 처하느니라(막3:28-29).

* 하나님의 성령을 근심하게 하지 말라(And do not grieve the Holy Spirit of God) 그 안에서 너희가 구원의 날까지 인치심을 받았느니라(엡4:30).

* 성령을 소멸하지 말라-Do not put out the Spirit's fire(살전5:19).

3. 성령을 모독-훼방-거역-근심-소멸하지 말라. 무슨 뜻인가?

첫째. 天動說(천동설)은 地動說(지동설)에 의하여 막을 내렸습니다. "관찰자가 누구든 관찰 대상은 변하지 않는다" 하는 고전물리학은 "관찰자의 관점에 따라 관찰 대상은 변한다" 하는 현대양자물리학에 의하여 막을 내렸습니다. 즉, 빛을 관찰할 때 관찰자가 '빛은 입자' 라는 관점에서 관찰하면 빛은 입자로 나타나고, '빛은 파동' 이라는 관점에서 관찰하면 빛은 파동으로 나타난다는 사실입니다.

이 세상에는 적그리스도의 영(the spirit of the antichrist 요일2:21-29)이 있습니다. 곧, 거짓말하는 영-a lying spirit(왕상22:22), 더러운 귀신-the evil spirit(눅9:42), 불순종의 아들들 가운데서 역사하는 영-the spirit of disobedient(엡2:2), 악의 영-the spiritual forces of evil(엡6:12), 미혹케 하는 영과 귀신의 가르침-deceiving spirits and things taught by demons(딤전4:1) 등입니다.

그리고 하나님의 영(the Holy Spirit of God)이 있습니다. 곧, 신령과 진정의 예배를 받으시는 영(요4:24)-아버지께로 나오시는 진리의 성령(요16:26)-예수 그리스도께서 육체로 오신 것을 시인하는 영(요일4:2)-생명과 평안의 영(롬8:6) 등입니다. 이 세상을 적그리스도의 관점으로 보는 것이 성령을 소멸하는 것입니다. 여기서 살전5:19의 燒滅(소멸)이란 'put out the Spirit's fire-성령의 불을 끄다' 라는 뜻입니다. 곧 성령의 불을 끄지 말라는 말씀입니다.

둘째. 빈 집의 비유(마12:43-45, 눅11:24-26)를 기억하라는 말씀입니다. 사람의 마음은 항상 그리스도의 영 아니면 적그리스도의 영으로 채워집니다. 나의 마음에 무엇을 채우는가? 하는 것이 우리 믿는 사람들의 終身之憂(종신지우-평생의 관심사)이어야 합니다. 바울 사도는 이것을 "우리의 씨름은 혈과 육에 대한 것이 아니요 정사와 권세와 이 어두움의 세상 주관자들과 하늘에 있는 악의 영들에게 대함이라(엡6:12)"고 하셨습니다. 즉, 빈 집에 그리스도의 영으로 채우라는 말씀입니다.

셋째. 그러므로 예수님은 "깨어 있으라 내가 너희에게 하는 이 말이 모든 사람에게 하는 말이니라-What I say to you, I say to everyone: 'Watch!' (막13:37)" 하신 것입니다. 여기서 깨어 있는 자는 누구인가? "내 영혼아 네가 어찌하여 낙망하며 어찌하여 내 속에서 불안하여 하는고 너는 하나님을 바라라 그 얼굴의 도우심을 인하여 내가 오히려 찬송하리로다(시42:5)" 에서 '내 영혼아' 라고 내 영혼을 부르는 바로 그 존재를 말합니다. 내 영혼이 지금 무엇을 생각(thinking)하고 있는지?-무엇을 느끼고(feeling) 있는지?-무엇을 하려고(doing) 하는지?-깨어 두 눈 부릅뜨고 내 영혼의 知情意(지정의) 흐름을 낱낱이 지켜보아야(seer) 합니다!

내 영혼아! 낮에와 같이 단정히 행하고 방탕과 술 취하지 말며 음란과 호색하지 말며 쟁투와 시기하지 말고 오직 주 예수 그리스도로 옷 입고 정욕을 위하여 육신의 일을 도모하지 말라(롬13:13-14). 내 영혼아! 술 취하지 말라 이는 방탕한 것이니 오직 성령의 충만을 받으라(엡5:18).

한국의 국립공원 21곳 踏査畢

한국의 국립공원 21곳

지리산 경주 계룡산 한려해상 설악산 속리산 한라산 내장산 가야산 덕유산 오대산 주왕산 태안해안 다도해해상 북한산 치악산 월악산 소백산 변산반도 월출산 무등산(1967년 지리산부터 2012년 무등산까지 국립공원 지정 일자 순).

나는 지난 2014년 8월 16일(토) 한국의 국립공원 21곳 답사를 畢(필-마칠 필) 하였습니다. 나의 所感(소감)-필(feel)이 이러합니다.

첫째. 존재의 기쁨이 있었습니다. 우리나라 산-바다-문화재를 답사하며 느끼는 그때 그때 멋-맛-풍경-분위기-풍류-새로 만나는 사람들이 주는 유쾌함-즐거움-성취감이 좋았습니다. 나는 21곳 국립공원마다 잊을 수 없는 생생한 추억이 한 자락씩 있습니다. 그러나 그 모든 것보다 '한국의 국립공원 21곳 踏査畢' 하였다는 그 자체는 아주 각별한 큰 기쁨이었습니다.

둘째. 존재의 용기를 涵養(함양)할 수 있었습니다. 산행은 인생의 축소판입니다. 산은 아름답습니다(말이 필요 없다!) 그리고 산은 괴롭습니다(낯선 곳에서 혼자 먹고 자는 불편함-추위-더위-굶주림-몸의 부상-길 잃었을 때의 두려움과 공포 등).

누군가 산을 오르는 것은 큰 책 한 권을 떼는 것과 같다고 하였습니다. 아니, 열 권 떼는 것과 같습니다. 산을 오르고 하산하여 커피 한 잔 마시며 산을 뒤돌아보면, 산의 아름다움은 내 삶에 심미안-悠悠自適(유유자적)한 풍류로 채워주었음을 느낍니다. 산의 괴로움은 내 몸에 존재의 용기-존재의 solitude-존재의 堅固(견고)함으로 단단하게 다져주었다는 것을 내 몸이 압니다.

셋째. 그러므로 예수님은 "깨어 있으라 내가 너희에게 하는 이 말이 모든 사람에게 하는 말이니라-What I say to you, I say to everyone: 'Watch!'(막13:37)" 하신 것입니다. 여기서 깨어 있는 자는 누구인가? "내 영혼아 네가 어찌하여 낙망하며 어찌하여 내 속에서 불안하여 하는고 너는 하나님을 바라라 그 얼굴의 도우심을 인하여 내가 오히려 찬송하리로다(시42:5)" 에서 "내 영혼아" 라고 내 영혼을 부르는 바로 그 존재를 말합니다. 내 영혼이 지금 무엇을 생각(thinking)하고 있는지?-무엇을 느끼고(feeling) 있는지?-무엇을 하려고(doing) 하는지?-깨어 두 눈 부릅뜨고 내 영혼의 知情意(지정의) 흐름을 낱낱이 지켜보아야(seer) 합니다!

내 영혼아! 낮에와 같이 단정히 행하고 방탕과 술 취하지 말며 음란과 호색하지 말며 쟁투와 시기하지 말고 오직 주 예수 그리스도로 옷 입고 정욕을 위하여 육신의 일을 도모하지 말라(롬13:13-14). 내 영혼아! 술 취하지 말라 이는 방탕한 것이니 오직 성령의 충만을 받으라(엡5:18). 내 영혼아, 깨어 있으라!